新时代乡村振兴战略下的乡村规划发展与治理研究

冯年华　戴　军　马颖忆 等　著

科学出版社

北　京

内 容 简 介

本书阐释了乡村规划从不同层面推进与落实乡村振兴战略设计的承接关系与实施路径，通过透视乡村振兴背景下乡村发展的机遇和优势，聚焦乡村振兴内涵，基于城乡统筹、绿色发展、综合治理、规划引领等战略视角，对乡村地域产业振兴与融合提升、乡村人居环境评价与整治、乡村地域文化特色和文旅融合路径、乡村景观风貌整治和生态环境修复、新时代乡村治理、乡村土地资源和公共服务管理与供给能力提升等方面进行探讨，创新性地构建了乡村振兴发展内涵体系评价系统，构建了针对乡村振兴发展中关键要素的定量估计方法和规划分析模型，并结合具体案例展开从理论解析到实践指导的决策研究。

本书适合规划、地理、生态、景观等领域的科研和管理工作者，以及城乡规划、资源环境与城乡规划管理、人文地理、景观设计等相关专业的本科生和研究生，城乡规划相关行业从业人员等阅读参考。

图书在版编目(CIP)数据

新时代乡村振兴战略下的乡村规划发展与治理研究/冯年华等著. —北京：科学出版社，2022.9

ISBN 978-7-03-073091-6

Ⅰ. ①新…　Ⅱ. ①冯…　Ⅲ. ①农村–社会主义建设–研究–中国　Ⅳ. ①F320.3

中国版本图书馆 CIP 数据核字(2022)第 165708 号

责任编辑：周　丹　沈　旭/责任校对：张亚丹

责任印制：张　伟/封面设计：许　瑞

科学出版社出版

北京东黄城根北街 16 号

邮政编码：100717

http://www.sciencep.com

北京九州迅驰传媒文化有限公司印刷

科学出版社发行　各地新华书店经销

*

2022 年 9 月第　一　版　开本：720×1000　1/16

2023 年 2 月第二次印刷　印张：17 3/4

字数：356 000

定价：169.00 元

(如有印装质量问题，我社负责调换)

前　言

我与乡村结缘始于20世纪60年代。我出生在江苏扬中，一个美丽而又精致的江中小岛，四面环江，素有“江中明珠”美誉。暮春三月，江南草长，杂花生树，群莺乱飞，河豚嬉戏，江水泱泱……这一幕幕儿时的景致是我对乡村的最初认知。孩提时代的乡野童趣，始终萦绕于心，即便时至今日，回想起来，仍觉酣畅淋漓。或许，这正是乡村的魅力所在。生于斯，长于斯，江畔美景长相伴，从此余生献乡村。这颗立志研究乡村、服务乡村的种子，在我少年时期便于心头悄然种下。高中毕业，我走出家乡去省城南京就读南京师范大学地理科学专业，后师从著名人文地理学家金其铭先生攻读区域地理专业研究生，我的硕士毕业论文就是在先生的指导下于家乡扬中开展的土地利用总体规划，这也是我第一次深入研究乡村的成功实践，其规划成果获得了当时的国家土地管理局优秀成果奖。2000年我在职攻读南京农业大学土地管理专业博士学位，师从著名土地经济学家王万茂、曲福田两位先生，致力于土地资源与区域经济的研究。随着一次次走进更高学术殿堂，我对乡村的理性认知也逐渐明朗，乃至日后参加工作，也总是与城乡规划、乡村文化、乡村旅游、土地资源分不开关系。

作为一名高校科研工作者，我在城乡区域经济与可持续发展领域开启了30多年的孜孜探索，尽管囿于大量行政管理工作，我的时间和精力都受到很大程度的制约，但在城乡区域差异、土地资源利用、旅游经济与乡村文化等方向仍取得了一些成果。2007年，我调到金陵科技学院工作，进入了一个新的工作环境，这是一个以工科见长的学校，是一个培养工程师的摇篮，在这所以培养高素质应用型人才为己任的新兴应用型大学里，我一方面致力于学校教育教学工作的研究与管理，另一方面积极参与到学科建设中去，我带领的城乡规划学科连续两轮被列为江苏省重点建设学科，并以优秀的成绩通过了第二轮的验收，现在已经进入第三轮的省重点学科建设。在担任城乡规划学首席学科带头人之后，我的研究方向也随之更加聚焦于乡村领域，尤其在“美丽乡村”规划设计领域，我和团队中的博士生、硕士生做了大量的决策咨询和科技服务工作，在地方发展如何有效承接乡村振兴战略的实施路径方面做了大量探讨，相继出版了《乡村旅游文化学》《新型城镇化背景下乡村旅游发展研究》《国家战略视角下江苏旅游产业发展研究》等系列专著。

改革开放以来，在中国共产党的领导下，我国城乡空间发生了翻天覆地的变化。“美丽乡村”建设，最早于党的十六届五中全会提出，事实上就是我国社会主义新农村建设的一个升级，其核心就在于如何解决乡村发展理念创新、乡村经济提振、乡村空间布局调整、乡村人居环境和生态环境优化、乡村文化传承及相关的实施路径创新等问题。对于我及团队成员来讲，通过“美丽乡村”规划设计来服务乡村建设恰逢其时。

于是，我们承接了包括江苏省南京市周边、安徽省广德市、青海省海东市乐都区及化隆回族自治县在内的，从东到西，各种类型区域的镇村规划设计百十有余。秉持科研工作中“读万卷书、行万里路”的一贯风格，我们走访了南京周边、皖南地区、青海海东等地不同类型的村庄，查阅了众多文献资料，仔细研读地方志，顺着地方发展脉络，深入挖掘当地的优势特色、乡土文化，为地方的经济社会发展和地方文脉传承提供“行得通、站得稳”的决策意见。“脚踏万步，心系乡村”，我们见证了这些乡村，一个个从垃圾散布、污水横流，到白墙黛瓦、道路整洁、水清河晏、满目翠绿的嬗变。我们为营造中华大地上“水清田沃林丰人居兴旺”的广袤乡村贡献了自己绵薄之力而倍感欣慰。

党的十九大提出实施“乡村振兴战略”，对“三农”工作提出了一系列新思想、新论断、新战略、新举措。“城乡融合”“三产融合”“文旅融合”“美丽宜居”“产业兴旺”“生活富裕”“绿水青山就是金山银山”……规划引领绘就乡村“美丽”蓝图，产业引领带动乡村“美丽”经济，这些都为乡村振兴注入了前所未有的生机和活力。“精准扶贫”“乡村振兴”“全面脱贫”……一个个承载着时代需要、人民需要的词汇，彰显了党和国家面向全社会人民追求生活质量的责任意识和精神担当，同时也体现了从“美丽乡村”到“乡村振兴”的提升与转变，振兴乡村让乡村发展之路更加行稳致远。这又吸引着我在乡村研究的道路上继续前行。

岁月不居，时节如流。作为一个有着浓厚乡村情怀的新时代乡村研究者，势必乘势而上，紧跟时代脚步，投身“乡村振兴”研究大潮。作为城乡规划学省级重点学科带头人，我带领团队成员，聚焦城乡融合发展，对乡村地域“三产融合”态势与演变、乡村地域文化特色、文旅融合路径等展开深入探讨。在延续乡村规划设计的基础上，进一步对村镇聚落的空间整治修补和生态环境修复方面深挖，形成自身的特色优势。通过承接安徽、青海等不同地域类型的村镇聚落科技修补和生态修复系列规划项目，我及团队成员现已凝练出相对成熟的村镇建成区聚落空间有机修补和生态环境修复的体系化修补技术框架，在村镇空间治理修复、公共设施配套、景观风貌修复和生态环境修补等方面也已总结出相对丰富的经验，收获了地方政府及广大群众的广泛好评。

《新时代乡村振兴战略下的乡村规划发展与治理研究》正是在这样的基础上撰写完成。本书从乡村振兴战略解析入手，阐释了乡村规划从不同层面之于乡村振兴战略设计的承接关系与实施路径。在政策启示的理论支撑层面，选择江苏作为研究案例区，构建测算模型对乡村三次产业及其附着劳动力的“三产融合”进行测度，构建评价系统，综合测评了乡村农业现代化与农业绿色发展水平，评估了人居环境质量现状，试图从理性分析角度，构建一种针对乡村振兴发展中关键要素的定量估计方法和分析模型。在决策支持的具体实施层面，从文旅融合的规划设计指引、乡村景观风貌整治、乡村生态保护与修复规划策略、新时代乡村治理的实施策略、乡村土地资源管理及公共服务能力提升的对策建议等方面，展开从理论解析到实践指导的决策支持探讨。最后，对乡村振兴战略下的乡村规划设计实操中所涉及的技术方法予以概述。本书尝试在新时代背景下，立基于乡村规划视角，在地方承接国家顶层战略设计上，从战略解构、区域要素禀赋评估、分级分类实施策略这样的逻辑系统中，构建一种适合不同区域、不同侧重点的规划设计指引体系，以期为乡村地区振兴发展提供可行策略，并成为新时期地方呼应中央宏大战略实施的有益参考。

本书是集体智慧的结晶，由冯年华主持前期研究和论证工作，并提出全书的撰写提纲。本书撰写分工如下：第一章，戴军、冯年华；第二章，杨亚楠；第三章，马颖忆、冯年华；第四章，王大伟；第五章，戴军；第六章，马颖忆；第七章、第八章，周衍涛；第九章，王大伟；第十章，杨亚楠。由冯年华对本书各章进行多次修改，以及统稿和定稿。

在写作过程中，我们查阅、参考、引用了大量学者的论著，在此向这些学者表示衷心的感谢！本书部分内容来自作者的讲稿、读书笔记，由于其形成于日积月累、逐步修改的手记中，当时疏于著录，现在溯源甚难，以至于本书中这部分参考及引用的论著未能一一标出，借此机会，特向这些学者表示深深的歉意和由衷的感谢！

受制于理论与实践水平，加之投入的时间与精力有限，书中难免存在疏漏和不尽如人意之处、不当之处，敬请学界各位专家、学者和广大读者不吝赐教，以推动乡村振兴战略下的乡村规划与治理研究不断深入。

冯年华

于金陵方山

2021 年 12 月

目　　录

第一章　乡村振兴战略与乡村规划指引

第一节　乡村振兴战略概述

一、乡村振兴战略的提出

我国是一个具有悠久农业历史的文明古国，乡村在推动我国社会、经济、文化、生态等发展建设过程中一直发挥着重要价值和作用。乡村是一个复杂的社会系统，目前对于乡村的概念和内涵有着诸多理解。《辞源》中将乡村释义为“主要从事农业生产和人口分布分散的地方”。美国学者罗得菲尔德（R. Rodefeld）等则认为，“乡村是人口稀少、相对孤立、以农业生产为主要经济基础、居民生活基本相似但与城市存在较大差别的区域”。总体而言，乡村是以农业各类生产活动为基础的生产、生活和生态空间，是一个相对独立且有别于城市自然、经济、社会和环境发展特征的地域综合体。据统计，我国城镇化率从 1990 年的 26.44%持续上升到 2019 年的 60.60%，截至 2019 年年底乡村常住人口尚有 5.5 亿人，约占全国总人口的 39%，按照 2035 年中国城镇化率达到 70%的目标值进行估算，届时将仍有约 4.2 亿农村人口，由此可见，乡村问题将长期成为我国关注城乡统筹和体现“三农”综合发展的重点课题。

长期以来，在传统“重城轻乡”的观念下，高速城镇化发展战略忽视了城乡统筹和乡村建设，造成了村镇集体经济弱化、乡村生态环境恶化和城乡差距拉大等日益加剧的“乡村病”。改革开放以来，针对这一突出问题，我国将乡村建设的重点放在了提高农业生产力、促进农民增收、缩小城乡发展差距和加快新农村建设等工作层面。如 20 世纪 80 年代“三农”政策主要从肯定家庭联产承包责任制、促进农业产业化经营和改革农产品流通机制等方面，保证农民自主生产经营的要求，极大地提高了乡村农业生产力，进一步缓解了农村贫困，初步完善了乡村设施建设。进入 21 世纪后，中央一号文件针对乡村发展政策的制定采取“少取多予”的原则，注重以工补农、以城带乡，加快实现农业现代化，促进城乡统筹和一体化发展，为社会主义新农村建设奠定了坚实基础。2017 年 10 月，习近平总书记立足我国乡村、“三农”实际问题和城乡发展不平衡、不充分的现状，在党的十九大报告中第一次明确提出了乡村振兴战略，标志着我国乡村发展进入一个崭新的发展阶段。实施乡村振兴战略，是国家对“三农”问题和城乡发展规律认知的进一步深入，是“新农村建设”“美丽乡村建设”等一系列战略和政策的深化，是深层次的变革(罗其友等，2019)。乡村振兴战略是以习近平同志为核心的党中央领导集体智慧的结晶，着眼于国家复兴目标和城乡发展全局，为实现我国农民的美好生活向往所做出的重大决策，比新农村建设内涵更加全面和深刻，已成为新时期我国“三农”工作的总抓手和行动指南。

二、乡村振兴的内涵与目标

(一)乡村振兴的内涵

党的十九大明确提出，要实施乡村振兴战略，建设“产业兴旺、生态宜居、乡风文明、治理有效、生活富裕”的现代化新乡村。实施乡村振兴战略的核心是着力破解城乡发展不平衡、农村发展不充分等突出问题，弥补全面建成小康社会的乡村短板(刘彦随，2018)。实施乡村振兴战略是基于我国对新时代社会主要矛盾变化和农业农村发展不平衡不充分的深刻洞察，抓住了“三农”发展最直接最现实的利益问题，凸显了乡村发展最鲜明的目标导向和问题导向，也体现了我国“三农”发展政策延续性和创新性的统一。科学理解与实施乡村振兴战略需要科学把握乡村振兴战略的内涵与实施背景，乡村振兴战略以推进供给侧结构性改革为主线，顺应了新时期我国经济由高速增长转向高质量发展的宏观背景。乡村振兴战略不仅突出了乡村社会经济文化等领域的综合发展，也包含了乡村治理、队伍建设、民生保障和生态保护的系统振兴，更有利于全面破解城乡二元矛盾，突破城乡发展不充分不平衡的现实瓶颈。乡村振兴战略从产业兴旺、生态宜居、乡风文明、治理有效和生活富裕五个方面进行综合部署，这五点相辅相成，缺一不可，集中体现了乡村振兴战略的具体内涵和总体要求。

1. 产业兴旺

产业兴旺是乡村振兴的基础和支撑。我国虽已解决乡村基本温饱问题，但在实现全面建成小康社会的过程中还面临着农业生产单一、生产结构和产业体系不合理、优质农产品资源不足等现实问题。习近平总书记强调，要以农业供给侧结构性改革为主线，加快构建现代农业产业体系、生产体系、经营体系，实现一二三产业融合发展。实施乡村振兴战略，全面建成小康社会，既要稳定农业生产产量，也要提高生产质量。2019 年中央一号文件就首次明确提出，确保粮食播种面积稳定在 16.5 亿亩①，2020 年要建成 8 亿亩高标准农田的目标；同时要进一步优化乡村产业结构，强调农村多产业齐头并进和绿色优质发展。2018 年和 2019 年中央一号文件都强调要构建现代产业体系，在农村实现多产业融合发展。乡村产

① 1 亩≈666.67m^2。

业发展融合将进一步延长乡村产业链，突出地域生产特色，发挥乡村产业在乡村生态环境保护、文旅科教、休闲娱乐等领域的复合功能，也更加突出对乡村产业发展方式转变路径的包容性，强调农业发展由生产导向逐步向消费导向的转变。

2. 生态宜居

生态宜居是乡村振兴的底线和基本要求。习近平总书记在党的十九大报告中强调，“实行最严格的生态环境保护制度，形成绿色发展方式和生活方式，坚定走生产发展、生活富裕、生态良好的文明发展道路”（中共中央和国务院，2018）。现阶段我国乡村发展正面临着严峻的资源、生态与环境压力，要加强乡村生态环境保护，注重生态安全，优化乡村人居环境和空间景观，走绿色生态、宜居宜业的可持续发展之路，体现了乡村居民新时期基本生活环境的新要求。要注重农业生态环境综合治理，将乡村山水林田湖草作为一个生命共同体进行统筹保护与修复。针对现阶段乡村农业生产与居民生活的矛盾，深入开展农业绿色发展行动，实现投入品减量化、生产清洁化、废弃物资源化、产业模式生态化。将乡村生态环境治理与基层政绩相联系，以确保生态治理成效，进一步缩小城乡生态环境差距，促进乡村社会公平和可持续发展。

3. 乡风文明

乡风本质上是一种乡村地方文化，具体是指乡村地域的社会风俗和风气，是乡村居民生活习惯和生活方式的地域性呈现。乡风文明是乡村振兴的“铸魂”之举，对乡村文化及空间环境进行有机更新和传承，有助于增强乡村文化软实力、培育乡村风貌、增强乡村魅力、发挥乡村文化载体空间功能。2016 年 4 月，习近平总书记在安徽凤阳县小岗村召开农村改革座谈会时强调：“要推动乡村文化振兴，加强农村思想道德建设和公共文化建设，以社会主义核心价值观为引领，深入挖掘优秀传统农耕文化蕴含的思想观念、人文精神、道德规范，培育挖掘乡土文化人才，弘扬主旋律和社会正气，培育文明乡风、良好家风、淳朴民风，改善农民精神风貌，提高乡村社会文明程度，焕发乡村文明新气象。”（党建网微平台，2022）乡风文明的树立应大力弘扬和繁荣新时期农耕文化、民间文化和民俗风情等优秀文化遗产，尊重不同乡村地区的文化差异性和注重特色发展，推动形成健康积极的乡风民约和风气习俗，满足乡村居民日益增长的多元文化需求，改变以往重乡村经济发展、轻文化保护传承的粗放型发展观念。

4. 治理有效

治理有效强调了国家治理体系和治理能力的现代化，治理有效是乡村振兴的重要保障和实施机制。治理有效的核心要义在于要强化乡村基层民主和法治建设，通过建立健全党政同责、社会协同和公众参与机制，注重在充分发挥村民自治作用的基础上，实现“自上而下”与“自下而上”相结合、“自治、法治、德治”相结合。自治通过乡村民主选举、民主决策、民主管理、民主监督等乡村自治制度加以实现，是乡村治理的具体形式和载体。法治是要强化法制的权威地位，推动干群依法办事和信法、学法、用法的行为自觉，是乡村治理的基本原则。德治是要通过树立乡村模范，鼓励先进，抵制歪风邪气和封建陋习，是乡村综合治理的必要补充。通过构建“三治结合”的乡村治理创新体系，走新乡贤的善治之路，切实保障乡村振兴的具体落实。

5. 生活富裕

习近平总书记认为，我们要把实现人民生活富裕作为我们长期的奋斗目标，要在不断发展中补齐短板，从而促进社会协调发展，实现共同富裕。生活富裕是乡村振兴的目标和价值追求，体现了乡村发展过程中对农民主体地位的肯定，实现农民生活繁荣和生活质量的提高。生活富裕应增强乡村居民的获得感、安全感和幸福感，“民生三感”是对新时期乡村社会矛盾转化的应对，在提升乡村民众物质生活水平的同时，也兼顾了精神层面，使乡村振兴发展的精神和物质成果越来越公平地惠及全体农民。以不断激活乡村发展要素活力和内生动力为抓手，以提升乡村竞争力和可持续发展能力为目标，注重“突重点、补短板、强弱项”，重塑城乡发展关系，逐步缩小城乡居民收入差距，全面实现乡村农业强、农村美、农民富的预期目标。

(二) 乡村振兴的目标

乡村振兴的目标总体可以概况为“一化、两园、五振兴”，“一化”是指坚持农业农村优先发展，实现农业农村现代化；“两园”是指要以美丽家园和生态田园建设为空间载体，其中生态田园建设体现了乡村粮食生产安全、产业发展和农民生活水平提升等方面，而美丽家园建设主要体现了乡村绿色生态、文化传承及综合治理等层面，“两园”建设互补互促，协同振兴；“五振兴”是指按照乡村振兴“产业兴旺、生态宜居、乡风文明、治理有效、生活富裕”的总体要求，科学推进产业振兴、生态振兴、文化振兴、人才振兴和组织振兴，是贯彻落实乡村振兴“五位一体”的具体体现(图1-1)。产业振兴重点要构建乡村地区现代农业产业体系，推动一二三产业融合发展，深度挖掘农业的多功能特色优势，走乡村产业融合升级之路，使农民能在家门口实现创业就业，为乡村振兴提供不竭动力(赵之阳，2018)。通过因地制宜结合各乡村区域产业结构和现状资源，科学优化调整产业结构，推进农业供给侧结构性改革，实现“一产强，二产优，三产活”的产业振兴之路。生态振兴就是坚持乡村生产、生活功能与生态环境的共生共荣，加强乡村生态平衡和环境保护，推进美丽乡村生态环境整治与污染治理，走乡村人与自然和谐发展之路。文化振兴就是要重视乡村传统文化文明的继承与发展，坚持乡村文化自信与本土特色品牌培育，注重物质空间与乡村精神文明振兴的有效衔接，走乡土文化文明兴盛之路。人才振兴就是要大力推进乡村教育和建设人才培养，培养乡村新型职业农民和新乡贤人才，吸引乡村人才回乡干事创业，不断提升乡村基层干部素质和能力，走乡村振兴人才培育和汇聚之路。组织振兴的核心是要建立健全乡村现代化综合治理体系，注重自治、法治、德治相结合，保障乡村社会秩序稳定有序，走乡村善治之路。

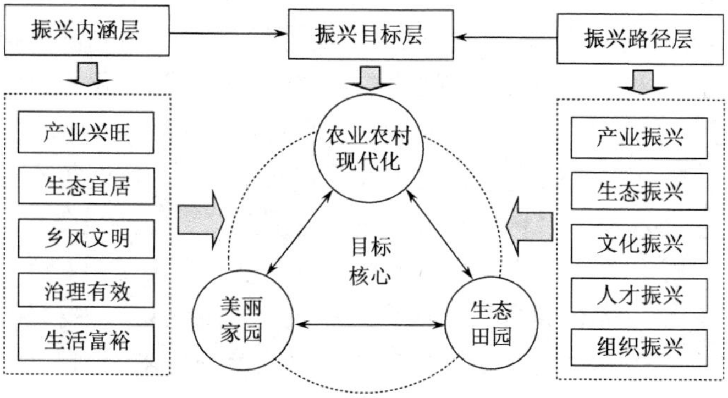

图 1-1 乡村振兴路径与图景分析

三、乡村振兴战略图景与意义

党的十九大报告首先提出的乡村振兴战略，是以习近平同志为核心的党中央在深刻总结“三农”发展成就与历史变革的基础上的战略研判和决策论断，是顺应亿万农民对美好生活的向往、决胜全面建成小康社会和建设社会主义现代化国家的重大决策战略部署，也是我国进入中国特色社会主义新时期解决社会主要矛盾和全面推进“三农”工作的总抓手。2018 年 8 月，中共中央、国务院印发了《乡村振兴战略规划(2018—2022 年)》，提出乡村振兴要统筹谋划，典型带动，有序推进，重点抓好防范化解重大风险、精准脱贫、污染防治三大攻坚战，加快补齐农业现代化短腿和乡村建设短板，按三个步骤推进乡村振兴战略，即到 2022 年，乡村振兴的制度框架和政策体系基本形成和初步健全；到 2035 年，乡村振兴取得决定性进展，农业农村现代化基本实现；到 2050 年，乡村全面振兴，农业强、农村美、农民富全面实现。乡村振兴战略全景描述了乡村富裕、民主、文明、和谐、美丽的综合形象，勾勒出为“三农”(农业、农村、农民)提供良好的“三生”(生产、生活、生态)空间的壮丽图景。对实现我国“两个一百年”奋斗目标和中华民族伟大复兴的中国梦具有重大现实意义和划时代里程碑意义。

（一）乡村振兴战略是实现农业农村现代化的关键着力点

实现农业农村现代化一直是我国针对不同时期的“三农”发展难题所做的不断尝试和目标追求，一直是体现我国“三农”政策导向的重要内容之一。早在改革开放初期，邓小平就首先在立足和完善家庭联产承包责任制的基础上，提出“科学技术是第一生产力”的重要论断，没有农业现代化，“三步走”的战略目标难以实现。江泽民也对我国农业现代化的内涵进行了补充，提出农业现代化是“农业生产主体的现代化和农业管理的现代化”。胡锦涛在党的十八大报告中提出，“促进工业化、信息化、城镇化、农业现代化同步发展”，将农业现代化作为“四化同步”发展的重要组成部分，首次将农业现代化提高到了新的历史高度。习近平总书记在党的十九大报告中提出的乡村振兴战略，是在十八大提出的“四化同步”的基础上，把农业现代化拓展成为农业农村现代化，拓展了农业现代化内涵，进一步加强了农业农村的基础地位和优先发展策略。通过大力发展现代农业，促进产业兴旺，实现农业现代化，通过农村生态环境、文化文明、综合治理等建设，改善农民家庭收入结构和提高收入水平，实现农村现代化。乡村振兴战略将满足工业化和城镇化的需要转到优先满足农业农村发展的需求上来，成为国家全面实现农业农村现代化的关键着力点和全党工作的出发点、落脚点。

（二）乡村振兴战略是要让乡村共享国家经济社会发展福祉

习近平总书记就曾说过，“‘一边是繁荣的城市、一边是凋敝的农村’，这不符合我们党的执政宗旨，也不符合社会主义的本质要求。”（习近平，2019）因此，中国特色社会主义的乡村振兴不仅是一条脱贫攻坚之路，更是一条坚持城乡居民共享改革发展成果的共富之路。乡村振兴战略的提出与国家经济社会的阶段水平和发展进程同步，目的就是让城乡居民能共享国家经济社会发展的福利。首先，乡村振兴战略明确了新时期我国乡村发展的新任务，乡村振兴与新农村建设的“生产发展、村容整洁、乡风文明、管理民主”的发展内涵相比，内容、层次和高度都得到进一步提升。其次，乡村振兴战略为新时期乡村发展提供了新动力。从以前“工业反哺农业、城市支持农村”的政策导向转为城乡统筹与乡村优先发展，以农民为主体、以农业为中心、以乡村为阵地，通过整合自身的产业、生态、文化等发展资源，以及人才政策、公共财政投入、公共服务设施建设等的政策倾斜，进一步激发乡村发展动力和活力，实现乡村内生增长和主动振兴，使乡村居民能从新时期国家社会经济发展过程中获得更多的满足感和幸福感。

(三)乡村振兴战略是“三农”社会经济文化的全方位振兴

乡村振兴需要广泛凝聚全民的精神力量和充分调动全民积极性，形成全民参与现代农村建设，全社会关心农民生活，全方位发展现代农业的乡村振兴精神，实现农村美、农民富、农业强的振兴目标(张润君和任怀玉，2020)。新时期我国乡村振兴战略的提出不仅注重顶层设计，而且其布局由笼统逐步走向全面具体。实施乡村振兴战略体现了物质文明和精神文明的统一，物质文明体现在“产业兴旺”、“生态宜居”和“生活富裕”，精神文明体现在“乡风文明”和“治理有效”。乡村振兴战略的实施兼顾发展乡村生产力和调整完善生产关系、兼顾乡村经济发展和生态建设发展、兼顾乡村文化文明建设与乡村综合治理水平，以全面深化农村改革为主线，促进农业全面升级、农村全面进步和农民全面发展，不仅要实现乡村产业现代化，而且要实现社会现代化、人的素质现代化。“十四五”是我国实现全面建成小康社会向建设社会主义现代化强国过渡的关键时期，乡村振兴要在实现精准脱贫和巩固全面建成小康社会成果的基础上，以农业农村高质量发展为引领，注重乡村“促改革、补短板、调结构、重治理”，全力推动乡村产业、人才、文化、生态和组织的全方位振兴。

第二节　乡村振兴实施机制与防范误区

一、乡村振兴战略实施机制

(一)城乡融合

1. 打破城乡二元壁垒，实现城乡资源双向互动

习近平总书记曾强调，“在现代化进程中，如何处理好工农、城乡关系，在一定程度上决定着现代化的成败。”城乡融合的本质是在城乡发展要素自由流动、公平与共享的基础上实现城乡协调和一体化发展(何仁伟，2018)。2020 年 3 月发布的《中共中央 国务院关于构建更加完善的要素市场化配置体制机制的意见》文件中明确提出，城乡发展要素的科学配置是保障城乡有序发展的关键。城乡融合与乡村振兴相互依存、互撑互助，城乡融合发展是实现乡村振兴目标的重要机制。城乡要素如劳动力、土地、资本、技术等的互动正是打破乡村发展瓶颈的前提。我国过去长期存在城乡“二元体制”和“重城轻乡”的发展理念，注重政府主导、忽视市场调节作用，导致我国城乡发展失衡、城乡差距不断拉大和城乡分割加剧的尴尬局面。城乡融合机制通过将深化农业农村改革与新型城镇化发展相互关联，实现了乡村内源动力与外部驱动、城市引力与乡村推力的有机结合，为

乡村振兴战略的实施提供了强大动力。城乡融合不断提升乡村振兴战略定位，体现乡村发展价值，实现城乡共生共荣、共同发展。城乡融合促进人才、资金、技术、管理、公共服务等要素在城乡间的双向互动，克服了传统城市吸引乡村主要呈现单向流动的弊端，在城乡融合中实现城乡资源共享、优势互补和相互促进(图 1-2)。

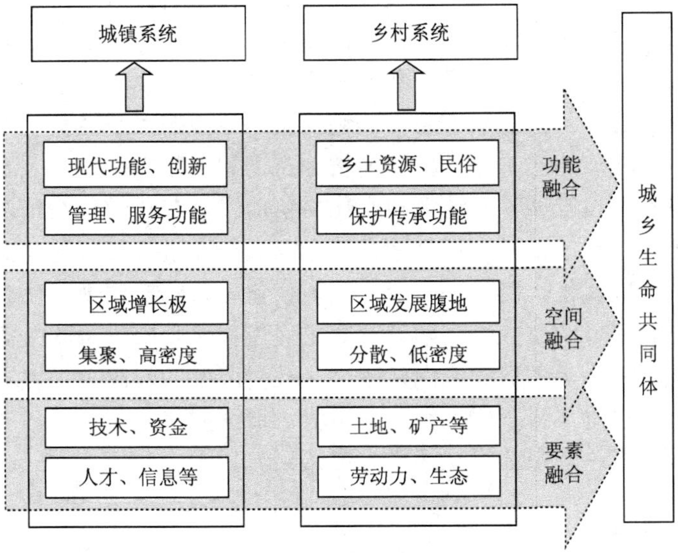

图 1-2　城乡融合关系图

2. 打造乡村地域振兴共同体，重构城乡结构体系

“共同体”概念最早源于德国社会学家斐迪南·滕尼斯以血缘为纽带、情感为基础的共同体理论。新时期乡村振兴是乡村社会、经济、自然、技术与治理等要素交叉融合，体现乡村内生力与城市外援力相互作用的发展优化过程。当前我国乡村发展正处于决胜全面小康社会向共同富裕目标的转型过渡期，强调城乡系统振兴和全域振兴是方向趋势。近年来，随着我国新型城镇化、美丽乡村建设、精准扶贫和乡村振兴战略等重大政策的实施推进，传统的“血脉同宗、地缘同乡”乡村共同体已逐步衰落，转而形成“城乡融合、系统振兴”的乡村地域振兴共同体。从地理学人地系统科学视角来看，乡村地域系统是在人文、经济、资源与环境的相互联系、相互作用下构成的，具有一定结构、功能和区际联系的乡村空间体系(刘彦随，2018)。乡村地域振兴共同体根据城乡空间与要素关联属性来分，具有地域性、层次性和动态性的特征，呈现出“市(县)域-镇域-村域”等级形态，由城乡过渡带、乡村振兴区、村镇振兴场和村落振兴核构成乡村“带-区-场-核”多级目标体系，系统构建乡村振兴国土空间管制与治理体系。

(二)绿色发展

绿色发展顾名思义是在发展过程中要强调绿色增长理念和环境友好思路，其与传统粗放式发展模式的不同之处是更加注重发展的可持续性和资源环境协调性。乡村空间系统是由不同规模、功能、区位和自然条件的乡村居民点及周边空间环境所组成的地域空间体系，既包括集聚生产和居住功能的村庄和乡镇，也包括耕地、园地等农业生产要素和乡村林地、湿地、水系等自然生态基质。随着国家美丽乡村环境整治和乡村振兴生态宜居环境建设的逐步推进，乡村发展正逐步向绿色发展和美丽宜居转型，注重维护乡村自然生态环境，提升自然生态环境的容纳缓冲能力、净化调控能力和还原再生能力等生态服务功能，保障乡村生态系统的结构稳定性和生态功能持续性，实现乡村“社会-经济-环境”复合效益的平衡和“生产-生活-生态”空间环境的和谐共融。

1. 生产方式绿色集约

大力实施农业科技创新驱动战略，加强农业生产科技支撑和自主创新水平，促进农业生产方式的转型升级。根据乡村地域自然及农业资源分布状况，不断优化乡村生产方式和空间布局，调控产业空间生产要素的有效供给，进一步提高农业生产能力和生产效率，大力发展优质绿色特色资源和农产品，提高区域和产品竞争力。通过建立和完善各类农业科技创新体系和示范平台，如各类农业高新技术示范区或农业科技园区等，鼓励高等学校、科研院所协同共建，建立市场化多元化生态补偿机制，实现农业科技创新推动与优质生态农产品的市场价值。同时要加强乡村农业绿色发展体制创新，建立和完善绿色开发与农业低碳循环生产、农业资源环境保护与开发管控、绿色农产品地理标志保护及绿色检测平台建设等，不断推进农业生产绿色化、标准化和全程监管，加快形成乡村现代农业绿色集约的生产方式。

2. 生活空间美丽宜居

乡村生活环境体现了乡村居民对美好生活向往的空间诉求，生态宜居是内生型乡村低碳生活方式的实践探索。进一步优化乡村居民点空间布局，建立集约紧凑、配套齐全、景观优美和层级分明的聚落结构体系，打造生态健康、环境优美、特色鲜明的乡村人居环境空间。依托各地乡村自然环境和地域资源特点，坚持保护与开发相结合，建设各具特色的生态型美丽乡村。加强乡村聚落景观环境整治与配套设施建设，特别要关注留守老人和儿童的室外景观环境配套设施需求，完善乡村垃圾分类、污水处理设施建设，通过加大绿色生态意识的宣传教育，提升乡村居民生活生态文明意识，倡导乡村居民绿色交通、绿色消费、绿色休闲和绿色建筑等健康生活方式和生活环境建设，逐步让绿色生态成为乡村居民生活自觉，以绿色发展引领生态振兴和回应美好生活。

3. 生态环境山清水秀

坚持绿色发展必须系统推进山水林田湖草的综合治理，加强生态环境污染治理，主要从生态空间分析和生态空间管控的角度出发，涉及生态环境现状评价、生态环境保护分析和生态空间结构优化等方面。从生态环境现状评价来看，由于乡村地域本身就地处广袤的自然空间之中，对自然环境具有“寄生性”的依赖，自然生态环境是乡村社会经济各层面发展的资源载体，具有高度的生态敏感性和脆弱的承载力，应注重乡村生态环境保护与资源环境承载容量，统筹乡村地域系统各类社会经济活动，协调乡村地域建设用地与非建设用地的发展关系，构筑乡村地域绿色生态安全格局；在生态空间管控方面，通过分析识别乡村生态敏感区和高价值保护区域，划定地域生态环境与自然资源保护红线，并实行严格空间管控与建设准入制度，统筹乡村“三生”空间格局。构建乡村区域生态景观廊道与防护林带，通过建设乡村生态保护区、湿地保护区和田园风景区等构筑乡村网络化生态系统。

（三）乡村治理

乡村治理需要解决的核心问题是乡村社会秩序的重建问题，要实现乡村的治理振兴，就要重建和强化权力的治理网络，以求建立治理性的团结（熊万胜，2019）。党的十九大报告提出，“加强农村基层基础工作，健全自治、法治、德治相结合的乡村治理体系”，并提出在 2035 年“国家治理体系和治理能力现代化基本实现……现代社会治理格局基本形成，社会充满活力又和谐有序”的宏大目标（习近平，2017）。在上述概念及国家政策背景下，各地乡村振兴应结合具体乡村治理现状，注重以“共建共治共享”为基本原则，构建“自治、法治、德治”乡村治理体系，是实现乡村振兴的方法论和运作机制。

第一，在治理单元和规模层面，要高度重视乡村治理单元的适度规模，综合考虑基层行政单元的设置，结合乡村自然社区或者集体产权单元现状，按照党群工作规律具体整合和划定基层治理单元和社区体系，避免乡村社区治理单元设定的随意性。第二，从治理结构层面，通过发展多元的经济、社会和文化组织，构建多元参与的基层治理组织，如成立由村委会、行政村或自然村代表、返村乡贤、驻村社会组织等组成的乡村治理理事会，从而推进乡村多元治理结构重心的下移。加强村民代表大会、议事会、理事会和监事会机制建设，提高治理效能和长效运转作用。第三，乡村自治要不断加强乡村基层党组织和干群队伍建设，完善党管干部、党管人才机制，加强乡村“两委”领导班子建设，通过民主选举、民主决策、民主管理和民主监督，不断深化“三农”主体地位和乡村自治能力。第四，以德治国是儒家思想的重要内容，德治是乡村治理体系的重要补充，乡村治理要注重彰显道德色彩的软实力和道德约束作用，以德治促进自治、以德治弥补法治，将乡村硬治理和软治理相互结合，更有助于实现乡村综合治理过程中的社会和谐。第五，“三治合一”乡村治理体系必须以法治为基础，自治和德治不能与法治相违背，通过规范乡村自治组织及自治行为，避免乡村自治的越权和缺位现象，是对法治精神的有效践行。通过法治来统筹平衡多元治理力量、利益分配和规范各类行为，推进治理决策的执行和结果的公正公开。

鉴于此，构建“三治合一”的乡村治理体系建设是当前实现乡村振兴战略的重要机制和抓手。乡村治理体系构建应从农村实际情况和现实问题出发，以坚守自治为主线，完善法治和德治作为重要补充的原则，不断推进乡村治理体系和治理能力的现代化建设。

（四）扶贫治理

2020 年 3 月，习近平总书记在决战决胜脱贫攻坚座谈会上的讲话中指出：“脱贫摘帽不是终点，而是新生活、新奋斗的起点。要针对主要矛盾的变化，理清工作思路，推动减贫战略和工作体系平稳转型，统筹纳入乡村振兴战略，建立长短结合、标本兼治的体制机制。”（习近平，2020）自实施脱贫攻坚战略以来，农业农村现代化快速发展，乡村贫困人口脱贫成效显著，乡村基础设施配套逐步改善，但由于乡村区域社会经济发展不平衡，特别是我国中西部地区乡村由于自然本底脆弱、设施配套滞后、内生动力不足等原因，乡村“空心化”和“贫血症”现象依然突出。当前对于贫困县和贫困村来讲，其工作重点就是脱贫攻坚，要保持“目标不变、靶心不散、频道不换”，弥补乡村振兴发展的最低短板（贾晋和尹业兴，2020）。

2020 年是我国取得脱贫摘帽的决胜之年，已顺利完成 832 个贫困县的全部脱贫摘帽和 0.5 亿绝对贫困人口的脱贫工作。当前我国虽然消灭了绝对贫困，脱贫攻坚战取得了全面胜利，但并不意味着我国贫困问题的彻底消失。由于我国贫困地区产业发展基础薄弱，人力资源缺乏，内生发展动力不足，对国家扶贫政策的依赖性强，导致返贫和复贫的诱因长期存在。后扶贫时代对相对贫困区域的贫困治理与“十三五”期间绝对贫困的脱贫攻坚相比具有较大的差异性。乡村振兴则是通过社会、经济、文化、生态等全方位振兴，实现农业农村现代化和城乡融合发展。2021 年 3 月，中共中央、国务院发布了《关于实现巩固拓展脱贫攻坚成果同乡村振兴有效衔接的意见》，为我国后扶贫时代的乡村扶贫治理指明了方向，后扶贫时代的贫困治理对实现乡村振兴的促进机制主要体现在以下两个方面。

1. 巩固乡村振兴发展基础，注重与乡村振兴的衔接融合

后扶贫时代的扶贫治理与乡村振兴存在逻辑上的顺承性。从总体目标层面来看，乡村贫困治理和乡村振兴战略具有逻辑的统一性，都体现了以人民为中心的共同富裕目标。扶贫治理是乡村振兴的基础和保障，乡村振兴是扶贫治理的延续和提升。从实施层面来看，乡村振兴面向农业农村农民现代化发展，而贫困治理主要侧重于相对贫困地区的发展，因此贫困治理是乡村振兴战略在贫困地区的重要体现。后扶贫时代的贫困治理是乡村振兴战略指导下的常态化贫困治理，体现了扶贫治理与乡村振兴战略的衔接融合，对弥补贫困地区发展短板、优化发展资源配置和促进乡村全面振兴具有重要意义。基于不同乡村贫困地区贫困成因的复杂性，单一的扶贫治理措施往往难以实现贫困地区乡村振兴的发展目标，因此需注重内部培育式扶贫和外部救济式扶贫相结合，扶贫治理实践主要通过扶贫产业发展、就业岗位、培训教育、生态建设、易地搬迁等多元化结合的方式，不断提升贫困地区和贫困人口的自我造血和内生发展动力，不断加强贫困地区的生态保护和景观治理修复，为进一步推进贫困地区乡村振兴打下坚实基础。

2. 强化协调统筹推进，构建乡村振兴内生发展机制

扶贫治理与乡村振兴的协调主要体现在“目标→过程→结果”的纵向延伸，既要满足农业农村发展基本需求，也要满足农民对美好生活的追求与向往。实现后扶贫时代扶贫治理与乡村振兴战略的稳步衔接，重点在于明确扶贫治理工作职责和长远目标规划，及时梳理总结扶贫治理过程中的成功经验和教训，增加政策制定的延续性和预防返贫致贫的保障机制。注重推进扶贫治理与乡村振兴组织机构的协调统筹和职能划分，做好发展政策制定的承接和转移，从扶贫产业转型升级、基础设施完善升级、宜居环境整治建设、提高农民收入水平等关键层面实现有效衔接，构建有效衔接的领导与组织机制、政策衔接运行机制和协同推进统筹机制，进一步为巩固提升扶贫脱贫成果，为乡村全面振兴提供新动力和新保障。

（五）规划引领

规划是按照事物发展的规律和既定规则，对特定领域的未来发展愿景进行整体性谋划的系统过程，是宏观调控、政策引导和空间约束的重要手段(刘彦随和王介勇，2016)。2018 年中央一号文件强调，乡村振兴要坚持科学把握乡村的差异性和发展走势分化特征，做好顶层设计，注重规划先行、突出重点、分类施策、典型引路。目前全国及各省层面的乡村振兴战略规划已基本编制完成，而市县级乡村振兴总体规划仍处于起步进行阶段，尤其是对镇村级乡村振兴战略的实施路径谋划不足，现有规划编制普遍存在简单模仿上位规划和相关美丽乡村建设规划，

在发展定位、经济区划和发展模式等方面雷同、缺乏地域特色等问题，乡村振兴实施型规划编制供给严重不足，编制内容、模式与方法等需要进一步统筹规范，从而进一步强化乡村振兴规划先行机制与指挥棒作用。

1. 完善国土全域空间视野下的乡村振兴规划体系

乡村振兴规划的目标是实现乡村地区转型振兴和可持续发展，乡村振兴规划体系是保障乡村振兴科学发展和目标落地的重要依据和实施策略。在乡村振兴和国土空间规划体系建立背景下，新时期乡村振兴规划的编制应突出战略性、主体性和层次性，科学处理城乡关系、人地关系、居业关系与空间关系等要素的统筹协调(刘彦随，2020)。紧扣乡村“三生”空间布局、“三产”融合、“多规合一”和乡村综合治理等方面提出乡村振兴的综合方案。坚持因地制宜和统筹推进原则，在科学评价分析乡村现状的基础上，以国家和省层面的乡村振兴规划为依据，加强乡村振兴规划在“市(县)—镇(乡)—村”层面的落实细化，注重落地可实施性。2019 年 5 月《中共中央国务院关于建立国土空间规划体系并监督实施的若干意见》发布，乡村振兴规划构建应根据国土空间规划体系编制，进一步明确乡村区域振兴现状、振兴范围和主体、任务目标、重点内容和规划深度方法等，实现乡村振兴战略规划、村庄建设规划等“多规合一”的实用性规划，提高乡村振兴战略与具体实施层面的结合。

2. 重视乡村发展评价，注重乡村振兴与其他相关规划编制的结合

围绕乡村振兴“五振兴”目标要求，按照系统性、独立性、代表性和可操作性原则，科学构建乡村生产、生活、生态、文化、治理等指标体系，综合运用地理信息系统(GIS)与现代计量方法相结合的方法进行乡村发展的综合评价，为各地乡村发展质量和相关规划的编制提供依据，同时为选择乡村振兴增长极和开展乡村振兴区划提供基础支撑(图 1-3)。国土空间规划体系是推进国家治理体系和治理能力现代化的重要组成部分，当前国土空间规划层次主要分为“国家—省—市—县—乡”五级，而微观尺度的村域空间规划相对较少，主要以美丽乡村建设规划、村庄环境综合整治规划等实施性规划为主，乡村振兴战略实施要与各层面国土空间规划和村庄规划密切结合，通过各级国土空间规划和村庄规划的编制充分体现乡村地域振兴内涵，指明乡村地域振兴路径、强化乡村空间管制、尊重多元价值诉求等基本职能，为落实乡村振兴战略提供规划支撑。

(六)制度创新

新时期我国乡村振兴战略实施的重要保障是要大力发挥制度体系的创新推动作用，从乡村振兴所必备的人力资源、土地、资金、技术、政策等要素激活和集

聚着眼，进一步创新乡村振兴机制，释放政策和制度体系潜能。结合具体区域城乡发展实际，加强不同层级、不同部门、不同类型乡村振兴战略政策制订的多层面协同，通过建立制度化的政府部门协商机制和信息交流共享机制，促进城乡发展资源要素的双向平等自由流动和市场化配置，构建乡村振兴战略实施落地的制度保障力。

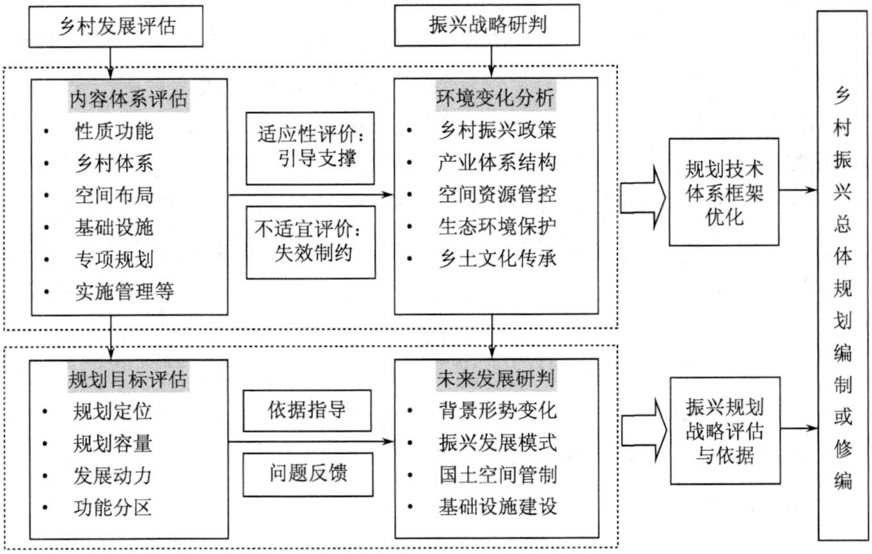

图 1-3　乡村振兴规划研制方法与技术要点

1. 创新人力资源政策

牢固树立人才是乡村振兴第一资源理念，建立健全统一农业农村人才资源信息平台和人才认定管理制度，把握乡村振兴各类人才的数量、结构和发展水平等信息，进一步建立和完善乡村培育政策和培养体系，大力培育新型职业农民、农业科技人才、农村基层农技推广人才和创业人才，培育壮大返乡创业农民、高校毕业生、退伍军人等各类新乡贤队伍到乡村创新创业；构建乡村人力资源吸引政策和系统激励体系，改善乡村人才工作环境，创造良好乡村人才生态，加强引进人才生活和社会保障力度，提高乡村基层干部工资待遇水平。坚持以人为本，补齐和完善农村公共服务设施建设，促进农民收入持续稳定增长。实现城乡公共服务一体化。

2. 加强土地制度改革

乡村振兴的空间载体和平台是乡村土地资源，有效盘活土地资源是土地资源制度改革的目标。要在新修订的《土地管理法》框架下进一步创新乡村宅基地审批和存量激活政策。在保障农户宅基地资格权和房屋财产权的基础上，探索宅基地所有权、资格权、使用权的“三权分置”改革，开展宅基地流转、抵押和自愿退出改革，打通宅基地和集体经营性建设用地入市的连通渠道，创新乡村产业用地政策，激发乡村土地使用活力，为城乡产业融合发展提供用地空间和载体，对吸引城市资金、人才、技术和“三产”融合发展提供新路径，加强乡村产业、聚落空间和乡村治理模式的融合与重构。

3. 改革投融资政策

如何解决乡村振兴建设的资金问题是关键。由于乡村地区发展基础薄弱，农业发展附加值低，乡村软硬件条件相对城区比较落后，乡村振兴的建设资金来源有限，造成资金缺口较大和欠账较多。因此要通过改革投资融资政策，多渠道筹集建设资金。要大力加强政府投入预算和涉农资金整合力度，特别是要加强乡村基础性和公益性设施投入，改善乡村振兴发展环境，优先支持国有和民间资本投入乡村振兴建设。加强乡村集体经济发展，通过探索多种形式的乡村集体经济发展模式，提高乡村产业集聚和规模效益，在强化传统优势农产品加工基础上，积极推动产业链条向上下游延伸，吸引市场和社会资金投入。建立政府支持、企业运营、农户参与的利益联结机制，充分利用“互联网金融”设立乡村振兴互联网专项资金和金融产品，大力发展“互联网+农业”，推进乡村产业电子商务发展。改革乡村土地专项优惠政策，提高乡村振兴土地出让金比例，增强乡村振兴自身“造血”与自组织发展能力。

4. 完善乡村振兴法规

从国家层面应尽快出台乡村振兴配套的相关法律法规，实现乡村振兴战略实施的有法可依和有章可循，保障乡村振兴战略的稳健实施。从乡村角度来看，在我国《环境保护法》的基础上，进一步完善对农村生态环境保护方面的条款或补充，保护乡村生态环境，避免其受到城市和企业污染转移危害，加强对农村生活污染、农业污染等治理的立法，保护农民生态权，促进城乡公平和可持续发展。同时应当加强乡村自治理念，推进乡村法治宣传与制度建设，加强“法进乡村”的培训宣传活动，逐步提高乡村干群的法律素养，把乡村振兴战略实施切实纳入法制轨道。

二、乡村振兴误区与防范

(一)警惕“示范特色化”流于“模仿同质化”

乡村振兴的推进固然需要发挥典型示范带动效应，但并不是脱离乡村实际对典型的机械模仿和照搬照抄，而是应根据乡村地域特点因地制宜地发挥特色示范作用。如果单纯追求吸引眼球的示范效应，脱离实际生搬硬套，则很容易变成劳民伤财的“形象工程”或“政绩工程”，要充分警惕对乡村振兴样板的“机械化”和“同质化”模仿倾向(危旭芳，2018)。如对于乡村产业振兴方面，产业发展定位和功能脱离现有资源和基础，盲目追求高端、上档次产业类型，造成资金盲目投入、缺乏发展动力和空间资源分配的失衡；部分乡村旅游业的发展，忽视了乡土文化和历史传承等特色塑造,简单复制度假村或民俗项目,导致其步入“形似而神不似”的尴尬境地。在乡村宜居生态环境打造过程中，对乡集镇区功能空间设置、建筑风貌整治、景观小品塑造、历史文化空间保护等方面，存在重外在轻内涵、忽略乡村异质性特色挖掘的倾向，营造出来的景观空间出现“千村示范”“万村一面”的现象，造成乡村景观环境功能简单重复、空间形态单一、建筑特色雷同、文化割裂或断层等普遍问题。因此，乡村振兴的示范化效应一旦走偏，会造成乡村公共资源分配的失衡，少数区位条件便利、文化底蕴深厚和自然资源丰富的乡村在优先集聚发展资源的基础上，乡村特色和典型示范作用却得不到充分体现，造成乡村资源分配新贫富差距现象，严重背离了乡村振兴公平公正的初衷。

(二)防范“城乡融合化”导致“乡村去农化”

新时期乡村振兴从城乡二元分割逐步转型到城乡融合发展,体现了城乡互补、城乡互助的发展理念，通过城乡融合机制，乡村发展进一步吸引了城市资金、技术、人才等要素的进驻，对激活乡村产业发展、盘活乡村土地、提高农民收入具有重要意义。但城乡融合发展并不是对乡村的否定和限制，要防止乡村经济城市化、乡村土地项目化和乡村农田非粮化的倾向，造成乡村集体经济组织和农民合作社被严重边缘化或无情挤占的现象，以及乡村基本农田被占用、生态资源被剥夺，诸如工商企业借乡村土地经营流转和乡村旅游开发之名，大搞项目圈地运动和旅游地产开发，擅打乡村振兴政策“擦边球”，以养老小镇、旅游小镇和健康小镇等名义，从事高尔夫别墅、高端酒店和康养地产开发，严重偏离乡村振兴和“三农”发展轨道，其实质就是乡村去农化的典型表征，最终后果是导致大量农田被侵占、乡村生态环境被破坏，乡村社会根基逐步陷入崩溃瓦解的尴尬境地。因此，当前乡村振兴战略的实施必须基于其“姓农”本色的基础上，做好城乡融合发展的资源协调和风险评估，建立城乡融合发展的土地开发及资本准入门槛制度，保障乡村产业、景观风貌、土地使用等方面的乡土特色。保持乡村农业主导模式，优化产业结构。保留乡村景观风貌乡土特色，传承乡土文化和唤醒乡愁记忆，尊重乡村原始空间肌理，尊重乡村民俗风情。根据乡村发展情况，积极引导外部资源完善现代农业薄弱和关键环节建设，如注重互联网农业、智慧农业、共享农业等新业态和新模式，加强乡村“三产”融合发展，实现城乡互补、和谐共生才是城乡融合之道。

(三)避免“改革供给侧”引致“供需新失衡”

长期以来，我国农产品大都走的是“高产低价”的规模化产销模式，农产品缺乏质量效益和品牌竞争力，农产品产能过剩，附加值低下，无法满足市场多元化需求。农业供给侧结构性改革就是以破解农业生产结构性矛盾为主线，以适应市场需求为目标，不断优化品种结构，立足特色优势优化区域结构，通过适度规模经营优化产业结构(陈文胜，2019)。农业供给侧结构性改革要以质量和品牌塑造为导向，优化农业资源配置和供给结构，淘汰落后的产销模式，提升农产品质量和市场竞争力。例如，在农民生产技能尚未完成转型、生产经营范围尚未完全调整的情况下，由于盲目跟风过早淘汰低端农产品，导致乡村农产品基本供需结构失调，引发市场风险和供需新失衡。特别是以生产为导向的产业扶贫由于缺乏自身特色与定位分析，往往也会造成农产品同质化和产能过剩的严重问题。另外，由于农业机制体制的建设滞后，政府直接主导农业生产和投资活动现象比较普遍，抱着抢抓国家政策红利和政绩攀比的心态，在未充分做好农业项目培育和市场开发工作的基础上就盲目推进，大搞土地规模化流转和粗放式经营，导致农地经营权大都被私人企业掌控，弱化了村民自治功能，继而造成农村经济发展放缓、农民收入降低和社会阶层对立的不和谐现象。同时还有相当数量的农业用地转化为非农建设用地，重增量建设而轻存量改造，由此将不可避免地带来噪声污染、水污染、大气污染等一系列生态环境破坏问题。因此，供给侧结构性改革要防止忽视市场需求、盲目跟风、贪大求全的现象，防止乡村“地缘”社会和乡土文化受到冲击，避免可能会出现的拜金主义、社会诚信缺失及道德危机等现象。

(四)勿将“多元群建共治”变成“政府强势包办”

乡村振兴的主体是农民，政府、企业和第三方组织机构等利益相关者构成乡村振兴的外部力量，其中政府是乡村振兴的主导者，企业与第三方组织机构是乡村振兴的重要参与力量(刘晓雯和李琪，2020)。乡村振兴是“三农”的全方位振兴，涉及乡村主体的多方利益诉求，特别是要充分发挥农民的主体作用，因此需要汇聚多方力量，群策群力、群建共享。但长期以来在政府的强势主导下，“政府包办”“唱独角戏”等倾向明显，领导意志决策代替市场规律，不仅增加了政府运作成本，也反映了主体角色的错位越位，造成乡村主体地位被忽视。农民由于自身能力和环境的限制，缺乏积极主动的主体性意识和乡村共同体意识，一部分农民自身文化水平有限，对公共需求的认知和意见往往反映了“小、散、保守”的小农意识，使村集体失语和农民漠然旁观成为惯例。乡村主体创新精神和内生动力激发不足，并由此引发了许多新问题。诸如地方政府习惯强势介入乡村基层治理事务，对乡村产业发展、基础和公共服务设施建设等方面大包大揽，乡村产业发展定位忽视乡村资源基础和市场需求，缺乏地域特色。在乡村振兴融资方面，政府往往投资占比过高，没有充分考虑民间和社会资本的融入，由于过分依赖于上级政策资金支持，往往造成后期维护运营管理资金的不足。因此，政府作为乡村振兴的主导者，是政策制定部门和执行部门，应注重从农民主体性利益出发，善于问需于民、问计于民和服务于民，使乡村主体农民能获取更大的能力发展空间。充分调动村集体、农民和新型经营主体等各方面的主动性、积极性和创造性，给乡村集体和农民主体赋权放权，激活乡村振兴主体的首创精神和内生动力。

（五）防止“长期可持续”趋于“短期功利化”

乡村振兴战略是国家大计，实现乡村全面振兴需要面对错综复杂的外部影响环境和内生动力环境，并不能一蹴而就，需要综合审视乡村振兴各个阶段发展的现状、问题和难点，聚焦各阶段发展任务并分类施策，体现了历史发展与现实决策的延续统一。乡村振兴实施过程中难免存在有些地方难以正确处理长期任务和短期目标之间的关系的现象，导致陷入长期任务短期化和功利化的误区。应首先在认识上克服对乡村振兴短期实现的急躁心态。中央关于实施乡村振兴的目标分为2020年、2035年和2050年三个节点，乡村振兴规划实施必须遵循乡村发展规律，注重规划先行、分类推进和分期建设的指导原则，因地制宜，因村施策，既要防止“一窝蜂”的蛮干快上，又要防止“一阵风”的虎头蛇尾，防止短期功利化倾向。

2019年《中共中央 国务院关于坚持农业农村优先发展做好“三农”工作的若干意见》中明确指出：“对标全面建成小康社会‘三农’工作必须完成的硬任务，适应国内外复杂形势变化对农村改革发展提出的新要求，抓重点、补短板、强基础，……全面推进乡村振兴，确保顺利完成到2020年承诺的农村发展目标任务。”乡村振兴战略下“三农”政策的推行也要遵循明确的时间表，注重长期可持续和近期可实施的结合。推进乡村振兴既要有“坐不住、等不起、慢不得”的紧迫感，更要有精耕细作的韧性和驰而不息的坚守，在振兴实施策略上需借鉴国内外和我国改革开放以来美丽乡村发展建设的成功经验，注重长期可持续发展，典型示范带动，问题重点突破，以少积多，以点带面，使乡村全域振兴与全面建成社会主义现代化强国同步实现。

第三节　乡村振兴战略对乡村规划发展的指引

一、对乡村产业发展与融合的指引

2015年中央一号文件提出“推进农村一二三产业融合发展。增加农民收入，必须延长农业产业链、提高农业附加值。”党的十九大提出乡村振兴战略，要通过产业融合模式推进产业兴旺，对提升农业产业附加值与农业农村现代化发展贡献度，实现乡村劳动力能就近就地就业和共享乡村振兴富裕生活具有重要的理论与现实意义。“三产”融合是指以农业为基本依托，以新型经营主体、各类社会资本、行业协会和产业联盟为引领，以利益联结机制为核心和纽带，通过产业联动、要素集结、产业渗透、产业重组等方式，形成新产业、新业态，最终实现产业发展和农民增收(于志华，2020)。长期以来，我国乡村地区主要注重粮食生产的高产增产，相对忽略增收增效和对农业功能的深入挖掘，导致农业多元化和产业附加值水平低下。通过乡村“三产”融合发展，可进一步延伸乡村产业链，完善“三产”经营模式和利益联结模式，实现传统农业与二、三产业相互补充和交叉融合发展，增加农业附加值和产业链红利。乡村振兴背景下的“三产”融合，应充分加强部门沟通协作与政策导向作用，实现业态创新发展。

第一，加强“三产”融合评价与现状分析，通过综合构建三产融合测度模型方法，对“三产”融合度及演化规律进行评价研究，明确“三产”融合度与劳动力融合的耦合关系和时空分异格局，为“三产”融合决策提供依据。

第二，要根据乡村资源禀赋与特色优势，加强乡村“三产”在地域空间上的融合发展，拓展和完善产业功能与产业链，将农业与旅游、文化等资源充分融合，通过对农作物种植、农产品加工生产、农产品销售与服务等环节的纵向一体化，提高“三产”融合抵御与规避风险的能力。

第三，完善产业融合相关政策与部门协作机制，适当降低“三产”融合市场准入门槛，明确农业主管部门的责任与分工，加强农业、国土、财政、工商、旅游、环保等部门沟通与协作机制建设，成立综合协调机构如“农协委员会”，出台乡村振兴“三产”融合方案，对“三产”融合发展进行政策引导和监督管理。

第四，加大对“三产”融合项目的财政支持与税收倾斜，通过减免增值税、进口关税等，优先培育和扶持涉农产业融合企业，加强“三产”融合复合型人才培养及经营模式的构建，注重新型职业农民与经营主体的带动作用，不断提升“三产”融合生产效率与服务能力。

二、对乡村人居环境规划提升的指引

乡村人居环境是人居环境科学的重要组成部分，其内涵发展涉及乡村社会、经济、资源、生态、文化等层面，是一种多元复合的环境系统工程。乡村振兴战略强调的生态宜居目标体现了乡村人居环境系统整治和质量优化，反映了人居空间环境可持续的发展要求。乡村人居环境是乡村振兴的重要本底，也是乡村美丽家园打造的重要基础和农民安居乐业的重要支撑。有必要对农村地区突出的生态环境问题、基础设施薄弱问题、缺乏风貌特色和历史文化问题、公共设施配套不齐全问题等，进行乡村地区人居环境改善系统研究，从乡村振兴过程中农民对美好生活的需求视角提出乡村人居环境改善的基本策略，补齐乡村人居环境建设短板，突出乡村人居环境系统建设的针对性、适用性和特色性，循序渐进地改善乡村人居环境品质。如苏浙乡村人居环境建设的整体框架就体现了乡村生态产业、生态环境、生态人文的实践路径，通过重新构建生态可持续发展的治理结构，确保乡村人居环境发展质量的不断提升。乡村振兴视域下的乡村人居环境规划提升主要体现在以下三个方面：

第一，乡村振兴和乡村人居环境建设目标任务体现了相互契合、一脉相承的特征，乡村振兴提出的“产业兴旺、生态宜居、乡风文明、治理有效、生活富裕”五方面内涵也体现了乡村人居环境建设的内涵，其中，产业兴旺是关键、生态宜居是基础、乡风文明是载体、治理有效是保障、生活富裕是核心，乡村人居环境建设体现了生产兴村、生活塑村、生态美村和文化立村的协调统一和发展愿景。

第二，乡村人居环境建设要从乡村振兴内涵视角进行综合质量评价，通过构建综合评价指标体系和质量评价模型，综合分析评价乡村区域人居环境质量的优劣和空间分布特征，为区域乡村振兴实施提供依据。

第三，乡村人居环境规划建设应正视乡村自身发展优势、问题和资源现状，注重高质量发展和特色化建设，实现乡村产业、生态、文化、治理和生活水平的协同优化和全面提升。

三、对乡村生态环境保护修复的指引

当前国家乡村振兴战略强调“保护与建设良好的乡村生态”是乡村振兴的基本前提、重要内容及关键支撑(范凌云等，2019)。党的十九大报告明确提出将生态宜居作为我国新时期乡村振兴的重要目标之一，不能再以污染生态环境来换取乡村经济的快速发展，必须要坚持绿色生态、集约节能为导向，对统筹城乡生态环境保护，弥补乡村生态环境短板具有重要意义。乡村生态宜居体现了“生态”和“宜居”概念的辩证统一，其内涵是尊重乡村区域自然基底和生态规律，在维持自身自然和社会系统“生态可持续”的基础上，注重乡村社会、经济、文化等发展的多元功能复合和宜人生产生活环境的美好塑造，从而达到乡村生产、生活与生态环境的和谐共生。乡村生态环境治理是一个系统工程，涉及乡村全域到片区、战略到实施层面的一体化，需要重点从生态空间管控、产业结构、污染治理、乡村环境整治等层面加以振兴与修复引导。

第一，完善乡村振兴生态空间战略布局，根据习近平“两山”理论和生态适应性理念，建构包括乡村生态要素、生态体系、生态治理和生态政策的生态环境体系，有针对性地开展乡村空间生态格局和空间形态生态适应性研究，重点培育和构筑区域性生态空间场域，提升乡村生态保护与修复水平。

第二，加强农业生态环境保护与修复，大力发展绿色农业、生态农业、循环农业和现代农业，把农业生产、农民生活、农村生态作为整体统筹安排，实现生产、生活、生态和谐统一。根据农业活动与生态环境间的依存关系，完善现有政策制定与引导，加快实现循环农业和绿色生态发展。

第三，开展乡村污染源头治理，完善垃圾分类投放回收及处理设施建设，针对乡村生活污水排放分散、污水收集管网建设现状，采用多元化污水处理模式；提高农村用电安全性，降低乡村生活能耗。改变村民能源使用方式，加快太阳能、风能、秸秆沼气清洁能源技术的示范推广，优化清洁能源利用结构，降低煤、柴草使用对乡村环境的污染。

第四，依托乡村自然环境和地域状况，坚持适度开发与生态环境保护相结合，着力打造生态型村镇和乡村社区，按照生态宜居要求，严控生态保护红线、基本农田保护红线和城镇开发边界，开展村镇生态环境的美化与改造提升，对水系资源进行生态治理，加强村镇绿化与景观开敞空间建设。

四、对乡村土地资源和公共服务的指引

土地资源是落实乡村振兴的根基和空间载体，农村土地利用及人地关系是农村稳定和可持续发展的根本。乡村公共服务是政府保障乡村居民基本生存发展需求的制度性安排。当前在我国乡村土地使用和流转过程中总体存在粮食安全问题、违法经营问题、生态污染问题等，由于各类风险共存，乡村公共服务非均等化、碎片化现象不断显现，严重影响了乡村振兴事业全面可持续发展。乡村振兴的根本目的是实现农业农村现代化和保障乡村可持续发展，要兼顾公平与效率，建议围绕以下几个层面加强乡村土地资源使用管理及公共服务的均等化全覆盖。

第一，加强农村土地综合整治，开展农村土地整治要与区域自然本底条件和社会经济发展阶段相适应，按照分区统筹、分类施策的原则在国土空间开发格局的框架下因地制宜地采取相应的模式与路径(龙花楼等，2018)；完善土地综合整治的相关产权制度，理顺土地综合整治收益分配关系，建立土地整治的科学决策机制，防范土地整治项目引致的法律风险和社会风险，切实保障农民利益。

第二，加强土地流转，探索以承包地确权为基础、以市场化交易为平台、以土地利用管制为准则、以风险分担社会化为保障的土地流转机制，在保障农民权益的基础上促进农村可持续发展。

第三，以建设乡村宜居社区、盘活宅基地为契机，助推乡村城镇化进程。农村新型社区建设选址应尽量利用区位条件较好的原有村址或空闲土地，让农民在享受便捷完善的公共服务的同时，充分体现地域建筑特色和传统乡村土地利用景观。

第四，进一步推进城乡公共服务均等化，通过城乡规划引导，加快推进乡村基础设施和公共服务设施全覆盖和城乡一体化建设，充分结合乡村具体发展特点，提高各类服务设施的运行和服务效益，提高资金和资源集约利用水平和规模效益，避免盲目建设，积极探索建立设施运营管理的保障机制和环境管理的长效机制。

五、对乡村文化保护与传承的指引

乡村文化遗产是人类与原生态自然环境和传统农业社会长期共同作用的产物，具有明显的世代延续特征和鲜明的地域特色，在内涵上承载着独特的乡土文化记忆。在形态上包括农业生产遗产、乡土聚落遗产和非物质文化遗产等，而物质文化遗产常常是非物质文化遗产的载体，要充分认识到乡村文化的本质及其载体，对于乡村物质及非物质文化遗产的保护要做到兼顾并容。乡村文化振兴就是要加强乡村思想道德建设和公共文化建设，以社会主义核心价值观为引领，深入挖掘优秀传统农耕文化蕴含的思想观念、人文精神、道德规范，培育挖掘乡土文化人才，弘扬主旋律和社会正气(龙文军等，2019)。乡村文化振兴体现了乡村振兴发展的内涵和特色，振兴乡土文化是乡村振兴的重要环节和基础，目的是促使乡村在保护延续乡村多样文化资源的过程中，使乡村居民精神文化生活不断得到充实，文化素质和文明程度普遍提升，焕发出乡村振兴时代文明新气象。

第一，重视乡村文化的保护和延续。要善于整合当地的生态资源与人文资源，充分挖掘文化底蕴，从产业发展、景观改造等方面入手，利用当地的历史古迹、传统习俗、风土人情和古村文化等人文元素，丰富乡村振兴的文化内涵，提升和展现乡村的文化品位，突出地域特色和地方历史文化有效传承。

第二，完善乡村历史文化名镇、名村的相关保护政策的制定，从乡村文化现状分析与评价、历史文化特色分析、相关规划定位、文化资源保护与开发利用等层面加强文化村镇的规划引导，在挖掘和保护乡村有形文化资源的同时要注重乡村无形文化遗产的整理和传承，建立政府和非政府组织乡村文化保护与传承机制。

第三，加强“文旅融合”，乡村文化景观遗产作为“文化记忆”的物化或非物质形态，是乡村旅游发展的引力源和活力点。乡村文化景观遗产保护也是乡村旅游发展的重要载体和景观卖点，加强文旅型村镇旅游发展和景观风貌规划与建设提升，促使乡村振兴与乡村文脉保护、社会经济发展相得益彰。

六、对乡村治理体系规划建设的指引

治理有效是乡村振兴的要求，农村治理是国家治理的重要组成部分也是薄弱环节，已经成为国家治理现代化的瓶颈(王亚华等，2016)。治理有效是维护乡村振兴的秩序性和可持续性的重要保障。新时代乡村治理既要吸取改革开放前后乡村治理的经验和教训，也要结合乡村振兴的内涵加以引导创新。

第一，乡村治理关键在于创新构建乡村治理体系，改变传统乡村治理运作机制与模式。党的十九大报告明确提出，要从农村社会治理实际角度出发，健全自治、法治、德治相结合的乡村治理体系。加强新时代文化融入的乡村治理提升与完善，破除原有碎片化、机械化的治理模式，注重社会专业化治理和整体化推进，促进原有管控式治理向社会精细化治理和服务化治理方式转型。

第二，提升乡村治理可持续发展能力，加强乡村治理多元共建与群治共享水平。对于当前农村社会治理面临的诸多问题，需充分发挥政府和乡村基层组织的作用，注重治理的放权和重心下移，让乡村主体积极参与到乡村治理体系中，构建政府与农民、集体、企业等主体的互动对话和民主协商机制，充分考虑不同利益群体的利益诉求，完善乡村治理监督与激励机制建设，构建共建、共享和共治的社会治理新格局。

第三，结合农业农村现代化发展目标，加强移动互联网时代背景下的乡村“智治”创新。随着移动互联网技术的飞速发展和乡村生活水平的日益提高，传统的“线下”乡村治理逐步呈现“弱、散、乱”的现实问题，应积极融入互联网元素，加强“线上”乡村治理研究的创新，构建“互联网+乡村治理”的线上线下相互结合的治理新局面，这对提升乡村现代化治理能力和智慧乡村建设具有重大意义。

第二章 我国乡村规划发展历程及政策理论研究

第一节 我国乡村规划发展历程分析

一、我国乡村规划发展历程

本章结合重要历史事件和关键政策出台时间等要素，将我国乡村规划发展历程分为四个阶段。

（一）人民公社时期乡村规划（1949～1977年）

1. 发展历程

新中国成立初期，虽然农业生产开始恢复，但生产力水平仍然低下，为提高生产力水平，我国开始推行农村合作化运动，农业经营方式开始集体化，生活人民公社化。人民公社是在“大跃进”运动时期中国乡村出现的“工、农、商、学、兵”相结合的，政社合一的社会基层单元。1958年7月，河南成立了全国第一个人民公社。1958年9月，根据农业部要求，全国各地纷纷开展公社规划，这也是新中国成立后首次大规模开展的乡村规划，具体内容涉及农、林、牧、渔等各产业规划，以及土地平整、道路修建、乡村建设等项目（何兴华，2019）。其实践的作用和意义有以下几个方面：一是保证生产和消费供需均衡；二是生产目标更加清晰，即劳动生产率的提高；三是生产方法和方式更明确，即利用自然、改造自然（朱莲青，1961）。地方上，一些地区还做出了专门的农村土地规划、居民点规划、乡村电网规划、农村水电站与水利站规划等。后期党中央号召“农业学大寨”，并将其作为一项政治运动。大寨当时作为山西昔阳一个贫穷落后的小山村，基于“先治坡、后治窝”的规划原则，修筑梯田，改善了耕地质量；对沟壑进行治理，扩大了土地规模；兴修水利；调换了附近村庄土地以便于耕作；修建了道路设施，改善了交通环境。但是它作为一个山村，规划经验有其特殊性，难以为继。单一的规划模式并不被其他地方欢迎。

2. 发展特征

一是规划编制时间和建设实施时间过短。1958年农业部通知要求在短短几个月内完成规划编制（李京生，2018）。因此，一张规划图，甚至一张规划总图都是在较短的时间内完成的(何兴华，2016)。例如，清华大学师生于1958年参与的河北省徐水县大寺各村庄居民点规划编制和建设实施工作，当年10月开展调研，11月中旬完成全部设计方案，次年1月工程就全部竣工。由于过急、过快和过于冒进，这种做法被清华校党委开会批评(刘亦师，2019)。

二是编制理念和内容过于超前，规划的政治性过强，规划内容不符合当时农民对生产生活的需求，也不符合当时生产力特征。“排排房、一般高、一个样”的建筑设计，缺乏建设依据，也不实用(梅耀林等，2014)。比如，改建的一批住宅，类似于集体宿舍；建设的公社食堂，供集体用餐。这种规划不符合当时农民对生产生活的需求，引起群众强烈反对。开展的一大批不实用的住宅、公共设施、工业企业建设，严重地浪费了国家大量资源(何兴华，2019)。

三是前期调查工具、调查方式较为落后，前期调查工作不足。资料收集主要依靠劳力，以访谈调查、实地参观调研等方式进行。主要依靠口述、笔记、原始测量工具等进行调查。

但此时期乡村规划实践开始关注生产活动、文化活动等相关内容，而不仅仅是住宅。例如，江苏省东海黄川公社在制订新农村规划时，将村庄布局规划与卫生工作结合、道路规划与交通运输结合、农田平整规划与机械化耕作结合、灌溉规划与水利建设结合，丰富了乡村规划内容(佚名，1977)。南京大学师生完成的淮阴市渔沟等地的公社规划(金其铭，1990)，涵盖农业生产范围、乡村生活空间范围、公社各中心空间确定等多方面(张同铸等，1959)。湖南省湘潭县泉塘子公社根据农田基本建设要求，制订了田、土、林、水综合治理和道路、房屋统筹安排的全面规划方案，并对建房原则、规模和标准等内容进行了细致规定(湖南省建筑研究所农村房屋建设调查组，1976)。同时，跨区域规划理念在部分县编制的“县联社规划”方案中有所体现，但受经济、政治思想影响，这种理念并没有得到执行(何兴华，2019)。

针对如何更好地进行规划设计、规划设施，当时学术界也展开了讨论，如有学者认为乡村规划应该形成四级体系：人民公社社间总体规划、人民公社社内控制规划、人民公社基层具体规划和人民公社生产技术设计(朱莲青，1961)；有学者对农村居民点园林化规划提出了建议(王尚武，1959)；有学者对土地规划的问题进行了讨论(何永祺，1963)；还有学者讨论了土地节约问题和经济成本控制等问题(尚久赞，1963)；也有学者开始编写教材，以指导规划设计，如清华大学、同济大学、南京工学院等高校于1961年组织编写的《城乡规划》教材，最早将乡村纳入规划体系，已被后来的城乡规划法考虑(吴良镛，2013；李浩，2016)。

(二)改革开放初期乡村规划(1978～2002年)

1. 发展历程

改革开放之后，随着中央在乡村的政策一一落实，农村经济迅速发展，农民收入提高，一股建房热潮随着农民改善居住环境的需求增加而出现。从1978年到1981年，乡村共建新房15亿m^2，投入资金约300亿元，平均每年新增3.75亿m^2，每年投入资金75亿元(冯华，1982)。但当时全中国约400万个村庄，53000个集镇，除少数规划和建设比较好的村镇外，大部分没有规划，处于盲目建设之中，乱建乱占、滥用耕地现象严重。

为解决上述问题，全国首次农村房屋建设工作会议于1979年12月在青岛召开，这次会议确定了“全面规划、正确引导、依靠群众、自力更生、因地制宜、逐步建设”的农房建设方针(王立权，1980)。1980年，农村房屋建设管理办公室成立。次年12月，第二次全国农村房屋建设工作会议明确提出，要扩大村镇建设范畴，会议认真研究了农村建房的方针政策、组织领导、规划建设、管理法规等方面的内容，并要求地方在1984年年底前完成对山、水、田、林、路、村的综合规划(谢晓林，2009)。这标志着中央开始把农村建房工作扩大到有规划地建设村庄和集镇；村镇规划成为中央推动的一项工作。

然而，这一时期乡村规划的实施面临以下困难：一是乡镇规划建设管理技术人员严重匮乏。平均十几个县才有一个专业技术人员。二是基础资料严重缺乏。大多数村镇缺乏现状图，基础资料少，测绘整理难度大。三是资金严重不足。全国大约有400万个村庄，预估现场调研费用、专业成本巨大(何兴华，2019)。

面对上述问题和困难，国家立即出台了相关支撑政策，并通过设立机构加强统一管理，除此之外，在资金、人才等方面给予支持。首先，1982年1月14日，《村镇规划原则》颁布，村镇规划被分为总体规划和建设规划两个阶段(张博野和曾菊新，2008)。乡村规划的理论基础、方法、技术标准初见雏形，中国乡村规划逐渐走向正轨(梅耀林等，2014)。其次，1982年2月13日，《村镇建房用地管理条例》出台，村镇规划的重要作用得到法律保障。1982年3月10日，《关于建立村镇建设档案的通知》发布，明确了乡村规划调研数据、规划图纸专人专项的管理制度，完善了城乡规划管理内容。在机构改革方面，1982年5月，城乡建设环境保护部成立，部内设环境保护局。1986年，环境保护局改名为乡村建设管理局。各省、自治区和直辖市等成立了村镇建设管理机构，农村住房建设管理步入正轨。1988年，城乡建设环境保护部更名为建设部，乡村建设管理局更名为村镇建设司，指导镇、乡、村庄规划的编制和实施(“中国村镇建设70年成就收集”课题组，2019)。在资金方面，中央在财政上专门拨出专款给予支持，据统计，1981～1985

年，中央和地方村镇规划事业财政拨款达到 3.6 亿元。在人才培养方面，建设部委托河北农业大学和南方城乡建设学校培养村镇建设事业专业技术人才；并委托中国建筑科学院农村建筑研究所专门编写了《村镇规划建议》。另外，《工程技术人员支援村镇建设暂行规定》在 1987 年 9 月 30 日出台(佚名，1990)，《村镇建设技术人员职称评定和晋升试行通则》于 1988 年发布，上述政策激励了村镇规划专业人才建设(何兴华，2019)。

为给地方提供规划编制示范，1988～1990 年，建设部连续三年组织了 76 个镇的规范试点，并且建设部村镇建设司印发了《村镇规划编制要点》《1989 年村镇规划试点工作布置会议纪要》《1989 年村镇规划试点成果评议意见》等文件(王承熙等，1990)。1994 年 6 月 1 日《村镇规划标准》(GB 50188—1993)正式实施，极大地提高了当时村镇规划的质量。作为中国第一个村镇规划国家标准，它根据地位和功能，将村镇分为基层村、中心村、一般镇和中心镇四级；根据人口规模，将每个层次分为小、中、大三级，共计 12 级(表 2-1)。

表 2-1　村镇规模分级表[《村镇规划标准》(GB 50188—1993)]

规模分级	村庄常住人口/人		集镇常住人口/人	
	基层村	中心村	一般镇	中心镇
大型	＞300	＞1000	＞3000	＞10000
中型	100～300	300～1000	1000～3000	3000～10000
小型	＜100	＜300	＜1000	＜3000

同时，政府部门通过组织各类会议和比赛，促进各地工作经验交流，推动乡村规划发展。如围绕村镇规划、乡村建筑，北京分别在 1980 年 8 月和 10 月举办了“农村中心规划讨论会”(联合国亚洲及太平洋经济社会委员会组织)和“变化中的乡村居住建设讨论会”(阿卡·汗基金会组织)(佚名，1982)。1982 年，北京昌平的沙河公社殊河大队成为新农村建设试点，北京市在此试点举办了新农村规划设计竞赛(沈亚迪和钱铭，1983)。1983 年 6 月 21 日至 27 日，全国首次村镇建设学术讨论会在上海嘉定举行，这次会议的参会者针对村镇建设发展的规律与趋势、村镇合理布局、节约土地等问题达成了共识(赵喜伦，1983)。1998 年 10 月 25 日至 27 日，全国城市规划、村镇建设处局长会议在杭州市召开，这是机构改革后首次由市规划、村镇建设行政主管部门负责人参加的国家级会议，推动了各地城乡规划工作的实践交流(佚名，1998)。

2. 发展特征

这一时期，中国乡村规划逐步走向正轨，并取得一系列成绩：一是村庄规划被纳入国民计划，村镇规划从无到有，乡村规划逐步有迹可循，步入正常发展轨道。村庄规划被列入国民经济和社会发展计划。二是村镇需按规划建设观点形成，规划层次逐渐完善。三是培养了一批专业队伍。如教育部于 1992 年专门组织高校参与编制村镇规划的实践工作，一批专业人才得到锻炼、培养。四是形成一批规划成果。数据显示，至 1986 年 12 月，完成初步规划编制工作的小城镇和村庄数量分别达到 3.3 万个、280 万个(何兴华，2017)。到 1989 年 12 月，乡村新建住房面积为 67 亿 m^2，新建公共建筑面积 6.8 亿 m^2，新建生产性建筑面积达到 7.2 亿 m^2 (佚名，1991)。

此外，这一阶段乡村规划开始尝试与农业规划、土地利用规划、县域规划、城市规划融合。例如，1981 年发布的《关于开展村镇调查和布局工作的通知》中就提出，村镇规划可以和农业规划工作结合，以农业区划中村镇调查和布局结果作为其编制依据(何兴华，2017)。1990 年 6 月 1 日发布的《关于协作搞好当前调整完善村镇规划与划定基本农田保护区工作的通知》提出，村镇规划编制要与基本农田保护区的划定相结合。1994 年，建设部设置了一些乡村城市化试点，希望通过编制县域规划或城镇体系规划的方式，促进城市与城镇规划的融合(佚名，1995)。次年 6 月，建设部发布《建制镇规划建设管理办法》，以克服城乡界限限制，将建制镇规划与城市规划和建设融合在一起。2002 年 9 月 28 日建设部发布了《关于全国历史文化名镇(名村)申报评选工作的通知》，并于第二年选出江苏省昆山市周庄镇、安徽省黟县宏村镇宏村等一批名镇名村，这是历史文化名城保护工作机制的延伸，也说明从国家层面开始有意识地保护乡村文化；这也为《城市规划法》修改为《城乡规划法》做了铺垫工作。

就人才队伍建设来看，《1998 年全国村镇建设统计公报》数据统计显示相关专业人才匮乏，专业技术干部和工程师仅为 8856 人和 2098 人；平均每个建制镇只有 1.7 名、集镇只有 0.74 名村镇建设助理员；乡镇基层管理力量薄弱，难以承担繁重的规划管理任务。

(三)新农村建设时期乡村规划(2003～2016 年)

1. 发展历程

2003 年 1 月中央农村工作会议后，中央将“三农”工作列为工作重心(春秋，2003)。2005 年 1 月，建设部村镇建设办公室成立，具有协调村镇规划编制、建设与管理等行政职能(曾博伟，2010)。同年发布的“十一五”规划，将建设社会主义新农村提上日程，并明确提出了搞好乡村建设规划的要求，“十一五”末全面完成村庄规划编制任务成为地方性要求。2006 年 1 月，中共中央、国务院发布一号文件《关于推进社会主义新农村建设的若干意见》(中发〔2006〕1 号)，新农村建设被纳入地方经济和社会发展的总体规划。加强村庄规划、加强宅基地规划、科学制订社会主义新农村建设规划成为建设社会主义新农村的重要内容。

在建设社会主义新农村过程中，“规划必须先行”这一认知逐渐成为中央到地方的社会共识。新农村规划由此在全国迅速开展，各地纷纷启动新一轮乡村规划。如东部地区江苏省自2006年开始用三年时间率先探索“城乡规划全覆盖”，推进村镇建设规划编制和实施(金伟忻等，2005)。中部地区江西省2005年5月启动“十百千”村镇规划建设工程(任敏，2005)；安徽省开展了以村庄整治为主要内容的村庄规划，在2006年已完成大部分建制镇和集镇的总规划(汪道楷，2006)。西部地区四川成都大力实施“五改三建”；陕西西安在优化布局、调整区划的基础上，加快编制县域村庄布局规划和集镇、村庄规划(曹春华，2010)。

这一时期，乡村的规划实践较为活跃，实践形式也较为丰富。为了进一步体现规划的科学性和严肃性，规范县域村镇体系规划编制，从国家到地方相关政策涌现。例如，建设部2006年发布的《县域村镇体系规划编制暂行办法》主要对县域村镇体系规划编制的组织和要求进行了限制，对编制内容等进行了详细说明(谭静和卓佳，2013)。地方层面，2004年7月江苏省颁布了《江苏村庄建设规划导则(试行)》，2006年江西省发布了《江西省村庄建设规划技术导则》，2008年重庆市编制了《重庆市城乡规划村庄规划导则（试行)》，2010年湖南省出台了《湖南省新农村建设村庄布局规划导则(暂行)》，这些文件较好地给予了乡村规划政策支撑。

2008年1月1日，《城乡规划法》正式实施，这标志着中国规划管理制度从城乡二元迈入城乡一体化时代。它对乡村规划的组织编制、修改、审批、实施、监督检查及法律责任等进行了明确规定，并将城镇体系规划等纳入统一规划体系。同年，国家标准《村庄整治技术规范》(GB 50445—2008)出台，有效地支持了村庄整治实践。

2012年11月8日，党的十八大在北京召开后，“美丽中国”成为乡村建设目标，美丽乡村规划成为各地乡村建设新方向。例如，浙江省于2014年发布的《美丽乡村建设规范》（DB 33/T 912—2014）成为国内首个美丽乡村建设的省级标准(梅耀林等，2014)。

2. 发展特征

这一时期，随着我国法律制度的逐渐完善、科技进步、经济和社会的发展，我国城乡规划取得瞩目成就，主要表现在以下几个方面。

一是乡村规划的权威性得到树立，乡村规划的法律性得到强化。如《城乡规划法》正式颁布实施。同时，规划管理体制得到完善，如一些地方成立了城乡规划委员会。除此之外，城乡规划监督体系也在逐步建立，如2006年，建设部开始在地方试点城乡规划督察员制度，湖南省建立了城乡规划监督特派员制度(张际达，2010)。

二是乡村规划的科学性和前瞻性得到重视。一些地方纷纷聘请有资质的单位进行规划编制。比如 2005 年，北京市 73 个试点村庄的规划编制是由 48 家单位、200 多名专业人员完成的(李强和张鲸，2010)。同时，大量的田野调查研究得到重视。如 2005 年，中国农业大学师生开展的田野调查发现，样本中有 99%的村庄没有做规划(佚名，2006)。

三是乡村规划师制度逐渐建立和实施，规划教育得到了及时调整。早在 2001 年，深圳市龙岗区就建立了顾问规划师制度，提供镇、村规划建设的专业咨询服务，并促进规划实施(冯现学，2003)。2010 年，成都市招募了 50 名优秀规划师聘为成都首批乡村规划师(张佳，2020)。2011 年 3 月，南京市政府和中国城市规划学会组织了“规划师南京乡村行”活动，南京大学等七家单位的六十余名规划师对南京试点镇街规划编制工作进行了调研(佚名，2011)。在规划教育方面，以广州番禺农村为研究对象，华南理工大学与美国哈佛大学在 2008 年 6 月至 2009 年 6 月期间联合完成了一次规划教学(叶红和郑书剑，2010)。2011 年国务院学位委员会、教育部将“城市规划”更名为“城乡规划”专业，并将其升格为一级学科。

四是乡村规划中大量新技术得到应用，乡村规划数据库逐渐建立并逐渐完善。随着地理信息技术、测绘技术等的发展，全球定位系统(GPS)的实时动态(RTK)定位技术、互联网技术、Web 技术、网络 GIS 技术、关系数据库技术逐渐运用到乡村规划前期信息采集工作中。例如，“重庆市乡村综合现状数据库”建设项目组开发了重庆市乡村综合现状信息采集及应用系统，快速、高质量地完成了重庆市 8.2 万 km^2 范围内 8558 个乡村的综合信息采集(丁忆和刘建，2013)。运用于各类乡村规划的地理信息系统能够高效地辅助设计师和管理者分析和决策。地理信息系统已成为乡村规划设计中一个全新的强大的技术平台(左小珊等，2009)。

五是乡村规划过程中民主建设取得巨大进展，公众参与得到重视。2007 年颁布、2008 年正式实施的《城乡规划法》第二章第十八条明确规定，“乡规划、村庄规划应当从农村实际出发，尊重村民意愿，体现地方和农村特色。”公众参与成为一种正式制度安排。地方层面，如山东省住房和城乡建设厅于 2016 年 2 月发布了《山东省 2016—2020 年乡村规划工作方案》，在确定工作程序方面，明确提出：“鼓励以村民为主体的编制方式，村民可通过村民会议或者村民代表会等形式提出建设需求、协商确定规划内容。”

六是乡村规划编制体系逐渐完善，乡村规划得到财政资金、机构设置、人员配备等支持，村庄规划得到大面积实施。例如，2003 年 6 月，浙江省开始实施“千村示范，万村整治”工程，建立中心城市、中心镇、中心村“三位一体”的城乡规划体系；主要做法是认真编制县域村庄布局规划、村庄总体规划和村庄建设规划，在优化完善城镇规划的前提下，对农村进行规划，做好中心村布局规划工作(中共中央办公厅和国务院办公厅，2019)。资金支持方面，2005 年江苏省政府专门安排了 1 亿元补助在全省范围内编制县域村庄布局规划。2013 年广州市用了一个多亿编制了两轮村庄规划。数据显示，2008 年年底，累计有 83.5%的建制镇、54.4%的乡编制了总体规划，38.6%的行政村编制了建设规划；全国所有的省(区、市)、地(市、县)和 75%的乡镇都建立了不同形式的村镇建设管理机构，村镇建设的企事业机构近万个，县、乡两级村镇规划设计室近 500 个，有各类基层工作人员 10 万多人，专业技术人员 7000 多人(李兵弟，2009)。

七是乡村规划的学术课题和学术研究工作逐渐增多。2007 年下半年，清华大学、同济大学和中国社会科学院法学研究所等研究机构师生参与了“部分国家与地区乡村建设管理法规收集及综述”课题，考察了英国、德国、法国、美国、日本、韩国、巴西和印度等国家和我国台湾地区的乡村建设管理法规制度(刘佳福等，2010)。为促进乡村规划与建设的学术研究工作和学术交流工作，2014 年中国城市规划学会正式组建乡村规划与建设学术委员会(菅泓博，2015)。

(四)乡村振兴时期乡村规划(2017 年至今)

1. *发展历程*

2017 年 10 月党的十九大报告中明确提出“产业兴旺、生态宜居、乡风文明、治理有效、生活富裕的总体要求”，这将乡村发展提升到“乡村振兴战略”的高度，城乡融合发展得到进一步推动，乡村规划已经突破了传统的空间规划。2018 年 9 月《乡村振兴战略规划(2018—2022 年)》正式发布，它从顶层设计出发，明确提出了中国要全面推行和实施“城乡统一规划”“县域乡村建设规划”“实用性村庄规划”“村庄规划管理全覆盖”等战略性规划要求。

为支持乡村振兴战略，中央出台了各项配套政策，如 2019 年 1 月 4 日《中央农办　农业农村部　自然资源部　国家发展改革委　财政部关于统筹推进村庄规划工作的意见》(农规发〔2019〕1 号)出台，这份文件中明确提出了“推动各地加强村庄规划工作领导，科学有序引导村庄规划建设，促进乡村振兴”等规划要求，为地方推动乡村规划编制和实施提供了有力的指导意见。2019 年 5 月 29 日自然资源部在《关于加强村庄规划促进乡村振兴的通知》中对村庄规划属于法定规划的法律地位进行了说明和强调，并对村庄规划的性质及村庄规划对国土空间开发保护、村庄建设的重要作用和重要意义进行了阐述，同时明确了村庄规划范围、编制单元等工作内容。2020 年 7 月 29 日自然资源部、农业农村部联合发布的《关于保障农村村民住宅建设合理用地的通知》中明确了规划管控与农村建房的关系，涉及指标分配、空间预留、宅基地布局等内容。如文件明确规定：“原则上不低于新增建设用地计划指标的5%，专项保障农村村民住宅建设用地”；“在县、乡级国土空间规划和村庄规划中，要为农村村民住宅建设用地预留空间。已有村庄规划的，要严格落实。没有村庄规划的，要统筹考虑宅基地规模和布局，与未来规划做好衔接。”同一天还发布了《关于农村乱占耕地建房“八不准”的通知》，明确了乡村建房与耕地保护的关系。

在法律层面，2021 年 6 月 1 日《中华人民共和国乡村振兴促进法》正式实施。这项法律首先明确了乡村的概念，将乡镇和村庄纳入乡村概念范畴；其次，将“规划先行”理念上升到法律层面，并提出了乡村规划分类推进的实施原则；再次，明确了地方政府的责任，如县级以上地方人民政府要强化新建农村住房规划管控，县级人民政府和乡镇人民政府负责组织村庄规划的编制等内容。这项法律的实施标志着中国乡村建设迈入新的阶段，也预示着中国乡村规划发展将踏上一个新台阶。

在实践中，乡村振兴战略的提出，引发了地方新一轮的乡村建设热情和乡村规划编制工作。新一轮规划重视乡村生态环境的保护、乡村产业的建立和可持续发展、宜居品质的提升、乡土文化的传承、传统特色的保留和民主自治组织的管理建设等方面。2017 年 10 月开始，北京市启动了 71 个试点村的村庄规划编制工作；2019 年启动了 1300 多个村庄规划编制工作（胡艳晶，2020）。2018 年 9 月 7 日，湖南省人民政府印发了《湖南省乡村振兴战略规划（2018—2022 年）》，将全省 2.4 万余个村庄根据实际情况分成城郊融合、特色保护、搬迁撤并、集聚提升四大类型，分类推进乡村振兴。河南省 2019 年 7 月开始实施“乡村规划千村试点”工作。2018 年 5 月 14 日，江苏省发布了《中共江苏省委江苏省人民政府关于贯彻落实乡村振兴战略的实施意见》，同年还发布了《江苏省乡村振兴战略实施规划（2018—2022 年）》《江苏省村庄规划编制指南（试行）》等，这些文件的出台有效地助力了乡村振兴。

2. 发展特征

这一时期乡村规划的发展有以下特点。

一是“多规合一”取得进展。在体制机构改革方面，2018 年 4 月 10 日自然资源部正式挂牌，在管理职能上实现了“多规合一”，开始构建国土空间规划体系，并尝试形成全国、省、市、县、乡镇的五级空间规划层级（赵小风等，2018）。在实践层面，江苏武进率先实现了村规划的“多规合一”。

二是乡村规划人才得到保障，乡村规划智力库逐渐建立。浙江、上海、山西、山东和广西等地方逐渐建立了村庄规划师制度，为村庄规划建设提供指导。例如，2018 年 6 月浙江省杭州市发布了《关于进一步加强全市乡村规划管理工作的指导意见（征求意见稿）》，明确指出“在全市范围内逐步推进驻镇规划师和乡村规划员制度，结合‘百千万’常态化制度建设，在部分区、县(市)选择若干乡镇进行驻镇乡村规划师和乡村规划员的试点，为乡村规划的科学编制、规划科学实施和监督管理提供人力保障。”(杭州市人民政府办公厅，2018)2018 年年底上海市开始探索乡村规划师制度，2019 年 3 月由同济大学建筑与城市规划学院专家组成了上海第一支乡村规划师团队，并签约于上海市金山区漕泾镇(佚名，2021)。从 2020 年 4 月开始，广州市邀请有村庄规划理论研究背景和村庄规划实践经验的专业技术人才和设计机构，组建乡村规划师智库，并要求每个镇(街)保证有 1～2 名乡村规划师(广州市规划和自然资源局，2020)。

三是随着技术的进一步发展，规划的科学性、合理性与可操作性进一步得到保障。例如，无人机技术逐渐在规划领域得到广泛应用。无人机低空遥感技术具有成本低、精度高、效率高、现势性好等优势，因此成为乡村规划常用的数据获取方法。同时，经过处理后的遥感影像数据能够生成三维实景模型，从而保证规划的科学性、合理性和可操作性(肖华和陈玲，2019)。

二、我国乡村规划发展取得的成绩

(一)乡村规划编制覆盖面逐步扩大

截至 2016 年年末，94.2%的建制镇、80.3%的乡和 76.6%的镇乡级特殊区域已编制总体规划。而且上述镇、乡总体规划编制的 50%是在 2012～2016 年完成的(数据来源：《2016 年城乡建设统计公报》)。随着《乡村振兴战略规划(2018—2022 年)》的颁布，全国 31 个省(区、市)中，已有 15 省提出要实现乡村规划编制全覆盖；10 省明确要完成乡村规划应编尽编；6 省指出要在划定区域或一定条件、比例的基础上完成乡村规划编制(魏广君，2020)。

(二)乡村规划方法逐步完善

乡村规划方法经历了由经验至理性、技术支撑由弱到强的过程。在过去很长一段时间内的乡村规划，更偏向于建设规划的层面，甚至可以在没有地形图的基础上，通过简单现场踏勘便完成规划设计任务，规划具有较重的“经验主义”色彩。这样的规划可以解决当下一些急迫的问题，但是由于缺乏对环境的细致考量，缺乏对人的需求的切实把握，往往不具有长远效果，还会带来新的问题。随着技术的发展，在涉及地形、人口特征等复杂问题时还会应用 GIS 分析和 SPSS 分析等方法，在保障乡村安全、配给各类设施或引导产业发展方面均具有现实意义，大大提高了规划的科学性(蒋瑞明，2016)。

（三）乡村规划要素内容逐渐丰富

通过分析规划要素内容可以发现，早期的乡村规划在中国主要以产业发展为方向，基于乡村旅游开发等模式发展乡村建设，因此更重视乡村住宅建设、产业基地研发和公共空间的拓展。随着人们的需求变化和认知变化，乡村规划对影响乡村发展的主要要素进行不断丰富与完善，从深度和广度上都进行拓展，从单纯注重乡村空间建设的规划发展到多方位注重乡村内核发展的规划，重点集中在道路交通、产业规划、公共服务与基础设施配套、文化特色与空间景观四大方面（蒋瑞明，2016）。

三、当前我国乡村规划发展存在的问题

（一）政策依赖性较强

乡村振兴，政策要提供有力保障。随着中国乡村政策不断演进，措施不断完善，多层次的政策制度框架逐步确立。而得益于中央政府的放权，地方政府较改革开放初期有了较大的自由度，因此政策执行的方式、取得的成效及所形成的效应存在较大差异。这一点在我国乡村规划建设方面表现得尤为突出，全国各地纷纷颁布的乡村规划建设技术标准、导则和指引文件形成了各具特色的政策性行动，如浙江省的“千村示范、万村整治”工程、“坡地村镇”建设、“特色小镇”建设，广东省的“宜居村庄建设行动”和“一村一品、一镇一业”富民兴村行动等。在地方性政策探索实施下，国家乡村规划建设的政策体系才得到了发展和完善。然而过度依赖政策将会出现以下问题：一是由于乡村规划的政策重心是随着国家对于“三农”改革目标（粮食安全、农民收入、食品安全、农业竞争力、环境保护）的优先顺序调整及城乡关系的历史研判而不断转变的，因此在现存的限期、任务、考核机制背景下，乡村规划政策的长效性受到挑战。二是过度依赖政策，乡村规划的组织编制演变为政治活动或者政治运动，科学性受到质疑。以乡村振兴规划为例，刘彦随（2020）在调研中发现，部分乡村振兴规划普遍存在追赶进度和不同程度的拼凑、复制、模仿、拿来等实际问题，一些地方领导自己也认为“编制规划主要是为了完成任务和检查评估”。

（二）乡村视角不足

乡村要振兴，规划需先行，但目前中国乡村规划发展中乡村视角不足，套用城市规划模式明显，主要表现在以下几个方面：

一是从方法上来看，乡村规划长期沿用城市规划方法，但村容村貌的形成与发展是一个历史过程，由于各村所处的地形地貌、区域特征及所经历的历史条件

不同，形成了非标准化的、各具特色的乡村特质，所以乡村规划更强调特色性，是一种非标准化的规划（邱玥，2018）。乡村规划的编制和实施受益于中国经济的高速发展、科学技术的快速提高、各项政策对乡村的倾斜和支持、城乡规划专业人才的培养和规划师下乡活动等，各项工作进展较快。但中国乡村数量众多，各地情况复杂，乡村规划编制很难因地制宜，一般采用“通用图则”的形式引导各类村庄建设发展。更因为民族、文化等复杂因素，通用图难以解决特色性问题，很容易形成“千村一面”的不利局面（向剑凛等，2017）。

二是从技术手段上来看，乡村规划与城市规划在技术手段上应有所不同。城市规划技术手段侧重从公共空间建构视角，并重视不同层级、规模和形态的公共空间体系框架构建，归纳不同城市功能特征。而乡村地区功能特征受土地属性影响较大，如土地集体所有权不完整、生产布局受耕地保护限制，因此乡村规划技术应尊重集体土地所有权和使用权特殊性特征，不能简单从房屋、广场、道路等物质建成环境着手进行功能组织（杨帆等，2019）。

三是从规划内容要素上来看，虽然内容要素在不断丰富完善，但城市规划痕迹严重，建设规划仍是主流。乡村的空间建设规划、景观环境整治规划等都未能与乡村社会经济发展有机结合。土地地籍、产权和土地整理等要素涉及较少。

（三）理论研究需进一步完善

乡村规划，理论创新是指导乡村规划的基石。尽管《城乡规划法》将“乡规划”“村庄规划”定为乡村地区法定规划，但各地实践中规划形式和规则不一，反映了现行城乡规划体系难以满足乡村地区需求的现实问题。不同于由镇体系规划、总体规划、详细规划构建的较为完善的城镇规划，我国乡村规划理论体系并不完善，在规划范畴、重点及类型等方面，理论体系都有所缺失。乡村地区是一个较为复杂的人类社会系统，需要各种层次的规划来解决不同问题（梅耀林等，2014）。只有构建一个较为完善的乡村规划理论体系，才能指导各地乡村地区的规划编制和实践，也意味着乡村振兴才能真正实现。

（四）公众参与性不足

乡村振兴，治理有效是基础。扩大公众参与，能够确保乡村社会充满活力、和谐有序。当前，乡村规划中公众参与性不足主要表现在以下几个方面。

一是在许多村庄规划编制和实施过程中，受城市规划方法模式的惯性影响，村民参与大多流于形式。“伪参与”“被动式接受”成为规划中公众参与的常态（李开猛等，2014）。

二是编制成果容易忽视村民文化和知识背景。乡村规划编制成果中的城乡规划图纸和文本传递政策性信息的技术体系日趋复杂，未充分考虑村民的认知能力

(杨帆等，2019)。乡村地区是一个以血缘和地缘关系构成的宗族性社会群体集聚区，具有历史文化的特殊性；此外，村民知识学历背景差异显著。由于缺乏对乡村和村民的认知，乡村规划编制成果中采用的表达方式经常存在“村民觉得看不懂，专家觉得不规范”等问题，规划的技术性与村民的接受程度错位，规划难以发挥指导乡村建设的作用(李燕飞等，2016)。

第二节　乡村规划理论基础

一、外源式发展理论

外源式发展理论源于第二次世界大战期间欧洲各国对农业战略价值的重视，以及战后经济发展、人口空间扩张对土地的需求。外源式发展理论认为相比于城市，乡村在经济、文化、技术等领域都比较落后。乡村的主要功能是为城市提供粮食和土地等资源，附属于城市。乡村的发展源于外部推动，应重视农业现代化和资本流动(Lowe，1998)。

在第二次世界大战后(20 世纪 50～60 年代)的欧洲乡村发展过程中，外源式发展理论的实践应用分为两个阶段。第一阶段以生产主义为导向，采用市场工具促进农业生产。农业生产是乡村发展的核心，因此限制城市边界扩展、保护农用地成为土地管理的目标，欧洲各国规划目标着眼于乡村开发建设区的控制、农业生产用地及非生产用地的比例控制等方面。由于城市化发展，乡村人口流失、衰落等问题凸显，外源式发展理论转向第二阶段。这一阶段以城乡平衡发展为导向，乡村发展开始重视就业岗位供给、人才吸引、基础设施建设、城市工业转移等方面，力图实现在乡村中心发展城市功能的目标。例如，英国的规划师们选择自然资源、交通条件优越的乡村发展成为集镇，通过建设住宅、工厂、基础设施等方式创造新的就业中心，遏制乡村人口外流、乡村破败，缩小城乡差距(兰德尔·阿伦特，2010)。

二、内源式发展理论

20 世纪 70～80 年代，受石油危机影响，经济发展放缓，乡村工业受到冲击，农业过度发展造成乡村风貌破坏和生态环境污染等问题。同时城市化放缓，部分大城市出现逆城市化现象。外源式发展模式、建设中心镇的模式受到质疑，有观点认为，设施和服务可达性只是乡村发展的表面问题，而发展不均衡和收入水平低才是乡村发展面临的实质性问题。因此，关注乡村自然景观、倡导乡村发展地方性、多元性的内源式发展理论兴起。

内源式发展理论认为，独特的自然资源、人力资源和文化资源才是乡村发展的关键。在这种理论下，包含整合性、地方性、公众参与性原则的乡村发展政策盛行。整合是指乡村经济、社会、环境等目标要协调整合。地方性是指要充分利用本地已有资源，如自然资源、人力资源、特色食物、文化传统、文化遗产等；注重文化遗产保护传承、历史文脉、聚落肌理等。公众参与是指重视地方团体在乡村发展中的参与作用，由地方团体参与并主导乡村发展实践，利用自下而上的方式推动地域发展，促进乡村环境的地方认同与文化遗产的地方认同(赵文宁，2019)。

三、可持续发展理论

1987年，联合国世界环境与发展委员会在《我们共同的未来》这份报告中第一次提出了“可持续发展”的概念，将其理念总结为：既能满足当代需求，又不对后代人满足其需要的能力构成危害的发展模式(李龙熙，2005)。可持续发展包含自然、经济、社会等多方面的可持续。它指出，大自然具有一定的承载力，人类应在这个承载力范围内活动，强调人们在生产和生活中应当保护和改善生态环境，改变以往高投入、高耗能、高污染的经济增长模式，通过转变传统的发展模式或方式，促进人类发展的可持续性。

基于可持续发展的理念和概念，乡村规划过程中的规划策略需要考虑生态环境、经济、社会等多元化指标。需要统筹兼顾，在本地区承载力范围内，合理规划乡村空间、生产空间和生活空间，以促进乡村持续发展和人民生活质量的高质量发展。

四、人地关系理论

人地关系指人类活动与地理环境的相互关系，人类的出现是人地关系形成的前提。人地关系的内涵和外延具有动态性特征，其随着人类社会发展的变化而变化。有学者根据前人的研究将人地关系理论进一步归纳为人地关系调控论、人地关系危机论、人地关系目标论等(欧阳玲，2008)。

人地关系调控论可再细分为人地关系协同论、人地耦合论及人地关系地域系统理论等。人地关系协同论侧重研究社会与自然协调发展规律、激励等内容，一般会将人地关系模型化后提出具体调控措施(方创琳，2004)。人地耦合论基于综合性和复杂性视角，一般从组织、空间和时间等多维度的耦合性探讨人类和自然的相互影响机理(田亚平等，2013)。人地关系地域系统理论从空间和地域视角研究人地关系机理，以达到人地关系地域系统良性循环的目标(吴传钧，1991)。

人地关系危机论包括人地关系异化论、人地关系错位论与人地危机冲突论等理论内容。人地关系异化论从人类属于独特生物的视角出发探讨人地关系。学者以工具和火种的使用、农业文明、文明社会及工业革命出现为标志，认为历史上人地关系出现了四次异化，每一次异化都是人类一次新的历程(方修琦和张兰生，1996)。人地关系错位论基于主客位置的视角，将人地关系历程划分为困顿期、错位期和危机期(夏湘远，1999)。人地危机冲突论从危机、矛盾与对立等视角出发，将人地关系的矛盾总结为危机深层化、危机综合化、危机全球化三大特征。人地冲突的实质是“人”“地”两大体系之间的矛盾与对立(王爱民和缪磊磊，2000)。

人地关系目标论又可以细分为人地系统优化论和人地系统优化调控论。前者倡导在系统承载力范围内，利用市场机制、政府干预、社会参与等手段达到人地关系优化的目的(蔡运龙，1995)。后者更重视人类认知构建，利用“以人为本”的调控手段，达到人地关系和谐发展目标(方创琳，2003)。

第三节　乡村规划发展的案例经验

一、国外乡村规划发展的经验与启示

(一)英国

作为最早的工业化国家和现代化国家，英国乡村风景秀丽，环境优美，这离不开英国的乡村保护运动和英国政府的努力。19 世纪末，快速的现代化和城市扩张对乡村影响巨大，风景破坏严重，农业衰败、农业用地规模退减等现象严重。为解决上述不利影响，英国政府颁布实施《城乡规划法》、推行绿化带政策等，对乡村建设进行了强制干预，在保护乡村地区和农业用地方面取得了积极效果，值得我国在城乡规划发展过程中借鉴和学习。

1. 英国乡村问题演变与乡村规划发展进程

在英国乡村问题研究中，乡村问题涉及经济、社会、生态等多类型问题。乡村规划内容、工具、研究尺度等随着农业生产、社会发展、生态景观的变化不断演化。20 世纪初以来，英国乡村规划发展阶段可归纳为以下四个时期。

第一个时期关注土地空间利用问题。为解决第一次世界大战后英国城市快速蔓延问题，1932 年，英国出台了《城乡规划法》，第一次将乡村规划纳入国家正式法律体系，三年后又颁布了《限制带状发展法》，限制高速公路快速发展引起的土地粗放利用，已达到保护乡村土地、集约节约利用土地的目的。

第二个时期重视农业生产发展和耕地保护。为解决第二次世界大战时期英国粮食自给率不高的问题，重视粮食安全，1942 年新的《城乡规划法》颁布，这对严格管控乡村土地开发建设，保护耕地，控制自然生态区发展起到了重要作用。

第三个时期重视基础设施、景观、自然环境和生态问题。为应对英国乡村人

口增长、生活高质量需求增加、农业发展与环境保护不平衡等问题，英国政府于1968年颁布《村镇规划法》，以完善乡村基础设施和公共服务设施建设；1986年修编《农业法案》，以达到“保护与提升自然风景和乡村舒适度”的目的；后续一系列政策目标也开始偏向对自然资源环境的保护。

第四个时期重视乡村多样化及可持续发展问题的规划。英国政府于1991年颁布《规划与补偿法》，2004年颁布《规划和强制性购买法》，其中都把乡村规划确定为鼓励可持续性发展的规划，集社会、经济和环境为一体；重视乡村的多样性（周游等，2019）。

2. 英国乡村规划的经验和借鉴

一是城乡地位平等。在行政体制方面城乡互不隶属，而且在英国的顶层设计中城市和乡村包含在一个管理框架中，地位无差别。

二是乡村规划目标明晰，规划体系清晰。根据各时期各类问题制定不同规划目标和规划体系。现阶段英国乡村规划目标包含粮食安全保障、村民社会福祉提高、乡村环境保护、乡村休闲娱乐提升四个方面。因此，涉及国家、区域、社区等多个体系。经过多年发展，英国乡村规划已形成“中央、郡级（次区域）、村镇（郊区）”三级综合规划框架体系（龙晓柏和龚建文，2018）。

三是强调保护性理念。英国城乡规划发展历程中，在重视保护性的基础上，倡导乡村发展与保护同行治理理念。这种保护性理念在物质上要求保持英国乡村风貌，并在文化上要求保留英国乡村性。同时不排斥城市和发展，合理规划和开发乡村土地，积极寻求新的乡村保护和治理模式。

四是乡村规划方法灵活多样。一是不囿于严格的行政区划，而是以功能和联系来界定城乡概念，将空间分为城和乡。二是考虑地区的差异性，通过划分多层级、多层次区域，探讨各种尺度上的城乡关系，不同乡村地区得到细致、深入、有特色的规划（胡娟，2019）。

五是乡村规划的尺度和内容丰富。英国乡村区域明晰、体系完整、规划工具多样，乡村规划尺度和内容都得以扩展（周游等，2019）。

（二）德国

德国位于欧洲中部，属于联邦制国家，分为联邦、州和社区（地方的城市或乡村层级）三个级别，其乡村地区与城市地区属于平级关系。在这样的管理框架下，战后德国实行城乡均等发展的区域政策（贺贤华等，2017）。

1. 德国乡村规划的发展进程

德国城乡规划历史悠久，相关行政体制体系相对完整，法律制度较为完善。

第二次世界大战后，德国乡村规划发展历程有以下几个阶段。

第一个时期(1945～1965 年)：以乡村地区产业、建筑和基础设施规划为重点的乡村规划。第二次世界大战后，德国城市化加速，人口向大城市集中。为解决乡村衰落问题，联邦德国在 1953 年和 1955 年先后颁布《土地整治法》和《农业法》，通过增加小城市和镇的就业机会，完善其产业配套设施与服务设施，投入大量基础建设项目，增强小城市和镇的吸引力，提高农民和农业收入，形成产业和人口“逆城市化”发展趋势(李静凯，2019)。

第二个时期(1965～1985 年)：保护环境和塑造特色的乡村更新规划。工业化后期，德国工业污染严重，大量居民迁往乡村生活，造成乡村建筑密度增大、土地开发过度、乡村特色消失等严重问题(王宏侠和丁奇，2016)。为塑造乡村特色、保护乡村生态景观，《联邦建设法》和《城市建设促进法》分别在 20 世纪 60 和 70 年代出台，并提出了“城市与乡村地区的城市设计性更新”。以保护乡村景观和生态环境为目标的《“改善农业结构和海岸保护”共同任务法》在 1969 年颁布(叶兴庆等，2018)。1976 年《土地整治法》修订，突出了保护和塑造乡村特色(叶兴庆等，2019)。1977 年由国家开始实施以“农业结构更新”为重点的村庄更新计划，1984 年开始乡村更新被确定作为“农业结构和海岸地区保护议程”中的独立内容(易鑫和克里斯蒂安·施耐德，2013)。

第三个时期(1985 年至今)：可持续发展和整合性的乡村更新规划。一是世界可持续发展理念提出后，乡村多样化价值如文化、景观、生态价值逐渐得到重视。二是在欧盟区域整体发展政策背景下，德国政府将区域整体性发展纳入乡村规划理念(王宏侠和丁奇，2016)。因此，20 世纪 90 年代后期，德国政府重新定义乡村的角色和功能，将乡村更新规划适应于欧洲区域整体发展规划。经过逐步演变，由政府推动的自上而下的村庄更新计划已成为“整合性乡村地区发展框架”(张俊杰和欧阳世殊，2016)。

2. 德国乡村规划发展的历史经验

一是乡村规划需要法律先行。第二次世界大战以后，多项法律法规出台，如促进土地整理的联邦德国《土地整治法》(1953 年颁布、1976 年修订)、成为德国空间规划法规体系基石的《建设法典》和《空间秩序法》、按规划要求对产权关系进行调整的《田地重划法》，以及相关的《空间规划法》《环境保护法》《建筑利用条例》等构成了较为完备的乡村规划法律体系(易鑫，2010)。

二是乡村规划编制过程中公众参与程度高。其一是源于德国重视农民能力培养的策略。德国《职业教育法》规定在工作之前，就业者先要接受正规的职业教育，培训费不用培训者支付，而由企业与政府共同承担。因此德国农民业务素质普遍较高。据统计，2015 年，59%的农民接受过职业教育，还有 10%的接受过农业高等教育(张秋玲，2019)。其二是源于德国配套保障体系完备、模式成熟(佚名，2019)。德国的乡村政府和村民分别拥有充分的自主权和参与权。规划参与者由地方政府、各学术领域专家及公民代表组成的社区协会等利益相关者构成，其中涉及规划学、生态学、建筑学、景观学等多领域专家和学者(王长悦和林箐，2018)。其三是因为德国乡村规划体系完备，规划内容细致，规划实施严格。德国乡村规划上至宏观国土层面，下至微观村镇尺度，每类规划内容都阐释得非常细致，规划工作落实方面的规定也比较明确。形成了数量繁多、层次分明的法规体系。德国地方政府拥有较大的规划权力，实施保障机制健全。规划制定公布后，任何单位和个人不能擅自更改(陆华等，2011)。

(三)日本

日本与中国地理位置相近，人均国土面积也较为一致，城镇化、乡村发展过程及问题也较为相似，借鉴日本乡村规划发展历程对中国乡村发展有重要现实意义。

1. 日本乡村规划的发展历程

在日本，“乡村”(rural)一词又叫“农村”，虽没有明确的定义，但有狭义和广义之分。狭义的农村专指由从事农业生产的人员聚居而形成的村落。广义的乡村是以农业等第一产业为主要经济活动，人口和用地规模及居住密度均较低的地区。根据经济、社会、环境、城乡关系等，战后日本乡村规划可分为以下四个时期。

第一个时期：以完善土地制度为核心的乡村规划萌芽时期(1945～1955年)。第二次世界大战之后，日本国土荒废，百废待兴，为解决国内最基本的粮食需求，日本开始实施荒地开垦、土地开发整理与农地管制等乡村开发政策，并解决乡村通水通电等问题，形成了乡村规划发展的基础。围绕乡村开发，以土地制度为核心的制度建设成为乡村规划政策重点，并通过颁布相关法律等国家强制力手段保障实施。1949年12月，日本政府颁布了《土地改良法》，其目的在于完善农业用排水设施建设、满足耕地整理开发建设需求；内容涉及土地改良种类和实施主体两大方面。1952年，日本政府颁布的《农地法》，涵盖农地权属、利用、流转等各个领域，成为乡村土地利用规划的主要工具(张玉良，1986)。

第二个时期：以乡村振兴为核心的乡村规划建设时期(1955～1970年)。日本从20世纪50～60年代开始，经济高速发展，受工业化和城市化影响，城市扩张迅速，乡村空心化严重。日本政府于1961年颁布《食品、农业、农村基本法》，通过促进乡村振兴，减缓乡村和农业发展矛盾；并在1965年颁布了《山村振兴法》(张佳书和傅晋华，2019)。具体乡村振兴规划包括山地乡村振兴、土地整治、新农村建设和过疏地域整治规划(刘震，2018)。

第三个时期：以乡村整治规划为核心的乡村规划形成时期(1970～1990 年)。20 世纪 70 年代后，日本进入经济复兴时期，高质量生产和生活等需求与日俱增。为提高农业经营条件，改善居住环境，日本政府于 1987 年颁布《聚落地域整备法》，对乡村服务和基础设施规模与布局、土地用途、建筑用途等进行严格管制(李思经等，2018)。

第四个时期：以乡村景观规划为核心的乡村规划成熟时期(1990 年至今)。20 世纪 90 年代后期，为应对老龄化、经济萧条等问题，日本开始重新审定乡村功能。同时，为响应信息化、环境保护等时代背景要求，乡村规划的理念更加多样和丰富，重视美丽乡村景观等的营造，并偏向于乡村景观类型规划(刘玲，2017)。

2. 日本乡村规划发展的经验与启示

日本的乡村规划及乡村发展战略有以下几个特征。

一是规划目标明确。通过确定乡村在各个发展时期的定位，明确乡村规划的目标与内容，使乡村规划呈现出清晰的目标导向特征(冯旭等，2019)。

二是立足自身资源。比如，日本造村运动并不主张“完全回归农村时代”，而是“从生长的地方寻求文化根源”，也不主张推倒重来和大量投资的工程建设，而是立足和利用当地自身资源和发展基础(邱春林，2019)。

三是保障措施到位。例如，日本中央政府特意设立“农村振兴局”以统领指导乡村振兴工作。除此之外，在财政上每年编制详尽的年度预算书，构建了完善的评估体系(张佳书和傅晋华，2019)。

二、国内典型地区乡村规划发展的经验

坚持因地制宜、循序渐进是实施乡村振兴战略的基本原则之一。2018 年《中共中央 国务院关于实施乡村振兴战略的意见》明确提出：“科学把握乡村的差异性和发展走势分化特征，做好顶层设计，注重规划先行、突出重点、分类施策、典型引路。”基于此，下面根据乡村差异性，从生产发展、乡村旅游开发、构建田园功能单元、宜居养老等不同视角出发，对国内典型地区乡村规划发展经验进行总结分析。

(一)以生产发展为导向的乡村规划——以南京禄口“特色小镇”为例

特色小镇模式起源于浙江，之后发展迅速，并在 2016 年 7 月 1 日以住建部等三部门联合发布《关于开展特色小镇培育工作的通知》的形式得到国家政策的支持和推广。同年 10 月 8 日随着《关于加快美丽特色小(城)镇建设的指导意见》的出台，特色小镇模式得到各地城镇建设的青睐。例如，江苏省计划通过“十三五”

的努力，加大重点镇和特色镇的培育力度，到2020年形成100个富有活力的重点中心镇和100个地域特色鲜明的特色镇(仇丽萍和黄金旺，2017)。2016年，南京市提出到2020年力争建成30个产业富有特色、文化独具韵味、生态充满魅力的市级特色小镇，并鼓励建设一批区级特色小镇(尤展等，2017)。

特色小镇主要是指在产业、文化、风貌、旅游等不同方面具有明显特色的城镇；或者是为推进新型城镇化而设置并采取多方面政策扶持的，具有明确产业定位并兼有文化、旅游、宜居等综合功能的城镇或城市中的集中开发区域(城乡规划学名词审定委员会，2021)。南京禄口皮草小镇，位于南京市江宁区信诚大道47号，总占地面积313亩。小镇主要产业由两方面构成：一是核心产业，即禄口百年皮草产业；二是附属产业，即国内首家以皮草为主题的休闲购物旅游业。

南京禄口皮草“特色小镇”在规划中有以下经验：一是明确规划单位和选址要求。特色小镇不是一个行政单元，也不是一个类似的产业园区，而是一个在城乡之间，配套设施较为齐全、自然环境优美、空间尺度合适和有产业、贸易、人文气息的功能平台；区域面积控制在3 km^2左右，核心区域控制在1 km^2左右(刘荣，2018)。二是以产业发展为核心，特色小镇并不是开展新产业、开辟新地方，而是将原有产业进行升级优化。三是特色鲜明，主攻同一产业。产业发展保持独特性，不断细分领域，遵循差异定位(陈春兰，2018)。四是创新机制体制改革，配套政策到位。例如，在土地利用方面，以鼓励盘活已有存量建设用地的方式给予用地政策保障；以设专项资金的方式给予特色小镇建设资金支持(尤展等，2017)。五是引入社会资本，创新治理模式。例如，引入国企中铁集团，鼓励市场和社会资本参与建设治理。

(二)以乡村旅游开发为导向的乡村规划——以南京“五朵金花”美丽乡村示范村示范区为例

乡村旅游是围绕乡土特性，基于乡村特有景观，以乡村为依托地，以城市居民为目标市场，具有多功能性的专项旅游活动(周梅，2014)。

美丽乡村是中共中央全面推进乡村建设的战略方针，指生态、经济、社会、文化和政治协调发展、布局科学、环境整洁、生活富裕、乡风文明且宜居、宜业、宜游的可持续发展乡村(骆红，2020)。2012年开始，南京市江宁区利用区域地理和自然资源优势成功建成谷里“世凹桃源”、横溪“石塘人家”以及“朱门农家”、“汤山七坊”和“东山香樟园”都市生态休闲示范村，这几个村庄被称为南京“五朵金花”美丽乡村示范区(中共江宁区委党校课题组和胡敏，2013)。

“五朵金花”在规划实践中有以下几点经验：一是充分尊重村民意愿，农民积极性得到调动。这些近郊村，农户已将农田基本承包出去，收入主要依靠务农打工，当地村民就地发展乡村旅游的愿望强烈。在规划设计前期充分进行了调查，了解农户需求，提高了规划的可操作性。另外，在规划实施中，以农户为主体，政府服务为辅，引入旅游公司运营，由政府、公司和农户三方共同开发。二是各村庄定位差异化，旅游发展类型区别化，形成错位化、差异化村庄发展战略。三是在保留村庄肌理的前提下，基于原有生态资源对村庄自然景观进行改造设计。四是通过出台管理办法等制度保障来推动城乡公共服务的共享共建。

（三）以构建田园功能单位为导向的乡村规划——以南京溪田田园综合体为例

2017 年中央一号文件提出了“田园综合体”概念，它是在“美丽乡村”“特色小镇”后乡村振兴战略下提出的一个新的概念，依据乡村独特的自然资源，在特定乡村空间内，涵盖体验农业、创意农业、循环农业等综合性的、一二三产业融合发展的新型经济发展模式(李璐瑶和郭丽，2019)，并被认为是乡村建设和农业多元化发展的高级业态形式。

2017 年 7 月，南京市江宁区横溪街道西岗社区溪田田园综合体被设立为国家首批田园综合体建设试点，总规划面积为 718.4 km^2。综合体产业发展定位准确，根据区内丰富的农业资源、悠久的历史文化资源，园区总体定位为集农业发展样板区、农村建设示范区、农民生活幸福于一体的“田园综合体”(史莹等，2018)。以政府部分引领、农民参与、企业资本运营、高校技术指导等多方合作、多主体参与的方式协同共建、健康发展，促进了农业增效、农民增收、农村增绿，发挥了产业支撑带动作用，形成了富有活力、富民惠民的发展状态。

（四）以宜居养老为导向的乡村适老化规划——以徐州紫山村为例

2019 年年末，我国 60 岁及以上人口已达 25388 万人，占总人口的 18.1%，其中，65 岁及以上人口为 17603 万人，占总人口的 12.1%，预示着我国已进入快速老龄化社会。随着国内少子化和空巢化现象加剧，老年群体逐渐壮大、老年群体生活质量下降、养老服务设施供需失衡、城乡老年人老无所依等诸多老龄化问题造成老年人的生活与生存空间被挤压，我国城乡人口养老和老龄环境建设的双重压力将越来越大(孟根，2019)。与此同时，一部分经济条件较好的老年群体偏好乡村优美的自然景观，而一部分未富先老的老年人难以承担城市的高房价和养老费用，期望在乡村生活来缓解子女的赡养压力，乡村异地养老和集中养老逐渐成为当下老年人的选择之一。

因此，江苏省徐州市汉王镇西南部的紫山村的乡村规划目标着眼于改善乡村养老环境，发展乡村养老模式，对乡村进行适老化改造，以解决徐州市部分老人的养老问题，实现徐州市养老压力向乡村转移。紫山村选择适老化规划有其独特的地理优势，如附近紧邻汉王水库等多处景区，风景优美；旁边就是新建的徐州市第一人民医院，交通位置优越。城乡设计者们通过规划建设广场、大型食堂、健身场地等基础型适老化设施，在半山腰设置竹坡书院、一亩田园等特色适老化设施等手段对乡村交往活动空间的适老化设计进行优化。通过在各类公共空间设置木椅、木凳、遮阳设施、平整道路等构建适老化无障碍小村；与当地居民和企业合作，打造智慧养老服务平台；通过一卡入村的方式构建村落一体化管理体系等，完善了公共服务体系的适老化设计(徐港和丁昶，2020)。这些做法期望将村庄打造成能够承载养老功能的村落。

三、对中国乡村规划治理的启示

(一)重视乡村规划发展阶段的差异性

乡村规划是一个循序渐进的过程，在不同时期和经济发展阶段，乡村面临解决的问题不同，乡村规划的目标和内容不同。发达国家基本都走过了城市化初期、城市化快速发展时期、城市化后期等发展阶段。城市化初期需要解决乡村基础设施匮乏等问题，城市化快速发展时期需要干预乡村衰落问题，城市化后期需要解决城乡一体化发展、乡村多样性等问题。经济发展阶段不一样，乡村规划的目标和内容也不一样。无论是完善基础设施建设和改善人居环境，还是复兴文化和振兴乡村产业，大多数发达国家乡村规划发展都经历了从单一目标向多元目标的转变过程(周岚和于春，2014)。根据常住人口计算，2019 年全国城市化率已超过60%，从整体上来看我国处在城市化快速发展阶段。但我国地域辽阔，各地经济差异较大，城市化发展阶段不同，各地特征也不同。例如，不同于西部地区的一些城市，江苏省南京市城市化水平较高，已经到了城市化后期发展阶段。因此需要根据不同地区经济发展阶段的差异，探寻不同的乡村问题，制定不同的乡村规划目标和编制不同的规划内容。

(二)重视乡村规划的权威性和法律性

批准公布的规划必须严格实施，不能随意更改。乡村规划的权威性离不开制度保障，尤其是相关法律法规的建设，需要国家层面给予支持。从各国经验来看，无论是欧洲的英国和德国，还是东亚的日本，都高度重视乡村规划法治建设。如德国法律体系尤其完备和细致(王长悦和林箐，2018)。“立法先行、政府推动”是发达国家乡村规划发展路径的共同特征(郑兴明，2019)。当前，在我国实施乡村振兴战略背景下，乡村规划需要法治规范与制约，以降低乡村规划实施过程中地方政府和基层组织“以权代法、以言代法”等违法风险。2021 年 6 月《中华人民共和国乡村振兴促进法》正式实施，这表明了中央的决心和态度。

（三）重视乡村规划的科学性和前瞻性

乡村规划的科学性和前瞻性离不开对专业规划队伍的重视和人才的培养。乡村有不同于城市的自然文化特征和经济社会地域文化特征，需要专业人才的深入研究和精心的规划设计。与城市规划专业人才相比，乡村规划人才还远远不够。随着新型城镇化和乡村振兴的推进，乡村建设专业人才需求突起，这要求我国城乡规划教育领域从城市到乡村进行转型，培育更多的高精尖专业人才（周岚和于春，2014）。

（四）重视乡村规划的高质量公众参与性

结合发达国家和国内发达地区经验，高质量的公众参与是乡村规划编制、实施和管理取得良好效果的重要保障。需要做到以下几点。

首先，高质量的公众参与需要多元化参与。参与主体不仅应包括规划利益的相关主体，也应包括一些第三方，如一些有兴趣的志愿者、相关领域的专家学者、公益性机构等。相关领域的专家学者不仅应包括城乡规划师，也应包括景观学家、地理学家、社会学家、经济学家、人类学家等（贺贤华等，2017）。

其次，高质量的公众参与需要农民群体有能力参与，即乡村公民素质较高。相对于城市居民，当下我国农民受教育的程度依然不高，所以我们进行乡村教育时也应该进行多方面的考量。例如，乡村教育内容应丰富多样、完善农民职业教育制度、投入教育资金等。

再次，高质量的公众参与应赋予乡村充分的自主权，加强村民自治组织的能力，创新乡村治理机制（陈业宏和朱培源，2020）。

最后，高质量的公众参与应调动农民组织积极性。单个农民力量过于渺小，而农民组织则能形成合力，维护农民的整体利益（邱春林，2019）。在我国未来的乡村规划发展中，如何实行全社会总动员，使农民逐步成为乡村规划发展的主体，并充分调动农民的自主精神和生产创新的积极性，是乡村规划需要探寻的一个重要领域。

第三章　乡村产业融合分析与发展振兴

第一节　乡村产业振兴与产业融合概述

一、乡村产业结构的概念

乡村是具有自然、社会、经济特征的地域综合体，兼具生产、生活、生态、文化等多重功能，与城镇互促互进、共生共存，共同构成人类活动的主要空间。我国人民日益增长的美好生活需要和不平衡不充分的发展之间的矛盾在乡村最为突出，我国仍然处于并将长期处于社会主义初级阶段的特征很大程度上表现在乡村。乡村问题，究其根源即“三农”问题，农业、农村、农民问题一直是政府工作的重点。党的十九大报告提出实施乡村振兴战略，就是要始终坚持把解决好“三农”问题作为全党工作重中之重，并通过采取更加有力的举措，切实改变农业农村落后面貌，拉长“四化同步”发展中农业这条短腿，补齐农村这块全面小康社会的短板。

乡村产业结构是指农村中各产业部门之间的比例关系和相互关系。它具体表现为农村劳动力、固定资产及其他资源在各产业之间分配构成的状况，是乡村生产力结构的中心。乡村的三次产业结构通常做如下区分：乡村第一产业往往指农业，即种植业、渔业、畜牧业、林业、水产业等；乡村第二产业多指农村工业，即农村的制造业和建筑业；乡村第三产业即与乡村有关的服务业，包括交通运输、商业、饮食服务、金融、文教、旅游、地产等(赵霞等，2017)。

二、乡村产业振兴的发展阶段与特征

乡村产业振兴即乡村产业结构的不断调整优化，既是为了使乡村地区能够适应社会多样化的需求，也是为了能够因地制宜、综合利用各种资源，产生良好的经济效益、社会效益和生态效益，最终形成各产业之间的良性结合。

乡村产业结构的调整优化多为以自组织为主、他组织为辅的综合过程。通常会经历农业从简单再生产时代的单一种植业结构，逐步进化调整为大农业结构，再上升到多元化产业结构，这种产业结构由单一到多元、逐步细化的过程，使产业结构越来越合理，生态循环越来越平衡，经济效益越来越高，即为产业不断升级进化的过程。这种不断升级的运动，大多不以人的意志为转移，而是自然规律和经济规律的必然趋势，也是社会进步的客观要求。因此，是乡村地区的社会生

产力促进、改变了它的形成与发展。

根据产业结构演进规律，以及乡村生产力发展状况，通常可将乡村产业结构发展大致归纳为以下五个阶段(郭芸芸等，2019)。

第一阶段是原始的乡村产业结构。它建立在传统的农村生产力和社会分工极不发达的基础之上，表现为以乡村第一产业为绝对主体的乡村产业结构形式。

第二阶段是自给、半自给为主的产业结构。它以自给、半自给经济和极不发达的商品经济为基础。这一阶段表现为以种植业为主，因剩余农产品和不同农户需求差异而产生的交换需求，使得早期的商品经济初现端倪。

第三阶段是农村商品经济代替自然经济初期的产业结构。这一时期，机械化农业生产逐渐取代手工农用具的农业生产，经验化农事生产逐渐让位于机械化、科学化的农业生产，产业结构逐步显现出“农-工”二元结构特征。乡村产业位序表现为：第二产业大于第一产业大于第三产业。

第四阶段是农村商品经济完全代替自然经济的产业结构。这一阶段，农业生产力较为发达，社会分工更为深化，专业化、社会化的农业生产已经逐步成型，产业结构呈现“工-商-农”三元结构特征。乡村产业结构位序表现为：第二产业大于第三产业大于第一产业，农业主体地位进一步下降。

第五阶段是高度协调型的农村产业结构。这一阶段的农村社会生产力已经较为发达，农业生产逐步实现机械化、电气化、科学化、规模化甚至智能化，产业结构依然为“商-工-农”三元主体，但主体位序发生改变，即第三产业最大，工业次之，农业最小。

乡村产业结构中不同产业的比重位序经历了“二一三”到“二三一”再到“三二一”这样的演进变化。同时，乡村产业结构在演进过程中呈现出兼具三元主体性和二元导向性的鲜明特征。三元主体性体现为农民是农业结构调整的主体，企业是农村工业结构调整的主体，政府是农村服务业结构调整的主体。二元导向性则是指调整乡村产业结构时，必须坚持以市场导向为主、政府政策导向为辅，发挥科技兴农的基本动力，立足乡村的基础资源本底和优势资源禀赋，选择适合的发展项目，宜种则种，宜养则养，宜加则加，形成自己的资源优势、区位优势和经济优势。

三、乡村产业振兴面临的现实问题

当前我国农业农村基础差、底子薄、发展滞后的状况尚未根本改变，经济社会发展中最明显的短板仍然在“三农”，现代化建设中最薄弱的环节仍然是农业农村。并且，乡村产业结构调整问题已提出多年，也进行了多方面的探索，但在增加农民收入方面并没有明显效果。究其根源，可能的原因不外乎以下几点。

第一是乡村一二三产业融合发展深度不够。乡村地域普遍存在土地过度使用，导致土地营养不足，影响农作物生长，农产品质量不高，以及一些土地闲置和利用率不高等问题。我国当前时期农业的主要矛盾已由总量不足转变为阶段性供过于求和供给不足长期并存，乡村一二三产业融合发展深度不够(吴晓玲，2019)。

第二是高水平农业农村技术人才匮乏。农民素质对于农村的发展至关重要，不仅关乎农村和农民形象，还对农业的发展水平起着决定性的作用。相较于发达国家，我国的农业技术人才匮乏，农业生产技术相对落后，问题的关键还在于农业农村本身的基础薄弱，人才资源匮乏。主要原因在于，国家支农体系相对薄弱，相关扶持政策吸引力不够，各类技术人才特别是高校毕业生大多不愿从事农业一线工作，农村基层基础工作存在薄弱环节，导致农业技术资源和人力资源匮乏(黄振华，2018)。

第三是乡村生产经营主体存在明显局限。我国庞大的农业人口基数和均田分配的农村土地承包制度，共同决定了农业的小规模经营状态。小规模农户采用先进农业生产技术的动机和能力不强，农业技术推广、农业机械利用等也受到交易成本过高的制约。同时，小规模经营在农业价值链中的地位日趋边缘化，原因在于，以小规模经营农户为主的农业组织结构，难以对接和融入包含产前、产后各个环节的农业产业链和价值链，难以有效组织起来与组织化程度较高的工商资本相抗衡，被日益推向农业产业链利益分配的边缘，在产业链中的比较劣势日益突出(费佐兰和郭翔宇，2016)。

第四是乡村信息化基础设施建设滞后。乡村信息化水平低，直接带来的负面影响就是农民不能通过网络及时了解国内外市场需求，无法学习先进技术和提升经营能力，进而难以破解阶段性供不应求和供大于求并存的现实难题。根据《2019全国县域数字农业农村发展水平评价报告》，2018 年全国县域乡村的信息化、数字化发展总体水平达到 33%。当前推进县域数字农业农村发展的主要瓶颈在于生产信息化应用广度和深度有待拓展、农村基础设施建设相对滞后等(邹蕴涵，2017)。

产业融合度不够，乡村发展动能受限，乡村地区产业振兴动力不足，无法提供更多的高质量就业岗位，难以产生符合人们预期的经济收益，造成乡村地区各产业对劳动力的吸附黏性不足，进而导致高水平农业农村技术人才流失，乡村生产经营主体受限，基础设施的高水平和广域面建设也相应受限。因此，乡村产业融合的深度与广度是决定乡村产业兴旺与否和乡村振兴发展成效的关键。

四、乡村振兴背景下“三产”融合的意义

农村三产融合发展，就是通过对农村三次产业之间优化重组、整合集成、交叉互渗，使产业链条不断延伸，产业范围不断拓展，产业功能不断增多，产业层次不断提升，从而实现乡村地区发展方式的创新，不断生成新业态、新技术、新

商业模式、新空间布局等，促进乡村地区的产业振兴(刘奇，2019)。促进农村一二三产业融合发展，是以习近平同志为核心的党中央针对新时期“三农”形势做出的重要决策部署，是推动农业增效、农村繁荣、农民增收的重要途径，是实施乡村振兴战略、加快推进农业农村现代化、促进城乡融合发展的重要举措(万宝瑞，2019)。

2015 年中央一号文件也明确提出“推进农村一二三产融合发展”，2016 年国务院办公厅出台的指导意见将“三产”融合发展进一步提升到了国家战略高度，中国共产党第十九次全国代表大会也对实施乡村振兴战略做出重大决策部署。其中，产业兴旺是乡村振兴“五位一体”总目标中的首要目标和根本任务，农村“三产”融合即是实现产业兴旺的重要抓手。

目前，学术界普遍认为“三产”融合的内涵是农业产业链的延伸，推动农村一二三产业间的渗透和交融，为农村产业生态注入新的内涵，从而带动农村产业空间布局的组织优化(姜长云，2018；赵海，2015)。通过筛选有关农村产业融合的关键要素构建指标体系，采用层次分析法（AHP）、主成分分析法（PCA）、向量自回归模型（VAR）、熵值法和 TOPSIS 等评价模型，针对农村“三产”融合发展质量的综合评价在东中西部多地也已有较多的实证研究(刘广宇等，2020；陈国生，2019；田聪华等，2019)。

已有研究确实为探索乡村振兴背景下的农村产业融合提供了理论支撑和决策参考，但也存在一些不足之处：一是基于指标体系的综合评价方法，往往仅能给出“三产”融合水平的总体评估，无法揭示一二产、一三产融合的分项水平。二是现有产业融合评价多停留于产业结构层面，对产业融合与劳动力融合两系统之间的互动关系认知存在欠缺。并且，中国乡村地区分布范围广，不同区域的自然本底差异迥然，各地的一产发展水平与区域自然禀赋密切相关，那么，从产业与劳动力双重视角出发，探讨产业融合的区域差异及两系统的耦合关系对区域农村产业结构演进规律的认知和未来发展方向的把握尤为重要。因此，基于三次产业及其附着的劳动力的定量分析，构建分析模型，从产业-劳动力双重视角展开两者耦合互动关系的探讨，能够更加清晰地认知区域产业结构演变规律及农业生产布局的规划重点。

第二节　乡村振兴视域下的“三产”融合测度

一、“三产”融合的测度模型构建

本研究认为的“三产”融合即是以农产品和农副产品为原材料或工业生产辅助材料发展第二产业，依托农业的多功能性，利用农业加工产品发展第三产业，通过延长产业链提高产品附加值，从而带动物流、仓储、信息通信业及餐饮、住宿业的发展，在这一过程中既可解决当地人就业问题，又能提高地方经济的发展水平(张永勋等，2019)。因此，“三产”融合度应从产业状况和劳动者本地就业状况两个方面反映，即三次产业之间在产业上的关联程度用“产业融合度”表示，劳动力上的渗透程度用“劳动力融合度”表示。

地区生产总值是宏观经济指标，在村镇层面很难统计不同产业类型的产值和增加值，因此采用研究区域内不同研究单元的涉农二产和涉农三产的相应指标予以代替。根据《国民经济行业分类》(GB/T 4754—2011)，理论上标准中所有与农业相关的行业类型都应纳入“三产”融合度的核算中，但受制于各地相关行业产业指标的统计差异，不能获得全口径的相关行业统计指标，因此，在进行实际计算时，遵循“反映实际，简单易行”的原则，选取最能代表三次产业发展水平的几个主要行业进行估算，以此表征研究区域“三产”的融合水平。

具体的处理方法是筛选与农业紧密相关的二产产业类型，包括农副食品加工业，食品制造业，酒、饮料与茶制造业，烟草制品业，纺织业，纺织服装、服饰业，皮革、毛皮、羽毛及其制品和制鞋业，木材加工及木、竹、藤、棕、草制品业，家具制造业，造纸业和纸制品业 10 个行业，即涉农第二产业，为统一所有研究单元的指标口径，此处涉农二产的产值以规模以上工业企业的主营业务收入参与计算；与农业紧密相关的三产产业类型包括交通运输、仓储和邮政业，住宿和餐饮业 2 个行业，主要是农产品的运输、流转及进入消费，即涉农第三产业的产值参与计算。

(一) 产业融合度的核算

根据已有研究(刘广宇等，2020；陈国生，2019；田聪华等，2019)，“三产”产业融合度可用第一产业的农产品流入第二三产业的比例(PA)、涉农第二产业在第二产业中的比例(PI，即涉农第一二产业融合指数)和涉农第三产业在第三产业中的比例(PS，即涉农第一三产业融合指数)反映。由于不同地区的PA、PI、PS值往往差别较大，为了降低极端值对“三产”融合度(PT)的影响和强调三者的紧密关系，“三产”融合度PT为PA、PI、PS的几何平均数，计算公式为(张永勋等，2019)

$$\mathrm{PT} = \sqrt[3]{\mathrm{PA} \times \mathrm{PI} \times \mathrm{PS}} \tag{3.1}$$

第一产业的产品流入第二三产业的指数(PA)，可表示为

$$\mathrm{PA} = \sum_{i}^{n} \frac{R_i}{G} \tag{3.2}$$

式中，R_i表示第一产业中被第二三产业利用的第i种农产品或农副产品的增加值；

G表示地区生产总值。

涉农第一二产业融合指数（PI），其计算公式如下：

$$\mathrm{PI} = \sum_{i}^{n} \frac{F_i}{G_i} \tag{3.3}$$

式中，F_i表示第二产业中第i种依靠农业提供生产要素的工业类型的增加值；G_i表示第二产业增加值。

涉农第一三产业融合指数（PS），其计算公式如下：

$$\mathrm{PS} = \sum_{i}^{n} \frac{S_i}{G_s} \tag{3.4}$$

式中，S_i表示第三产业中第i种与第一二产业有密切关系的产业类型的增加值；G_s表示第三产业增加值。

由于式(3.1)中PI、PS理论最大值为1，而PA的值则有可能大于1(农产品加工业的产业链越长，该数值越大)，则PT数值越大产业融合度越好，反之产业融合度越低。

(二)劳动力融合度的核算

劳动力在不同产业之间的流动与地区产业结构的转型升级关系密切。根据产业结构的演进规律，区域产业结构的调整往往伴随着第一产业就业人口向第二三产业的转移，因此，考查各地二三产业对农村就业人口的吸纳能力也是“三产”融合及地区产业结构转型升级的重要指征。那么，“三产”劳动力融合度（P_{BT}）可以用第一二产业劳动力融合度（P_{AI}）和第一三产业劳动力融合度（P_{AS}）表示，同式(3.1)的原理，P_{BT}可以表示为(张永勋等，2019)

$$P_{\mathrm{BT}} = \sqrt{P_{\mathrm{AI}} \times P_{\mathrm{AS}}} \tag{3.5}$$

第一二产业劳动力融合指数（P_{AI}）的计算公式为

$$P_{\mathrm{AI}} = \frac{B_{\mathrm{AI}}}{W} \tag{3.6}$$

式中，W为乡村劳动力资源总量；B_{AI}表示第二产业中涉农企业劳动力数量。

第一三产业劳动力融合指数（P_{AS}）的计算公式为

$$P_{\mathrm{AS}} = \frac{B_{\mathrm{AS}}}{W} \tag{3.7}$$

式中，B_{AS}表示第三产业中涉农企业劳动力数量。

同样地，由于式(3.5)中P_{AI}、P_{AS}的理论最大值为1，P_{BT}的理论取值范围为0～1，则数值越大劳动力融合度越好，反之劳动力融合度越低。

(三)调整的第一产业产品流入第二三产业的比例估算

农副产品加工业及消耗农产品的第三产业对当地的经济和劳动力就业显然具有重要贡献，而各地鲜少统计辖区内的农产品加工企业的投入产出情况，缺少直接在本地作为原料进行加工的农产品数据，故无法按照式(3.1)计算第二三产业中的农产品增加值占第一产业总值的比例。为此，结合已有研究，采取调整参数的方式，主要考虑农村农林牧渔业的农产品流入二三产业的比例。因此，对式(3.2)做如下改变，即第一产业产品流入第二三产业的指数(PA)可用以下公式计算得出(张永勋等，2019)：

$$\mathrm{PA} = \frac{A_{\mathrm{t}}}{G} R \tag{3.8}$$

$$R = \frac{\sum_{i=1}^{n} \phi_i \times m_i}{\mathrm{TM}} \tag{3.9}$$

式中，A_{t}为农林牧渔业总产值；R为某地区主要农产品的加工转化率；ϕ_i为某地区第i种农产品的加工转化率；m_i为第i种农产品的年产量；TM为地区年主要农产品的总产量。

二、“三产”产业融合与劳动力融合的耦合测度

(一)空间关联测度模型

引入Getis-Ord General G和Getis-Ord Gi*来测度全局和局域的空间关联特征，前者用于探测整个研究区的空间关联模式，后者用于识别不同空间位置上的高值簇和低值簇，即热点区(hot spots)与冷点区(cold spots)的空间分布(靳诚和陆玉麒，2009)。

1. Getis-Ord General G

Getis-Ord General G也即General G指数，表示为

$$G(d) = \frac{\sum_{i=1}^{n}\sum_{j=1}^{n} W_{ij}(d) X_i X_j}{\sum_{i=1}^{n}\sum_{j=1}^{n} X_i X_j} \tag{3.10}$$

式中，$W_{ij}(d)$为以距离规则定义的空间权重，同样空间范围相邻为1，不相邻为0；X_i和X_j是i区域和j区域的观测值。在空间不集聚的假设下，$G(d)$的期望值(expected general G)为$E(G) = \frac{W}{n(n-1)}$，在正态分布的条件下，$G(d)$的统计检验

值为 $Z(I)=\dfrac{G-E(G)}{\sqrt{\mathrm{Var}(G)}}$。当 $G(d)$ 值高于 $E(d)$ 值，且 Z 值显著时，检测区出现高值簇；当 $G(d)$ 值低于 $E(d)$ 值，且 Z 值显著时，检测区出现低值簇；当 $G(d)$ 趋近于 $E(d)$ 时，检测区变量呈现出随机分布的特征。

2. Getis-Ord Gi*

$$G_i^*(d)=\frac{\sum_{j=1}^{n}W_{ij}(d)X_j}{\sum_{j=1}^{n}X_j} \tag{3.11}$$

为便于解释和比较，对 $G_i^*(d)$ 进行标准化处理：

$$Z(G_i^*)=\frac{G_i^*-E(G_i^*)}{\sqrt{\mathrm{Var}(G_i^*)}}$$

式中，$E(G_i^*)$ 和 $\mathrm{Var}(G_i^*)$ 分别是 G_i^* 的数学期望和变异数；$W_{ij}(d)$ 是空间权重，权重的计算方法同 Getis-Ord General G。如果 $Z(G_i^*)$ 为正，且显著，表明位置 i 周围的值相对较高(高于均值)，属高值空间集聚(热点区)；反之，如果 $Z(G_i^*)$ 为负，且显著，则表明位置 i 周围的值相对较低(低于均值)，属低值空间集聚(冷点区)。

(二)耦合协调度模型

计算系统之间的耦合度。借鉴物理学中容量耦合系数模型得出“三产”的产业融合与劳动力融合系统间的耦合度模型(魏鸿雁等，2020)，公式如下：

$$C=\sqrt{\frac{U_1\times U_2}{\left(\frac{U_1+U_2}{2}\right)^2}} \tag{3.12}$$

式中，U_1 为“三产”的产业融合度；U_2 为劳动力融合度；C 为系统耦合度，且 $C\in[0,1]$。C 值越大，表明两系统间要素互动情况越好，具体描述见表 3-1。

表 3-1　“三产”产业融合与劳动力融合的耦合度评价标准

序号	耦合度区间	耦合状态
1	C=0	系统要素无关联，无序发展
2	0＜C≤0.30	低水平耦合
3	0.30＜C≤0.50	颉颃状态
4	0.50＜C≤0.80	磨合阶段
5	0.80＜C＜1	高度耦合，良性发展
6	C=1	良性共振耦合，有序发展

耦合度模型可以反映“三产”产业融合与劳动力融合协同发展的一致性，却无法反映两个系统互动发展的整体功效与协同效应。例如，当两者都低时也会出现耦合度高的情况，所以要客观反映两者之间真实的协调情况，需要建立两个系统间的耦合协调度模型，这样不仅可以评判两者之间的交互耦合协调程度，还可以反映出两者发展水平的相对高低情况(魏鸿雁等，2020)，公式如下：

$$D = \sqrt{C \times T} \tag{3.13}$$

$$T = aU_1 + bU_2 \tag{3.14}$$

式中，D 为“三产”的产业融合与劳动力融合的耦合协调度；T 为“三产”的产业融合与劳动力融合的系统综合协调指数，反映产业融合与劳动力融合的整体协同效应；a、b 为待定系数，一般 $a+b=1$，在本书中认为产业融合与劳动力融合同等重要，因此这里 a、b 均为 0.5。为直观描述产业融合与劳动力融合耦合协调状况，将其耦合协调度划分为不同的区间和等级(表 3-2)。

表 3-2　“三产”产业融合与劳动力融合的耦合协调度评价标准

序号	耦合协调区间	协调等级	协调状态
1	$0<D\leqslant 0.30$	低度协调	系统间失调
2	$0.30<D\leqslant 0.50$	中度协调	系统间濒临失调
3	$0.50<D\leqslant 0.80$	高度协调	系统间初步协调
4	$0.80<D\leqslant 1$	极度协调	系统间良好协调

三、“三产”产业融合与劳动力融合的耦合关系类型评价

弹性系数测度也是构建耦合模型的常用方法，弹性系数不仅可以解释系统间的时空耦合特征，还具有反映系统变化方向及速度的优点，因此被广泛应用于多个领域。根据已有研究(崔盼盼等，2020)，建立产业融合度与劳动力融合度的弹性系数，公式如下：

$$\beta = \frac{\mathrm{PTR}}{\mathrm{PBTR}} = \frac{\dfrac{\mathrm{PT}_t - \mathrm{PT}_0}{\mathrm{PT}_0}}{\dfrac{\mathrm{PBT}_t - \mathrm{PBT}_0}{\mathrm{PBT}_0}} \tag{3.15}$$

式中，β 为“三产”产业融合度与劳动力融合度的弹性系数；PTR 和 PBTR 分别表示某市考察期内产业融合度变化率和劳动力融合度变化率；PT_t 和 PT_0 分别为 t 年和基年的产业融合度；PBT_t 和 PBT_0 分别为 t 年和基年的劳动力融合度。

根据 PTR 和 PBTR 的增减变化及数值比较，将“三产”产业融合度与劳动力融合度的耦合关系划分为 6 种类型，见表 3-3。

表 3-3　基于弹性系数的“三产”产业融合与劳动力融合的耦合类型

序号	产业融合度	劳动力融合度	弹性系数	耦合类型	特征
1	PTR＞0	PBTR＞0	$\beta>1$	耦合过渡型	产业融合度增速快于劳动力融合度提速
2	PTR＞0	PBTR＞0	$0<\beta<1$	耦合提升型	产业融合度增速慢于劳动力融合度提速
3	PTR＜0	PBTR＞0	$\beta<0$	解耦过渡型	产业融合度下降，劳动力融合度上升
4	PTR＜0	PBTR＜0	$\beta>1$	解耦加速型	产业融合度降速快于劳动力融合度降速
5	PTR＜0	PBTR＜0	$0<\beta<1$	解耦衰落型	产业融合度降速慢于劳动力融合度降速
6	PTR＞0	PBTR＜0	$\beta<0$	拮抗错位型	产业融合度提升，劳动力融合度下降

根据古典经济学理论，比较劳动生产率是指某产业的国民收入相对比重与该产业的劳动力相对比重之比。由于第一产业的劳动生产率比较低，这样就减缓了劳动力向其他产业转移的速度，使得第一产业劳动力相对比重下降的速度落后于国民收入相对比重下降的速度，所以在大多数国家，第一产业比较劳动生产率都低于 1；第二产业的劳动生产率较高，同时科学技术的进步及大型机器设备的采用，使得第二产业内部劳动力生产率的大幅度提高成为可能，所以，在工业化初期，该产业的国民收入相对比重和劳动力相对比重都是上升的，但当工业化达到一定水平后，劳动力相对比重即趋于稳定，于是比较劳动生产率在大多数国家都大于 1；第三产业由于是需求高度增长的，所以具有很强的吸纳劳动力的特征，同时，该产业的劳动生产率提高不快，所以，第三产业的劳动力相对比重是上升的。由于第三产业进入壁垒低，内部竞争激烈，致使“服务产品”的价格只能维持在一个较低的水平，附加价值较低，但该产业的国民收入相对比重依然大于劳动力相对比重，并且经济越发展，这种趋势越明显，两者的差距越大，所以在大多数国家第三产业的比较劳动生产率都大于 1(崔功豪等，2005)。

根据产业结构演进规律，国民收入和劳动力会在三次产业间出现顺次转移，这是不同产业间的需求收入弹性和比较劳动生产率的差异所致。第一产业的主要产品是农产品，多为人民的生活必需品，需求弹性较小，附加值较低，所需要的劳动力较多，劳动生产率较低。第二产业的工业品中，尤其是涉农第二产业的产成品也多为人民的生活必需品，需求的收入弹性要大于农产品，且需求的增值性也比第一产业的农产品高，相应地能够获得较高的附加值，虽然涉农二产中的轻纺业、纺织服装业等产业也多为劳动密集型，但科技进步带来的机械化生产，使第二产业的劳动生产率比第一产业高。第三产业的产出为服务业，随着经济发展和收入水平的提高，人民对其具有大量的消费需求，因而需求收入弹性通常大于工业品，其需求是高度增长的，有很强的吸纳劳动力的特征，且第三产业的劳动生产率提高不快，所以，第三产业的劳动力相对比重是上升的(崔功豪等，2005)。

因此，“三产”产业融合与劳动力融合随着时间的推移会出现具有阶段特征的相应变化。通常，随着区域经济发展水平的提升，一二产业之间的融合水平会首先提升，因涉农二产的产出增加引起的收入提升，造成一产劳动力趋于向二产转移，从而导致一二产业的劳动力融合水平提升，伴随涉农二产劳动生产率的提升及一二产业产品的消化需求，一三产业融合水平逐渐提升，一三产业劳动力融合也会伴随而至。综上，表 3-3 中区域“三产”产业融合与劳动力融合的 6 个阶段通常会表现出如下特征。

(1)耦合过渡期，产业融合度提升速度快于劳动力融合度提速水平，这一阶段为一产劳动力加速向二三产业转移；

(2)耦合提升期，产业融合度提升速度慢于劳动力融合度提速水平，劳动力大量流入二三产业，两系统高度耦合，良性发展；

(3)解耦过渡期，随着区域产业结构的转型升级，二产和三产中其他更高附加值的产业占比越来越大，涉农二产、三产的占比也不断下降，“三产”产业融合度会出现下降趋势，因劳动力在产业间的转移存在滞后期，这一时期仍然表现为劳动力融合度上升，但已使两系统解耦状态初现端倪；

(4)解耦加速期，随着“三产”产业融合度的进一步降低，以及涉农二三产业劳动生产率的进一步提升，劳动力逐步流向二三产业中的非涉农产业，劳动力融合度开始降低，但产业融合度的降速仍快于劳动力融合度降速，这是两系统解耦加速的标志；

(5)解耦衰落期，劳动力进一步流向二三产业中的其他行业，“三产”劳动力融合度降低加速，超过产业融合度降速，直至两系统耦合状态崩解；

(6)拮抗错位期，为两系统耦合状态的特殊情况，引起产业融合度提升，而劳动力融合度下降的可能原因为：一种是某经济发达地区的涉农二产中贡献率高的产业类型劳动生产率极高，不需要密集的劳动力资源，另一种是某经济落后地区，第一产业占比长期居高，农产品加工业的发展使得产业融合水平提升，涉农二三产业从业人员多为一产从业人员兼业。

第三节　案例分析——江苏省乡村“三产”融合评价

一、案例区基本经济情况

江苏省总面积 10.72 万 km^2，下辖 13 个设区市，全部进入百强，是唯一所有地级市都跻身百强的省份。截至 2019 年年末，江苏省常住人口 8070 万人，是中国人口密度第一大省，地区生产总值 99631.52 亿元，人均地区生产总值 123607 元。江苏地处长江经济带，是长江经济带与东南沿海开放带的交汇点，人均国内生产总值（GDP）、综合竞争力、地区发展与民生指数(DLI)均居中国各省前列，成为中国综合发展水平最高的省份之一，已步入“中上等”发达国家水平。经济综合竞争力居全国前列，是中国经济最活跃的省份之一，与上海、浙江、安徽共同构成的长江三角洲城市群成为国际六大世界级城市群之一(江苏省人民政府，2021)。

表 3-4 反映了江苏省 13 个地级市的基本经济情况。从经济规模上看，2018 年地区生产总值排名前三位的分别是苏州、南京和无锡，跻身“万亿俱乐部”，首位度为 1.45，标准差为 4598 亿元，平均值为 7256 亿元，变异系数高达 0.6338，最高值(苏州)是最低值(宿迁)的 6.76 倍，反映了江苏省 13 市经济规模存在显著的差异性，在空间上存在苏南①、苏中、苏北渐次降低的空间差异。进一步细分三次产业时，又表现出不同的产业类型伴随着不同的空间分异特征。从三次产业增加值的绝对数上看，第一产业增加值较高地区(高于平均值 311.31 亿元)呈现出典型的苏北和沿海分布特征，徐州和盐城的一产绝对规模最大；第二产业增加值较高地区(高于平均值 3277.46 亿元)集中在苏南的苏州、无锡、南京 3 市和苏中的南通，云集了区域乃至全国制造业、建筑业最发达的城市；第三产业增加值

表 3-4　2018 年江苏省 13 市经济概况及涉农第二三产业的状况

城市	地区生产总值/亿元	第一产业		第二产业		第三产业		涉农第二产业产值/亿元	涉农第三产业产值/亿元
		增加值/亿元	占比/%	增加值/亿元	占比/%	增加值/亿元	占比/%		
南京	12820	273	2.13	4722	36.83	7825	61.04	837	567
无锡	11439	125	1.09	5464	47.77	5850	51.14	1690	530
徐州	6755	631	9.35	2812	41.63	3312	49.03	34	456
常州	7050	156	2.22	3263	46.29	3631	51.50	849	399
苏州	18597	214	1.15	8933	48.03	9450	50.81	3312	1056
南通	8427	398	4.72	3948	46.85	4081	48.43	2508	441
连云港	2772	326	11.75	1207	43.56	1239	44.69	301	157
淮安	3601	359	9.96	1508	41.88	1734	48.16	1239	212
盐城	5487	573	10.45	2436	44.40	2477	45.15	1111	280
扬州	5466	273	5.00	2623	47.99	2570	47.01	723	274
镇江	4050	138	3.42	1977	48.80	1935	47.78	524	251
泰州	5108	280	5.48	2434	47.65	2394	46.86	931	323
宿迁	2751	301	10.94	1280	46.52	1170	42.55	1023	153

① 根据江苏省统计局资料公布，苏南地区包括南京、苏州、无锡、常州、镇江 5 市；苏中地区包括南通、扬州、泰州 3 市；苏北地区包括徐州、连云港、淮安、盐城、宿迁 5 市。

较高地区(高于平均值 3666.77 亿元)依然是苏南的苏州、南京、无锡和苏中的南通。从相对数上看，三次产业增加值的变异系数分别是 0.51、0.67、0.71，表明江苏省 13 个市的二三产业的差异性较高，尤其是第三产业，最高值(苏州)是最低值(宿迁)的 8.08 倍。

从产业结构上看，绝大多数城市已经完成“一二三”到“二三一”再到“三二一”的产业结构演变，除镇江、扬州、泰州、宿迁 4 市还处于“二三一”的阶段外，其余 9 市均处于“三二一”阶段。结合图 3-1，南京市的第三产业占比最高(61.04%)，常州和无锡次之(51.50%和 51.14%)，苏州为 50.81%，超过了一产和二产的总和。根据第三产业占比超过 40%即为产业结构处于较高水平的论断(顾朝林等，2015)，江苏省 13 市的产业结构均已达到较高水平，其中，苏南地区处于更高水平的发展阶段。从各市三次产业占比的相对比较来看，变异系数分别是 0.6670、0.0766、0.0925，表明各地的经济结构中，二三产业所占份额相对均衡，第一产业在经济结构中的比重存在较大差异，苏北 5 市第一产业所占份额较高，宿迁、连云港、盐城 3 市的一产占比均超过 10%，淮安、徐州 2 市也接近 10%。

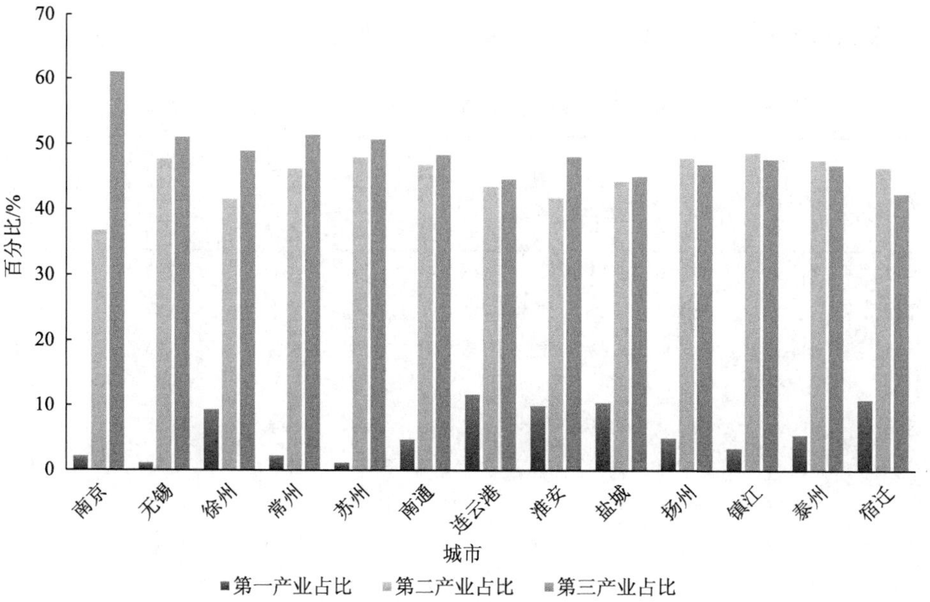

图 3-1　江苏省 13 市“三产”占比

二、江苏省“三产”融合度评价

(一) 农产品的二三产业流入率估算

1. 现状特征

利用式(3.8)和式(3.9)计算得到江苏省 13 市主要农产品流入二三产业的表征指标，结果如表 3-5 所示。结果表明，农产品流入二三产业的程度呈现出苏北、苏中、苏南渐次降低的差异格局。具体是：1)各市主要农产品的加工转化率大体相当，平均值为 76.30%，变异系数为 0.04，其中，淮安和宿迁的农产品加工转化率最高，均在 80%以上，最低的南通也接近 70%。2)农产品流入二三产业的比例差异较大，平均值为 0.09，变异系数为 0.67，苏北 5 市农产品流入二三产业的程度最高，均在 0.14 以上；苏南 5 市最低，均小于等于 0.05；苏中 3 市基本持平，在 0.6～0.7。观察发现，主要农产品产量也存在相同的差异格局，苏北 5 市及苏中的南通都是农产品高产地区，年产量均在 450 万 t 以上，最高的盐城高达 911.04 万 t，主要农产品加工转化率最高的粮食作物产量也存在着相同的分异特征。造成这一现象的可能原因在于：这些地区都是传统的农业大市，地处或背靠苏北平原，多为国家粮棉生产基地、农副产品出口基地，是重要的水稻、小麦、油料作

表 3-5　2018 年江苏省 13 市主要农产品产量及加工转化情况

城市	主要农产品总产量/万 t	粮食/万 t	棉花/万 t	油料/万 t	肉类产量/万 t		水产品/万 t	主要农产品加工转化率/%	农产品流入二三产业指数（PA）
					全部	猪牛羊肉			
南京	131.86	106.92	0.14	3.34	4.86	2.69	16.60	76.77	0.03
无锡	71.51	56.80	0.00	0.48	2.00	1.46	12.23	76.87	0.02
徐州	584.60	484.48	1.03	12.32	69.90	38.77	16.87	76.06	0.14
常州	102.03	78.15	0.02	1.57	8.28	4.14	14.01	74.00	0.03
苏州	111.93	87.92	0.01	0.59	3.85	2.62	19.56	76.35	0.02
南通	487.09	336.90	0.79	20.89	45.61	27.34	82.90	68.93	0.06
连云港	468.09	364.03	0.01	8.35	22.85	17.87	72.85	75.18	0.17
淮安	537.99	482.26	0.01	5.57	24.05	14.16	26.10	81.49	0.15
盐城	911.04	704.31	0.08	13.10	73.80	54.05	119.75	74.40	0.16
扬州	346.93	287.36	0.01	3.88	16.07	8.95	39.61	78.02	0.07
镇江	126.98	107.30	0.06	3.25	6.80	4.50	9.57	78.14	0.05
泰州	358.69	287.11	0.05	8.73	23.88	19.87	38.92	75.69	0.07
宿迁	459.18	401.02	0.05	3.96	27.99	18.00	26.16	80.06	0.16

物、棉花主产区和禽畜养殖基地。因此，农业生产在地区经济结构中占比较高的地区，其农产品加工转化水平及流入二三产业的程度较高，这与区域产业结构特征存在高度统一性。

2. 演化规律

根据式(3.8)和式(3.9)计算得到2010年、2014年、2018年三个时间截面上的江苏省13市主要农产品的加工转化率及流入二三产业指数，绘制图3-2～图3-4。从主要农产品流入二三产业的情况来看，总体表现为随着时间的推移，苏北地区主要农产品流入二三产业指数不断降低，苏中地区在2014～2018年表现出降低趋势，苏南地区则在两个时段内基本无变化。从主要农产品的加工转化情况来看，随着地区人口规模的扩大和生产技术水平的提升，各地农产品的加工转化率均有所提升，三个时间截面上的平均值分别为65.68%、70.20%、76.30%。主要农产品加工转化率最高的是淮安、宿迁，在2018年均超过了80%，最低的是南通，2010年还不足60%，南京在两个时段内主要农产品的加工转化水平提升明显，由61.11%升至76.77%，增长了约15个百分点。

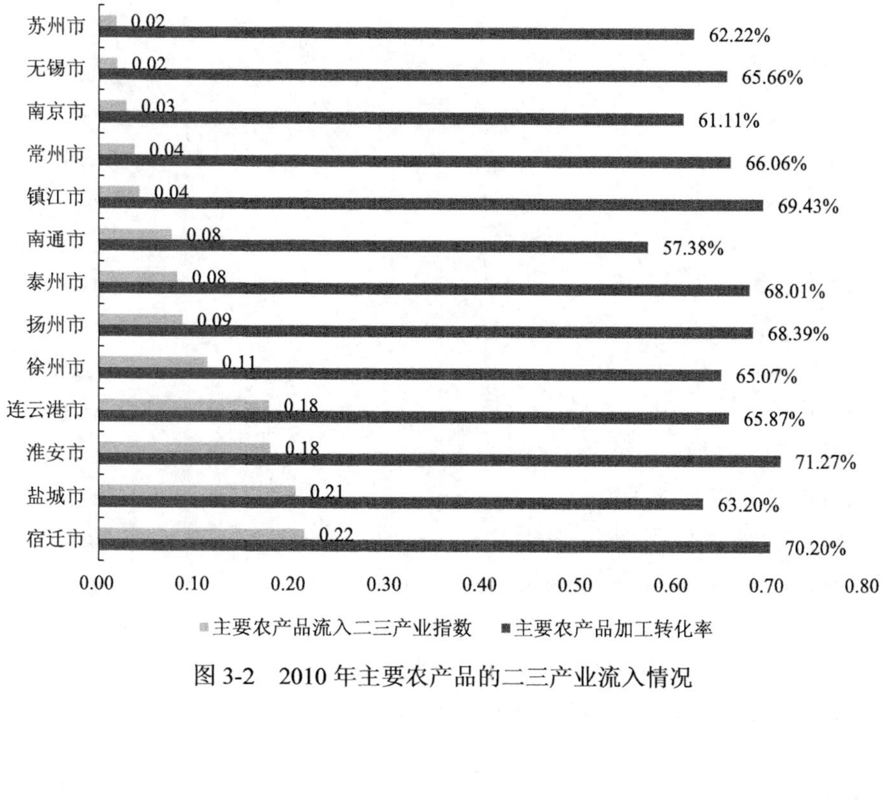

图3-2　2010年主要农产品的二三产业流入情况

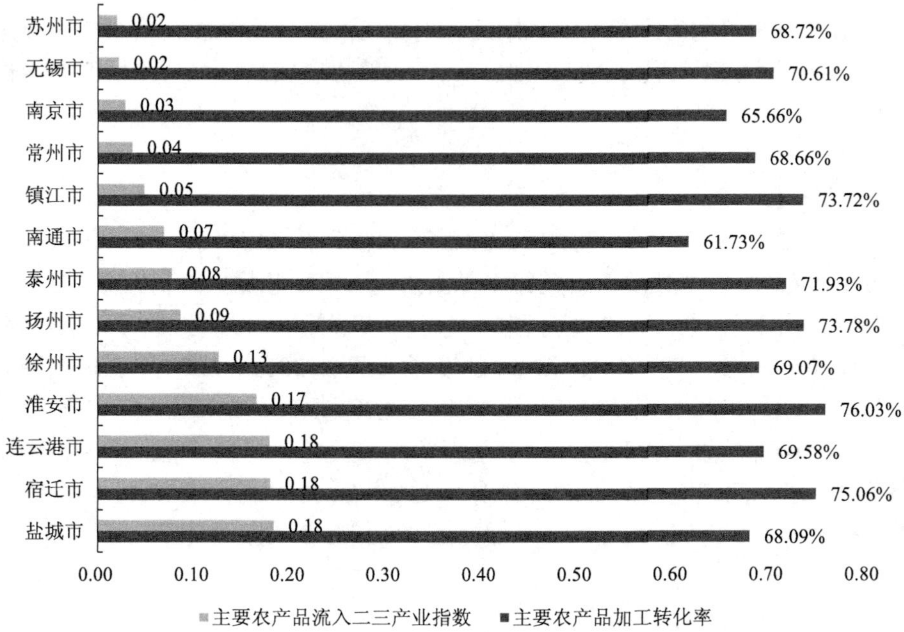

图 3-3　2014 年主要农产品的二三产业流入情况

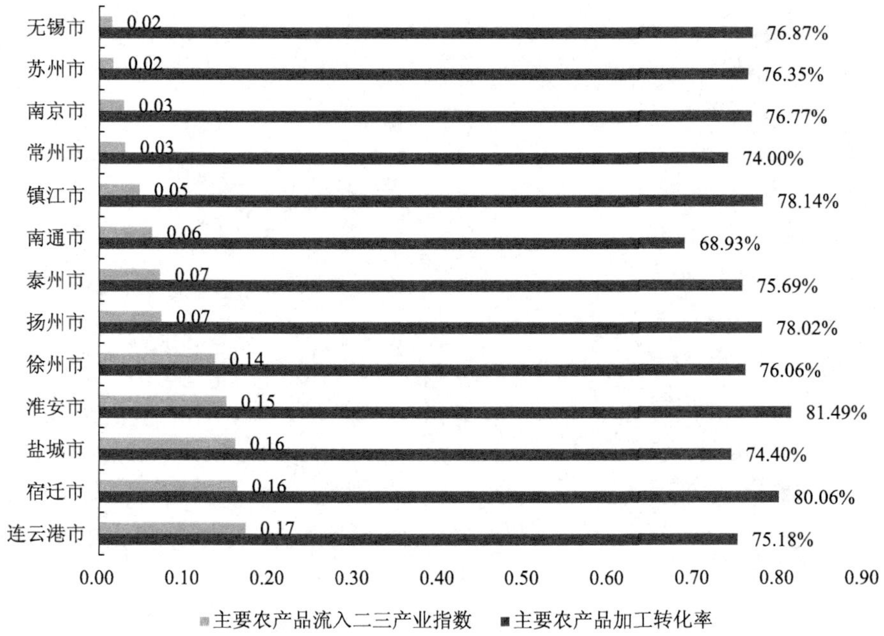

图 3-4　2018 年主要农产品的二三产业流入情况

从两个指数的时空变化情况看，在三个时间截面上，苏州、无锡、南京的主要农产品流入二三产业指数无变化，但主要农产品加工转化率逐年攀升，并从2010年的差异较大演变为2018年的基本持平，常州、南通、泰州、扬州主要农产品流入二三产业指数略有降低趋势，镇江表现为小幅提升趋势，苏北地区主要农产品流入二三产业水平呈现显著的降低趋势，主要农产品加工转化率呈明显的升高趋势，反向增长趋势鲜明。这反映了2010年以来，苏北地区的农业发展水平提升迅速，无论是主要农产品的产量，还是农林牧渔业的发展水平提升均更为突出，而苏南地区，尤其是苏州、无锡、南京，则表现为二三产业的发展提升更加迅速。

根据Jenks最佳自然断裂点模型，将三个时间截面上的主要农产品流入二三产业指数划分为高流入、中流入、低流入三种类型，见表3-6。总体看来，各地的主要农产品流入二三产业指数具有北高南低的空间分异态势，并且随着时间的推移，主要农产品流入二三产业的相对水平具有提升趋势，高流入区域有所扩张，至2018年，苏北5市均为高流入地区，苏中3市及苏南的镇江则为中流入地区，其余苏南4市为低流入地区。这体现了江苏省域农产品进入二三产业的显著空间差异，并且这种差异格局与经济社会发展水平呈现较为紧密的一致性，在一定程度上反映了各地在经济发展和产业结构的转型升级中，第一产业逐步让位于二三产业的速度有所差异，苏北地区在产业结构演进和高附加值、高需求弹性、高科技产业竞争中处于相对劣势，那么依托自身较为丰厚的农林牧渔发展基础，发展高效农业、精品农业、生态农业是可行的振兴路径。

表3-6 主要农产品流入二三产业指数的类型

流入类型	城市		
	2010年	2014年	2018年
低流入	南京、镇江、常州、无锡、苏州	南京、镇江、常州、无锡、苏州	南京、常州、无锡、苏州
中流入	徐州、扬州、泰州、南通	徐州、扬州、泰州、南通	镇江、扬州、泰州、南通
高流入	宿迁、淮安、连云港、盐城	宿迁、淮安、连云港、盐城	徐州、宿迁、淮安、连云港、盐城

（二）“三产”产业融合分析

1. 现状特征

从一二产业的融合情况来看，农产品和农副产品流入第二产业的体量最高的3个城市分别是苏州、南通、无锡，涉农第二产业的产值分别高达3312亿元、2508

亿元和 1690 亿元。一二产业融合水平较高的是宿迁、淮安、徐州、南通、盐城，二产涉农指数分别为 0.47、0.32、0.30、0.19、0.19（表 3-7）。造成这种分异格局的原因在于：1)苏州、南通、无锡本身就是制造业大市，拥有高级别、多类型的以轻工业为主的工业园区，轻纺工业、食品制造、农副产品加工及造纸业是这类地区的涉农第二产业中的主要类型(表 3-8)，在全部涉农二产中的占比分别为 84.82%、87.91%和 83.83%。2)宿迁的一二产融合水平最高，是因为该市有两个酿酒的大型国企——洋河集团和双沟集团，还有众多私营小酒厂，2018 年规模以上工业企业主营业务收入高达 302.39 亿元，仅此一项的贡献率就接近 30%，而酿酒的主要原料是高粱、稻谷等粮食；此外，木材加工行业占比也高达 17.72%，因此，农产品流入第二产业的比例最高。3)淮安、徐州的木材加工、农副食品加工是其最主要的涉农制造业，这两种产业的原材料往往由本地供应，因此一二产融合度较高。4)南通、盐城除轻纺工业较为发达外，因其沿海的地理区位和拥有岸线滩涂资源，水产丰富，农副食品加工业也较为发达，也是一二产融合水平较高地区。

表 3-7　2018 年江苏省 13 市经济概况及涉农第二三产业的状况

城市	涉农第二产业产值/亿元	二产涉农指数（PI）	涉农第三产业产值/亿元	三产涉农指数（PS）
南京	837	0.07	567	0.07
无锡	1690	0.10	530	0.09
徐州	34	0.30	456	0.14
常州	849	0.07	399	0.11
苏州	3312	0.10	1056	0.11
南通	2508	0.19	441	0.11
连云港	301	0.12	157	0.13
淮安	1239	0.32	212	0.12
盐城	1111	0.19	280	0.11
扬州	723	0.11	274	0.11
镇江	524	0.13	251	0.13
泰州	931	0.13	323	0.13
宿迁	1023	0.47	153	0.13

表 3-8　2018 年江苏省 13 市涉农二产中的主要产业类型及其占涉农二产的比例

城市	涉农二产中的主要产业类型	占比/%
南京	①纺织服装、服饰业；②烟草制品业；③食品制造业；④农副食品加工业	79.68
无锡	①纺织业；②纺织服装、服饰业	83.83
徐州	①木材加工和木、竹、藤、棕、草制品业；②农副食品加工业；③纺织业	69.54
常州	①纺织业；②纺织服装、服饰业；③木材加工和木、竹、藤、棕、草制品业	78.11

续表

城市	涉农二产中的主要产业类型	占比/%
苏州	①纺织业；②造纸和纸制品业；③纺织服装、服饰业；④农副食品加工业	84.82
南通	①纺织业；②纺织服装、服饰业；③农副食品加工业	87.91
连云港	①农副食品加工业；②食品制造业	68.59
淮安	①农副食品加工业；②纺织服装、服饰业；③纺织业；④烟草制造业	70.74
盐城	①纺织业；②农副食品加工业；③纺织服装、服饰业	78.07
扬州	①纺织业；②皮革、毛皮、羽毛及其制品和制鞋业；③农副食品加工业；④纺织服装、服饰业	78.92
镇江	①造纸和纸制品业；②农副食品加工业；③纺织服装、服饰业；④木材加工和木、竹、藤、棕、草制品业	81.55
泰州	①农副食品加工业；②纺织业	67.80
宿迁	①酒、饮料和精制茶制造业；②纺织业；③木材加工和木、竹、藤、棕、草制品业；④农副食品加工业	78.91

注：涉农二产的主要产业类型的筛选步骤为对该产业的规模以上工业企业主营业务收入由高到低进行排序，筛选其中高于平均水平的产业类型。

从一三产业的融合情况来看，涉农第三产业产值最高的三个城市分别为苏州、南京、无锡，分别为1056亿元、567亿元和530亿元。这三个城市的经济总量、三产增加值及其占比也均是全省前3位，且位次也具有高度统一性。而一三产业融合水平较高的徐州、泰州、宿迁、镇江、连云港、淮安，三产涉农指数均高于平均水平。三产涉农指数最高的是徐州，为0.14，最低的是南京，为0.07。这是因为，这几个城市的第三产业本身就不发达，三产增加值也落后于全省平均水平，而苏北地区又在涉农制造业中表现突出，农产品及农副产品供应水平较高，有限的第三产业中就会有较高占比的涉农三产，因而一三产业的融合度较高。

将一二产融合度和一三产融合度比较后发现：1）苏北地区的二产涉农指数要普遍高于三产涉农指数，苏南和苏中的两种指数大致表现为持平态势。涉农第二产业的产值要大大高于涉农第三产业的产值，这在无锡、南通、淮安、盐城、宿迁5市中表现尤为明显。2）从融合的均衡性来看，江苏省13市的一二产融合度差异较大，一三产融合度相对均衡，两者的变异系数分别为0.63和0.17。3）通过对各市的横向比较看，二产涉农指数最低的是南京、常州两市，这是因为南京的支柱产业为石油化工、汽车制造、钢铁等，常州的支柱产业为装备制造、机械制造、冶金等，相较而言，涉农制造业所占份额较低。三产涉农指数最低的也是南京，这是因为南京市的农村从业人员在第三产业中的就业主要流向是批发与零售业和其他非农行业。

2. 演化规律

计算得到三个时间截面上的“三产”产业融合度及分项指数，如表 3-9 所示，并按照江苏省 13 市 2018 年一二、一三产业融合指数的降序排列，绘制图 3-5 和图 3-6。就一二产业融合的演变来看，在 2010～2018 年，各地的一二产业融合水平变化不大，总体表现为不断降低的趋势，仅南通、盐城、连云港三个沿海城市表现出较为明显的降低趋势。采用双周期移动平均拟合做出三个时间截面上的拟合趋势线，可以发现，随着时间的推移，各地的拟合趋势线渐趋平滑，且融合度最高的与最低的城市之间差距更大，说明各地一二产业融合水平随时间推移出现了差异扩大趋势。

表 3-9　江苏省 13 市 2010～2018 年“三产”产业融合度及分项指数

城市	2010 年				2014 年				2018 年			
	PA	PI	PS	PT	PA	PI	PS	PT	PA	PI	PS	PT
南京	0.0292	0.0885	0.1328	0.0700	0.0286	0.0897	0.0914	0.0617	0.0293	0.0689	0.0725	0.0527
无锡	0.0194	0.1022	0.1195	0.0619	0.0218	0.1091	0.1019	0.0624	0.0152	0.1024	0.0906	0.0521
徐州	0.1138	0.3016	0.2549	0.2061	0.1263	0.2885	0.2172	0.1992	0.1365	0.3031	0.1376	0.1785
常州	0.0378	0.0950	0.1419	0.0798	0.0360	0.1022	0.1293	0.0780	0.0308	0.0745	0.1098	0.0632
苏州	0.0183	0.1378	0.1312	0.0692	0.0196	0.1156	0.1214	0.0650	0.0168	0.0971	0.1118	0.0567
南通	0.0767	0.2876	0.1491	0.1487	0.0690	0.1998	0.1316	0.1220	0.0623	0.1947	0.1080	0.1094
连云港	0.1782	0.1895	0.1806	0.1827	0.1796	0.1450	0.1456	0.1559	0.1727	0.1192	0.1265	0.1376
淮安	0.1794	0.3549	0.1667	0.2198	0.1658	0.2977	0.1453	0.1929	0.1499	0.3205	0.1222	0.1804
盐城	0.2057	0.2899	0.1463	0.2059	0.1839	0.2417	0.1294	0.1791	0.1605	0.1911	0.1130	0.1513
扬州	0.0877	0.1388	0.1307	0.1167	0.0862	0.1267	0.1264	0.1113	0.0734	0.1062	0.1065	0.0940
镇江	0.0429	0.1631	0.1258	0.0958	0.0485	0.1247	0.1322	0.0928	0.0474	0.1275	0.1296	0.0922
泰州	0.0823	0.1320	0.2024	0.1300	0.0772	0.1995	0.1777	0.1399	0.0718	0.1334	0.1348	0.1089
宿迁	0.2150	0.4841	0.1503	0.2501	0.1801	0.4607	0.1468	0.2301	0.1628	0.4673	0.1308	0.2151

就一三产业融合的演变来看，各地融合指数在两个时段内的降低更加显著，且降幅更大，具体表现为：在 2010 年，一三产业融合度最高的为徐州，融合指数为 0.2549，最低的是无锡，为 0.1195，极差为 0.1354；到了 2018 年，融合度最高的仍然是徐州，融合指数为 0.1376，最低的是南京，为 0.0725，极差为 0.0651。这反映了随着时间的推移，各地一三产业融合的均衡性不断提升；也体现了交通运输、仓储物流、邮政、餐饮、住宿服务业在各地三产中所占份额的差异较小。苏南地区，尤其是南京，作为经济发达地区和省会城市，必然是交通枢纽或交通节点，其餐饮、住宿行业的绝对增加值更高，且相应的其他服务行业也更为全面

和发达，因此，其一三产业融合指数相对较低。

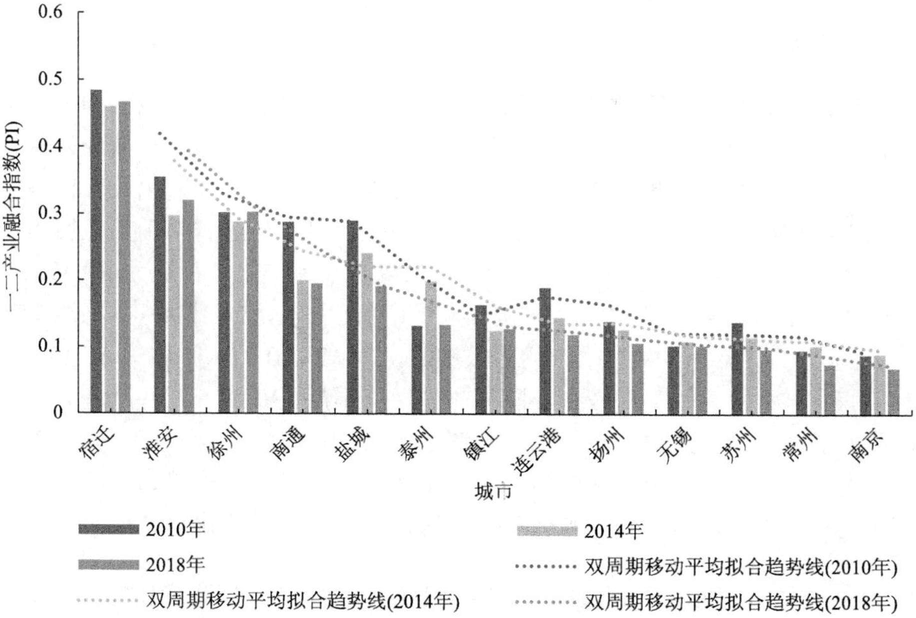

图 3-5　2010～2018 年江苏省 13 市一二产业融合水平及趋势拟合

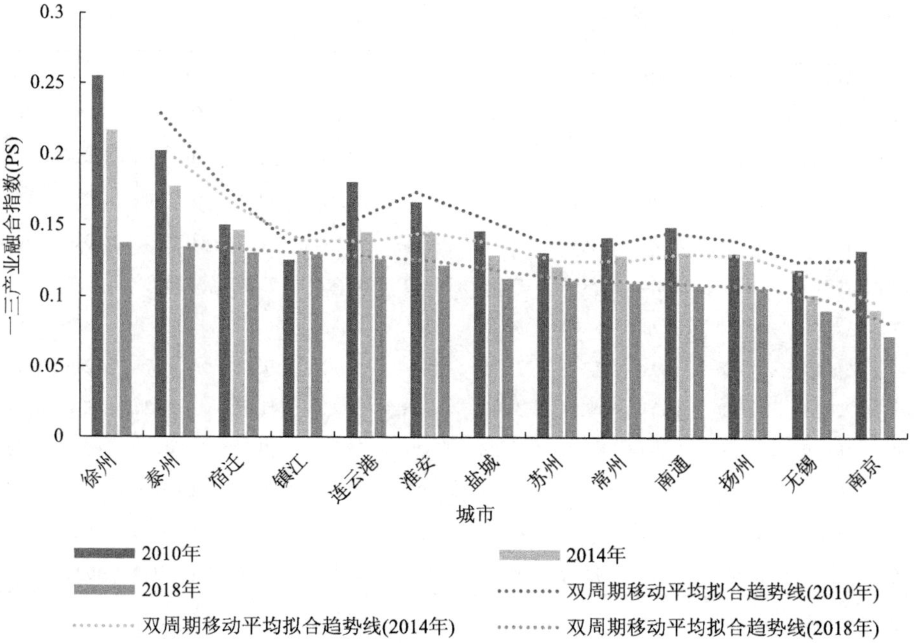

图 3-6　2010～2018 年江苏省 13 市一三产业融合水平及趋势拟合

（三）"三产"劳动力融合分析

1. 现状特征

从各市农村劳动力数量来看，表 3-10 和表 3-11 显示，苏北地区和苏中地区的农村劳动力资源较为丰富，除连云港、扬州外，其余 6 市的乡村从业人数均在 200 万以上。尤其是徐州，更是高达 356.40 万人，其乡村从业人数及其他各类别的从业人数均明显高于其他城市，这是因为徐州人口总量显著高于其他城市，现有人口规模高达 880.20 万人，乡村劳动力资源也较为丰富，占比为 40.49%（乡村从业人数/总人口数），其中，乡村从业人员中从事二产的人数最多，高达 156.40 万人，占比为 43.89%，从事一产的人数次之，为 126.30 万人，占比 35.43%。苏南 5 市的乡村从业人数相对较少，除苏州外，均不足 130 万人，并且多分布于第二产业中，第二产业人数占比最高的无锡达 67.66%，最低的南京也为 52.31%，表明苏南各市的农村乡镇企业较多，农村工业化水平较高，能够为本地人口提供较多的就业岗位。这对留住本地劳动力资源，推进就地城镇化意义重大。

表 3-10　2018 年江苏省 13 市乡村从业人员及涉农产业从业人员情况

城市	乡村从业人数/万人	第一产业		第二产业		第三产业		二产涉农产业人数/万人	PAI	三产涉农产业人数/万人	PAS
		人数/万人	占比/%	人数/万人	占比/%	人数/万人	占比/%				
南京	112.68	21.46	19.05	58.94	52.31	19.11	16.96	7.78	0.0690	11.21	0.0995
无锡	112.16	15.20	13.55	75.89	67.66	10.50	9.36	19.93	0.1777	5.38	0.0480
徐州	356.40	126.30	35.43	156.40	43.89	49.76	13.96	14.84	0.0416	26.84	0.0753
常州	127.37	22.54	17.70	76.78	60.28	13.99	10.98	12.36	0.0970	7.32	0.0575
苏州	171.58	21.02	12.25	114.00	66.44	20.50	11.95	21.47	0.1251	10.07	0.0587
南通	297.53	60.23	20.24	151.70	50.98	48.67	16.36	23.37	0.0786	21.97	0.0738
连云港	177.46	74.93	42.22	64.60	36.40	22.21	12.52	6.65	0.0375	13.26	0.0747
淮安	211.87	84.60	39.93	74.45	35.14	21.51	10.15	9.89	0.0467	12.49	0.0590
盐城	298.13	104.60	35.09	98.45	33.02	33.58	11.26	11.67	0.0392	19.30	0.0647
扬州	180.59	32.15	17.80	100.40	55.57	23.82	13.19	10.52	0.0583	12.17	0.0674
镇江	100.24	19.87	19.82	62.38	62.23	8.97	8.95	9.98	0.0996	5.56	0.0555
泰州	215.26	41.51	19.28	102.20	47.50	36.00	16.72	12.32	0.0572	18.71	0.0869
宿迁	222.07	83.63	37.66	92.58	41.69	26.91	12.12	13.86	0.0624	13.93	0.0627

表 3-11　2010～2018 年江苏省 13 市从业人员情况　（单位：万人）

城市	乡村从业人数			涉农二产从业人数			涉农三产从业人数		
	2010 年	2014 年	2018 年	2010 年	2014 年	2018 年	2010 年	2014 年	2018 年
南京	207.17	119.21	112.68	14.75	12.78	7.78	10.86	11.81	11.21
无锡	224.57	112.77	112.16	27.13	21.37	19.93	6.80	5.77	5.38
徐州	703.90	358.77	356.40	24.97	27.46	14.84	21.10	24.74	26.84
常州	237.55	130.50	127.37	20.15	18.06	12.36	8.05	8.04	7.32
苏州	319.37	174.76	171.58	73.53	32.03	21.47	9.54	10.01	10.07
南通	585.72	302.30	297.53	36.29	29.18	23.37	22.87	23.71	21.97
连云港	362.19	174.50	177.46	6.05	9.23	6.65	8.28	11.25	13.26
淮安	393.88	211.47	211.87	11.79	12.55	9.89	10.05	11.10	12.49
盐城	597.49	301.92	298.13	21.70	19.73	11.67	17.92	18.46	19.30
扬州	329.28	182.48	180.59	17.48	15.45	10.52	12.21	12.18	12.17
镇江	173.44	99.94	100.24	10.35	10.15	9.98	5.06	5.39	5.56
泰州	388.90	211.48	215.26	10.36	9.37	12.32	17.89	18.69	18.71
宿迁	441.74	224.76	222.07	8.56	19.33	13.86	11.92	13.34	13.93

从劳动力融合情况来看，在劳动力数量上，2018 年二产中从事涉农产业的劳动力数量最多的是南通、苏州、无锡，涉农第二产业从业人员数分别为 23.37 万人、21.47 万人、19.93 万人，连云港和南京最少，分别为 6.65 万人和 7.78 万人。2018 年三产中从事涉农产业的劳动力数量最多的是徐州和南通，均在 20 万人以上，最低的是无锡和镇江，仅有 5.38 万人和 5.56 万人。在劳动力融合度上，苏南地区的一二产业劳动力融合度较高，尤其是无锡和苏州，分别高达 0.1777 和 0.1251，苏北 5 市的一二产业劳动力融合度均较低，融合度最低的盐城、连云港，分别为 0.0375、0.0392，尚不足 0.04，这是因为苏南地区的农村工业化水平较高，如无锡华西村、张家港永联村、常熟蒋巷村等，乡镇企业多且规模大，城乡差距小。一三产业劳动力融合度最高的是南京，融合指数为 0.0995，其次为泰州和徐州，分别为 0.0869 和 0.0753，最低的是无锡，融合指数为 0.0480。可以发现，一二产业劳动力的融合程度要略高于一三产业，并且一二产业劳动力的融合水平存在显著的区域差异，一三产业劳动力融合水平则表现出无关经济发展水平和区域农村就业人口规模的区域均衡性。这反映了江苏省 13 市的农村产业发展大多以二产占主导，总体表现为“一二三”或“二一三”的产业结构类型。江苏的乡村地区，尤其是苏北农村，在今后较长时期内，延长农产品加工链，提升农业生产附加值，利用加工产品和精品农业带动农村三产发展，从而促进产业结构转型升级，可认为是乡村振兴和推进新型城镇化的可能路径。

2. 演化规律

计算得到2010～2018年“三产”劳动力融合度及分项指数，如表3-12所示，并按照江苏省13市2018年一二、一三产业劳动力融合指数的降序排列，绘制图3-7和图3-8。就一二产业劳动力融合的演变来看，在2010～2018年，各地的一二产业融合水平变化较为复杂，多地呈现先升后降的变化趋势，反映了劳动力在涉农第二产业中的转移具有先流入再流出的趋势，且“十二五”末大致是发生这一变化的一个拐点。其中，苏州表现出鲜明的不断降低的趋势，表明苏州在“十二五”和“十三五”时期，劳动力在二产中的涉农程度已经很低，更多的是流向其他高需求弹性产业行业。

就一三产业融合的演变来看，除少数地区外，大部分地区呈现随时间推移而持续升高的趋势，表明“十二五”末、“十三五”初是江苏省劳动力大幅流向交通运输、仓储物流、邮政及餐饮住宿行业的特征时期。且2018年的拟合趋势线更为平缓，说明到了2018年，各地涉农三产的劳动力相对比例趋于均衡。与一二、一三产业融合的演变特征比较来看，劳动力的融合存在一定程度的滞后性，这也符合区域产业结构演进规律。

表3-12 江苏省13市2010～2018年“三产”劳动力融合度及分项指数

城市	2010年			2014年			2018年		
	PAI	PAS	PBT	PAI	PAS	PBT	PAI	PAS	PBT
南京	0.0712	0.0524	0.0611	0.1072	0.0991	0.1030	0.0690	0.0995	0.0829
无锡	0.1208	0.0303	0.0605	0.1895	0.0512	0.0985	0.1777	0.0480	0.0923
徐州	0.0355	0.0300	0.0326	0.0765	0.0690	0.0727	0.0416	0.0753	0.0560
常州	0.0848	0.0339	0.0536	0.1384	0.0616	0.0923	0.0970	0.0575	0.0747
苏州	0.2302	0.0299	0.0829	0.1833	0.0573	0.1025	0.1251	0.0587	0.0857
南通	0.0620	0.0390	0.0492	0.0965	0.0784	0.0870	0.0786	0.0738	0.0762
连云港	0.0167	0.0229	0.0195	0.0529	0.0645	0.0584	0.0375	0.0747	0.0529
淮安	0.0299	0.0255	0.0276	0.0594	0.0525	0.0558	0.0467	0.0590	0.0525
盐城	0.0363	0.0300	0.0330	0.0654	0.0611	0.0632	0.0392	0.0647	0.0503
扬州	0.0531	0.0371	0.0444	0.0847	0.0667	0.0752	0.0583	0.0674	0.0627
镇江	0.0597	0.0292	0.0417	0.1015	0.0539	0.0740	0.0996	0.0555	0.0743
泰州	0.0266	0.0460	0.0350	0.0443	0.0884	0.0626	0.0572	0.0869	0.0705
宿迁	0.0194	0.0270	0.0229	0.0860	0.0594	0.0714	0.0624	0.0627	0.0626

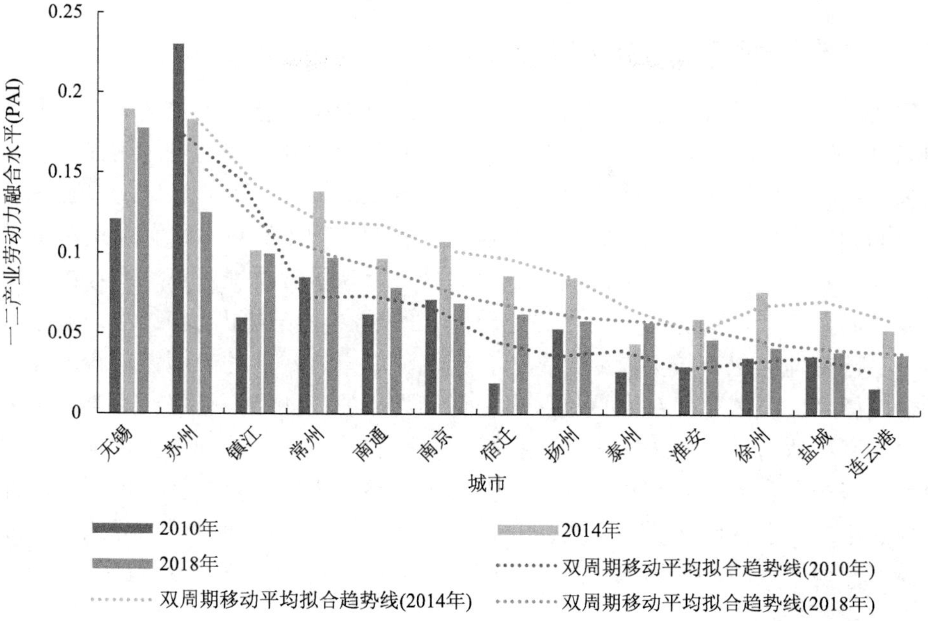

图 3-7　2010～2018 年江苏省 13 市一二产业劳动力融合水平及趋势拟合

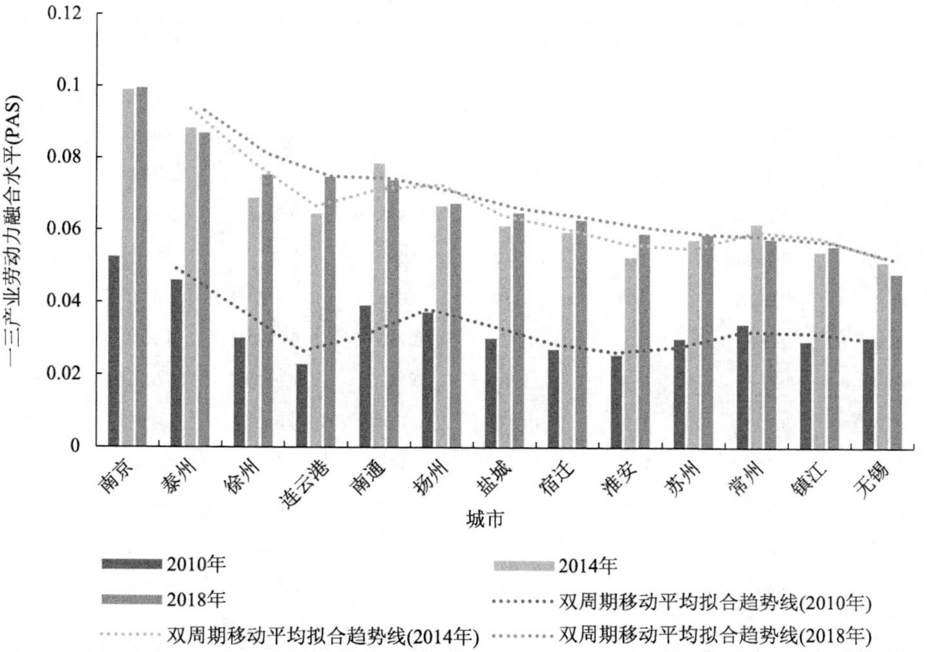

图 3-8　2010～2018 年江苏省 13 市一三产业劳动力融合水平及趋势拟合

（四）“三产”产业融合与劳动力融合的比较分析

将“三产”产业融合度和劳动力融合度及分项指数统计于表 3-13 中，并绘制图 3-9。从两者的比较来看，产业融合度比劳动力融合度波动更为明显，大多数地区产业融合度与劳动力融合度存在一定程度上的错位，苏北地区的产业融合度与劳动力融合度存在较大差距。从产业融合度的分项指数可知，苏北地区的第一产业与涉农二产的融合度要远高于苏南地区，反映了苏北地区第二产业中的涉农程度较高，第一产业劳动力占比仍然较高，区域产业结构层次和经济发展水平与苏中、苏南地区仍有较大差距。苏州、无锡、南京、常州的劳动力融合度比产业融合度更高，反映了经济发达地区乡村劳动人口的兼业能力较强，这类地区乡村工业、乡村服务业能够为本地居民提供更多的就业机会。从分项指数来看，不同地区二三产业类型的经济贡献能力和劳动力吸纳能力存在差异性，表现出苏北地区涉农第二产业对经济贡献能力更高，而苏南地区第二产业对劳动力的吸纳能力更强，体现了区域产业层次不同，在带动农业劳动力向二三产业渗透的能力水平上也存在差异性。

表 3-13　2018 年江苏省 13 市“三产”产业融合度和劳动力融合度及分项指数

城市	产业融合度				劳动力融合度		
	PA	PI	PS	PT	PAI	PAS	PBT
南京	0.0293	0.0689	0.0725	0.0527	0.0690	0.0995	0.0829
无锡	0.0152	0.1024	0.0906	0.0521	0.1777	0.0480	0.0923
徐州	0.1365	0.3031	0.1376	0.1785	0.0416	0.0753	0.0560
常州	0.0308	0.0745	0.1098	0.0632	0.0970	0.0575	0.0747
苏州	0.0168	0.0971	0.1118	0.0567	0.1251	0.0587	0.0857
南通	0.0623	0.1947	0.1080	0.1094	0.0786	0.0738	0.0762
连云港	0.1727	0.1192	0.1265	0.1376	0.0375	0.0747	0.0529
淮安	0.1499	0.3205	0.1222	0.1804	0.0467	0.0590	0.0525
盐城	0.1605	0.1911	0.1130	0.1513	0.0392	0.0647	0.0503
扬州	0.0734	0.1062	0.1065	0.0940	0.0583	0.0674	0.0627
镇江	0.0474	0.1275	0.1296	0.0922	0.0996	0.0555	0.0743
泰州	0.0718	0.1334	0.1348	0.1089	0.0572	0.0869	0.0705
宿迁	0.1628	0.4673	0.1308	0.2151	0.0624	0.0627	0.0626

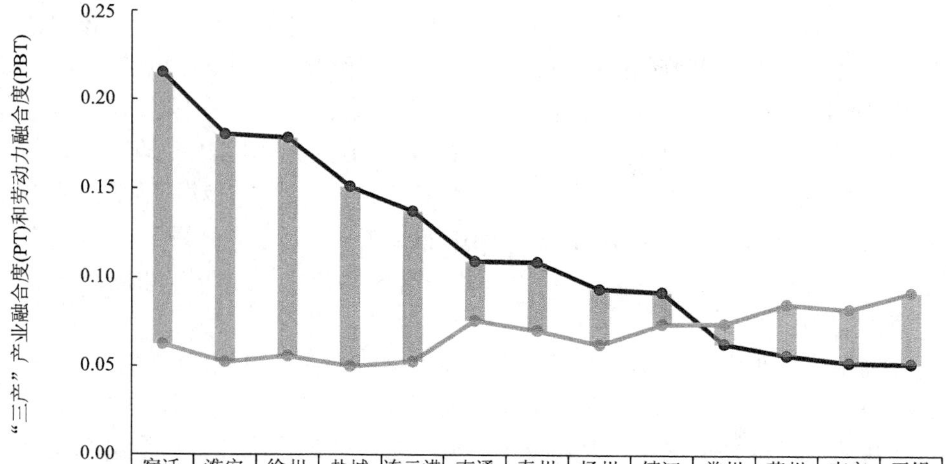

	宿迁	淮安	徐州	盐城	连云港	南通	泰州	扬州	镇江	常州	苏州	南京	无锡
PT	0.2151	0.1804	0.1785	0.1513	0.1376	0.1094	0.1089	0.0940	0.0922	0.0632	0.0567	0.0527	0.0521
PBT	0.0626	0.0525	0.0560	0.0503	0.0529	0.0762	0.0705	0.0627	0.0743	0.0747	0.0857	0.0829	0.0923

图 3-9　江苏省 13 市“三产”产业融合度和劳动力融合度(2018 年)

三、“三产”产业融合与劳动力融合的时空耦合分析

(一)空间关联性

本小节计算了江苏省 2010 年、2014 年、2018 年三个年份“三产”产业融合度和劳动力融合度数据的 General G 估计值及相关指标,计算结果如表 3-14 所示。

表 3-14　江苏省“三产”融合度的 General G 估计值

“三产”融合度	指数	General G 估计值		
		2010 年	2014 年	2018 年
产业融合度	$G(d)$	0.2327	0.2401	0.2396
	$E(d)$	0.2564	0.2564	0.2564
	$Z(d)$	−0.7317	−0.5288	−0.5123
劳动力融合度	$G(d)$	0.3051	0.2713	0.2796
	$E(d)$	0.2564	0.2564	0.2564
	$Z(d)$	1.7345	1.0355	1.7333

从三个研究年份整体来看，全局 G 统计指标的观测值和期望值都很接近，相差不是太大，且都大于 0，检验显著，说明检测区高值和低值的集聚现象显著，2010 年以来，江苏省 13 个地市的“三产”产业融合可能是围绕几个热点区域来展开的。但是相比之下，2014 年“三产”产业融合度和劳动力融合度两种指数的

$G(d)$和 $E(d)$相差幅度最小，2010 年 $G(d)$和 $E(d)$相差幅度最大，说明该时段，“三产”融合在空间上的集聚不断加强。上述年份 $G(d)$数值的变化，在一定程度上说明 2010 年以来江苏地区的“三产”融合热点区在空间分布上有演化和迁移的现象。同时，上述三个时期的 $G(d)$数值变化幅度都不是十分剧烈，说明该时期内“三产”融合的总体格局并没有十分剧烈的变动，只是在原有格局基础上的微调和集聚，也就是说，2010 年以来，“三产”产业融合水平苏北高于苏南，劳动力融合水平苏南高于苏北，两种融合水平错位分布的总体格局依然存在。

当需要进一步考虑是否存在局部空间集聚、哪个区域单元对于全部空间自相关的贡献最大，以及 General G 评估在多大程度上掩盖了局部不稳定时，就有必要进一步研究其内部情况。因此，为了更好、更有效地研究“三产”融合空间格局演化情况，有必要考查其集聚热点区域的变化情况，分别计算三个年份各行政单元局部空间关联指数 Getis-Ord Gi^*，运用 Jenks 最佳自然断裂点模型对其进行 3 级划分，结果如表 3-15 和表 3-16 所示。

表 3-15 “三产”产业融合度空间关联格局

空间关联	城市		
	2010 年	2014 年	2018 年
最冷区	常州	常州	常州
次冷区	镇江、无锡	苏州、无锡、镇江	苏州、无锡、镇江
冷点区	南京、苏州	南京	南京
不显著区	淮安、盐城、扬州、泰州、南通	盐城、扬州、泰州、南通	盐城、扬州、泰州、南通
热点区	连云港	淮安、连云港	淮安、连云港
次热区	徐州	徐州	徐州
最热区	宿迁	宿迁	宿迁

表 3-16 “三产”劳动力融合度空间关联格局

空间关联	城市		
	2010 年	2014 年	2018 年
最冷区	—	—	—
次冷区	宿迁	—	宿迁
冷点区	连云港	宿迁	—
不显著区	徐州、淮安、盐城、扬州、南京、镇江、泰州、南通	徐州、淮安、盐城、扬州、南京、镇江、泰州、南通、连云港	徐州、淮安、盐城、扬州、南京、泰州、南通、连云港
热点区	—	无锡	镇江
次热区	苏州、无锡、常州	苏州、常州	苏州、无锡
最热区	—	—	常州

从整体上看，2010 年以来，江苏省“三产”融合热点区域的总体格局保持相对稳定。从热点分布的空间结构来看，“三产”产业融合多是以宿迁为核心的圈层状空间结构，这种结构说明苏北地区是产业融合水平较高区域，宿迁是产业融合高水平的核心地区；而劳动力融合多是以苏南的苏锡常地区为核心的连片区域，这些城市是劳动力融合水平较高区域。

从三个研究年份来看，在总体格局保持相对稳定的情况下，各种类型的区域在经济逐步发展、产业结构逐步转型升级的背景下发生了一定的变化。就产业融合度来讲，热点区域有所增加，冷点区域数量无变化，但次冷区增加了苏州，说明江苏省“三产”产业融合的高水平区域不断在苏北扩大并聚集。就劳动力融合度而言，热点区域有所增加并由苏锡常扩张至苏锡常镇，冷点区域不断收缩，2014 年和 2018 年仅有宿迁，说明劳动力融合的高水平区域集中在苏南地区并不断聚集，而劳动力融合的低水平区域不断收缩，体现了江苏省“三产”劳动力融合高水平区域的重心在不断向苏南地区迁移。

造成这种格局的原因主要是，2010 年以来，各地在“十二五”和“十三五”期间不断强调产业转型升级，将自身的优势产业、主导产业做大做强，江苏省本身的产业层次就存在苏北偏重一产，苏中、苏南偏重二三产业的空间分异格局，并且在苏北的二三产业中，涉农程度较高，农产品流入二三产业的比例较高，尤其是二产中，涉农二产占据了近 80%的比重，其中的主要行业对地区经济增长贡献最高，因此，苏北地区的“三产”产业融合度高。而苏南的二三产业中则是重工业占比较高，产业行业发展水平均远高于苏北地区，涉农程度很低，涉农产业对地区经济增长的贡献较小，并且随着时间的推移，这种发展趋势愈发明显，因此，苏南的“三产”融合水平较低。“三产”融合水平的差异使得各地对劳动力的吸纳能力存在差异，苏南地区的乡村劳动力数量相比苏北要少得多，苏南地区的乡村因产业层次和发展水平要远高于苏北，尤其是苏州、无锡所在的苏南发达地区有些村镇的经济发展水平和产业层次甚至超过苏北的区县，因此，苏南的乡村二三产业对劳动力的吸纳和附着能力强，导致劳动力融合水平高；苏北地区的大量乡村劳动力仍然滞留于一产中，涉农二三产业对劳动力的吸纳能力不足，因此劳动力融合水平低。此外，农林牧渔业的发展与区域自然资源禀赋存在密切关系，且这种资源禀赋和先天优势具有空间上的连续性，因此，容易形成聚集性的空间分布格局。

(二)耦合协调性

本小节计算得到了 2018 年“三产”产业融合度与劳动力融合度两系统的耦合度和耦合协调度(表 3-17 和表 3-18，图 3-10～图 3-12)。总体看来，目前江苏省 13 市“三产”产业融合与劳动力融合两系统的耦合度高、互动性强，耦合协调度高，两系统一直保持相互促进、协调发展的状态。就两者的比较而言，两系统的耦合度与耦合协调度图中的折线基本表现出平行状态，表明各地两系统互动发展的整体功效和协同效应较好，且区域差异小。

表 3-17　2018 年江苏省 13 市“三产”融合的耦合状态

耦合状态	“三产”融合	一二产业融合	一三产业融合
磨合	—	徐州、宿迁、淮安、盐城	—
高度耦合	徐州、连云港、宿迁、淮安、盐城、南京、扬州、泰州、南通、苏州、无锡	扬州、泰州、南通、无锡、连云港	徐州、连云港、宿迁、淮安、盐城、南京、扬州、泰州、南通、苏州、无锡、镇江、常州
良性共振耦合	镇江、常州	南京、镇江、常州、苏州	—

表 3-18　2018 年江苏省 13 市“三产”融合的耦合协调等级

协调等级	“三产”融合	一二产业融合	一三产业融合
低度协调	连云港、盐城、扬州、泰州、南京、镇江、常州、无锡、苏州	连云港、盐城、扬州、泰州、南京、常州	盐城、淮安、扬州、南京、镇江、常州、无锡、苏州、南通
中度协调	徐州、宿迁、淮安、南通	徐州、宿迁、淮安、南通、镇江、无锡、苏州	徐州、连云港、宿迁、泰州

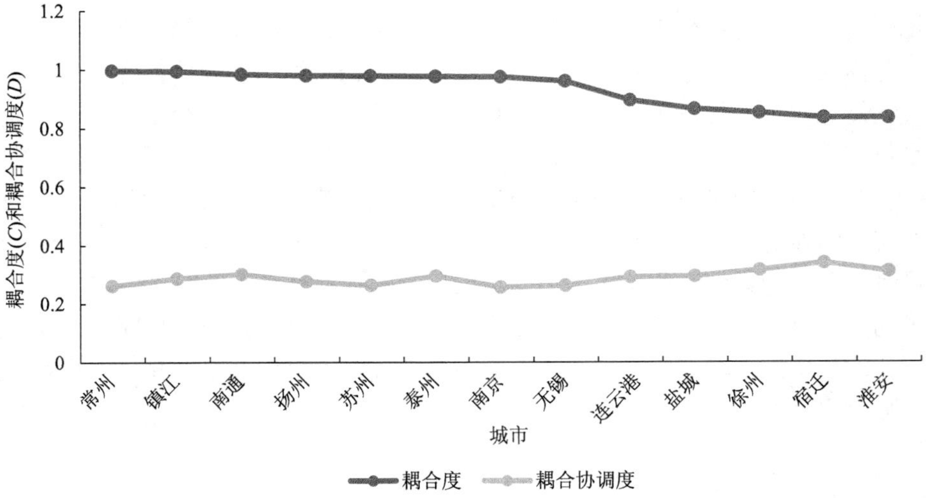

图 3-10　2018 年江苏省 13 市“三产”产业融合与劳动力融合的耦合度与耦合协调度

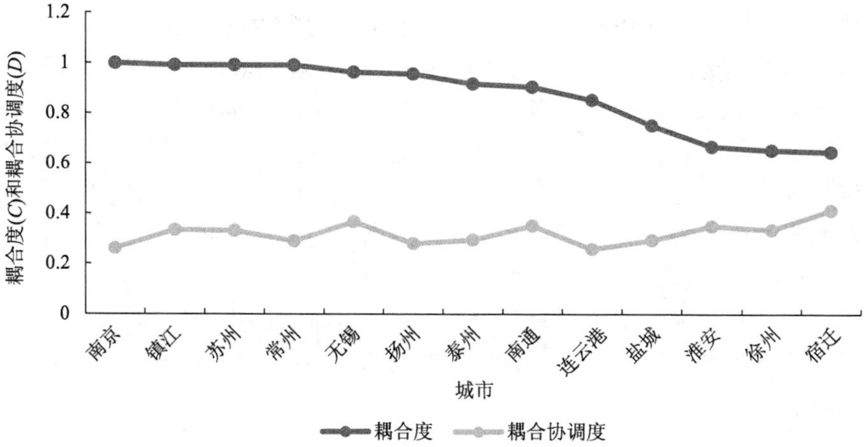

图 3-11　2018 年江苏省 13 市一二产业融合与劳动力融合的耦合度与耦合协调度

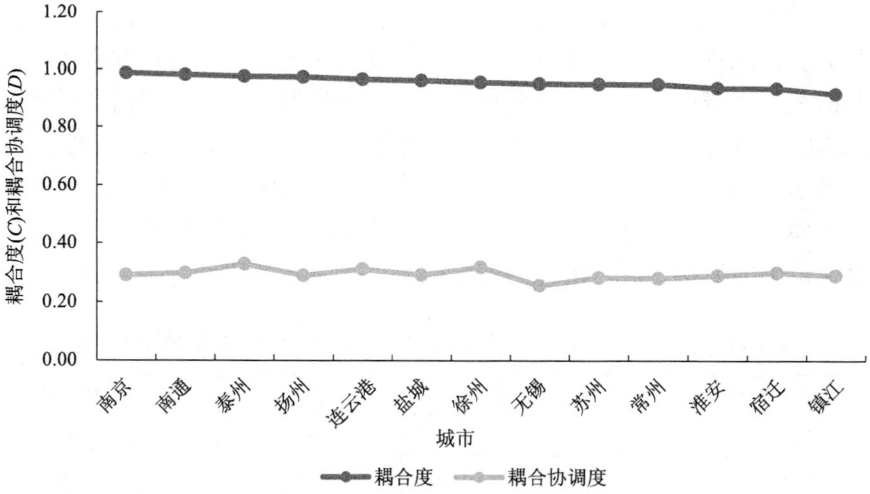

图 3-12　2018 年江苏省 13 市一三产业融合与劳动力融合的耦合度与耦合协调度

从不同地区的耦合状态看，“三产”产业融合与劳动力融合两系统的耦合度总体表现为苏南、苏中优于苏北的态势，常州、镇江 2 市为良性共振耦合状态，其余 11 市为高度耦合状态，体现了近期江苏省各市三次产业融合对劳动力转移的带动和渗透作用明显。其中，一二产业融合的耦合度比一三产业的波动更为明显，并且苏南、苏中、苏北渐次降低的态势更加突出，苏南地区多为良性共振耦合，苏中地区为高度耦合，苏北地区多为磨合阶段，体现了苏中、苏南地区基本完成了一二产融合对劳动力在产业间转移的带动过程，而苏北地区则处于相对滞后阶段。一三产业融合的耦合度则表现为近乎平直的曲线，体现了 13 个地市在一三产业融合中，两系统的耦合状态无差异，所有城市均表现为高度耦合，反映了在一三产业融合过程中，产业的转型升级对劳动力转移的良性牵引。

从不同地区的整体协同效应看，各地的耦合协调度差异不大，苏北地区的整体功效与协调程度略高于苏南、苏中地区，总体表现为低水平的交互耦合。其中，一二产业融合的耦合协调度表现出一定的分异态势，在耦合度呈现苏南＞苏中＞苏北的情况下，耦合协调度却表现出一定的波动，且一头一尾南京和宿迁 2 市的耦合度与耦合协调度表现出相反的态势，苏北的内陆 3 市，苏南的苏州、无锡、镇江及苏中的南通为中度协调状态，沿江的南京、常州、扬州、泰州及沿海的盐城、连云港则表现出低度协调态势，说明江苏省 13 市一二产业融合与劳动力融合两系统虽然耦合良好，但协同效应较差，属于低水平的耦合互动。一三产业融合的两系统耦合协调等级也较低，总体表现为苏北的一三产业融合与劳动力融合能够基本协调。

四、“三产”产业融合与劳动力融合的耦合关系类型

计算得到“三产”产业融合度和劳动力融合度的弹性系数统计于表 3-19 中，并根据两系统的耦合关系类型进行分类，详见表 3-20。从总体的耦合水平来看，在两个时段内，耦合关系类型相对单一，且不理想的“同减”变化类型居于主要地位。2010～2014 年、2014～2018 年“三产”产业融合与劳动力融合呈同步变化的城市数量分别为 2 个、11 个，在同步变化中，“同减”的分别为 0 个、11 个。可见江苏省“三产”产业融合和劳动力融合两系统耦合状况较差，整体呈解耦态势；并且随着时间的推移，解耦的速度加快。

表 3-19　江苏省 13 市“三产”产业融合度和劳动力融合度的弹性系数

城市	2018 年		2014 年		2010 年		2010～2014 年			2014～2018 年		
	PT	PBT	PT	PBT	PT	PBT	PTR	PBTR	β	PTR	PBTR	β
南京	0.05	0.08	0.06	0.10	0.07	0.06	−0.12	0.69	−0.17	−0.15	−0.20	0.74
无锡	0.05	0.09	0.06	0.10	0.06	0.06	0.01	0.63	0.01	−0.17	−0.06	2.64
徐州	0.18	0.06	0.20	0.07	0.21	0.03	−0.03	1.23	−0.03	−0.10	−0.23	0.45
常州	0.06	0.07	0.08	0.09	0.08	0.05	−0.02	0.72	−0.03	−0.19	−0.19	0.99
苏州	0.06	0.09	0.07	0.10	0.07	0.08	−0.06	0.24	−0.25	−0.13	−0.16	0.78
南通	0.11	0.08	0.12	0.09	0.15	0.05	−0.18	0.77	−0.23	−0.10	−0.12	0.83
连云港	0.14	0.05	0.16	0.06	0.18	0.02	−0.15	1.99	−0.07	−0.12	−0.09	1.26
淮安	0.18	0.05	0.19	0.06	0.22	0.03	−0.12	1.02	−0.12	−0.06	−0.06	1.07
盐城	0.15	0.05	0.18	0.06	0.21	0.03	−0.13	0.92	−0.14	−0.16	−0.20	0.76
扬州	0.09	0.06	0.11	0.08	0.12	0.04	−0.05	0.69	−0.07	−0.16	−0.17	0.94
镇江	0.09	0.07	0.09	0.07	0.10	0.04	−0.03	0.77	−0.04	−0.01	0.00	−1.51
泰州	0.11	0.07	0.14	0.06	0.13	0.04	0.08	0.79	0.10	−0.22	0.13	−1.74
宿迁	0.22	0.06	0.23	0.07	0.25	0.02	−0.08	2.12	−0.04	−0.07	−0.12	0.53

表 3-20　江苏省 13 市"三产"产业融合度和劳动力融合度的耦合关系类型

耦合关系类型	城市	
	2010～2014 年	2014～2018 年
耦合过渡型	—	—
耦合提升型	无锡、泰州	—
解耦过渡型	南京、徐州、常州、苏州、南通、连云港、淮安、盐城、扬州、镇江、宿迁	镇江、泰州
解耦加速型	—	无锡、连云港、淮安
解耦衰落型	—	南京、徐州、常州、苏州、南通、盐城、扬州、宿迁
拮抗错位型	—	—

从耦合关系类型来看，在 2010～2014 年，多数城市处于耦合增长与濒临解耦的过渡状态，反映了江苏省较多城市在"十二五"期间推进产业的转型升级，其他非涉农产业的占比扩大明显，劳动力在各产业行业间的分布仍处于前一阶段的耦合互动状态，但已有部分劳动力开始由涉农二三产业向其他行业转移。无锡、泰州 2 市为耦合提升型，产业融合水平提升速度慢于劳动力融合提速，劳动力大量流入涉农二三产业，两系统高度耦合，良性发展。

在 2014～2018 年，出现了三种类型的耦合关系类型分异，其中，解耦过渡型，包括镇江、泰州 2 市，镇江是唯一延续了前一时期两系统耦合状态的城市，反映了镇江涉农二三产业对劳动力吸引和附着的能力较强，相关行业企业的就业黏性较强；泰州开始由耦合提升期进入后一阶段的解耦过渡期，说明泰州的涉农二三产业所占份额开始减少，但尚未引发劳动力的转移。解耦加速型，包括无锡、连云港、淮安，这一阶段涉农二三产业劳动生产率的进一步提升，使劳动力逐步流向二三产业中的非涉农产业，无锡是直接越级进入解耦加速期，反映了无锡在后一阶段产业转型升级十分迅速。解耦衰落型，包括南京、徐州在内的其余 8 个城市，它们多是由前一阶段的解耦加速期逐步进入解耦衰落期，这一阶段涉农二三产业劳动生产率进一步提升，同时，其他非涉农二三产业在国民经济中所占的份额不断增加，劳动力进一步流向这些收入较高的行业，劳动力融合度降低加速，直至两系统耦合崩解。原因在于：苏北地区乡村劳动力规模较大，滞留一产的乡村劳动力占比高，涉农二三产业从业人员相对较少，而涉农二产对经济增长贡献度大，故产业融合度高而劳动力融合度低。苏南地区乡村劳动力基数小，涉农二产对乡村劳动力的吸纳能力更强，二三产业中涉农程度低，故乡村劳动力融合度高而产业融合度低。

第四章　农业现代化与农业绿色协同发展

第一节　农业现代化与农业绿色发展的内涵

一、农业现代化发展的内涵

中华人民共和国成立后至改革开放初期，我国现代化建设的理论与实践成果集中体现为“四个现代化”范式——工业、农业、国防、科技的现代化。改革开放后，社会主义现代化建设成为全党的工作重点，在理论和实践上获得重大发展，先后形成了“四大概念”，也构成了我国现代化建设的四个阶段——小康社会、全面小康社会、基本实现现代化和全面实现现代化。2012 年党的十八大提出“新四化”之后，习近平总书记于 2013 年在十八届三中全会上将全面深化改革的总目标设定为“完善和发展中国特色社会主义制度、推进国家治理体系和治理能力现代化”，即国家治理的现代化。现代化是国家未来发展的重要方式。

农业作为国家的第一产业和“命脉”产业，在国民经济中，以土地资源为生产对象，以农民劳动力为依托，支撑着国民经济的建设发展，具有重要的战略意义。农业现代化是指由传统农业向现代农业转变的过程，即摆脱过去低产出、低效率、高能耗、高人力的“靠天收”模式，把农业生产建立在现代科学的基础上，用现代科学技术和现代工业技术来装备农业，用现代经济科学和理念来管理经营农业，创造出一个高产低耗、高效优质的农业生产体系和一个合理利用资源、保护环境、有较高转化效率的农业生态系统。农业现代化是一个涉及面广、综合性强的技术赋农和经济富农的历史过程。农业现代化的目标是建立发达的农业、建设富庶的农村和创造良好的环境。

因此国家在 2012 年和 2016 年分别印发了《全国现代农业发展规划(2011—2015 年)》和《全国农业现代化规划(2016—2020 年)》，提出必须紧紧围绕全面建成小康社会的目标要求，遵循农业现代化发展规律，加快发展动力升级、发展方式转变、发展结构优化，推动农业现代化与新型工业化、信息化、城镇化同步发展。同时，2014 年中共中央、国务院印发了《关于全面深化农村改革加快推进农业现代化的若干意见》，提出要“推进中国特色农业现代化，要始终把改革作为根本动力，立足国情农情，顺应时代要求……努力走出一条生产技术先进、经营规模适度、市场竞争力强、生态环境可持续的中国特色新型农业现代化道路。”2017 年中共中央办公厅、国务院办公厅印发《关于创新体制机制推进农业绿色发展的意见》，提出“以绿水青山就是金山银山理念为指引，以资源环境承载力为基准，以推进农业供给侧结构性改革为主线，尊重农业发展规律，强化改革创新、激励约束和政府监管，转变农业发展方式，优化空间布局，节约利用资源，保护产地环境，提升生态服务功能，全力构建人与自然和谐共生的农业发展新格局，推动形成绿色生产方式和生活方式，实现农业强、农民富、农村美，为建设美丽中国、增进民生福祉、实现经济社会可持续发展提供坚实支撑。”由此可见，推进农业绿色发展和现代化发展是未来我国农业可持续发展的重要方向和抓手。

农业的现代化发展是国家工业化、城镇化、市场化发展到一定阶段的必然产物，早在1964年美国经济学家西奥多·W. 舒尔茨(Theodore W. Schultz)在《改造传统农业》中就提出早期发展中国家的经济成长依赖农业迅速稳定的增长，而传统农业缺乏迅速稳定增长的能力，因此要解决此问题就必须把传统农业改造为现代农业，即实现农业现代化。从20世纪五六十年代至九十年代末，我国农业现代化的概念经历了由农业工业化、机械化向农业生产过程、机制的现代化转变，2000年以来，随着我国工业化、信息化、网络化、城镇化、市场化、国际化的不断深化，农业现代化逐步向农业综合现代化转变，将互联网、物联网、智能装备等新产物融入农业现代化之中。“十二五”以来，我国农业农产品质量安全水平稳步提升，现代农业标准体系不断完善。物质技术装备达到新水平。农田有效灌溉面积占比、农业科技进步贡献率、主要农作物耕种收综合机械化率分别达到52%、56%、63%，良种覆盖率超过96%，现代设施装备、先进科学技术支撑农业发展的格局初步形成。适度规模经营呈现新局面。以土地制度、经营制度、产权制度、支持保护制度为重点的农村改革深入推进，家庭经营、合作经营、集体经营、企业经营共同发展，多种形式的适度规模经营比重明显上升，产业格局呈现新变化。但仍存在产业区域发展不平衡、农业资源禀赋差异大、单位农产品成本高、劳动力流失等一系列问题，导致农业现代化水平不高，阻碍了社会经济的发展，因此，2016年10月17日，国务院颁布《全国农业现代化规划(2016—2020年)》，其中提出要坚持生产生活生态协同推进，推进现代种业创新发展，提高技术装备和信息化水平，增强科技成果转化应用能力，促进农业机械化提档升级，推进信息化与农业深度融合，并提出“十三五”农业现代化主要指标，如表4-1所示。可见当前需要加快推进农业现代化，提升我国农业竞争力、实现由农业大国向农业强国的转变，进而为全面建成小康社会、全面建设社会主义现代化强国奠定基础。

表4-1　“十三五”农业现代化主要指标

类别	指标	2015年基期值	2020年目标值	年均增速〔累计〕	指标属性
粮食供给保障	粮食(谷物)综合生产能力/亿t	5	5.5	〔0.5〕	约束性
	小麦稻谷自给率/%	100	100	—	约束性

续表

类别	指标	2015 年基期值	2020 年目标值	年均增速〔累计〕	指标属性
农业结构	玉米种植面积/亿亩	5.7	5	〔–0.7〕	预期性
	大豆种植面积/亿亩	0.98	1.4	〔0.42〕	预期性
	棉花种植面积/万亩	5698	5000	〔–698〕	预期性
	油料种植面积/亿亩	2.1	2	〔–0.1〕	预期性
	糖料种植面积/万亩	2610	2400	〔–210〕	预期性
	肉类产量/万 t	8625	9000	0.85%	预期性
	奶类产量/万 t	3870	4100	1.16%	预期性
	水产品产量/万 t	6699	6600	–0.3%	预期性
	畜牧业产值占农业总产值比重/%	28	>30	〔>2〕	预期性
	农产品加工业与农业总产值比	2.2	2.4	〔0.2〕	预期性
质量效益	农业劳动生产率/(万元/人)	3	>4.7	>9.4%	预期性
	农村居民人均可支配收入增幅/%	—	—	>6.5	预期性
	农产品质量安全例行监测总体合格率/%	97	>97	—	预期性
可持续发展	耕地保有量/亿亩	18.65	18.65	—	约束性
	草原综合植被盖度/%	54	56	〔2〕	约束性
	农田灌溉水有效利用系数	0.532	>0.55	〔>0.018〕	预期性
	主要农作物化肥利用率/%	35.2	40	〔4.8〕	约束性
	主要农作物农药利用率/%	36.6	40	〔3.4〕	约束性
	农膜回收率/%	60	80	〔20〕	约束性
	养殖废弃物综合利用率/%	60	75	〔15〕	约束性
技术装备	农田有效灌溉面积/亿亩	9.88	>10	〔>0.12〕	预期性
	农业科技进步贡献率/%	56	60	〔4〕	预期性
	农作物耕种收综合机械化率/%	63	70	〔7〕	预期性
规模经营	多种形式土地适度规模经营占比/%	30	40	〔10〕	预期性
	畜禽养殖规模化率/%	54	65	〔11〕	预期性
	水产健康养殖示范面积比重/%	45	65	〔20〕	预期性
支持保护	全国公共财政农林水事务支出总额/亿元	17380	>17380	—	预期性
	农业保险深度/%	0.62	0.9	〔0.28〕	预期性

注：表格数据来源于《全国农业现代化规划(2016—2020 年)》。

二、农业绿色发展的内涵

随着经济的快速发展，当前中国农业污染程度逐步加重，人均耕地少且质量较低、土壤污染点位超标(刘治彦，2018)，水资源与农业种植区时空分布严重不匹配(南锡康等，2018)，农业种植污染现象频发并形成生态环境的恶性循环(农业农村部新闻办公室，2018)，经济发展与资源环境之间的矛盾已经成为实现全面建成小康社会目标的约束和短板。党的十八大、十九大以来高度重视农业的绿色发展模式，均把生态文明建设作为中华民族永续发展的千年大计，习近平总书记提出了绿水青山就是金山银山的两山理论，认为推进农业绿色发展是农业发展观的一场深刻革命，也是农业供给侧结构性改革的主攻方向(齐映雪，2019)。2016 年，国家发展改革委、国家统计局、环境保护部和中央组织部制定印发了《绿色发展指标体系》，从资源利用、环境治理、环境质量、生态保护、增长质量、绿色生活、公众满意程度 7 个方面推动绿色发展和生态文明建设。2017 年 9 月，中共中央办公厅、国务院办公厅印发了首个农业绿色发展文件——《关于创新体制机制推进农业绿色发展的意见》，提出把农业绿色发展摆在生态文明建设全局的突出位置，强调要完善农业绿色发展评价指标，结合生态文明建设目标评价考核工作，对农业绿色发展情况进行评价和考核。2018 年中央一号文件指出，要“以绿色发展引领乡村振兴”。可见农业绿色发展是解决新型城镇化背景下中国农业资源环境约束趋紧、土地资源退化、水土流失加剧、耕地质量下降等问题的重要抓手，是实现生态经济可持续发展的关键措施，是破解当前农业资源趋紧、环境问题突出、生态系统退化等重大瓶颈问题，实现农业生产生活生态协调统一、永续发展，形成节约资源和保护环境的空间格局、产业结构、生产方式、生活方式，强化创新驱动发展，转变科技创新方向，优化科技资源布局，改革科技组织方式，构建支撑农业绿色发展的技术体系(农业农村部，2018)。

农业绿色发展也称为绿色农业，是指将农业生产和环境保护协调起来，在促进农业发展、增加农户收入的同时保护环境、保证农产品绿色无污染的农业发展类型。农业绿色发展是指农业生产全过程的无污染、绿色化、生态化的可持续发展，是农业生产与生态环境保护的有效结合，农业绿色发展本质是在促进农业发展、增加农户收入的同时保护环境、保证农产品的绿色无污染。农业绿色发展涉及农业种植绿色发展、农业生产绿色发展和农产品加工绿色发展等多个方面。农业绿色发展具有安全性、高效性、规范性等多个特征。农业绿色安全性是指在农业种植的过程中注意利用植物、动物和微生物之间的生物系统中能量的自然流动和循环转移，把能量转化和物质循环过程中的损失降到最低程度，重视资源的可持续利用和保护，并维持良好的生态环境，做到可持续发展。农业绿色发展的高效性是指农业绿色发展的社会效益、经济效益和生态效益的高度有机统一。农业绿色发展既注重合理开发利用资源、保护生态环境、保障人类食物安全，也注重发展农业经济，特别关注推动发展中国家农业和农村经济的全面发展。农业绿色发展的规范性是指农业生产要实行标准化全程控制与管理，而且特别强调绿色农业发展的终端产品——绿色农业产品的标准化，通过绿色农业产品的标准化来提高产品的形象和价格，规范市场秩序，实现“优质优价”，并提高绿色农业产品的国际竞争力。

第二节　农业绿色化与现代化发展研究现状

一、农业绿色化与现代化发展研究概况

国内外学者针对农业现代化和农业绿色化发展方面进行了一系列研究，当前针对农业现代化研究方面，鲁春阳等(2020)以2007～2016年时间序列河南省数据为样本，通过构建农业投入水平、农业信息化水平、农业产出水平、农业产业化水平和农业可持续发展水平等的综合评价指标体系，采用改进TOPSIS法对河南省农业现代化发展水平进行测度；魏素豪等(2019)从投入、产出、生产服务三个维度构建农业现代化评价指标体系，基于2000～2016年省域面板数据，采用熵权法实证分析了中国农业现代化时空演化规律与空间溢出效应；陈江涛等(2018)从农业生产效率、农民生活水平、农村基础设施建设、农业生态环保意识情况四个方面构建了农业现代化评价的维度，运用熵权TOPSIS法对我国部分省域2008～2015年的农业现代化水平进行量化评价，最后结合空间计量分析进行实证研究并提出策略；陈晔等(2019)基于协同创新理论视角，根据京津冀三省(市)2011～2016年农业相关资料和数据，从农业科技投入、农业信息化、农业创新产出、农业安全生产、农业生态环境五个方面构建京津冀农业现代化评价指标体系，分析三省(市)农业现代化发展的区域差异性，进而提出京津冀农业协同创新的对策建议；刘立勇(2005)则从历史发展和理论角度对我国农业现代化发展的基础理论、必然性、理论创新、国际化路线等方面进行阐述，并提出中国农业现代化发展的方向和途径；丁志伟等(2016)通过梳理和总结国内关于“工业化、城镇化、农业现代化、信息化、绿色化”协调发展定量的研究方法，从研究范式、指标选择与权重计算、研究方法、空间分析技术、时空分异的机理解释等方面进行了反思，提出了加强“五化”协调发展的内在机理与评价维度分析、加强指标体系构建和权重设置的合理性研究、采用多元的“五化”协调度评价方法、加强空间分析技术的综合应用、促进定量解释与定性解释的结合等建议。

针对农业绿色发展，孙炜琳等(2019)通过对国内外相关研究的梳理分析，构建了资源利用、产地环境、生态系统、绿色供给4个一级指标、19个二级指标的农业绿色发展定量评价体系，并提出了归一化法和标准化系数法等评价方法；张乃明等(2018)从资源节约、环境友好、乡村发展、产品安全四个方面，提出10项量化指标作为区域农业绿色发展的评价指标体系，并以云南省保山市所辖5个县(市、区)2014年的数据为基础，对评价指标体系进行验证与应用；巩前文和李

学敏(2020)从低碳生产、经济增收、安全供给3个维度选择10个三级指标，构建了评价农业绿色发展水平的农业绿色发展指数，并对2005～2018年我国农业绿色发展指数及2018年省域农业绿色发展指数进行测度分析；金赛美(2019)基于DPSIR模型构建了中国农业绿色发展评价指标体系，运用熵权法分析中国30余个省区市面板数据的农业绿色发展水平和区域差异性，并进行实证研究；吴丹等(2017)基于北大荒农业现代化的发展实践，从经济、社会及生态三个维度，构建农业现代化的绿色发展评价指标体系，采用层级等值赋权法与“目标一致性”评价法，综合评价北大荒农业现代化的绿色发展进程，探讨北大荒农业现代化的制度保障。

二、农业绿色化与现代化互动关系研究现状

从上述研究可以看出，当前针对农业现代化和农业绿色发展的研究主要通过构建评价指标体系，对其发展水平及发展差异进行测度并提出相关研究策略。但该研究仍存在一些不足之处。

(一)农业现代化是否能够正向推动农业绿色可持续发展

农业现代化与农业绿色发展作为新型城镇化背景下农业的重要发展方向，均对农业发展起到正向推动作用，在既有研究中，学者通常认为农业现代化发展与农业绿色发展是相辅相成的关系，并将其作为研究的前置条件和背景，但随着农业发展阶段的推进，当二者出现“叠加”作用时，农业现代化和农业绿色发展之间以及二者与农业之间，是一直存在正向互动发展还是会存在逆向胁迫约束，还未有明确、科学的理论论断和实践结论，因此当前需针对不同时期农业绿色发展和农业现代化发展之间的内在关联和互动协调机制进行研究，以准确分析不同阶段、不同时期农业现代化与农业绿色发展之间的关系。

(二)指标单一性评价较多，缺乏对其内在协同规律和耦合机制的研究

当前的研究主要针对农业现代化或农业绿色发展水平进行单一性评价，以此分析农业发展的态势，而针对二者内在关联的研究较少，对其内在互动协调规律及耦合机制研究也较少，对农业发展过程中农业绿色发展和农业现代化发展的内在规律及机制认知和研究更是较少。

(三)农业现代化与农业绿色发展评价相关性指标构建存在重复叠加，其评价准确性和针对性受限

通常在评价研究中将指标分为核心指标和相关性指标，核心指标是指对该指

标的评价能够直观、正面反映评价对象的指征和态势，该指标的准确构建对评价的准确性具有重要作用；而相关性指标则指对该指标的评价能够客观、侧面反映评价对象的指征和态势，该指标的构建起到辅助验证作用。在农业现代化水平评价指标体系中融入了农业资源与生态环境等相关性指标，如单位耕地面积农药、化肥的使用量，农村废弃物利用率，森林覆盖率，水土流失率，自然灾害面积等(邸菲，2019；许志发，2017；杨秀艳，2004)，而在农业绿色发展评价中则将农业现代化水平相关性评价指标(如农业机械总动力、有效灌溉面积等)纳入农业绿色发展水平评价中(龚贤和罗仁杰，2018)，由于指标的交叉和重叠，致使指标选取时存在较大差异，其评价的准确性和针对性将受限。

从现有研究成果来看，深入挖掘农业现代化发展、农业绿色发展的本质与内涵，构建具有针对性的指标评价体系，进一步探寻农业现代化发展和农业绿色发展及其和农业之间的内在关系和规律，具有现实意义。因此，本章分析农业现代化及农业绿色发展的内涵，在指标构建中去繁化简，筛选保留具有强指征的核心指标，摒弃弱指征的相关性指标，构建指标评价体系，并运用熵权法和耦合协调模型，探寻农业现代化及农业绿色发展的互动机制和规律，以及农业高质发展的内在机制和发展路径，为农业的高效及可持续发展提供制度保障。

第三节 农业现代化与农业绿色耦合协同关系测度

一、农业现代化与农业绿色耦合协同评价体系构建

通过对上文相关文献的研究，遵循系统性、科学性、完整性、规范性等原则，构建农业现代化和农业绿色发展的评价体系。在指标构建过程中，分别针对不同评价目标，过滤、剔除关联性较弱、较模糊的指标，选择能直接反映目标本质表征的核心指标。针对农业绿色建设的过程，认为农业生产的绿色化是农业绿色建设的核心要素，也是决定农作物排放绿色化、产出绿色化的关键要素，因此将选取涉及农业生产的农作物耕种面积、农产品总量表征农业生产规模及农业产出能力，选取单位面积耕地化肥使用量、化肥使用总量、单位面积耕地农药使用量、农药使用总量、单位面积耕地农膜使用量、农膜使用总量表征农作物生产的绿色化，选取秸秆无害化利用率表征农业产出绿色化，共计 9 项二级指标；而针对农业现代化建设过程，选取表征农业工业化的农业有效灌溉面积、农业用电量、农用机械总动力、农村农业道路长度，表征农业信息化的农村邮政投递路线、农村固定电话数量、农村互联网开通率，表征农业科技化的农业科技人员从业比例、农业劳均生产效率 9 个二级指标(严玉省，2021；刘金雨，2021；赵世秀，2021；赵子青，2021；李媛，2021)，如表 4-2 所示。

表 4-2　农业绿色及现代化发展的指标评价体系

一级指标	序号	二级指标	单位	指标类型	指标权重	计算公式
农业绿色化	1	农作物耕种面积	khm^2	正向	0.26	区域内的农作物播种面积总和
	2	单位面积耕地化肥使用量	t/hm^2	负向	0.11	耕地化肥使用总量/农作物耕种面积
	3	化肥使用总量	t	负向	0.08	当年各种农业化肥使用量之和
	4	单位面积耕地农药使用量	t/hm^2	负向	0.11	耕地农药使用总量/农作物耕种面积
	5	农药使用总量	t	负向	0.07	当年各种农业农药使用量之和
	6	单位面积耕地农膜使用量	t/hm^2	负向	0.07	耕地农膜使用总量/农作物耕种面积
	7	农膜使用总量	t	负向	0.05	当年各种农业农膜使用量之和
	8	秸秆无害化利用率	%	正向	0.08	秸秆无污染利用量/产生秸秆总量
	9	农产品总量	t	正向	0.19	当年各种农产品生产总量之和
农业现代化	10	农业有效灌溉面积	khm^2	正向	0.16	区域内耕地灌溉面积总和/耕地总面积
	11	农业用电量	亿 kW	正向	0.19	区域内农村农业用电总量
	12	农用机械总动力	万 kW	正向	0.11	区域内各类农业机械动力总和
	13	农村农业道路长度	km	正向	0.09	区域内各类农村道路总长度
	14	农村邮政投递路线	万 km	正向	0.09	区域内各类农村邮政投递道路总长度
	15	农村固定电话数量	万户	正向	0.11	区域内农户电话开通数量
	16	农村互联网开通率	单位/百户	正向	0.07	区域内互联网开通户数/农户总户数
	17	农业科技人员从业比例	%	正向	0.08	农业科技从业人员/农业从业人员
	18	农业劳均生产效率	万元/人	正向	0.09	农业生产总值/农业从业人数

二、农业现代化与农业绿色耦合协同测度模型构建

（一）指标数据来源

农业绿色及现代化发展指数评价指标体系涵盖了 18 个二级指标，以江苏省域为研究范围，介于北纬 30°45′～35°08′，东经 116°21′～121°56′之间，涵盖江苏省 13 个地级市、95 个县（市、区），并选取 2010 年、2015 年、2019 年三个时间截面进行分析研究。数据来源于 2000～2019 年《中国统计年鉴》、2000～2019 年《中国农村统计年鉴》、2000～2019 年《全国农产品成本收益资料汇编》、2000～2012 年《中国卫生统计年鉴》、2000～2019 年《中国卫生和计划生育统计年鉴》、2018～2019 年《中国卫生健康统计年鉴》、2000～2019 年《中国环境统计年鉴》，以及 2000～2019 年《绿色食品统计年报》、2000～2019 年《江苏统计年鉴》、2000～2019 年《江苏省农村统计年鉴》。

(二) 指标数据处理

指标体系内各指标的绝对数物理意义不同，导致各数据的量纲不同，不能直接进行比较，因此对基础数据进行了标准化处理，由式(4.1)计算得到。

$$\text{对于正指标：}\quad x'_{ij}=\frac{x_{ij}-x_{j,\min}}{x_{j,\max}-x_{j,\min}}$$
$$\text{对于逆指标：}\quad x'_{ij}=\frac{x_{j,\max}-x_{ij}}{x_{j,\max}-x_{j,\min}} \tag{4.1}$$

式中，x'_{ij} 为第 i 个评价对象第 j 个评价指标原始数据的标准化值；x_{ij} 为第 i 个评价对象第 j 个评价指标的原始数据值；$x_{j,\max}$、$x_{j,\min}$ 分别为第 j 个评价指标的最大值和最小值。

(三) 指标权重确定

在农业绿色及现代化发展指数的计算过程中，各指标要素权重的确定是其准确评价的关键。当前针对指标权重的确定方法主要有主观赋分法、客观赋分法、主客观组合赋权法，主观赋分法主要有德尔菲法(陈静，2020)，客观赋分法主要有主成分分析法(张羽和桑子俞，2020)、灰色模型、熵权法等(郭昱，2018；罗朋等，2019)，主客观组合赋权法则有模糊层次分析法(王大伟等，2018)。本章为反映农业绿色发展与农业现代化发展之间的客观和内在规律，采取最常见的客观赋值的熵权法对各个指标的权重进行赋值，以保证准确性。指标计算方法如式(4.2)和式(4.3)所示(蒋正云等，2021；冯浩等，2021)。

$$w_{kj}=\frac{1-H_{kj}}{\sum_{j=1}^{n_k}(1-H_{kj})} \tag{4.2}$$

式中，w_{kj} 为子系统 k 中 j 评价指标的权重；H_{kj} 为子系统 k 中第 j 个指标的熵值，计算方法如式(4.3)所示。

$$H_{kj}=-\frac{1}{\ln m}\sum_{i=1}^{m}p_{ij}\ln p_{ij},\quad p_{ij}=\frac{x'_{ij}}{\sum_{i=1}^{m}x'_{ij}} \tag{4.3}$$

式中，p_{ij} 为第 i 个评价对象第 j 个指标的指标比重；m 为评价对象样本总数。

根据权重计算子系统 k 的发展指标值，评价对象 i 子系统 k 的评价指数 $f_k(x_i)$ 如式(4.4)所示。

$$f_k(x_i)=\sum_{j=1}^{n_k} w_{kj} x'_{ij} \tag{4.4}$$

式中，n_k 为子系统 k 分析指标的总个数。

(四) 指数等级划分

根据上述公式，对农业现代化与农业绿色化发展指数进行计算，得到农业绿色化指数(AGI)和农业现代化指数(AMI)并进行分级，把指数的发展界定为低水平发展态势(0～0.50)和高水平发展态势(0.51～1.00)，继而将两者之间的耦合关系(CR)分为低-低(L-L)、低-高(L-H)、高-低(H-L)、高-高(H-H)四个象限，如表 4-3 所示。

表 4-3 农业绿色化指数和农业现代化指数耦合关系(CR)

指数名称	范围	农业现代化指数(AMI)	
		0.00～0.50	0.51～1.00
农业绿色化指数(AGI)	0.51～1.00	低-高(L-H)	高-高(H-H)
	0.00～0.50	低-低(L-L)	高-低(H-L)

当耦合关系(CR)处于低-低(L-L)象限时，处于低农业绿色化指数(AGI)和低农业现代化指数(AMI)发展模式，农业发展处于高投入、低回报的粗放模式，农业劳动效率低、产出效率低，农业基本上是以量取胜，以农民自给自足为主要目的。

当耦合关系(CR)处于低-高(L-H)象限时，处于高农业绿色化指数(AGI)和低农业现代化指数(AMI)发展模式，此时农业发展由量的积累转变为质的提高，逐步注重农业的生态环境和农产品的绿色品质，已开展现代生态农业的推广工作，但农业种植仍以人力劳动为主，农业现代化和农业机械化水平低下，农业科技含量较低。

当耦合关系(CR)处于高-低(H-L)象限时，处于高农业现代化指数(AMI)和低农业绿色化指数(AGI)发展模式，此时随着城镇化的进步和经济发展，逐步进入城市反哺农村的阶段，农村人口流失、农业资本投入增加、农业现代化水平和农业科技含量逐步提升，逐步推广欧美发达国家规模化的种植模式，土地大量流转，但由于农业产业自身的低回报率、长回报周期的特征，导致农产品投入与回报不成正比，从而出现因使用高污染的农药、农膜等产品加剧了农产品和环境污染(焦若静，2015)，农业面源污染加重，陷入高农业现代化、低农业绿色化的“现代化陷阱”现象。

当耦合关系(CR)处于高-高(H-H)象限时，处于高农业现代化指数(AMI)和高农业绿色化指数(AGI)模式，此时农业现代化和绿色化发展较好，并形成了良好的协同互动关系，在采用先进的农业生产技术提高农业劳动生产率的同时，大规模化的农业种植降低了农产品的单位成本，提高了农业竞争力，从而推动传统农业向绿色农业转型，逐步降低农业点源和面源污染排放，实现生态恢复和环境改善，而农业的生态化和绿色化又提高了农产品的价值回报率。

第四节　案例分析——江苏省农业现代化与农业绿色化协调发展测度与分析

一、研究区域农业发展概况

江苏省地处南北气候过渡地带，生态类型多样，农业生产条件得天独厚，素有“鱼米之乡”的美誉。江苏是我国南方最大的粳稻生产省份，也是全国优质弱筋小麦生产优势区。玉米、花生、油菜及多种杂粮、杂豆等特色粮经作物遍布全省，另有野生中草药材千余种。园艺蔬菜是江苏省第一大经济作物。地方畜禽种质资源丰富，拥有畜禽遗传资源保护名录品种 30 个，其中 15 个被列入国家级畜禽遗传资源保护名录，国家级保种单位数量全国第一。

江苏省着力稳住农业基本盘，守好“三农”基础，乡村振兴取得新的进展。农业生产持续增强，新产业新业态转型升级，农业农村绿色发展水平快速提升。新型农业经营主体培育加快。深入实施农产品出村进城工程，农产品网络销售额达 843 亿元。启动“苏韵乡情”乡村休闲旅游农业系列推介活动，乡村休闲旅游农业综合收入突破 800 亿元。优良食味稻米耕种面积 1450 万亩，多种形式的稻田综合种养面积 250 万亩。农业农村改革持续深化。超过 99%的村(居)完成农村集体产权制度改革整省试点任务，超 1.7 万个村级股份经济合作社完成登记赋码。启动实施农业农村重大项目建设年活动、“万企联万村、共走振兴路”行动。

二、江苏省农业现代化与农业绿色化指数分析

(一)研究目标

本节以江苏省为研究区，开展省域尺度下农业现代化与农业绿色发展之间的耦合关系测度及其影响因素分析。具体研究目标包括：构建农业绿色化和现代化评价指标体系并进行分析，完成江苏省农业现代化与农业绿色化耦合关系测度；揭示 2010 年、2015 年、2019 年江苏省农业绿色化和现代化时空演变过程；探讨江苏省农业现代化与农业绿色化耦合关系时空分异的主导影响因素，并以此为基础，提出解决策略。

(二)研究分析

对 2010 年、2015 年、2019 年江苏省农业绿色化及农业现代化发展指标进行归一化，结果如表 4-4～表 4-9 所示，并运用式(4.2)、式(4.3)对各个指标的权重进行客观赋值，如表 4-2 所示，继而计算出江苏省各市农业绿色化及农业现代化发展指数。

表 4-4　2010 年江苏省各市农业绿色化发展指标归一化值

序号	南京	无锡	徐州	常州	苏州	南通	连云港	淮安	盐城	扬州	镇江	泰州	宿迁
1	0.122	0.001	0.719	0.040	0.071	0.528	0.322	0.469	1.000	0.251	0.046	0.307	0.410
2	1.000	0.753	0.001	0.944	0.812	0.952	0.186	0.458	0.606	0.703	0.936	0.815	0.256
3	0.962	1.000	0.001	0.998	0.960	0.719	0.573	0.529	0.152	0.806	0.994	0.800	0.502
4	1.000	0.001	0.589	0.038	0.028	0.348	0.575	0.799	0.642	0.804	0.377	0.447	0.694
5	1.000	0.956	0.252	0.898	0.847	0.311	0.677	0.642	0.001	0.839	0.947	0.641	0.641
6	0.792	0.001	0.872	0.917	0.929	0.864	0.898	0.939	0.722	1.000	0.876	0.964	0.888
7	0.883	0.716	0.573	1.000	0.992	0.676	0.840	0.820	0.001	0.974	0.980	0.918	0.779
8	0.677	0.795	0.619	0.501	1.000	0.325	0.354	0.501	0.354	0.001	0.501	0.295	0.589
9	0.001	0.011	0.721	0.062	0.062	0.500	0.448	0.640	1.000	0.358	0.080	0.386	0.550

表 4-5　2015 年江苏省各市农业绿色化发展指标归一化值

序号	南京	无锡	徐州	常州	苏州	南通	连云港	淮安	盐城	扬州	镇江	泰州	宿迁
1	0.116	0.001	0.789	0.034	0.062	0.530	0.368	0.498	1.000	0.269	0.051	0.326	0.431
2	0.980	0.760	0.043	0.735	0.744	0.874	0.014	0.128	0.581	0.473	1.000	0.825	0.001
3	0.963	1.000	0.001	0.976	0.957	0.699	0.487	0.382	0.183	0.738	0.999	0.803	0.406
4	1.000	0.155	0.676	0.110	0.001	0.378	0.456	0.676	0.568	0.775	0.481	0.638	0.599
5	1.000	0.940	0.318	0.884	0.819	0.338	0.573	0.576	0.001	0.821	0.932	0.709	0.589
6	0.410	0.001	0.742	0.577	0.720	0.397	0.538	0.860	0.058	0.840	0.597	1.000	0.455
7	0.921	0.971	0.617	1.000	1.000	0.607	0.774	0.820	0.001	0.919	0.992	0.941	0.702
8	0.470	0.900	0.557	0.882	1.000	0.835	0.346	0.001	0.518	0.863	0.835	0.501	0.501
9	0.042	0.002	0.621	0.001	0.053	0.510	1.000	0.541	0.788	0.331	0.228	0.379	0.424

表 4-6　2019 年江苏省各市农业绿色化发展指标归一化值

序号	南京	无锡	徐州	常州	苏州	南通	连云港	淮安	盐城	扬州	镇江	泰州	宿迁
1	0.103	0.001	0.848	0.030	0.060	0.525	0.393	0.541	1.000	0.272	0.047	0.316	0.489
2	0.992	0.675	0.156	0.786	0.822	0.916	0.001	0.344	0.597	0.490	1.000	0.848	0.117
3	0.966	1.000	0.001	0.988	0.971	0.686	0.464	0.430	0.150	0.738	1.000	0.800	0.392
4	1.000	0.093	0.810	0.073	0.001	0.345	0.531	0.837	0.584	0.799	0.496	0.668	0.712

续表

序号	南京	无锡	徐州	常州	苏州	南通	连云港	淮安	盐城	扬州	镇江	泰州	宿迁
5	1.000	0.944	0.386	0.896	0.836	0.317	0.583	0.640	0.001	0.822	0.945	0.728	0.597
6	0.433	0.001	0.861	0.452	0.703	0.435	0.721	0.927	0.215	0.850	0.593	1.000	0.608
7	0.929	0.974	0.631	0.991	1.000	0.582	0.802	0.817	0.001	0.914	0.996	0.942	0.691
8	0.376	0.501	0.001	0.626	1.000	0.445	0.501	0.439	0.820	0.512	0.501	0.001	0.751
9	0.053	0.001	0.604	0.017	0.029	0.485	0.462	0.547	1.000	0.315	0.047	0.329	0.419

表 4-7　2010 年江苏省各市农业现代化发展指标归一化值

序号	南京	无锡	徐州	常州	苏州	南通	连云港	淮安	盐城	扬州	镇江	泰州	宿迁
10	0.119	0.001	0.681	0.017	0.159	0.566	0.385	0.380	1.000	0.276	0.001	0.296	0.423
11	0.039	0.687	0.084	0.307	1.000	0.233	0.030	0.001	0.101	0.062	0.092	0.157	0.026
12	0.207	0.001	0.976	0.087	0.110	0.484	0.681	0.678	0.901	0.259	0.052	0.255	1.000
13	0.375	0.278	0.415	0.206	0.569	0.998	0.429	0.048	1.000	0.001	0.139	0.125	0.267
14	0.191	0.543	0.749	0.341	0.860	1.000	0.266	0.001	0.782	0.503	0.319	0.278	0.419
15	0.093	0.167	0.473	0.202	0.548	1.000	0.235	0.242	0.128	0.304	0.117	0.165	0.001
16	0.536	0.767	0.251	0.448	1.000	0.500	0.126	0.589	0.286	0.498	0.447	0.714	0.001
17	0.453	0.470	0.006	0.541	0.861	0.344	1.000	0.502	0.716	0.450	0.984	0.857	0.001
18	0.659	0.197	0.209	0.046	0.197	0.129	0.537	0.383	1.000	0.302	0.097	0.001	0.181

表 4-8　2015 年江苏省各市农业现代化发展指标归一化值

序号	南京	无锡	徐州	常州	苏州	南通	连云港	淮安	盐城	扬州	镇江	泰州	宿迁
10	0.208	0.001	0.690	0.033	0.165	0.484	0.376	0.528	1.000	0.274	0.055	0.317	0.416
11	0.030	0.639	0.089	0.251	1.000	0.256	0.030	0.001	0.109	0.079	0.112	0.183	0.051
12	0.212	0.001	1.000	0.072	0.108	0.516	0.825	0.891	0.972	0.279	0.070	0.287	0.799
13	0.943	0.361	0.638	0.313	1.000	0.578	0.171	0.941	0.830	0.045	0.001	0.883	0.361
14	0.693	0.274	0.671	0.217	1.000	0.979	0.063	0.166	0.506	0.171	0.001	0.236	0.039
15	0.001	0.512	0.052	0.244	1.000	0.600	0.141	0.034	0.227	0.320	0.069	0.468	0.069
16	0.450	0.520	0.276	0.154	1.000	0.323	0.108	0.138	0.018	0.369	0.427	0.286	0.001
17	0.425	0.543	0.015	0.502	1.000	0.324	0.163	0.083	0.252	0.366	0.678	0.526	0.001
18	0.977	0.272	0.526	0.173	0.340	0.230	0.751	0.511	1.000	0.426	0.281	0.001	0.204

表 4-9　2019 年江苏省各市农业现代化发展指标归一化值

序号	南京	无锡	徐州	常州	苏州	南通	连云港	淮安	盐城	扬州	镇江	泰州	宿迁
10	0.181	0.001	0.696	0.006	0.091	0.467	0.404	0.521	1.000	0.272	0.019	0.268	0.460
11	0.026	0.697	0.091	0.262	1.000	0.290	0.028	0.001	0.114	0.076	0.102	0.202	0.055
12	0.212	0.001	1.000	0.075	0.082	0.497	0.812	0.842	0.949	0.285	0.084	0.294	0.795

续表

序号	南京	无锡	徐州	常州	苏州	南通	连云港	淮安	盐城	扬州	镇江	泰州	宿迁
13	0.089	0.210	0.203	0.074	0.332	0.819	0.225	0.384	1.000	0.146	0.001	0.440	0.167
14	0.107	0.538	0.421	0.125	0.239	1.000	0.137	0.085	0.864	0.383	0.001	0.282	0.169
15	0.001	0.718	0.410	0.183	1.000	0.602	0.084	0.117	0.298	0.355	0.058	0.197	0.156
16	0.598	0.577	0.165	0.355	0.681	0.330	0.368	1.000	0.001	0.464	0.476	0.317	0.216
17	0.407	0.400	0.001	0.317	1.000	0.248	0.083	0.080	0.138	0.282	0.594	0.363	0.489
18	1.000	0.001	0.596	0.126	0.161	0.234	0.676	0.478	0.841	0.358	0.189	0.101	0.217

（三）农业绿色化发展指数分析

从指标分析（表 4-10）可知，江苏省各市农业绿色化发展差异较为明显，2019 年盐城(0.67)农业绿色化指数位居全省第一，农业绿色发展水平较高，淮安(0.58)、徐州(0.55)农业绿色化指数次之，总体发展水平一般；南通(0.53)、泰州(0.53)、扬州(0.52)、南京(0.50)、宿迁(0.50)处于第三梯次，总体发展水平较弱；而连云港(0.45)、镇江(0.45)、苏州(0.41)农业绿色化发展水平偏弱，常州(0.36)、无锡(0.31)农业绿色化发展滞后，处于全省末位。从农业绿色化发展态势的空间格局来看，苏北、苏中地区的盐城、淮安、泰州、连云港、宿迁等城市农业绿色化水平整体优于苏南地区的无锡、常州、苏州等地。

表 4-10　2010～2019 年江苏省农业绿色化指数

年份	南京	无锡	徐州	常州	苏州	南通	连云港	淮安	盐城	扬州	镇江	泰州	宿迁
2019	0.50	0.31	0.55	0.36	0.41	0.53	0.45	0.58	0.67	0.52	0.45	0.53	0.50
2015	0.50	0.36	0.54	0.39	0.41	0.57	0.51	0.48	0.59	0.55	0.51	0.57	0.43
2010	0.54	0.32	0.54	0.41	0.44	0.56	0.47	0.60	0.67	0.53	0.45	0.52	0.54

从 2010 年、2015 年、2019 年三年农业绿色化发展趋势来看，2019 年无锡、南通、连云港、扬州、镇江农业绿色化发展水平均低于 2015 年，与 2010 年发展水平持平或略低；南京 2019 年发展水平与 2015 年持平但低于 2010 年；而苏州 2010～2019 年发展水平无变化；淮安、宿迁 2019 年农业绿色化指标虽高于 2015 年，却低于 2010 年；2019 年盐城农业绿色化水平高于 2015 年，与 2010 年持平，仅有徐州 2019 年农业绿色化发展略高于 2010 年、2015 年。可见随着城镇化的深化发展，2010～2015 年江苏省农业绿色化总体发展水平有所提高，但 2015～2019 年总体发展逐步放缓，发展水平略有下降(图 4-1)。

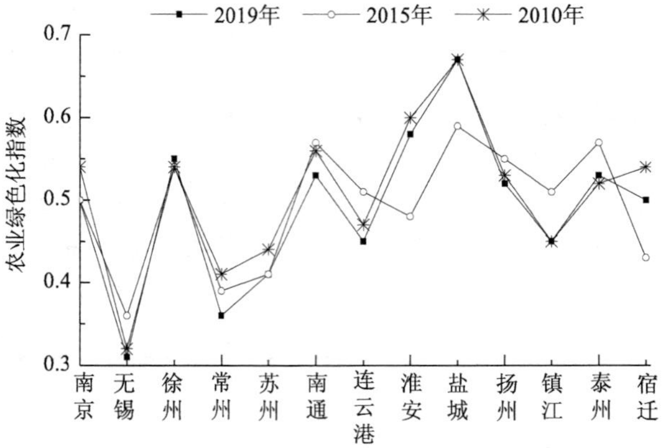

图 4-1　2010 年、2015 年、2019 年江苏省各市农业绿色化发展指数

可见，随着国家绿色化及苏北振兴和苏中崛起战略的不断推进，苏北、苏中作为江苏省重要的农业生产基地，在“十二五”和“十三五”规划中把环境保护和生态建设工作纳入经济社会发展计划，以生态环境绿色发展为方向，不断深挖和利用各自的资源禀赋，摆脱了传统工业型城镇化的路径依赖，积极探索生态优先、绿色发展的新模式，逐步构建智慧农业种植模式，提出农业“园区化、标准化、产业化、职业化”的新路径，降低化肥、农药施用强度，创新探索设施农业、绿色农业、品牌农业、多业融合、全程托管五大农业发展模式，实现了产量增、质量优、环境美的同步发展并形成品牌效应，探索出生态农业发展新路径。但从农业绿色化发展水平和发展变化来看，江苏省农业绿色化发展仍存在发展水平不高、发展速度放缓甚至存在发展滞后的现象，表明江苏省绿色生产模式仍未全面开展与推广，农业绿色化发展仍面临方式粗放、资源消耗大、农业面源依然存在污染、农业生态系统退化等农业资源与生态环境保护方面的诸多困难和问题。

（四）农业现代化发展指数分析

分析农业现代化发展指标（表 4-11）可知，2019 年盐城（0.58）、苏州（0.52）农业现代化指数处于全省前列，南通（0.49）、徐州（0.41）农业现代化指数次之，而无锡（0.36）、淮安（0.35）、连云港（0.29）、宿迁（0.29）、扬州（0.27）、泰州（0.26）、南京（0.24）发展较弱，常州（0.16）、镇江（0.14）则发展滞后。从农业现代化发展态势的空间格局来看，苏中、苏北地区整体上优于苏南地区，苏南地区除苏州市农业现代化较好之外，其他城市发展均较落后，可见农业现代化发展与经济发展之间并非完全的正向关系，苏南各市由于城镇化水平较高，二三产业发达，第一产业规模较小，农业现代化投入较少且发展缓慢，而将第一产业作为重要支柱产业的苏中、苏北各市重视第一产业的现代化建设，资本投入较高，农业设施装备水平和农业综合效率高。

表 4-11　2010～2019 年江苏省农业现代化指数

年份	南京	无锡	徐州	常州	苏州	南通	连云港	淮安	盐城	扬州	镇江	泰州	宿迁
2019	0.24	0.36	0.41	0.16	0.52	0.49	0.29	0.35	0.58	0.27	0.14	0.26	0.29
2015	0.37	0.34	0.43	0.20	0.71	0.47	0.28	0.35	0.55	0.24	0.15	0.34	0.23
2010	0.25	0.33	0.43	0.22	0.58	0.56	0.37	0.28	0.63	0.26	0.20	0.28	0.26

从 2010 年、2015 年、2019 年农业现代化发展趋势来看，2015 年江苏省农业现代化发展水平较 2010 年有所提高，但 2015 年以来，农业现代化水平又有所下降；2019 年江苏省农业现代化发展水平总体上低于 2015 年，其中南京、徐州、常州、苏州、镇江、泰州均同时低于 2010 年。综上可见，随着“十二五”时期江苏省各市农业现代化的建设，农业机械化、农业技术装备、智慧化和信息化水平有了一定提高，农业与信息技术融合不断加强，但经济发展未能快速推动农业现代化的发展，说明经济资本向第一产业的流动量有限，同时政府颁布的推动农业现代化的策略仍存在落实不到位的问题，“十三五”期间江苏省农业现代化发展仍存在区域差异明显，总体发展速度逐步放缓的现象(图 4-2)。

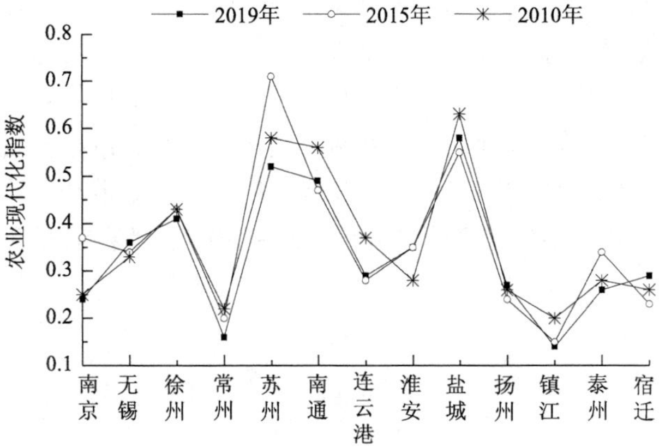

图 4-2　2010 年、2015 年、2019 年江苏省各市农业现代化发展指数

三、农业绿色化与农业现代化发展耦合关系分析

通过数值模型计算得出 2010～2019 年江苏省各市的农业绿色化与农业现代化耦合协调关系(图 4-3～图 4-5)，2010～2019 年江苏省 80%的地级市农业绿色化与农业现代化耦合协同关系处于低-低(L-L)、低-高(L-H)象限，且 2010 年、2015 年、2019 年三年间农业绿色化与农业现代化耦合协同关系总体上变动较小。可见，随着城镇化的发展，江苏省农业现代化的发展总体较为缓慢，关键技术缺乏、农业科技服务体系薄弱、农业生产效率较低，但同时江苏省重视农业生态发展，农

业绿色化发展整体水平高于农业现代化发展，农业绿色化与农业现代化的耦合协调关系处于不协调的低发展阶段。结合2010年、2015年、2019年江苏省各市农业绿色化指数和农业现代化指数可知，除盐城和南通农业绿色化发展和农业现代化发展均较优之外，其他市的农业现代化发展与农业绿色化发展并未体现出明显的正相关关系或协同发展关系，如苏州市农业现代化发展水平处于全省领先地位，而农业绿色化发展则在省内较为落后，农业现代化的优势并未带动农业绿色化的发展，使苏州陷入高农业现代化、低农业绿色化的“现代化陷阱”中，因此需警惕农业现代化快速发展过程中存在的“发展不充分”所带来的农业污染加重的现象。

从耦合空间布局来看，2019年无锡、常州、连云港、镇江、宿迁、南京处于低–低(L-L)区域，徐州、泰州、扬州、淮安、南通处于低–高(L-H)区域，苏州处于高–低(H-L)区域，盐城市处于高–高(H-H)区域。2015 年宿迁、常州、无锡、淮安、南京处于低–低(L-L)区域，徐州、镇江、泰州、连云港、扬州、南通处于低–高(L-H)区域，苏州处于高–低(H-L)区域，盐城处于高–高(H-H)区域。2010年镇江、常州、无锡、连云港处于低–低(L-L)区域，徐州、南京、扬州、淮安、宿迁、泰州处于低–高(L-H)区域，苏州处于高–低(H-L)区域，南通、盐城处于高–高(H-H)区域。从2010年、2015年、2019年江苏省各市农业绿色化和农业现代化耦合关系看，苏北、苏中城市农业绿色化发展较优，农业现代化发展较弱，总体上处于低–高(L-H)区域；而农业现代化发展水平较优的苏南城市则主要处于低–低(L-L)区域，表明其农业绿色化发展较弱，农业现代化发展并未带动农业绿色化发展，故而在农业绿色化与农业现代化之间可能存在发展掣肘的现象(图4-3～图4-5)。

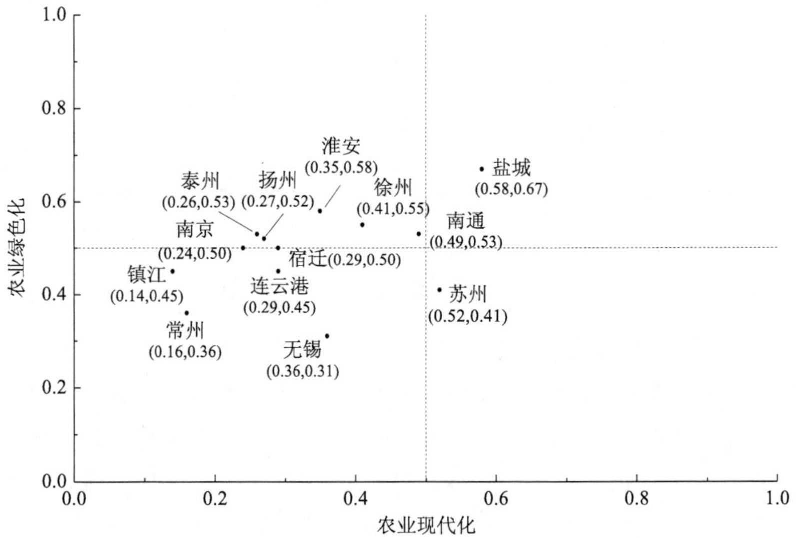

图4-3　2019年农业绿色化和农业现代化耦合关系

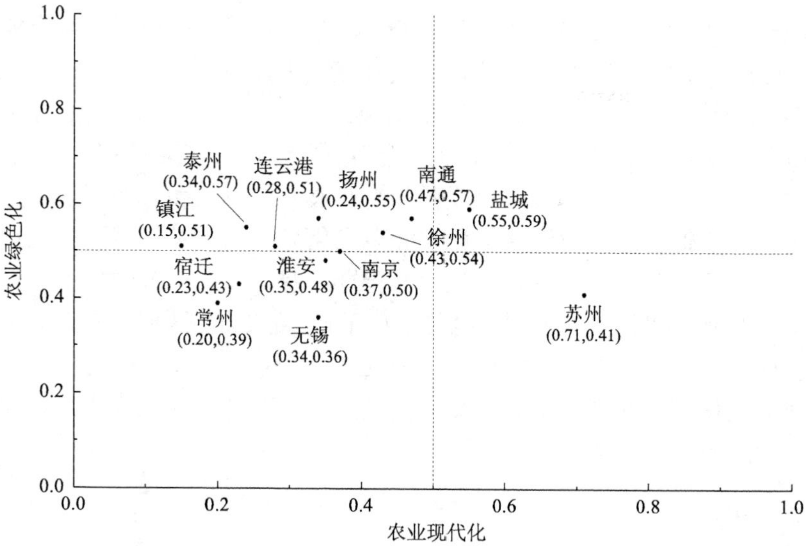

图 4-4　2015 年农业绿色化和农业现代化耦合关系

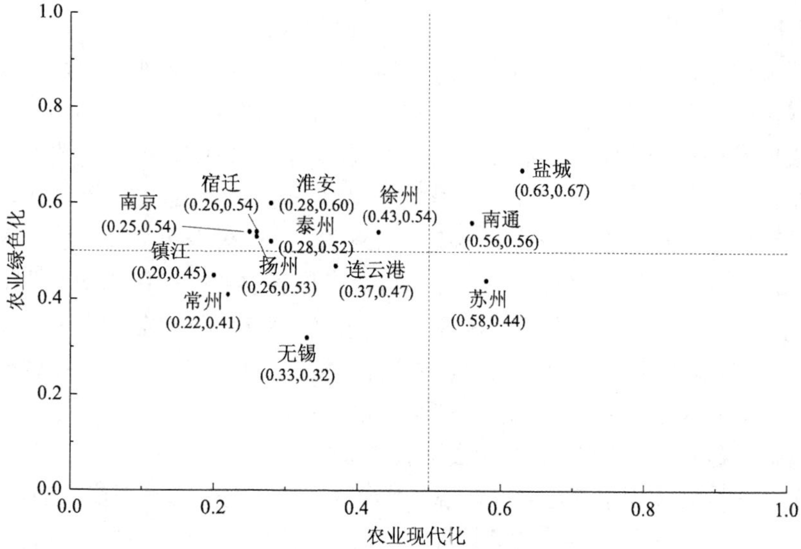

图 4-5　2010 年农业绿色化和农业现代化耦合关系

四、结论及策略分析

(一) 结论

本章通过构建农业现代化和农业绿色化评价指标，计算农业绿色化指数(AGI)和农业现代化指数(AMI)并进行分级，把指数的发展界定为低水平发展态势(0～0.50)和高水平发展态势(0.51～1.00)，再运用耦合协调模型对农业现代化和农业绿色化的内在机制进行研究，将两者之间的耦合关系(CR)分为低-低(L-L)、低-高(L-H)、高-低(H-L)、高-高(H-H)四个象限，并以江苏省为例对2010年、2015年、2019年的数据进行分析。研究结果显示，江苏省各市之间农业绿色化与农业现代化发展差异明显，除盐城和南通农业绿色化和农业现代化呈现正相关关系之外，其他各市农业绿色化和农业现代化呈现负向关系，且农业绿色化整体发展水平优于农业现代化发展。从耦合指标来看，苏北、苏中城市农业绿色化发展较优，农业现代化发展较弱，总体上处于低-高(L-H)区域；而农业现代化发展水平较优的苏南城市则主要处于低-低(L-L)区域，表明其农业绿色化发展较弱，农业现代化发展并未带动农业绿色化发展，故而在农业绿色化与农业现代化之间存在发展掣肘的现象。

(二)策略分析

1. 针对农业现代化和农业绿色化发展关系

(1)重视农业现代化进程中绿色化和产业化的耦合关系

农业现代化发展是未来“强农”战略的重要抓手。研究表明，农业现代化发展与农业绿色化发展并非正向影响关系，其也有可能存在阶段性逆向影响，即农业现代化的快速发展在一定阶段对农业绿色化发展产生不利影响，如现代化产业发展不充分所带来的成本上升、利润降低，导致农业生产过程中需通过外部介入以提高生产效率，引起农业环境及农产品的污染，阻碍了农业的健康可持续发展。因此，在农业现代化和绿色化发展过程中，首先以绿色发展和农业产业化撬动产业增长，通过科技化、生态化、无公害化等多种手段，加快实现从传统农业向生态农业、“互联网+农业”等绿色经济模式转型；其次需强化农业技术改革创新，扶持建设标准化生产基地，建立农业产业化示范区，实现农业产业化经营。

(2)构建农业全过程管理系统和数据监控系统

针对农业发展过程中存在高农业现代化、低农业绿色化的“现代化陷阱”问题，需加强对农业“现代化陷阱”的警惕和监管，通过构建农业生态绿色化监控管制政策体系，建设绿色化智慧农业动态监控系统，对农业自然环境、农业生产环境、农业生产过程、农业产品销售进行“全过程监控”，建设集产地环境管理、投入品使用、产品检验检测为一体的农产品质量安全全过程大数据管理监测平台，紧抓农业绿色生态的监控，从而避免落入农业“现代化陷阱”。

(3)针对不同地区发展态势，制定差别化、精准性政策

针对不同地区农业及城镇化发展态势，分析其发展存在的内在原因，制定区别化、精准性的发展策略。如在江苏省农业现代化与绿色化耦合发展过程中，盐城、

连云港地区作为江苏省农业主产区，第一产业占比较高，耦合关系较好，因此该地区未来在保证农业绿色化水平的基础上，大力发展绿色农业和品牌农业，进一步调整农业和农村经济结构，加大土地流转政策的优惠力度，吸引外资，逐步推广集群化、产业化、规模化耕种，推动农业第三产业的发展，继而逐步提高农业现代化水平，实现农业绿色化和现代化协同发展。而针对苏州、无锡、常州等农业现代化水平较高，但农业绿色化发展较弱的地区，需完善农业绿色化管理机制，提高农产品质量安全水平，加强农产品质量安全监测，提高农产品质量安全执法监管能力，强化农产品质量安全风险评估及预警，提高农产品质量，同时结合该地区较好的城镇化发展水平，面向周边城镇逐步发展农业旅游和田园综合体，提高农业精细化、现代化和信息化管理水平，提高农产品附加值，以此增加农业的收入和利润，打破农业“现代化陷阱”困境，推动农业现代化与绿色化的协同发展。

2. 江苏省农业绿色化发展策略

(1) 推进绿色技术和绿色生态理念

进一步减少化肥、农药使用，坚持精准测土、科学配肥、减量施肥相结合，实施资源化循环。加强畜禽粪污资源化利用，实现畜禽粪污高效精准利用，并逐步推进农产品加工副产品等资源化利用。突出秸秆还田、离田利用和收储运体系建设，推进秸秆肥料化、能源化、饲料化、基料化等多途径利用。扩大太阳能、沼气等清洁能源在农业生产中的应用。全力提升农业生产高效化。发展智慧农业、设施农业，建立农业农村大数据体系，推动新一代信息技术与农业生产经营深度融合，推进生物技术、工程技术和信息技术的集成应用，进一步促进农业自然资源高效利用。不断优化农业生产空间布局，根据各地资源环境承载力，推广保护性耕作模式，健全耕地休耕轮作制度，保护和恢复农业生态。

(2) 进一步优化江苏农业产业结构

加快培育农业新产业新业态。结合江苏省经济发展情况开展观光农业、分享农业、定制农业、康养农业等新业态。将农业现代化示范区作为推进农业现代化的重要抓手。围绕江苏省城乡一体化发展，提高农业产业体系、生产体系、经营体系现代化水平，建立指标体系，加强资源整合、政策集成。大力开发绿色农产品，支持资源和生态条件突出的地方发展绿色农产品，促进生态优势向经济优势转化。完善绿色农产品生产标准体系，加强农产品质量安全追溯体系建设，深入实施农业品牌振兴行动，引导经营主体大力创建名企、名品、名牌，推动地方创建区域公用品牌，加强品牌宣传和营销平台建设，提升农产品品牌影响力和市场竞争力。加强农产品质量和食品安全监管，发展绿色农产品、有机农产品和地理标志农产品，试行食用农产品达标合格证制度。

3. 江苏省农业现代化发展策略

(1)农业科技现代化推动农业现代化高质量发展

随着科技革命和产业变革的迅速发展，信息技术将深刻改变农业农村现代化发展方式，大数据、物联网、移动互联、云计算、人工智能、区块链等技术手段在农业农村领域的运用将不断成熟。“十四五”期间将依靠科技实现创新驱动、内生增长，引导农业向绿色、优质、特色和品牌化方向发展，围绕地方特色农业，着力攻关一批关键技术，集成应用一批实用科技成果，逐步满足乡村振兴和农业农村现代化对新品种、新装备、新产品、新技术和新模式科技成果的需求。随着数字基建“下乡”，大数据、人工智能、区块链、生物科技等新兴科技创新成果将更广泛、更深入地应用到农业农村现代化发展中，城乡数字鸿沟将逐步弥合，打造数字农业、农村将是乡村振兴战略行动深入实施的必然趋势，也是实现农村产业发展的重要举措，更是“十四五”背景下农业现代化的关键步骤。农业生产全流程智能化将逐步成为现实，农产品的电商化不再单纯地局限于产品的网络销售与配送，而是会通过整个服务体系与链条的数字化，推动农业服务体系与服务范围的拓展。

(2)构建现代农业经营体系，推动现代化

推进规模化经营，有序引导整村土地流转，促进农业适度规模经营。抓好家庭农场和农民合作社两类经营主体，鼓励发展多种形式适度规模经营。实施家庭农场培育计划，把农业规模经营户培育成有活力的家庭农场。推进农民合作社质量提升，加大对运行规范的农民合作社的扶持力度。发展壮大农业专业化、社会化服务组织，将先进适用的品种、投入品、技术、装备导入小农户。健全社会化服务体系，加快培育专业化、市场化服务组织，鼓励农业生产性服务业，以更好地为小农户生产发展服务。加快推动一二三产业融合发展，开发休闲农业和乡村旅游精品线路，完善配套设施，实现乡村生态价值向经济价值转换。

4. 建立科学合理评价体系

农业绿色化和现代化评价涉及的因素有很多，为了能更清晰、规范地评价农业发展质量，建立科学合理的评价体系具有重要意义。目前，大多数学者将农业绿色化和农业现代化混淆在一起，导致对两者之间的关联无法进行有效评价。

依据评价体系中涉及的内容，首先要进一步扩大指标评价范围，如劳动力、土地、资本等，以进一步促进我国绿色农业评价体系的发展。其次，可以从生产的投入要素着手，将农药、化肥、有机肥、有机饲料、农业碳排放和农业面源污染等指标进行细分，进一步分析其年增长比例和实际使用量之间的增长关系，并将生物、化学等相关技术普及率、使用率纳入评级指标体系。再次，增加农业科技投入，通过农产品加工过程绿色化、现代化，农产品销售渠道绿色化和现代化等方面的评价指标，实现对农业现代化和绿色化的准确评价。

第五章　乡村人居环境振兴评价与规划提升

第一节　乡村人居环境概述

一、乡村人居环境概念与内涵

人居环境研究是一个既古老又年轻的课题，可以说人类自诞生以来，追逐理想人居环境的脚步就从未停止。随着社会进步与文明进程的变化，其概念、内涵及研究层次、结构不断丰富。工业革命以前，农业社会由于人类生产力低下，人居环境选择主要考虑具有生产生活需求的自然资源、易守难攻或集市贸易之地，趋利避害、顺应自然与军事防御是农业社会人居环境的主题。工业革命以后，机械化大生产取代了家庭手工作坊式的生产方式，引发了现代工业与贸易服务业的集聚，彻底打破了原有的农业人居环境传统格局，城市的无序蔓延与乡村的萧条贫困造成城乡人居环境急剧恶化，使当时的人居环境问题成为全球关注的热点。在此情形下，“人居环境科学”的概念应运而生，由希腊学者道萨迪亚斯(Doxiadis)首次提出，他强调人居环境由人、社会、自然、建筑、网络五大要素构成(Doxiadis，1975)。吴良镛院士(2001a)结合自身多年的研究与实践，认为人居环境科学是一个多层次、多类型的空间系统，可将其划分为城市人居环境与乡村人居环境，而人居环境是与人类聚居生产生活紧密联系的地表空间，它是人类赖以生存的基础，是人类利用自然和改造自然的主要场所。

乡村人居环境原指农村人居环境，是人居环境范畴的重要组成部分，是在乡村振兴战略背景下有别于城市空间及地域划分的人居环境系统。改革开放以来，随着我国工业化与城镇化的快速推进，人居环境研究的重点主要集中在城市领域，对乡村人居环境的研究则处于弱势状态，各专家和学者主要围绕地理学、建筑学、规划学、社会学、生态学等各自的学科领域对乡村人居环境概念与内涵进行多视角的界定。如李伯华等(2008)认为，乡村人居环境是乡村区域内农户生产生活所需的物质和非物质的有机结合体，是一个动态的复杂庞大系统，其功能转换和演变具有内在规律；胡伟等(2006)认为，农村人居环境是农村居民在生产生活过程中进行居住、交通、耕作、文化娱乐、教育卫生等活动，利用自然和改造自然所创造的环境；李健娜等(2006)认为，乡村人居环境是维持乡村生活的物质与非物质要素的有机结合体；张慧和孙国城(2020)认为，乡村人居环境作为物质层面和精神层面的统一体，具体可以概括为生态环境、居住环境、基础设施、公共服务设施、社会环境、经济发展环境六个要素；马小英(2014)指出，所谓乡村人居环境，就是指在乡村区域内，所有农户生产生活所需的一切物质与非物质的有机结合体，它是一个动态的发展系统，具有复杂性。从上述专家学者的概念界定与解读中不难发现，乡村人居环境研究是一项复杂系统工程，其理论与实践需要多学科集成与协同，乡村人居环境主要包含以下几个方面的内涵。

(1) 乡村人居环境是一种相对于城市的环境系统

从传统人居环境演变趋势来看，近现代工业化与城镇化的快速发展促进了城市人居环境系统理论与实践研究日趋成熟，而乡村人居环境研究发展则较为缓慢，导致许多学者认为乡村人居环境属于人居环境发展的低级阶段，而城市人居环境才是人居环境发展的高级阶段。虽然城市化浪潮已席卷世界各个角落，主导着人居环境要素集聚与人居环境发展建设的进程，但城市化并不是消灭农村，基于自然资源环境为主导的乡村将一直并长期存在，乡村人居环境相对城市是一种独立的复合环境系统，与城市人居环境有着地域差异与环境区别。从西方发达国家的“后工业化”“逆城市化”“郊区化”等发展现象和趋势可知，城市并不能取代农村，乡村人居环境仍具有独特的自然资源及生态景观，在人居环境研究与建设实践中仍发挥着重要作用。

(2) 乡村人居环境是一种具有复合功能的空间系统

乡村人居环境的居住主体是乡村居民，以服务人类的聚居需求为基本功能，而空间需求是人类生活居住最原始和最基本的需求。经济、社会、环境的问题与机遇的互动主要体现在空间上——人们生活的地方(左玉辉，2002)。由此而论，乡村地域的经济、社会、自然和文化等因素及相关功能要素、空间特性共同构成乡村人居环境，是乡村人居各项功能活动在乡村一定地域空间的落实与体现。乡村人居环境研究的空间内容包括空间区位与空间单元范围，空间区位与空间单元范围的大小规定了乡村人居环境的地理边界与空间数据，如乡村聚落体系是由乡村区域内不同功能、规模及空间分布的乡村聚落所构成。而乡村人居环境则是由乡村区域内相互联系和协调发展的乡村社区群体网络组成，具体可包括乡集镇、行政村与自然村等，乡村人居空间的适宜性将体现乡村地域人地功能关系的协调统一。

(3) 乡村人居环境是一种渐进演变的生态系统

相比近现代城市的快速崛起，乡村地域的发展演变则显得源远流长。在人类文明发展演变的各个时期，乡村人居环境也始终处在动态演变的过程当中，体现了从被动依赖自然、逐步利用自然到主动改造自然的进化过程。相对于近现代城市密集的人口及景观建筑空间，乡村则由于其农业的非聚集性和低生产力特征，造就了乡村人居环境空间是典型的“自然-人工”生态系统。乡村人居环境所固有的田园风光、乡土气息和人文氛围适应了人类发展需求的螺旋上升及演进趋势，促进了人类住区自然与人工景观脉络的和谐共生。另外，乡村空间具有自然的生态屏障与土地资源，对乡村人居环境的生态安全及乡村农业生产发挥了无以替代的重要作用，体现了乡村渐进演变和谐、人地关系协调的生态系统。

(4)乡村人居环境是一种动态开放的交换系统

人居环境的需求变化始终与人类生产及生活方式的变革相适应，适应外部环境变化是人居空间生存与发展的基础与前提。乡村人居环境体系可视为一定阶段在乡村地域内乡村各要素交换和人为交往活动的产物，其空间内涵和属性根据近现代城镇化和农业现代化发展趋势，逐步由“零散封闭”走向“开放交换”（余斌，2007）。乡村人居环境包容了乡村居民的主体生产、生活活动和其他功能内容，动态开放与保持外部交流是现代乡村人居环境可持续发展的基本保障。乡村人居环境正是通过与外部区域及城镇地域系统各种要素及“流态”的交换，不断优化其功能及空间品质。

二、国内外乡村人居环境研究述评

(一)学术研究层面

1. 国外乡村人居环境研究

乡村具有地域性、社会性、经济性等综合性特征，国外最初对乡村研究的相关理论与实践主要附属于地理学、社会学、经济学、文化学、建筑学等学科领域，而对乡村人居环境研究的内容最初主要源于对乡村地理学的认识与归纳演绎。19世纪以来，国外关于人居环境的研究主要包括乡村聚落地理、乡村转型与可持续发展、城乡关联与一体化研究等几个方面。

(1)乡村聚落地理

西方对传统乡村地理学的研究主要侧重于从地理区位、聚落分布、功能空间等方面分析乡村聚落空间的各种问题。在第二次世界大战之前，工业化与城市化初期，由于城乡二元格局明显，乡村地域系统受城市影响辐射较弱，乡村聚落地理研究内容主要集中在乡村聚落区位、乡村土地利用、聚落功能与类型、聚落形态等方面。如基于古典区位理论的杜能圈模式是针对不同农业作物在空间配置上的地理表现进行的探讨；德国地理学家U. G. Kohl首先研究了地形对不同等级乡村聚落体系形成及交通格局发展的影响与作用；Mayhew(1973)系统分析了不同时期德国的乡村聚落空间形态和土地利用状况；克里斯特勒(W. Christallar)提出的中心地理论则系统研究了不同等级聚落体系的空间相互作用及结构脉络。从20世纪70年代开始，随着城镇化发展的推进，乡村人居环境研究在地理学领域得到进一步拓展，定量与定性相结合的研究趋势开始出现，学者们开始重视人的主观因素在聚落的形成、发展、消亡过程中所起的作用(汪琴，2009)。部分国外学者将乡村地域社会、经济、文化、生态等要素进一步融入乡村地理研究，如乡村休闲与旅游、乡村社区变迁与重构、乡村生态空间保护、乡村产业发展、乡村健康与福利、乡村景观与环境等，使乡村聚落研究的领域和视角不断拓展。

(2)乡村转型与可持续发展

20 世纪中叶以来，欧美主要国家的城市化基本实现，前期快速城市化导致的城乡发展的一系列问题开始凸显，引发了众多学者对城市化的反思以及乡村转型与可持续发展的思考。城乡差距、乡村贫困、乡村基础设施、乡村住房及乡村振兴等问题成为关注的热点。如 Hansen(1970)提出加大对贫困地区教育和技术投资，通过申请迁移援助计划转移贫困地区剩余劳动力；Thomas(1963)主张英国应通过建立政府基金来解决部分农村设施服务及城乡交通网络建设需求；Bunce(1982)分析了城市化、工业化和商业化对乡村聚落的影响，并提出了相关的公共政策。20 世纪 90 年代，城市空间快速扩张导致郊区乡村聚落的解体，地域空间与社会分化现象加剧，西方发达国家乡村发展步入后城市时期的乡村转型期。1991 年第 21 届国际农业经济学家会议将农业可持续发展作为会议主题，突出强调实施生态农业发展和环境战略；1996 年《伊斯坦布尔宣言》中明确提出了可持续的人居环境发展观，强调努力实现城市、城镇和乡村不同层次的人居环境的可持续发展；Wiley(1998)则强调美国农村可持续发展的重要性，提出应注重乡村自然生态环境保护，发展循环经济和创造农村就业。由此可见，乡村转型与可持续发展实质上是乡村发展由单纯的生产功能向多元化的综合功能进行转变，乡村空间由传统的相对封闭性往公共开放共享方向的发展。

(3)城乡关联与一体化研究

霍华德在 1898 年发表的《明日——真正改革的和平之路》一书中倡导田园城市理论，首次提出从城乡磁铁和城乡结合的角度来解决大城市过度拥挤和环境污染的问题。1915 年帕特里克 • 格迪斯出版的《进化中的城市——城市规划与城市研究导论》一书中提出“区域”的观念，主张城市和乡村应该作为一个整体发展区域来考虑，特别是地点和就业活动对于定居点演化的持续影响。此外，一些学者认为乡村发展必须注重城乡关联与互动发展。如 Jonathan(1990)通过对非洲小城镇的城乡互动研究，认为关联发展是乡村发展和繁荣的重要因素；1999 年欧盟通过了《欧洲空间展望》(ESDP)，倡导耕地利用的多样化，积极发展新能源和生态农业，对自然和文化景观实行保护性开发，强调城乡合作和功能整合；2004 年的世界人居日主题为“城市——乡村发展的动力”，提出城市和乡村的发展是相互联系的，应努力为农村地区增加适当的基础设施、公共服务和就业机会等，突出强调了城乡关联发展的重要性(UNHSP，2004)。

从上述总结分析中不难发现，国外人居环境研究在工业化和城市化发展的不同阶段呈现不同研究趋势和重点，是针对发展现状问题的反思与应对，主要包括“乡村地理—乡村转型—城乡一体化”等几个研究阶段，研究领域从乡村过渡到城乡区域，研究方法与手段更加多样和综合，研究重点更加关注社会公平公正和弱势群体，注重利用城乡一体化和区域整体性思维解决城乡发展的一系列问题。

2. 国内乡村人居环境研究

我国古代的一些思想关注了人与自然的和谐共生，其实就已包含了早期朴素的人居环境思维并贯穿于中国传统人居环境营建的全过程。近现代我国人居环境研究始于 20 世纪 90 年代，涉及地理学、建筑学、城乡规划学、政治学等学科领域。

(1) 乡村人居环境建设与微观设计研究

随着中国城市化和工业化的快速发展，城乡人居空间建设及居住社区环境面临着错综复杂、尚待解决的一系列问题，引发了诸多建筑学者和城市规划专家的思考与实践。中国学者吴良镛在充分借鉴和吸收中国传统文化的基础上，结合建筑学、城乡规划学等多学科发展成果，科学地规范了人居环境研究的理论框架，将人居环境作为一个开放的复杂系统进行研究，研究方法主张众多学科的融会贯通(吴良镛，2001a)。张军英(1999)从村庄人居环境改造与规划入手，研究安徽巢湖地区空心村的改造规划和设计实践，分析空心村现象及改造对策；李芗等(2002)基于乡土聚落生态人居环境内涵对现代聚居社区设计营造进行思考借鉴；刘晨阳等(2005)全面分析了云南山地乡村人居环境建设传统模式的特点及现实影响，从山地自然环境特点和山地乡村社会经济状况的角度，提出以小城镇为依托的人居环境建设模式和实践建议；李昌浩等(2007)则从微观设计的角度研究了人居环境建设中的住宅和建筑设计，提出应注重住宅智能系统、节能系统和生态效益建设，以期达到人与自然的和谐统一；张鹰(2010)以福建省西北部相对贫困的乡村为例，基于自愈合体系的构建，研究了具有普适性的村民“自助式”修复和改造既有建筑资源的技术策略，探索了既有建筑资源再生利用途径；王竹等(2015)以浙江安吉景坞村为例，结合乡村人居环境“活化”的时代机遇，从提升公共服务设施、景观节点与界面亲和力等方面，实现乡村对城市的消费引力，促进了乡村经济社会永续发展。

(2) 乡村聚落地理与人居空间优化研究

我国早期的乡村聚落地理研究主要偏向于乡村理论与宏观区域，侧重点主要包括乡村地理区位、乡村聚落功能及形态、乡村空间体系和乡村社会经济环境等，如金其铭的《农村聚落地理》等。随着我国乡村空间体系不断受城市化的影响冲击，学者们开始关注乡村聚落空间演变和优化重组。如汤国安和赵牡丹(2000)利用 RS-GIS 等空间分析技术进行了区域乡村聚落规模扩展和形态演变的实证分析；

程连生等(2001)研究了太原盆地东南部农村聚落空心化动力机制，建立了定量评估乡村聚落空心化的指标体系，归纳了“空心村”发展的空间模式和乡村聚落空心化的过程模型。同时，乡村人居环境恶化和乡村空心化现象逐步凸显，许多学者从乡村聚落转型和可持续发展等角度进行乡村人居环境优化研究。如胡伟等(2006)针对我国新农村建设的现状问题，提出了以县或乡镇为基本地域单元的农村人居环境优化系统，包括安全格局、村镇规划、社会经济、基础设施、环境卫生、公共服务设施六个子系统，通过安全格局网络图的编制和优化指标的达标验收，实现农村人居环境的优化；李钰和王军(2009)认为乡村人居环境建设应将物质实体建设与农业生产、村落发展紧密结合，构建符合自身发展条件的适宜性模式，促进农村生产、生活与人居环境建设的和谐统一；任桐(2011)从科学制定乡村规划、优化乡村布局、促进农业产业化、提高农民住房投入能力、拓宽融资渠道、加大扶持力度、发展乡土文化、促进和谐乡村社区建设等方面提出吉林省乡村环境优化路径。

(3)乡村人居环境调查与综合评价研究

随着我国乡村人居环境建设的推进，对乡村人居环境建设现状调查及分析评价成为众多学者关注的热点，如李健娜等(2006)、李伯华等(2009)研究了乡村人居环境评价指标体系模型的构建，从乡村环境满意度等层面进行乡村人居环境的综合评价，为乡村人居环境改善提供决策参考；周侃等(2011)、黄振华(2020)通过对全国及北京市村庄人居环境建设的问卷调查，结合多元统计分析方法，探讨我国及首都农村人居环境质量的要素特征、影响因素、发展水平和治理状况等；杨兴柱和王群(2013)、朱彬等(2015)在综合构建乡村人居环境质量差异评价指标体系的基础上，运用因子分析法、熵权法和空间分析法等对江苏、安徽皖南旅游区乡村人居环境进行实证测度，探讨乡村人居环境质量差异及其空间格局特征；从全国省域层面来看，郜彗等(2015)基于社会-经济-自然复合生态系统理论，建立了农村人居环境建设的评价指标体系，运用全排列多边形综合指数方法、信息熵改进的 TOPSIS 法等综合评价了各省农村人居环境质量和类型区域的划分，并提出了“分类指导，因地制宜”的差异化治理策略。

(4)乡村人居环境相关统筹与协调发展研究

乡村人居环境是一个复杂的巨系统，城乡统筹、人地协调、社会经济生态协调等方面成为近年来乡村人居环境研究关注的热点。如张泉等(2006)的《城乡统筹下的乡村重构》；赵之枫(2001)则从城乡关系、人口和消费、生态环境、能源利用、社区建设和使用周期等方面探讨了乡村人居环境可持续发展的对策；王超超等(2015)以乡村聚落人地系统协调发展为目标，构建了重庆三峡库区乡村聚落人地系统综合发展水平的时序指标体系，对重庆三峡库区乡村聚落人地系统协调性进行了评价；马婧婧和曾菊新(2012)以湖北钟祥为例，系统考究了乡村长寿现象与乡村自然生态环境、人文社会环境和人工居住环境的关系，并对建设有利于“居民健康长寿”的乡村人居环境提出了相关政策建议；杨锦秀和赵小鸽(2010)以四川省为例，通过在不同区域内进行实地调查和访谈，构建相应的指标评价体系，系统地分析了农民工对流出地农村人居环境改善所产生的影响并提出两者协调发展的对策建议；曹萍和任建兰(2019)运用综合指数法、协调发展度模型、线性拟合等方法，研究了1996～2017年中国农业产业多元化与乡村人居环境协调发展时空演化特征和协调演进驱动机制，并据此提出推进农业产业多元化与乡村人居环境协调优化的对策建议。

(二)政策设计层面

改革开放以来，我国乡村人居环境研究与建设体现了国家社会经济发展背景，贯彻了国家层面的乡村建设与发展政策要求。2002年党的十六大报告提出了“城乡统筹”“全面建成小康社会”的宏伟蓝图，标志着我国乡村人居环境建设进入了全新的发展阶段。2004年国家相继出台了一系列关于加强农村基础设施建设的相关政策，重点关注农村“三生”(生产、生活、生态)的分类及基础公共服务均等化建设。2005年十六届五中全会和2007年党的十七大报告提出“社会主义新农村建设”，从城乡一体化发展的角度合理引导乡村产业升级和乡村社区人居环境改善。党的十八大则从“美丽中国”社会主义建设总布局高度，对建设社会主义新农村重大历史任务进行了阐释，提出建设“美丽乡村”的宏伟目标。此后，农业部于2013年开始首先启动了“美丽乡村”创建活动，并于当年确定了1100个全国“美丽乡村”创建试点乡村，2014年认定了100个中国最美休闲乡村和140个中国美丽田园，2015年认定了120个中国最美休闲乡村，对我国乡村人居环境建设起到了典型与示范带动作用。2013～2016年，根据美丽乡村建设要求，财政部、住房城乡建设部、中共中央国务院等国家部委相继出台了《关于发挥一事一议财政奖补作用推动美丽乡村建设试点的通知》《关于做好2013年全国村庄规划试点工作的通知》《关于加大改革创新力度加快农业现代化建设的若干意见》《美丽乡村建设指南》《关于开展绿色村庄创建工作的指导意见》等政策与规范文件，从“美丽乡村村民建、建设成果村民享”核心理念出发，确定和规范了美丽乡村的内涵。形成政府引导、村委会为主、多部门合作的推进机制，动员社会力量和农民群众广泛参与、积极推进美丽乡村规划与乡村人居环境建设；在此期间，环保部联合财政部出台了乡村整治工作指南以及农村生活污水、垃圾处理技术规范和标准等。住建部则联合文化部、国家文物局等部门提出了历史文化名镇名村、中国传统村落等概念和标准，从乡村物质与文化遗产保护角度出发对美丽乡村与人居环境建设进行了全新的诠释。强调以需求和问题为导向、突出个性营造，重点体现乡土原味和地域风情，突出文化传承和生态文明建设。

2017 年 10 月，党的十九大报告明确提出“乡村振兴战略”，高度重视乡村人居环境建设工作，并将“生态宜居”作为推进“乡村振兴战略”的总体要求之一。2018 年中央一号文件更是将农村人居环境治理工作提到前所未有的高度，提出“让农村成为安居乐业的美丽家园”，到 2020 年农村人居环境明显改善，美丽宜居乡村建设扎实推进，到 2035 年农村生态环境根本好转，美丽宜居乡村基本实现的建设目标。党的十九大以来，乡村人居环境建设与实践主要呈现以下三个方面的趋势。首先，加强乡村危旧房整治改造与农房建设，将改善住房条件作为人居环境改善的基础保障。2014 年出台的《国务院办公厅关于改善农村人居环境的指导意见》提出“到 2020 年，全国农村居民住房、饮水和出行等基本生活条件明显改善，人居环境基本实现干净、整洁、便捷，建成一批各具特色的美丽宜居村庄”的要求。2017 年 2 月住建部颁布《关于加强农村危房改造质量安全管理工作的通知》，提出要把保障贫困户住房安全作为当前农村危房改造工作的首要任务，加强危房改造质量安全管理，切实提高农村危房改造工作水平，全力实现危房改造户住房安全户户有保障。2018 年 3 月住建部颁布《关于印发农村危房改造基本安全技术导则的通知》，规范农村危房改造工程建设与验收，保障农村危房改造的基本安全。其次，结合国家国土空间规划体系工作的推进，乡村人居环境建设重点从美丽乡村社区建设往城乡统筹、节能减排和环境综合治理转变。2017 年 6 月住建部颁布《关于开展第一批农村生活垃圾分类和资源化利用示范工作的通知》，提出开展示范的县(市、区)要在 2017 年确定符合本地实际的农村生活垃圾分类方法，两年内实现农村生活垃圾分类覆盖所有乡镇和 80%以上的行政村，并在经费筹集、日常管理、宣传教育等方面建立长效机制。2018 年 2 月，中共中央办公厅、国务院办公厅印发《农村人居环境整治三年行动方案》，以农村垃圾、污水治理和村容村貌提升为主攻方向，利用三年时间加快补齐农村人居环境突出短板。2019 年 1 月，由中央农办、农业农村部等 18 个部门印发实施了《农村人居环境整治村庄清洁行动方案》，提出以“清洁村庄助力乡村振兴”为主题，以影响农村人居环境的突出问题为重点，着力解决村庄环境“脏乱差”问题，实现文明村规民约普遍形成，长效清洁机制逐步建立，村民清洁卫生文明意识普遍提高。再次，乡村人居环境已成为确保乡村振兴战略落地的关键举措。2018 年 9 月，中央农村工作领导小组办公室发布《乡村振兴战略规划(2018—2022 年)》，以习近平总书记关于“三农”工作的重要论述为指导，按照产业兴旺、生态宜居、乡风文明、治理有效、生活富裕的总要求，对实施乡村振兴战略做出阶段性谋划，更是把建设美丽宜居乡村、持续改善农村人居环境作为重要篇章。2019 年 2 月，住建部颁布《关于在城乡人居环境建设和整治中开展美好环境与幸福生活共同缔造活动的指导意见》，提出“为深入学习贯彻习近平新时代中国特色社会主义思想和党的十九大精神，顺应人民群众对美好环境与幸福生活的新期待，不断改善城乡人居环境，提升人民群众的获得感、幸福感、安全感，打造共建共治共享的社会治理格局。”振兴道路千万条，人居环境第一条(罗震东等，2019)，我国已经迈入中国特色社会主义乡村振兴新时代，乡村人居环境建设与治理已成为今后一段时期我国城乡统筹与“三农”工作的重点。

(三)存在问题及展望

1. 乡村人居环境研究中存在的问题

虽然人居环境研究在国际上酝酿已久，许多学术机构也进行了大量工作，但它至今还是一个需要为之奋斗的目标(吴良镛，2001b)。由于学术背景及研究领域的差异，乡村人居环境研究对象及内涵尚未达成共识，针对国内外乡村发展区域特点与政策背景，主要存在以下几个方面的问题。

(1)乡村人居环境相关协调耦合性的研究比较欠缺

从前述国内外研究综述中可以看出，地理学从人地关系的视角研究和探讨乡村人居环境质量评价及对策，进一步深化了人居环境科学的理论和实践内涵，但乡村人居环境发展演变的影响视角已从单一的自然地理因素转向自然、社会、经济、文化、治理等综合视角，目前乡村人居环境与社会、经济、文化、生态等相关协调耦合性研究不足，无法实现乡村人居环境转型及可持续发展的重要突破。

(2)乡村人居环境的整体性与系统性研究相对薄弱

乡村人居环境作为乡村社区功能复合系统，呈现动态发展和时间序列变化特征，其空间秩序是非均衡的。但已有研究成果多基于不同学科和专业从乡村人居环境的某个方面或基于某个视角进行研究，乡村人居环境研究的整体性和系统性比较薄弱。关于乡村人居环境系统的功能转换与发展趋势有待整合，从系统性和整体性角度研究乡村人居环境构成要素的系统变化及相互作用机制等有待加强。

(3)乡村人居环境的研究技术与分析手段有待创新

乡村人居环境系统是一种复杂的空间组织系统，具有复杂的空间响应机制，作为一种非线性系统，需要借鉴和创新科学分析方法以进一步揭示其本质特征，但目前国内乡村人居环境大多采用定性与定量结合的方法，通过构建评价指标体系或者采取问卷调研的方法进行研究，总体尚缺乏与中国特色人居环境相结合的研究技术与分析手段。

2. 我国乡村人居环境研究展望

(1)注重乡村人居环境建设与新时期国家发展政策融合研究

党的十八大以来，我国社会经济已迈入全面建成小康社会的新阶段，国家城乡关系、人地关系发生重大变化，城乡与区域发展不平衡、不充分的问题成为新的关注焦点，国家颁布实施的新型城镇化战略、精准扶贫战略、乡村振兴战略等一系列重大决策，集中体现了国家在新时期“三农”问题导向和转型发展上的需求，加强与国家宏观、微观战略政策的融合，关注政策设计在乡村人居环境营建方面的指导作用仍需深入研究，对体现新时期我国社会主义乡村人居环境研究特色、促进乡村人居环境可持续发展等方面具有重大意义和实践价值。

(2)加强城乡人地关系演变与乡村人居环境变迁的关联研究

长期以来地理学主要以“人地关系”研究为目标，然而乡村人居环境归根到底体现了人地关系的相互作用及演变，将乡村主体的活动行为纳入乡村人地空间系统中，更能体现以人为主体的宜居环境营建目标。现代乡村居民主体的日常生产生活、娱乐消费、居住景观等空间行为的变化会直接引发乡村人居环境系统的变迁。当前在国家新型城镇化、城乡统筹和互联网时代发展背景下，需要更加关注城乡人地关系演变与乡村人居环境变迁的互动关联研究，不断拓宽乡村人居环境研究视角与领域，对完善乡村人居环境空间系统和寻求乡村人居环境优化路径具有重要实践价值。

(3)重视移动互联网时代乡村人居环境建设可持续发展研究

截至 2018 年 12 月，中国网民规模达到 8.29 亿人，互联网普及率达 59.6%，其中手机网民规模达 8.17 亿人，网民中手机上网的比例高达 98.6%(中国互联网络信息中心，2019)。城乡互联网、物联网及大数据等新兴信息技术快速发展，促进城乡二元分隔逐步瓦解，城乡融合与城乡互动方式的革新引发互联网时代新城乡关系的到来。随着乡村土地、技术、劳动力、信息等要素的重新配置与优化，乡村人居环境的发展也正快速步入互联网时代。乡村获取信息的途径和内容更为丰富和广阔，乡村的落后及封闭性已被彻底打破，传统乡村产业、景观、文化及生活发生了巨大变化，淘宝村、网红打卡景观村、乡村文化村等新型村落大量出现，需要进一步研究互联网时代乡村人居环境的规划变革与引导路径，保障乡村人居环境建设可持续高质量发展。

第二节　乡村人居环境评价与规划振兴路径

一、乡村人居环境整治面临问题与现实原因

(一)存在问题

1. 乡村人居环境基础设施支撑系统建设尚不健全

截至 2018 年年末，我国共有乡 10210 个，行政村 52.68 万个，自然村 245.19 万个，村庄现状用地 1292.32 万 hm^2，村庄户籍人口约为 7.71 亿人。乡村人居环

境基础设施如污水处理、生活垃圾处理等支撑系统建设尚不健全，与城市相比存在一定差距，亟待完善提升。全国集中供水的行政村比例为75.24%，人均日生活用水量86.56L，清洁能源中燃气普及率仅为28.59%，而全国城市供水、天然气普及率分别为98.36%、96.7%，分别比行政村高出23.12个百分点、68.11个百分点；2018年全国乡村生活污水、生活垃圾处理率分别为18.75%、73.18%，分别比2017年增加了1.56%、0.19%，只有较小幅度的提高，仍有81.25%、26.82%的乡未进行生活污水和生活垃圾的回收处理；全国乡建成区绿地率为7.54%，比全国城市建成区绿地率37.34%低了29.8个百分点，乡村绿化景观环境相对于城市还有待进一步优化提升(中华人民共和国住房和城乡建设部，2017，2018)。

2. 乡村人居环境建设治理与投入区域差异比较明显

截至目前，乡村人居环境建设与治理主要集中在经济较发达、交通便利的东部和中部地区中心村，区域差异比较明显。根据相关学者的研究，乡村人居环境质量较高的地区主要集中在京津及东南沿海地区，地区间农村人居环境质量水平存在较大差异并有进一步扩大的趋势(孙慧波和赵霞，2019)。2018年度东部地区、中部地区和西部地区的村建设投入分别为3881.25亿元、2822.20亿元、3125.40亿元，总量上东部最高、西部其次、中部最低；村均投入分别为182.70万元/个、159.11万元/个、228.11万元/个，西部地区村均建设投入超过东部，中部最低；同时省域间也存在较大差异，其中云南省最高，达到825.20亿元，宁夏最低，仅为45.91亿元；在乡村人居环境相关规划编制数量和比例方面，东、中、西部地区的乡有总体规划的数量分别为1761个、2311个、3456个，占各区乡总数的比例分别为79.25%、75.80%、69.97%，其中东部对乡规划编制最为重视，规划覆盖率最高，而西部比东部地区低9.28个百分点，尚有1483个乡无总体规划，规划编制数量分布呈现“东高西低”的空间格局(中华人民共和国住房和城乡建设部，2018)。

3. 乡村人居环境发展水平与区域社会经济存在脱节

我国乡村人居环境质量发展与社会经济发展总体来看并不匹配，与区域社会经济发展仍处于一定程度的不协调耦合状态。从经济收入来看，2018年农村居民人均可支配收入为14617元，比2017年增长8.8%，城镇居民人均可支配收入为39251元，增长7.8%，城乡收入比为2.69∶1，城乡居民收入差距仍然较大；从乡村农业产业发展来看，农业产业多元化与乡村人居环境协调发展水平呈现出离散状态，演化为“东高西低”的空间分异特征，较高水平省份集中分布在东部，低水平和较低水平的省份主要分布在西部(曹萍和任建兰，2019)；另外，由于我国工业化与城镇化发展对农村人口吸引的长期影响，乡村经济、社会、文化等“空心化”现象日趋严重，乡村社会文化空间的萎缩和功能弱化也不断加剧了乡村人居环境与社会文化等发展的脱节，由此导致的乡村社会文化内涵的匮乏已成为影响乡村人居环境振兴的关键问题。

(二)原因分析

1. 缺乏配套政策与顶层设计，规划引导与约束力不足

我国乡村人居环境建设与整治由于起步较晚，相关建设整治内容与目标任务主要附属于城镇总体规划、城镇详细规划、城镇风貌规划、美丽乡村规划和其他相关规划设计中，并不是指导乡村人居环境建设的针对性规划类型，导致乡村人居环境建设缺乏权威性的规划依据，乡村人居环境治理明显滞后于城镇化进程，呈现被动式适应和弥补式提升现象。另外，有关人居环境整治提升的国家和地方规划政策与法规缺乏，对各地乡村人居环境建设的指导性和约束力不足，造成乡村人居环境整治与社会经济发展的脱节与失调。

2. 政府行政组织与职责分工不明确，缺乏联动协调机制

《中华人民共和国环境保护法》中规定，县级、乡级人民政府应当提高农村环境保护公共服务水平，推动农村环境综合整治。该法律明确了地方政府是乡村人居环境综合整治组织领导的行政主体，但该表述比较笼统，对具体部门的职责分工和目标考核等规定并不明确，导致乡村人居环境治理工作推动难度较大，各级地方政府领导主观意志倾向明显，政府不作为、不考核现象时有发生。另外，乡村人居环境治理自下而上的民主决策机制尚未建立，政府相关职能部门如自然资源部、农业农村部、生态环境部、水利部、住建部等缺乏协调推进，造成乡村人居环境建设面临着政府部门多头管理、职责交叉重叠、推诿扯皮等不良现象，给乡村人居环境整治与建设带来困境与压力。

3. 建设与运营管理资金投入不足，社会资本投入程度较低

由于财力有限，地方各级政府主要重视社会经济发展，对乡村人居环境建设整治的重要性和重视程度不够，造成乡村人居环境建设与运营管理经费投入不足。另外，因乡村基础设施投资回报机制不健全，无法吸引多渠道的社会资本参与乡村人居环境综合治理工作，导致乡村人居环境基础设施如道路交通、污水与垃圾处理、给水排水等配套不完善，相关公共服务设施比较缺乏，乡村人居生产生活生态环境不佳。据环保部对地方农村环境整治情况的统计，2017 年农村环保设施由专业环保服务公司负责运行维护的比重仅为 28%，社会资本参与程度非常低。

4. 未充分体现农民主体地位，监管治理长效机制尚未建立

长期以来，由于农村村民科学文化素质不高，村规民约约束力差，农民参与乡村人居环境建设整治的意识和积极性不高。乡村人居环境建设的“村民议村民定、村民建村民管”的长效机制尚未建立，且乡村人居环境监管部门人员配备不足，相互之间没有形成合力。另外，由于村民大量进城务工等原因，村“空心化”现象较为突出，乡村居民充分参与乡村人居环境规划、建设、管理、监督和评议等过程很难实现，导致农民主体地位很难发挥。

二、乡村人居环境与乡村振兴内涵相互作用机理

乡村人居环境是乡村区域进步发展的重要载体，良好的乡村人居环境对乡村健康可持续发展有重要意义。2005 年实施新农村建设以来，以中国知网为检索平台，通过对包含关键词“人居环境”的发表文献进行检索，共检索到相关文献 5743 篇，发表总体趋势如图 5-1 所示，特别是在党的十九大提出乡村振兴政策后，文献发表量逐年上升。由此不难发现，越来越多的专家学者将目光重新聚焦到乡村人居环境研究层面，为我国乡村人居环境建设提供了大量理论研究与实践参考。

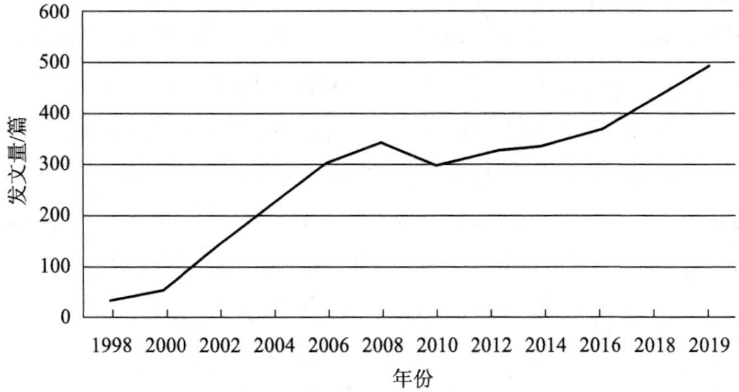

图 5-1　知网数据下近年来“人居环境”发文量趋势

数据来源：中国知网

城乡发展的不平衡和农业农村发展的不充分是新时代我国发展的最大不平衡和不充分(郭翔宇，2018)。新时代国家乡村振兴战略提出了“产业兴旺、生态宜居、乡风文明、治理有效、生活富裕”的“五位一体”总要求。2017 年 10 月，党的十九大报告明确提出将“生态宜居”作为推进“乡村振兴战略”的总要求之一，不仅顺应了我国新时代乡村建设发展的目标重构，体现了广大农村农民群体对美好生活的向往和需求，对指导落实乡村人居环境改善与优化提升也具有非常

重要的意义。

习近平总书记指出："良好生态环境是最公平的公共产品，是最普惠的民生福祉。"改善农村人居环境是中央实施乡村振兴战略和全面建成小康社会的关键举措，事关广大农民根本福祉和农村社会文明和谐。新时代下乡村人居环境建设提升有助于加快农业农村现代化进程，实现乡村社会、经济、环境、文化的全方位振兴。一方面，新时代下乡村人居环境的提升是乡村振兴的重要内涵，乡村振兴推动了乡村信息化、工业化、城镇化与农业现代化有效对接，为乡村人居环境改善提升提供有效供给和服务，为乡村人居环境发展注入活力；另一方面，新时代下实现乡村振兴的关键举措就是要构建可持续发展的乡村人居环境，通过乡村综合治理体系、乡村绿色产业、乡村生态社区建设，共同推进乡村现代化。总体而言，乡村振兴内涵与乡村人居环境相互作用机理主要表现在以下五个方面。

(1)产业兴旺是乡村人居环境建设的内生动力

"产业兴旺"强调产业在乡村发展中的基础性支撑作用，重在夯实农业综合生产能力的基础上推进农业供给侧结构性改革，从而构建高质量的农产品供给体系和一二三产融合发展的现代产业体系,实现农村经济更加全面和繁荣发展(郭远智等，2019)。乡村人居环境建设不仅要积极引导生产要素流向农业农村，推进农村三产产业融合、区域融合和城乡融合，更应注重发展相关产业配套服务设施，积极发展新兴乡村产业、新兴产业配套设施、新兴产业技术、新兴销售模式等现代农业配套服务，不断完善乡村产业体系和服务功能，集聚乡村内生发展动力。首先，通过大力发展农业科技创新和加大农村人力资本投入，进一步提升高标准农田占比，提高农业劳动生产效率和地均农业产值，不断提高农业经济效益和农民收入。其次，通过大力发展乡村电商"互联网+"、乡村旅游、乡村产业技术培训等非农产业，优化调整乡村产业结构，转变乡村产业发展与经营方式，促进乡村全要素、生产要素资源的自由流动，推动未来乡村人居环境整治升级，促进乡村人居环境建设过程中对产业发展的有效供给和配套。

(2)生态宜居是乡村人居环境建设的首要任务

"生态宜居"体现了乡村振兴战略的内在要求，是提高广大农村居民生态福祉的重要内容。"生态宜居"就是要从生态型乡村和宜居型乡村两个维度建设美丽乡村，发展资源节约和环境友好的"两型"乡村(王俊，2019)。乡村生态环境是村民安居乐业的首要前提，"生态宜居"突出生态安全在乡村人居环境建设发展中的首要地位，通过坚决贯彻"两山"理论，全面系统推进"山水林田湖草"乡村生态环境保护，全方位整治各类生态环境污染，加强乡村产业转型升级，实现乡村人居环境建设过程中的人与自然的和谐共生。首先，通过积极推行低碳技术、互联网技术、清洁技术等转变乡村产业发展方式，改造传统乡村农业高污染、高排放、低效率的发展模式。推进农业基因工程及生物技术研发，加强农业种植农药化肥的无害化研制与使用，保护水体及土壤酸碱平衡。其次，大力实施农村生活垃圾分类和回收处理，完善垃圾回收设施和场地建设配套，实现资源循环再利用；推进农村“厕所革命”和生活污水回收处理设施等卫生条件建设。同时，要加强乡村村容村貌综合整治，完善乡村供水、道路、绿化等基础配套设施建设，整治乡村危旧房，推进乡村生态文明与乡村人居环境建设的协调发展。

(3)乡风文明体现乡村人居环境建设的文化内涵

乡风是农村社会的基础，培育发扬文明有序的乡风民俗，弘扬正气，充分发挥其在农村公共服务“内生性供给”中的作用和功能，是农村公共服务有序有效供给的保障(冷忠燕和靳永翥，2018)。乡村振兴的最终目的是满足乡村民众对现代美好生活的追求。乡村人居环境建设应注重乡村地域优秀传统文化的继承与发展，其文化内涵的体现首先要为乡村提供公共文化产品及服务，通过挖掘节庆习俗、传统技艺、村规民约等乡土文化价值，让沉睡的文化资源成为推动乡村人居环境建设的文化资产和资本，唤醒村民文化信仰和乡村归属感。其次，要大力推进乡村文化配套设施及乡村人才振兴队伍建设，大力培育文明乡风和淳朴民风，留住乡愁记忆空间，突出乡土文化特色。转变乡村农民的传统发展理念和思维方式，提升乡村居民文化素质和受教育程度，大力培育新型职业农民与农业新型经营主体，切实培养一批“爱三农、懂技术、扎基层”的新乡贤人才队伍，体现乡村文化空间传承与空间载体功能，不断增强乡村人居环境的文化软实力。

(4)治理有效是乡村人居环境建设的机制保障

“治理有效”的核心要义在于强化乡村基层组织建设，建立健全党委领导、政府负责、社会协同、公众参与的“自上而下”与“自下而上”相结合的乡村治理体系，切实保障农村居民的权益(郭远智等，2019)。在乡村振兴与农业现代化发展背景下，乡村人居环境治理要创新社会治理模式，应积极探索和构建新型乡村治理新体系，根据乡村人居环境建设工作的需要，制定乡村各部门联动、分工明确的协调推进机制，并广泛引入市场等社会力量参与，积极迈向多元和综合治理。注重乡村法治、德治和自治三方面相互结合，使政府、乡村社区和市场之间形成良好的协作机制，通过乡村治理体系的改进和综合治理能力水平的提升，为乡村人居环境建设的组织与实施提供机制保障(图5-2)。

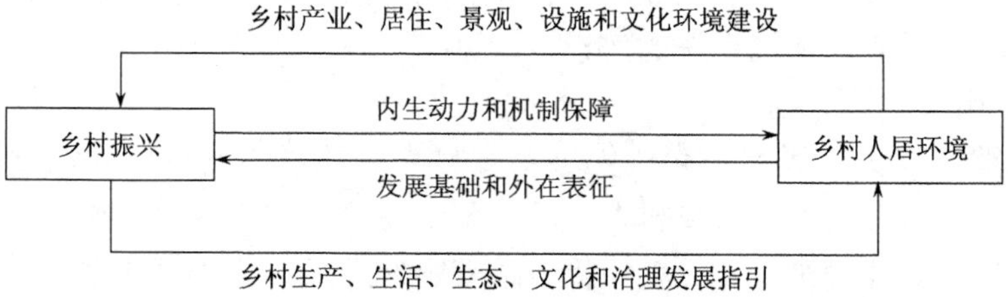

图5-2　乡村人居环境治理与乡村振兴的内在逻辑

(5) 生活富裕是乡村人居环境建设的外在表征

乡村居民实现衣食无忧、收入稳定，并最终达到共同富裕，是对乡村居民主体参与乡村发展建设的肯定，使乡村主体能共享乡村振兴发展成果。新时代乡村人居环境建设要以提升乡村竞争力和可持续发展能力为目标，通过拓宽乡村居民主体就业渠道与提高收入水平来不断增强乡村居民幸福感指数，使农村居民恩格尔系数逐步降低，城乡居民收入差距进一步缩小，通过乡村振兴转型发展重塑城乡关系，全面实现村强民富。

三、乡村振兴战略指引下的乡村人居环境评价

乡村振兴战略提出了“农业产业兴旺发达、农村人居生态环保、乡风文明健康和谐、乡村治理体系完善、农民生活幸福祥和”的目标理念，在其指引下，乡村人居环境建设的范围、内涵、目标、模式等诸多方面将面临新的变化和调整，将不仅仅局限于狭义的乡村居住环境，而是更加关注乡村社会、经济、文化、生态和环境治理等综合体系的评价与重构。

(一) 评价体系的构建

由于乡村人居环境系统是基于乡村社会、经济、生态、文化等交叉融合发展的复合系统，其评价指标体系的构建应分级分类设置评价子系统和评价指标体系，更加有利于客观深入地反映乡村振兴视角下的人居环境建设内涵。

1. 构建原则

(1) 系统性原则

乡村人居环境是涉及乡村社会与经济、生产与生计、生态与生活等协调发展的复杂系统，所以乡村人居环境的评价指标构建要能客观全面反映乡村区域社会、经济、生态、文化等领域的系统振兴。

(2) 导向性原则

乡村人居环境指标选取要注重各指标的导向性和相对独立性，指标评价内涵要避免重复和重叠，指标计算要有科学依据；指标选取要能反映乡村人居环境和乡村振兴的科学内涵，体现农业、农村和农民生活的发展变化和现代化建设，能较好地反映乡村人居环境系统的建设成效。

(3) 实用可比性原则

构建综合指标体系就是为了能够对乡村人居环境的建设成就进行评价和比较，通过比较可分析各区域乡村人居环境整治与建设的优劣及存在的差距，为不同区域乡村人居环境进一步“补短板、缩差距”提供具体决策依据。

(4) 可收集原则

乡村人居环境的评价指标选取不能过于复杂，依据现有区域乡村经济、社会及环境发展状况，选取的指标应力求定值量化，数据来源稳定可靠、便于收集、处理和使用，选择的评价指标统计口径和计算方法应保持一致。

2. 评价指标的选取

近年来，相关学者基于国内不同区域乡村发展特征和政策背景，构建了新时代乡村人居环境质量评价体系，并进行了具体区域综合评价及空间优化研究。如唐宁等(2018)根据重庆“大城市带大农村、大山区、大库区”的特殊区域特征，综合构建由乡村基础设施、公共服务、环境卫生条件、居住条件、经济发展水平五个一级指标组成的重庆市域乡村人居环境评价体系；杜岩等(2021)在讨论乡村人居环境内涵与乡村振兴逻辑关联的基础上，从乡村生产环境、生活环境、生态环境、社会文化环境四个方面建立指标体系，对山东省乡村人居环境质量进行综合评价；孙慧波和赵霞(2019)则从农村人居硬环境和农村人居软环境两个方面构建了中国农村人居环境质量的系统评价体系。

借鉴上述专家的研究成果，根据上述指标体系的构建原则，在乡村振兴战略指引下，对乡村人居环境建设内涵进行重新审视和分析，通过分析有关乡村振兴内涵、乡村人居环境等理论与实践的文献，初步构建了乡村振兴导向型的乡村人居环境综合评价指标体系，具体包括乡村产业动力环境、乡村生态基础环境、乡村文化文明环境、乡村组织治理环境、乡村生活水平环境 5 个子环境系统(图 5-3)。其中乡村产业动力环境是指乡村产业发展规模、生产效率、产业技术及产业相关配套设施建设投入情况；乡村生态基础环境是指影响乡村居民生产生活的污染排放、回收处理、绿化防护、相关卫生设施建设的数量及水平；乡村文化文明环境具体包括乡村居民文化活动组织、文化消费、受教育程度、文化设施投入等方面；乡村组织治理环境是指乡村基层、集体、村民并吸纳多方面社会主体参与乡村建设、共同管理乡村公共事务和公益事业的过程；乡村生活水平环境指乡村居民的生活质量，具体包括可支配收入水平、基本生活保障、居住质量及相关生活配套等方面。在乡村振兴导向型的乡村人居环境综合评价指标体系中，乡村产业是发展动力、生态是环境基础、文化是特色内涵、治理是机制保障、生活是质量表征，5 个子系统有机联系、互补互促和协同发展，与乡村振兴“产业兴旺、生态宜居、乡风文明、治理有效、生活富裕”5 项总体要求一脉相承，集中体现了乡村振兴时代乡村居民对美好生活品质的追求和向往。

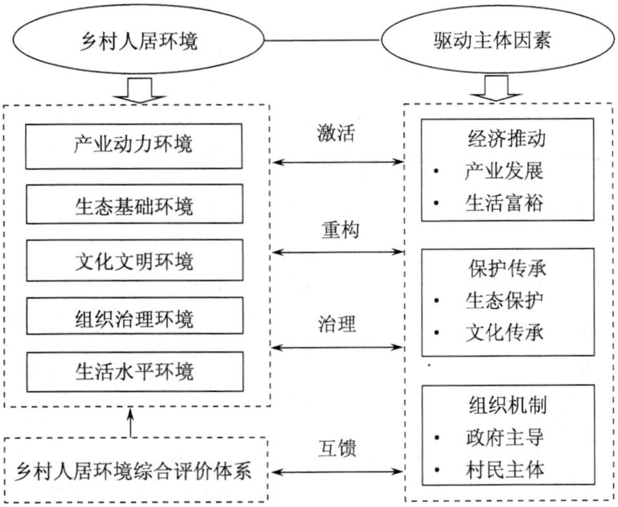

图 5-3　乡村人居环境综合评价体系与驱动因素

(二)指标权重的确立

在初步构建评价指标体系的基础上,需要进一步合理确定各评价指标的权重。指标权重主要根据指标本身发挥的作用和评价者对指标的重视程度两个方面来确定，确定过程主要受主观认定与客观作用两个方面因素的影响。目前，关于指标权重的计算方法，使用较普遍的主要包括客观赋权法和主观赋权法两大类。其中主观赋权法如德尔菲法，其采取专家咨询打分赋权，指标重要程度往往易受个体主观经验的影响，人力和时间成本也较高；而客观赋权法包括主成分分析、因子分析、熵权法等，各指标权重确定更加客观真实。由于乡村人居环境评价涉及的指标数量较多，各指标之间存在着较强的关联性，为了保证指标评价的科学性和客观性，往往需要采取多种方法相互校验后综合确定。建议采用熵权法和因子分析定权法两种客观赋权法，以两次计算结果的算术平均值作为最终权重。熵权法和因子分析定权法的计算原理如下。

1. 熵权法确定权重

熵权法的权重是根据各指标变异程度的大小来综合计算确定的，可以有效避免主观因素的臆断，真实体现指标数据间的内在差异性和相对重要程度。熵权法定权主要按以下步骤展开。

(1)构建特征值矩阵

假定待评乡村人居环境研究对象个数为 m，评价指标个数为 n，可构建 $m\times n$ 阶的乡村人居环境评价原始矩阵$(X_{ij})_{m\times n}$，即

$$X=\begin{bmatrix} x_{11} & \cdots & x_{1n} \\ \vdots & \ddots & \vdots \\ x_{m1} & \cdots & x_{mn} \end{bmatrix}=\left(X_{ij}\right)_{m\times n} \tag{5.1}$$

式中，m 为乡村人居环境待评对象或区域个数；n 为评价指标个数；x_{ij} 为第 i 个待评对象的第 j 个评价指标的指标特征值；$i=1,2,\cdots,m$; $j=1,2,\cdots,n$。

(2) 数据标准化处理

不同指标在量纲、数量级方面存在较大差异，会对评价结果产生重大影响，因此需要对各项指标进行标准化处理，消除各指标在量纲、数量级方面的差异。一般可分为正向指标、负向指标和适度指标三种类型的标准化处理，具体处理公式如下：

$$X'_{ij}=\left(X_{ij}-\min X_j\right)/\left(\max X_j-\min X_j\right)\qquad (\text{Type="+"}) \tag{5.2}$$

$$X'_{ij}=\left(\max X_j-X_{ij}\right)/\left(\max X_j-\min X_j\right)\qquad (\text{Type="–"}) \tag{5.3}$$

$$X'_{ij}=\left|X_{ij}-\overline{X_j}\right|/\left(\max X_j-\min X_j\right)\qquad (\text{Type="适度指标"}) \tag{5.4}$$

式中，X'_{ij} 是对 X_{ij} 数据标准化处理后的结果，适度指标的适度阈值取平均值 $\overline{X_j}$。

(3) 指标同度量化

在数据标准化处理的基础上，进行指标的同度量化，计算第 i 个研究对象第 j 项指标数值的比重 p_{ij}，公式如下：

$$p_{ij}=\frac{X'_{ij}}{\sum_{i=1}^{m}X'_{ij}} \tag{5.5}$$

(4) 熵值与差异系数计算

第 j 个指标的熵值 e_j 为

$$e_j=-\sum_{i=1}^{n}\frac{p_{ij}\times\ln p_{ij}}{\ln m} \tag{5.6}$$

进而得出第 j 项指标的差异系数，即 $g_j=1-e_j$，差异系数 g_j 越大，表明该指标的重要程度越高。

(5) 指标权重确定

综合评价总共有 n 个指标，第 j 项指标的权重 w_j 为

$$w_j=\frac{g_j}{\sum_{i=1}^{n}g_j} \tag{5.7}$$

(6) 综合评价计算

在指标权重确定的基础上，再运用熵权值加权计算各区域或地级市乡村人居

环境综合评价得分 S_i，公式如下：

$$S_i = \sum_{j=1}^{n} X'_{ij} \times w_j \tag{5.8}$$

2. 因子分析法确定权重

因子分析法是指从研究指标相关矩阵内部的依赖关系出发，利用降维思想的多元统计分析方法，把具有重叠性和关联性程度较高的变量或指标降维为少数不相关的因子或综合指标。因子分析定权法是以因子分析法为前提和基础的一种确定原始指标权重的方法。根据因子分析法可知，数据标准化后的原始矩阵由因子荷载矩阵、公共因子矩阵和特殊因子矩阵共同表征，p 个评价指标可由 $m(m<p)$ 个公共因子 $F_1, F_2,\cdots, F_m$ 的线型组合来表示：

$$Y=AF+\varepsilon \tag{5.9}$$

式中，Y 为数据标准化处理后的原始矩阵；A 为因子荷载矩阵；F 为公共因子矩阵；ε 为特殊因子矩阵。

公共因子的个数在上述实际评价中运用主成分分析来确定，并通过略去特殊因子来达到降维的目的，由此可确定 m 个公共因子 $F_1, F_2,\cdots, F_m$，F_i 在 X_j 上的负荷为 a_{ij}，则指标 X_j 的权重可进一步进行如下计算：

$$b_{ij} = \frac{a_{ij}}{\sum_{j=1}^{p} a_{ij}} \quad (j=1,2,\cdots,p;\quad i=1,2,\cdots,m) \tag{5.10}$$

$$c_j = \sum_{i=1}^{m} b_{ij} \quad (j=1,2,\cdots,p) \tag{5.11}$$

$$w_j = \frac{c_j}{\sum_{j=1}^{p} c_j} \quad (j=1,2,\cdots,p) \tag{5.12}$$

式中，b_{ij} 是各组变量评价各因子时的权重；c_j 是由评价各因子时指标 b_{ij} 的权重平权总和；而 w_j 是对 c_j 归一化处理后的权重值。

(三)评价方法的选择

1. 归一化方法

将计算得到的综合评价得分采用最小-最大归一化方法，对原数据进行线性变换，将其映射到[1,100]，形成 1～100 之间的乡村振兴人居环境综合得分。

$$v' = \frac{v - \min_a}{\max_a - \min_a}\left(\text{new}\max_a - \text{new}\min_a\right) + \text{new}\min_a \tag{5.13}$$

式中，v' 为归一化后的数据；v 为原数据；$\max_a$ 和 $\min_a$ 分别为原数据列的最大值和最小值；$\text{new}\max_a$ 和 $\text{new}\min_a$ 分别为新数据列的最大值和最小值。

2. 空间关联测度模型

引入 Getis-Ord General G［同式(3.10)］和 Getis-Ord Gi*［同式(3.11)］来测度全局的和局域的空间关联特征，前者用于探测整个研究区的空间关联模式，后者用于识别不同空间位置上的高值簇和低值簇，即热点区与冷点区的空间分布(靳诚和陆玉麒，2009)。

第三节　案例分析——江苏省乡村人居环境评价与规划提升

一、数据来源与指标体系

(一)数据来源

江苏省 13 个地级市的相关数据资料主要来源于《中国农村统计年鉴 2019》《中国县域统计年鉴 2019》《江苏统计年鉴 2019》《第三次全国农业普查江苏省资料汇编 2016》《数据见证辉煌江苏 60 年》以及江苏省各地市 2019 年度统计年鉴等资料，个别城市在数据收集过程中存在数据缺失的情况，对部分缺失数据主要采用均值替代法或相邻年份值插值法进行补齐。空间分析单元主要包括江苏省 13 个地市单元，行政边界数据来源于江苏省地图集经扫描后的矢量化地图。

(二)指标体系

乡村振兴时期乡村人居环境发展建设体现了乡村生产、生活、生态与组织治理等要素的交叉融合，体现了乡村内生动力与城市外部动力相互融合发展的系统优化过程。参考前述专家学者的相关研究指标体系，根据乡村振兴内涵和指引要求，从乡村人居环境建设特征与内涵角度，构建基于乡村产业动力环境、乡村生态基础环境、乡村文化文明环境、乡村组织治理环境和乡村生活水平环境 5 个层面的乡村人居环境质量综合评价体系(表 5-1)，遵从乡村人居环境相关指标的系统性、代表性、可比性和可获取性原则，选择布局了 36 个二级指标，与乡村振兴“产业兴旺、生态宜居、乡风文明、治理有效、生活富裕”5 项总体要求相一致，能够较全面地评价反映乡村人居环境建设质量和发展水平。

表 5-1　江苏省乡村人居环境质量综合评价指数及量化

目标层	准则层	指标层	单位	属性	权重
乡村人居环境质量综合评价	产业动力环境	地均农业产值	万元/hm^2	正	0.036
		农业劳动生产率	%	正	0.028
		农业机械化率	万元/人	正	0.034
		地均农业机械化动力	kW/hm^2	正	0.047
		高标准农田比重	%	正	0.023
		绿色优质农产品比重	%	正	0.032
		农业科技进步贡献率	%	正	0.044
		休闲农业和乡村旅游接待人次	万人	正	0.068
		旅游接待服务村占比	%	正	0.016
	生态基础环境	林木覆盖率	%	正	0.024
		道路有路灯的村占比	%	正	0.014
		柴草和煤占生活能源比重	%	负	0.028
		农村水冲式卫生厕所占比	%	正	0.015
		生活垃圾集中处理率	%	正	0.045
		污水设施覆盖率	%	正	0.012
		乡村供水入户率	%	正	0.014
		电子商务配送站点比率	%	正	0.009
	文化文明环境	乡镇图书馆文化站覆盖率	%	正	0.043
		农村居民教育文化娱乐支出占比	%	正	0.028
		农业生产经营人员受过培训人数占比	%	正	0.030
		农业生产经营人员高中及以上文化程度占比	%	正	0.032
		农村业余文化组织占比	%	正	0.040
		学前教育设施村比重	%	正	0.020
	组织治理环境	农村和谐社区建设达标率	%	正	0.021
		农业信息化覆盖率	%	正	0.061
		农业经营户参加农民合作社比例	%	正	0.037
		2006 年以来新建农村居民点数量占比	%	正	0.014
		村委会 5km 范围覆盖村落数量占比	%	正	0.015
		乡镇府创办敬老院乡镇比例	%	正	0.025
		群众安全感比例	%	正	0.013
	生活水平环境	农村居民恩格尔系数	—	负	0.041
		农村居民人均可支配收入	元	正	0.012
		城乡居民收入比	—	负	0.028
		农村居民最低生活保障标准	%	正	0.022
		农村居民拥有商品房数量占比	%	正	0.029
		农村常住居民人均住房建筑面积	m^2	正	0.036

二、质量评价与空间特征

根据乡村人居环境指标体系构建 $m \times n$ 阶的乡村人居环境评价原始矩阵，采取前述的熵权法和因子分析法共同确定各指标权重（表 5-1），再通过归一法和空间关联测度模型评价江苏省各地市的乡村人居环境综合质量及空间分异特征。

（一）江苏省乡村人居环境质量建设水平总体特征

从图 5-4 和表 5-2、表 5-3 评价结果可看出，江苏省乡村人居环境质量综合评价平均指数为 0.4313，各区域综合评价结果呈现显著的苏南、苏中、苏北逐步降低的梯度分布格局。其中，苏南地区各地市乡村人居环境质量综合评价指数均处于高值或较高值水平，苏南 5 市中南京、苏州和无锡排名前 3，南京综合质量评价指数为 0.7306，常州排名第 5，综合评价指数为 0.4813，苏南地区综合质量评价指数均高于平均值，占所有地市数量比例为 38.46%，乡村人居环境建设质量水平优势明显；苏中地区扬州、泰州、南通 3 市人居环境质量综合评价指数均略低于平均值，处于中值及以下水平，占比为 23.08%；而乡村人居环境建设质量较低

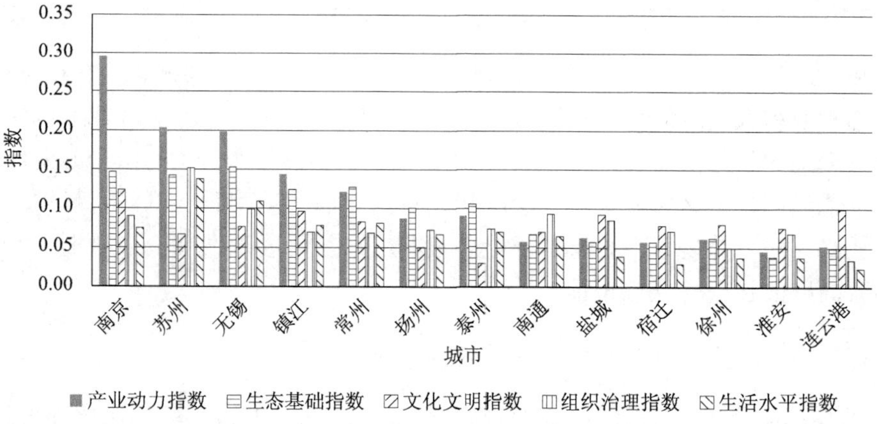

图 5-4　江苏省 13 市乡村人居环境质量评价指数分析

表 5-2　江苏省乡村人居环境质量评价指数的均衡性

均衡性	产业动力环境指数	生态基础环境指数	文化文明环境指数	组织治理环境指数	生活水平环境指数	综合质量评价指数
平均值	0.1137	0.0946	0.0786	0.0790	0.0653	0.4313
标准差	0.0767	0.0411	0.0230	0.0279	0.0328	0.1662
变异系数	1.4830	2.3031	3.4204	2.8340	1.9898	2.5957

表 5-3　江苏省 13 市乡村人居环境质量建设水平及排序

地区	产业动力环境指数	生态基础环境指数	文化文明环境指数	组织治理环境指数	生活水平环境指数	乡村人居环境质量水平		
						综合质量评价指数	排名	归一化后综合得分
南京	0.2956	0.1467	0.1234	0.0900	0.0749	0.7306	1	100
无锡	0.1988	0.1527	0.0766	0.0988	0.1090	0.6359	3	80
徐州	0.0615	0.0620	0.0800	0.0499	0.0375	0.2908	11	8
常州	0.1213	0.1270	0.0831	0.0685	0.0814	0.4813	5	48
苏州	0.2034	0.1421	0.0669	0.1516	0.1375	0.7014	2	94
南通	0.0574	0.0669	0.0702	0.0933	0.0647	0.3526	8	21
连云港	0.0523	0.0492	0.0996	0.0343	0.0234	0.2588	13	1
淮安	0.0458	0.0384	0.0751	0.0680	0.0376	0.2648	12	2
盐城	0.0630	0.0575	0.0927	0.0852	0.0389	0.3372	9	17
扬州	0.0875	0.1005	0.0504	0.0727	0.0670	0.3781	6	26
镇江	0.1438	0.1241	0.0959	0.0696	0.0784	0.5119	4	54
泰州	0.0909	0.1057	0.0301	0.0740	0.0699	0.3706	7	24
宿迁	0.0572	0.0571	0.0782	0.0710	0.0295	0.2929	10	8

水平和低水平区域主要分布在苏北地区，包括盐城、宿迁、徐州、淮安和连云港，是江苏省乡村人居环境建设的区域短板和低谷区，数量占比为38.46%。苏南地区各地市平均评价指数是苏北地区的2.12倍，区域整体差距较大。由于苏南地区地理区位优势明显，区域各地市社会经济发达，生态环境基础良好，乡村振兴发展水平较高，充分体现了乡村人居环境建设与区域社会经济发展、乡村振兴发展水平具有高度的正向关联性特征。

(二)江苏省乡村人居环境分指标子系统建设水平分析

利用Jenks最佳自然断裂点模型对江苏省各地市乡村人居环境质量评价指数、分项指数进行聚类分析，可将江苏省各地市乡村人居环境质量划分为四类，即高水平区、较高水平区、较低水平区和低水平区(表5-4)。

表 5-4　江苏省 13 市乡村人居环境分系统环境质量类型

类型	产业动力环境质量	生态基础环境质量	文化文明环境质量	组织治理环境质量	生活水平环境质量
低水平区	徐州、宿迁、连云港、淮安、盐城、南通	连云港、淮安	扬州、泰州	徐州、连云港	宿迁、连云港

续表

类型	产业动力环境质量	生态基础环境质量	文化文明环境质量	组织治理环境质量	生活水平环境质量
较低水平区	扬州、泰州	徐州、宿迁、盐城、南通	南通、苏州	宿迁、淮安、扬州、泰州、镇江、常州	徐州、淮安、盐城
较高水平区	镇江、常州	扬州、泰州、镇江、常州	徐州、宿迁、淮安、常州、无锡	南京、盐城、南通、无锡	南京、镇江、扬州、泰州、常州、南通
高水平区	南京、无锡、苏州	南京、无锡、苏州	南京、镇江、连云港、盐城	苏州	无锡、苏州

第一，从乡村产业动力环境来看，江苏省乡村产业动力环境平均指数为0.1137，其中南京、苏州和无锡指数远高于平均值，排名位于江苏省前3位，苏南地区凭借着良好的城市经济实力反哺乡村地区，使乡村地区在农业现代化方面占有较大优势，特别是农业科技进步贡献率、农业劳动生产率水平较高，绿色优质农产品比重、休闲农业和乡村旅游接待人次远高于苏中和苏北地区；常州、镇江、扬州和泰州乡村产业发展动力处于中等水平，与平均指数相接近；产业动力发展短板区域主要是苏北盐城、宿迁、徐州、淮安和连云港5市，由于农业人口大量外流，机械化动力装备不足，高标准农田比重和地均农业产值较低，淮安市产业动力环境指数最低，仅为0.0458，仅为南京的1/6，差距较大。

第二，从乡村生态基础环境来看，江苏省乡村生态基础环境平均指数为0.0946，各地区生态环境基础建设不平衡，其中高水平区域主要分布在生态环境较好的无锡、南京和苏州，其乡村绿化基底好，林木覆盖率高，生活垃圾集中处理率和污水设施建设水平较高，环境卫生设施建设比较完善，柴草和煤占生活能源比重较低，生态环境归为高水平区域；较高水平区域主要分布在常州、镇江、扬州和泰州，评价指数在平均值附近；较低和低水平区域主要为苏北5市，评价指数不高于0.0700，污水、公厕和垃圾处理等环境卫生建设水平明显滞后，生活用煤、生活用沼气等传统能源消费最多，是江苏省乡村人居生态基础环境发展的低谷区。

第三，从乡村文化文明环境来看，江苏省乡村文化文明环境指数呈现“南北高，中间低”的分异格局，乡村文化文明环境平均指数为0.0786，其中南京、连云港、镇江、盐城最高，乡村公共文化供给比较丰富，乡镇图书馆文化站覆盖率和农村居民教育文化娱乐支出占比较高，同时农村业余文化组织占比和村民参与活动热情较高；苏南无锡、常州和苏北徐州、宿迁、淮安5市乡村文化文明环境指数处于较高水平，而苏中地区泰州和扬州的乡村文化文明环境指数仅为0.0301和0.0504，远低于全省平均水平，主要由于乡村学前教育设施建设不完善，农业生产经营人员受教育水平和教育文化支出占比偏低。

第四，从乡村组织治理环境来看，江苏省乡村组织治理环境指数从高往低四个级别中地市数量呈现“1、4、6、2”分布格局；苏州遥遥领先于其他各地市，农业信息化覆盖率和农业经营户参加农民合作社比例最高，属于高水平区域；较高水平区域主要是南京、无锡、盐城和南通 4 个地市，乡村组织治理环境指数均高于江苏省平均值 0.0790，群众安全感比例和农村和谐社区建设达标率较高；徐州和连云港组织治理环境指数最低，农村和谐社区建设达标率及农业经营户参加农民合作社比例最低，同时，2006 年以来新建农村居民点数量占比最低，美丽乡村建设和环境整治力度不够，是江苏省乡村组织治理低谷区域；其他 6 个地级市属于较低水平区域，乡村组织治理环境有待进一步提升。

第五，从乡村生活水平环境来看，江苏省生活水平环境平均指数为 0.0653，苏南、苏中地区和苏北地区相比具有较大优势，特别是苏州、无锡两市的评价指数达到平均指数的 2 倍，由于苏南地区乡镇企业的经济发展在藏富于民方面具有较大优势，使苏南乡村旅游接待和集贸市场规模及活力较高，为本区域乡村居民收入和生活水平的提升打下了坚实的基础。另外，苏南地区长期以来注重城乡融合发展政策的实施，城乡居民生活同城化程度较高，农村居民恩格尔系数相对较低。尽管苏北地区(如宿迁、连云港、徐州等)的城乡收入比差距比较小，但其城乡居民人均可支配收入和农村居民最低生活保障标准相对苏南地区较低，农村居民拥有商品房数量占比也普遍较低，乡村居民生活水平环境评价指数还不到江苏省平均指数的 50%，实现城乡居民共同富裕尚有较大差距。

(三)江苏省乡村人居环境建设质量空间关联格局

江苏省 13 个地市乡村人居环境质量评价指数的空间分布并不是均质的，借助 ArcGIS 分析工具，对江苏省 13 个地市的乡村人居环境综合质量评价指数进行 General G 估计值及相关指标自相关分析，计算结果如表 5-5 所示。从表 5-5 中可以看出，江苏省乡村人居环境质量全局 G 统计指标的观测值 $G(d)$ 和期望值 $E(d)$ 都很接近，相差不是太大，且都大于 0，检验显著，说明江苏省乡村人居环境综合质量指数高值和低值的集聚现象显著，呈现明显的空间自相关特性。

为进一步识别和揭示江苏省各地市乡村人居环境空间格局特征，需进行各地市空间的冷热点指数(Getis-Ord Gi^*)和空间聚类分析，根据计算得出的局部空间关联指数，运用 Jenks 最佳自然断裂点模型对其进行等级划分，将其分为不同的类型区(表 5-6)。江苏省 13 个地市乡村人居环境综合质量评价指数冷热点城市呈现明显的空间分异现象，冷、热点城市空间格局相对独立，体现了江苏省乡村社

表 5-5 江苏省乡村人居环境建设水平的全局空间关联指数

全局自相关指标	综合质量评价指数	产业动力环境指数	生态基础环境指数	文化文明环境指数	组织治理环境指数	生活水平环境指数
$G(d)$	0.2897	0.3228	0.3233	0.2252	0.2648	0.3262
$E(d)$	0.2436	0.2436	0.2436	0.2436	0.2436	0.2436
$Z(d)$	1.9874	1.8616	2.9401	–1.0377	1.0253	2.6596

表 5-6 江苏省乡村人居环境建设水平的空间关联类型区(2018 年)

空间关联类型区	地区	空间关联类型区	地区
最冷区	宿迁	最热区	常州
次冷区	徐州	次热区	镇江、无锡
冷点区	淮安、连云港	热点区	南京、苏州
不显著区	扬州、泰州、盐城、南通		

会经济和乡村振兴发展不均衡、不充分的现实特征。从热点分布的空间结构来看，江苏省乡村人居环境“热点区”是以镇江为核心、南京和苏州为两翼的圈层状空间结构，是江苏省乡村人居环境建设质量水平较高的连片区域。从冷点分布的空间结构来看，江苏省乡村人居环境的“冷点区”核心主要集聚在宿迁，次冷点区域主要是徐州，其乡村人居环境质量要低于江苏其他地区，是江苏乡村人居环境建设质量的低谷区。原因主要是，镇江、无锡和常州等地市地处苏南地区，城乡社会经济发达，历史文化底蕴深厚，乡村人居环境建设在产业发展、生态基底、资源禀赋、交通区位及治理政策等方面具有优势，使苏南地区乡村人居环境质量水平明显优于苏中和苏北地区；而宿迁、盐城、连云港等苏北地区乡村产业发展动力不足，乡村基础设施及公共服务设施还有待完善，乡村文化文明和乡村居民生活水平还需逐步提升。

三、规划调控与振兴策略

乡村人居环境建设是实施乡村振兴战略的关键举措，是推动城乡建设高质量发展的重要任务。江苏省乡村人居环境建设应正视不同区域乡村人居环境各方面存在的发展优势与问题，注重“拉长板、补短板、重质量、谋特色”，争取在全国实施乡村振兴发展过程中实现高质量和特色化发展，实现省域各地区乡村产业、生态、文化、治理和生活水平的改善与全面提升，为建设“强富美高”新江苏奠定坚实基础。

第一，江苏省乡村人居环境发展虽与各区域社会经济发展水平有较高程度的吻合性，但并不能完全匹配乡村人居环境质量的区间差异，需制定差异化的区域调控策略。江苏省乡村人居环境质量呈现明显的苏南、苏中、苏北梯度格局，且乡村人居环境与区域社会经济发展水平、城镇化水平呈现明显的正向关联特征。在乡村人居环境综合质量评价低水平区域的徐州、连云港、宿迁、淮安，应在政府层面以“对症下药”的方式加强支农经费的扶持和政策倾斜，特别是在农村污染治理、乡村基础设施建设、社会公共服务等方面进行综合整治。加强乡村人居环境整治进展的跟踪和调研督导机制建设；在人居环境质量水平较低的盐城、扬州、泰州、南通等地区，应进一步提高乡村基层组织服务与治理能力，注重提升改善当地乡村居民生产、生活环境和配套相关基础设施(环境卫生设施、交通路网、村容村貌整治等)的建设水平，同时要继续保证公共教育、医疗卫生、社会保障等公共服务向乡村倾斜，持续加强乡村社会保障，逐步提高农村居民最低生活保障和农村基础养老金标准，缩小公共产品供应与苏南地区的差距；而在人居环境质量水平高或较高的南京、苏州、无锡、镇江和常州地区，应探索建立乡村人居环境建设的长效管理机制和城乡人居环境协同治理机制，加强乡村人居环境生态治理和生态宜居乡村建设，根据资源优势(文化、自然资源)，促进农业与旅游业的深度融合，多途径增加乡村活力，传承乡村人居环境文化与产业特色。

第二，乡村人居环境优化体现的是乡村发展的系统振兴，江苏各区域人居环境子系统存在较大区间差距和内部不协调性，应注重各区域人居环境子系统的全面融合和优化提升。徐州、连云港、宿迁和淮安除乡村文化文明环境建设质量较好外，其他乡村人居环境子系统建设质量均不理想，需坚持将乡村农业生产作为乡村人居环境改善的动力源泉，加快推进高标准农田建设和“宜机化”改造，提高农业科技进步贡献率和农业生产效率，加大农业龙头企业和绿色优质农产品的培育扶持力度，为农民持续增收提供更加坚实的产业支撑。盐城和南通主要在产业发展和生态宜居方面评价较低，乡村林木覆盖率和清洁能源使用率偏低，需进一步加强乡村绿化、交通、环卫和污染处理等设施建设，改善农村能源使用结构，加强乡村生态环境整治与污染治理，进一步提高乡村生态宜居度。扬州、泰州和无锡主要在乡村文化文明环境方面总体营造欠佳，针对乡村青壮年人口外流、受教育水平低的情况，需把乡村教育与人才培养作为乡村人居环境与乡村振兴有机衔接的重要方面，稳定乡村基层人才队伍，完善乡村基础教育和文化设施建设，加强乡村基层干部、新型职业农民和农业职业经理人的培养与培训。挖掘乡村历史文化、传统技艺、民俗风情等文化内涵和人文价值，全面提升村民的精神风貌及人文素质，为乡村人居环境质量提升提供智力和精神支撑。镇江和常州应重点推进乡村组织治理环境建设，加强农村基层治理体系和自我管理水平。积极培育和构建“互联网+农业”“政府+企业+农户”“家庭农场”等多种类型的新型农业生产经营主体和农业合作社，提高农业信息化水平及抵御市场风险的能力；推进乡村低收入人口脱贫减贫及养老设施建设，加强农村和谐社区和平安乡村建设。

南京和苏州作为江苏省乡村人居环境综合质量评价的第一名和第二名，各类乡村人居环境子系统明显优于其他地区，应结合新型城镇化和工业化发展进一步促进城乡统筹、人地和谐和三产融合发展，实现乡村人居环境建设与乡村生态、生产和生活的有效衔接，打造江苏乡村人居环境建设样板区和先导区。

第三，江苏省乡村人居环境冷热点区域分布具有相对独立和发展不平衡的特征，可加强冷热点区域乡村人居环境发展振兴的关联互动，实现城乡统筹与协同发展。从20世纪90年代起，江苏省根据南北经济发展梯级差异明显的省情，提出了“苏南提升、苏中崛起、苏北振兴”的区域协调发展战略，先后建立了“五方挂钩”的帮扶制度和财政、产业、科技、劳动力“四项转移”制度，对促进苏北、苏中乡村社会经济发展具有较好效果；在新时期乡村振兴背景下，江苏省冷热点区乡村人居环境的改善和提升也可吸取上述经验，首先要坚持“政府主导、社会参与”的发展方针，统筹分配财政性资金，并积极引导融资方向，缓解江苏省乡村人居环境发展的基础设施“瓶颈”。首先，要在整体层面统筹规划冷热点区的乡村公路、水利、通信设施(5G网络)等跨区域重大工程项目，提高江苏各乡村区域的互联互通水平；其次，可构建“市—区(县)—镇(乡)—村”各层面的结对帮扶体系和互助机制，汇聚各方力量，组织江苏省乡村人居环境质量热点区域的县市各级机关部门、农业科技学会和联盟、新型农业经营主体和品牌企业、高校科研院所等对冷点区的县市进行结对帮扶，对乡村人居环境建设的薄弱环节如现代农业产业体系培育、生态环境整治、基础教育与人才培训、综合治理等方面进行互通指导，统筹冷热点区域乡村人居环境的共同发展和优化提升；最后，要坚持“输血”与“造血”相结合、帮扶示范与自治保障相结合，积极推进冷热点区乡村人居环境建设标准和样板工程，共同实现乡村人居环境治理体系和治理能力现代化。

第六章　乡村文化振兴路径与规划保护

第一节　乡村振兴视域下乡村文化保护的内涵与外延

一、乡村文化的内涵和功能

(一)乡村文化的内涵

乡村文化是乡村振兴战略的重要组成部分，是全面贯彻落实党的十九大关于建设美丽中国的具体行动，也是推进新型城镇化和社会主义新农村建设、生态文明建设的重要途径。乡村文化的俗称即“乡愁”，意指无论怎样的发展，都不能抹杀乡村文化赋予的独特精神，不能抹杀地方传统文化和自然生态，既要留住青山绿水，又要传承传统文化。因此，乡村文化振兴的任务，就是让“乡愁”切实落地，让传统文化延续下去、把绿水青山保护下来。那么，通俗来讲，民族要复兴，乡村必振兴。文化振兴是乡村振兴的重要基石。在实施乡村振兴战略过程中，应当重视乡土文化的作用发挥，用文化为乡村振兴筑基铺路。

作为农耕文明的典型代表，中国的乡村文化创造并保存了世界上最有价值的农耕技术、农业遗产，还形成了一整套价值、情感、知识和趣味文化系统，除了领先世界的精细化、生态化的农耕方式，以及生产出高品质的食物外，更在从事农业生产的过程中，总结出一套“天人合一”的哲学思想，蕴藏着“道法自然”修身养性的生活方式，以及对生命本体的参悟智慧。中国地域广袤，这些丰富并优质的乡村文化传统资源因自然地理条件、生产劳动方式、民族习俗文化、历史发展机缘等，使得中国乡村地区的独特文化具有两大特点：一是个性化，二是多样化。样态丰富的乡村文化使我们的民族拥有了活力无限、源远流长的强大基因库。因此，乡村文化为乡村振兴提供了具有特异性和功能性的优良载体(刘忱，2018)。

(二)乡村文化的功能

樊友猛和谢彦君(2015)构建了乡村遗产的“记忆-展示-凝视”模型，认为乡村文化的功能及其特性存在以旅游者为主体视角、以当地人为被动关注的内在逻辑，如图 6-1 所示，具体阐述如下。

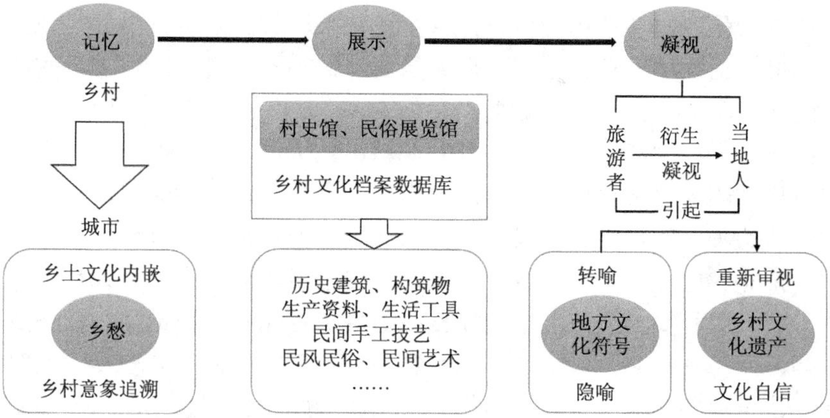

图 6-1　乡村文化的功能特性

1. 记忆：乡土文化的深埋

文化(culture)一词源自拉丁文，本身就有耕作、栽培、居住等意义，与土地、农村等密不可分，可见文化与乡村有着天然的联系。在漫长的历史进程中，人们生产、生活各方面都依赖于土地，形成以血缘、宗法为核心的传统农耕文明，讲究安土重迁、自强不息、崇德尚礼、天人协调，并经世代传承成为中国人骨子里的集体记忆。

乡村文化遗产是人类与原生态自然环境和传统农业社会长期共同作用的产物，具有明显的世代延续特征和鲜明的地域特色，在形态上包括农业生产遗产、乡土聚落遗产和非物质文化遗产等，在内涵上承载着独特的乡土文化记忆。这种记忆往往通过特定的工具、器械、陶器、图画、建筑或构筑物等历史遗存承载，这些是乡村地域富有浓厚地方文化特质的历史文化遗产，使得城市人的“故土难离”情怀得以回溯，可以通过追忆过去的物质世界来获得精神寄托。随着时间推移，工业化虽破除了农民和土地的固有联系，但这种记忆却随时可以被唤醒，使离开乡村故土的城市人更加容易产生美丽的乡愁。尤其是在高楼林立的城市景观衬托下，古老、传统、落后、废墟等乡村意象，具有被转译为现代、文明、源泉、家园的可能。因此，村庄里的祠堂、庙宇、节庆场所、名人故居等，通过祭祀、供奉、庙会、游历等仪式与活动，成为乡村历史文化遗产或地方文脉保护与传承的主要形式。

2. 展示：传统文化的再生产

中国的乡村留存有大量的文物古迹、民间艺术、手工技艺、民风民俗等，这些都是非物质文化遗产的重要载体，具有十分显著的民风和民俗特征，能够彰显出地方传统文化所具备的历史价值，甚至还具备较大的经济价值。当地的传统文化遗存不仅包括文物，还包括能够保存乡村记忆的一些古老的建筑，例如老宅、庙宇、祠堂、戏楼、书院等；农耕文明中一些日常的劳动工具，例如马车、水磨、犁铧等；还有一些生活用具，如马灯、风箱、轱辘、碾盘、拴马桩等。这些传统建筑和农耕文明的器具可以直观地反映出传统文化的审美趣味，保留着人们对传统乡村生活的美好回忆。通过设立村史馆或民俗展览馆，结合现代电子技术，采用航拍、拍照、电子档案、影像、视频、三维虚拟仿真模型等形式建立乡村文化档案数据库，进行乡村文化展示，使传统村落尽可能留得住记忆，留住乡愁、乡风、乡韵，让民众领略区域文化的独特意义，共享特色文化的盛宴，这对地方历史的保护、传承和发展起着不可估量的作用。因此，乡村文化展示是立足于乡村文化遗存、风貌的自然及人文本底要素之上的再加工再生产过程，通过展示，将乡村历史文化遗产转化为可供游客观赏和体验的旅游产品，一方面为旅游者提供了观赏体验对象，从而满足其“归乡”或乡野田园生活体验；另一方面也为当地带来了经济效益(樊友猛和谢彦君，2015)。

3. 凝视：地方文脉的传承

当前社会，越来越多的人生活在“三分钟文化”里，俗称“快餐文化”。在这种文化氛围里，人们在几分钟的时间里不断地转换电视频道，不停地快速浏览网页，做任何事都是粗略一看，很难集中精力关注任何一个主题。所谓“凝视”最直白的解释就是“专注”地看，英文翻译中的gaze同样也是这种含义。根据约翰·尤瑞的“旅游凝视”理论，凝视主体对凝视客体的凝视并非在于凝视客体本身质量的好坏，而是其所代表的文化内涵是否具有独特性，文化内涵的独特性才是吸引游客进行消费的关键，因此游客的凝视过程实际上就是文化-游客-消费三者之间的互动(陈时羽，2021)。但是游客的“凝视”活动是否真的专注呢？这是有待商榷的，尤其是在现代社会中。事实上，在旅游活动已然大众普及的时代，很多地方的文化内涵都是被构建的，高度的重复性使其失去了游客对其进行“凝视”的价值。因此，对乡村传统文化的深挖，特色的放大是吸引游客的根本需要。

在乡村文化的“凝视”中，又可分为游客凝视和当地人凝视两个维度来强化地方文脉的传承。其中游客凝视(tourist gaze)占据核心地位，因为游客观赏到的不仅是地方文化的物质化表达，更多的是代表当地特殊文化的符号，这类地方文化符号通过隐喻(metaphor)和转喻(metonymy)发生作用(Urry，2002)。比如，游客置身安徽宏村即能体验徽派建筑文化，也正因此，宏村才会成为现如今全国闻名的写生、采风、取景的重要基地；游客置身云南西双版纳，可体验傣族泼水节，参加地方原汁原味的习俗仪式等。这都是通过地方特色文化符号的隐喻和转喻，来表达传统村落的优秀文化传承。当地人凝视往往是因游客凝视引发的衍生，因为，在乡村文化未被游客关注之前，乡村文化遗产内化于当地人的生产生活而被熟视无睹。当旅游者进入产生凝视甚至流连忘返之后，当地人被迫对本地乡村文化重新审视，引发当地人对日常居所、生产资料、构筑物等产生新的积极的观感，引起乡村文化自信，促进了乡村文化的保护和传承。

二、乡村文化振兴与保护的意义

（一）实施乡村振兴战略与乡村文化保护与传承彼此契合

习近平总书记指出，乡村文明是中华民族文明史的主体，村庄是乡村文明的载体，耕读文明是我们的软实力，要保留乡村风貌，坚持传承文化（朱海豹，2016）。根据《乡村振兴战略规划（2018—2022 年）》，中华文明根植于农耕文化，乡村是中华文明的基本载体。乡村振兴，乡风文明是保障。实施乡村振兴战略，深入挖掘特色保护类村庄的优秀历史文化遗存及地方文脉，结合时代要求在保护传承的基础上创造性转化、创新性发展，有利于在新时代焕发出乡风文明的新气象，进一步丰富和传承中华优秀传统文化。历史文化名村、传统村落、少数民族特色村寨、特色景观旅游名村等自然历史文化特色资源丰富的村庄，是彰显和传承中华优秀传统文化的重要载体，其文化景观的多样性与丰富性，是探究乡村地域、社会、文化结构的宝库，也是乡村振兴的重要突破口。保护村庄的传统选址、格局、风貌以及自然和田园景观等整体空间形态与环境，全面保护文物古迹、历史建筑、传统民居等传统建筑，尊重原住居民生活形态和传统习惯，整治改善村庄基础设施和公共环境，突出特色资源，发展乡村旅游和特色产业，以文旅融合为抓手，以产业提升为核心，促进生产、生活、生态“三生”叠加与融合（新华社，2018）。

（二）新型城镇化助推乡村文化遗产旅游地的诞生与发展，为乡村文化保护与传承提供契机

新型城镇化的纵深推进与加速蔓延，引导中国居民的精神生活发生日益明显的转变，过去农村传统的生活方式逐步瓦解，大量农村人口摇身一变成为城镇居民，形式上，农村居民身份转为城镇居民身份，然而在物质生活，尤其是精神生活上仍然保留并常常回忆记忆深处的田野生活。因而，在城乡二元结构长期并存的情况下，城市居民多有乡村“回望”情节，乡村生活的慢节奏与原生态是城市居民的集体记忆，机械刻板的城市生活使城市人需要身心放松的场所，静谧的乡村自然风光、传统的民俗风貌、独特的文化遗产使得城市人萌生“体验”的欲望。千百年来，乡村不仅是中国人居住的主要形式之一，还是礼仪的发源地，传统伦理的根基。乡村是历史记忆、文化认同、情感归属的重要载体，蕴藏着丰富的文

化资源。文官告老还乡，武官解甲归田，乡村是城镇文明回溯的成果。因此，人们常常通过旅游的方式远离世俗生活，希冀度过一段回望过去的“神圣时光”，并且具有很强的仪式性(Graburn，1977)。通过旅游，城市人由机械的日常生活进入宁静的乡村世界，通过参观传统民居、体验乡风民俗等，使自己的精神和心理状态达到一个神圣的“高点”，并借助这种神圣旅程的仪式感缓解身份焦虑，寻求社会认同(樊友猛和谢彦君，2015)(图 6-2)。

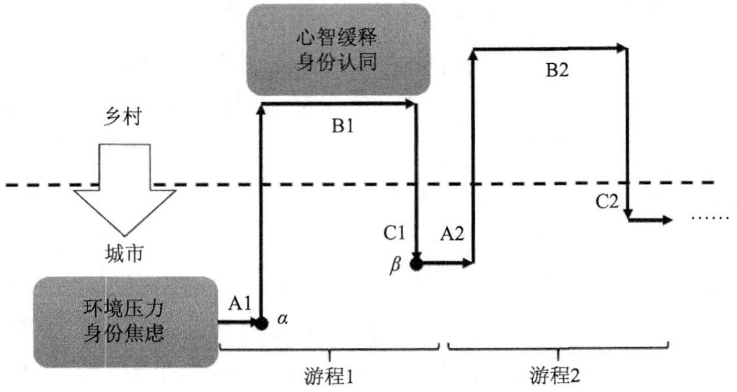

图 6-2　城市居民到乡村文化遗存地旅游的社会化过程(引自樊友猛和谢彦君，2015)
在 A、B 到 C 的过程中，返程后 β 点相对于出发前 α 点位置偏高，反映了乡村文化遗产地旅游后带来的更新状态

(三)乡村文化保护旨在提升“三生”环境和提振乡村发展活力

乡村文化的传承与保护是让乡村居民“望得见山、看得见水、记得住乡愁”的内在保障。保护村庄历史环境的整体性、物质文化遗存的真实性和村民特色生活方式的延续性，改善村庄人居环境和生产条件，维持和提升村庄风貌特色，提升村庄发展活力，促使历史文化保护和经济社会发展相得益彰。着力保护历史文化名村赖以形成的自然山水格局，保护具有时代印记、文化内涵的历史文化名村景观风貌，并提升村落整体景观，从而使得历史文化格局与整体自然风貌相得益彰，再现历史文化名村深厚的历史底蕴与昔日的风采体貌。对物质文化遗存分类分项，建立专家保护制度，最终将历史文化名村特有的文化遗存以新的面貌展现在世人面前。保护代表地方传统特色的乡土特色，保持固有的社会网络，保护包含地方文化特征的各种传统技艺、物产、民俗等，加强地方特色，挖掘充实地方传统文化内涵。促进古村繁荣发展，通过乡村历史文化遗产保护和合理再利用，以及完善各项公共服务设施，提升村民生产生活生态环境，促进乡村旅游业及其他产业的发展，提供就业岗位，进而促进古村经济活力的释放(范建华，2019)。

三、乡村文化振兴路径——规划引导

规划引导是乡村历史文化保护最常见也是最有效的手段，多采用美丽乡村规划设计、历史文化名村保护规划、特色村庄建设规划等形式。在具体历史文化名村或富于历史文化底蕴的乡村规划中，主要包含以下五个方面的内容，它们构成了乡村历史文化保护规划的基本逻辑，如图 6-3 所示。具体可阐述如下。

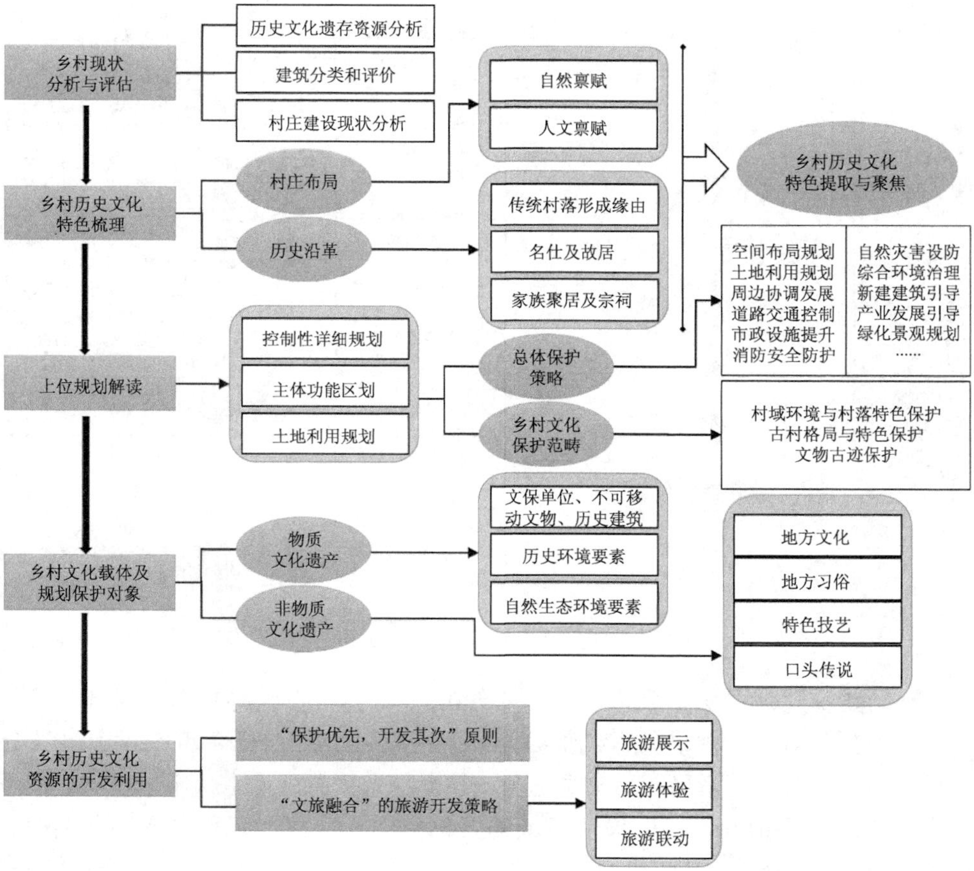

图 6-3　乡村历史文化保护规划的基本思路与技术路线

(一) 乡村现状分析与评估

乡村现状分析与评估主要由历史文化遗存资源分析、建筑分类和评价、村庄建设现状分析构成(图6-4)。这些分析是梳理村落历史，推理重点保护对象，总结乡村文化精髓的关键。

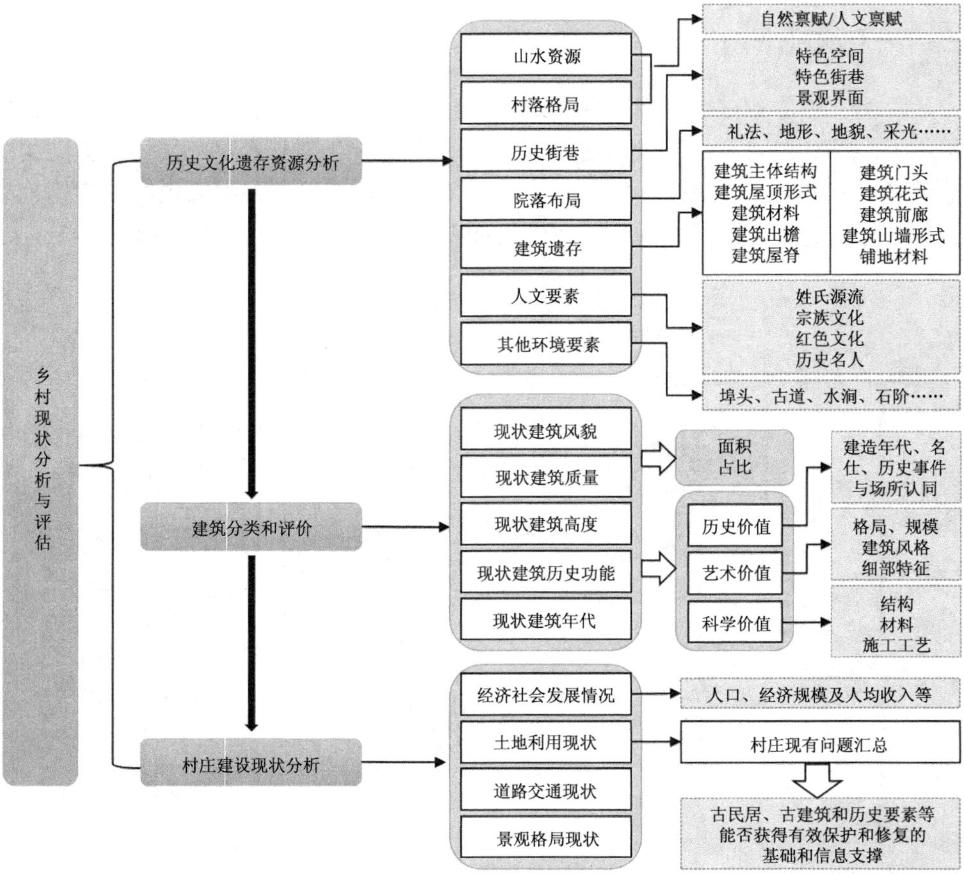

图 6-4　乡村现状分析与评估的基本思路与技术路线

在历史文化遗存资源分析中，主要分析 7 个方面的遗存资源，具体包括：1）山水资源，主要是村域自然本底要素，这些要素构成了村落能够成为历史文化名村的基础。2）村落格局，历史文化名村往往符合“背山面水、山环水绕”的基本格局。3）历史街巷，一般关注村域的特色空间、特色街巷和景观界面类型。4）院落布局，与地方文化中的礼法息息相关，同时呼应了村域的地形、地质、水系、采光等自然要素。5）建筑遗存，主要包括古建筑及构筑物，这是体现地方特色文化的重要构成因素，也是吸引外来游客的最重要因素，通常关注建筑的主体结构样式、屋顶形式、建筑材料、门头、出檐、屋脊、前廊、花式、山墙形式及铺地材料等。6）人文要素，主要包括地方的姓氏源流、宗族文化、红色文化、历史名人等。7）其他环境要素，主要是村内的一些曾作为特殊用途的节点，比如古道、埠头、水涧，甚至是一些异于现代城市的元素及能够引起人们投射到乡村田园的元素，比如青石台阶、卵石路面等。

在建筑分类和评价中，主要从现状的建筑风貌、建筑质量、建筑高度、建筑历史功能、建筑年代五个方面进行评价，从而确定不同建筑类型在历史建筑分类保护中究竟属于保护、修缮、改善、保留、整治改造中的哪一种。现状建筑风貌可分为风貌较好、传统风貌、古今协调、古今不协调四种类型（表6-1）。建筑质量多分为好、中、差三个等级。建筑高度分类通常是一层、二层、三层、四层及以上。建筑历史功能多从居住和公建两个方面加以区分，其中，公建具有行政管理、教育、文体、文化、医疗、商业、殡葬等多种功能，常包含村委、祠堂、卫生所等建筑。建筑年代根据村落历史沿革来分时段划分。最终获得历史建筑的判定与分级，主要从三个方面对历史建筑的特色价值进行评价，具体包括历史价值，体现在是否能够辨明清晰的建造年代，以及是否在历史名人、历史事件及场所认同感方面引起共鸣；艺术价值，主要体现在历史建筑的格局、规模、建筑风格与细部特征；科学价值，主要体现在历史建筑的结构、材料和施工工艺是否具有典型性或鲜明特色。

表6-1　现状建筑风貌类型

类型	类型描述
风貌较好	传统风貌保存完好的历史建筑，体现一定时代特征，具有历史价值和美学价值；建筑结构为传统结构，建筑传统风貌特征保留基本完整
传统风貌	具有传统风貌特征，建筑局部风貌受到破坏，但总体传统风貌特征明显，建筑能体现传统风貌的历史原真性；或建筑体量材料、格局和形式与较好风貌、传统风貌能够协调，建筑为低层（1～2层）坡顶
古今协调	局部采用了现代的建筑材料或者构件，但不影响整体建筑风貌
古今不协调	对整体传统建筑风貌产生影响的建筑，具有大体量、平顶、现代风格和材料等特征

在村庄建设现状分析中，主要从村域经济社会发展情况（人口规模、经济规模及人均收入）、土地利用现状、道路交通现状、景观格局现状等方面展开分析，最终推理得到村庄现有问题汇总，作为后续村庄建设规划及保护性修复的支撑和依据，特别是其中涉及的古民居、古建筑和历史要素等，是重点保护和修复的对象。

（二）乡村历史文化特色梳理

对于乡村历史文化，主要从空间和时间两个维度上开展村庄布局和历史沿革两个方面的梳理。空间维度上，古村落或历史文化名村，往往富于山水等自然要素，自然环境及生态条件优越，为其富于历史文化底蕴奠定基础。时间维度上，梳理村庄发展的历史沿革，可以获得传统村落的形成缘由、名人轶事和名人故居、家族聚居及宗祠等地方特色文化的构成元素，这些内容是乡村文化保护的源头，更是地方特色的肇始。时空维度上的梳理可以获得乡村历史文化特色的聚焦点。

(三) 上位规划解读

通常重点关注控制性详细规划、主体功能区划中的生态环境规划部分，以及土地利用规划等。由此获得乡村文化的总体保护策略和乡村文化的保护范畴，其中乡村文化的总体保护策略通常在空间及土地布局、与周边的衔接发展、交通、市政、防灾、环境、景观、业态、新建建筑等多个层面的规划布局中予以体现；乡村文化的保护范畴多纳入村域环境与村落特色保护、古村格局与特色保护、文物古迹保护三个层面。

(四) 乡村文化载体及规划保护对象

从物质文化遗产和非物质文化遗产两个方面确立规划保护的对象。在物质文化遗产中，通常从文保单位、不可移动文物及历史建筑这类典型文化实体，历史环境要素(古码头、古井、古树、寺庙、古碑、牌坊、古街巷等)和自然生态环境要素(具有历史意义的地形地貌，如古河道、山体等)三个方面遴选保护对象。非物质文化遗产通常包括地方文化、地方习俗、特色技艺和口头传说等。

(五) 乡村历史文化资源的开发利用

在乡村历史文化资源向乡村旅游资源的转变中，首先应明确的就是“保护优先，开发其次”原则。必须强调保护乡村历史环境的整体性、物质文化遗存的真实性和村民特色生活方式的延续性。这才是乡村文化保护的本质需要。其次才是“文旅融合”的旅游开发策略，通过旅游展示、旅游体验、旅游联动，促进乡村产业融合和业态更新，希冀借助旅游的开发利用，维持和提升乡村风貌特色，提升乡村发展活力，改善乡村人居环境和生产条件，促进乡村历史文化保护和经济社会发展相得益彰。

第二节　“文旅融合”与乡村文化振兴

一、乡村振兴视域下的“文旅融合”内涵解析

“文旅融合”是能够将地方文化背后蕴藏的社会习俗、宗教信仰、当地居民的世界观与价值观，以及地方认同、地方依恋、集体记忆等文化符号进行保存及流传的重要方式。同时，乡村历史文化资源的稀缺性也使得乡村文化与旅游经济的糅合能够促进地方旅游产业链的延长及经济效益的提升。基于这样的理念模式，旅游展示、旅游体验、旅游联动可以认为是乡村历史文化资源开发与利用中最为重要的模块(图 6-5)。

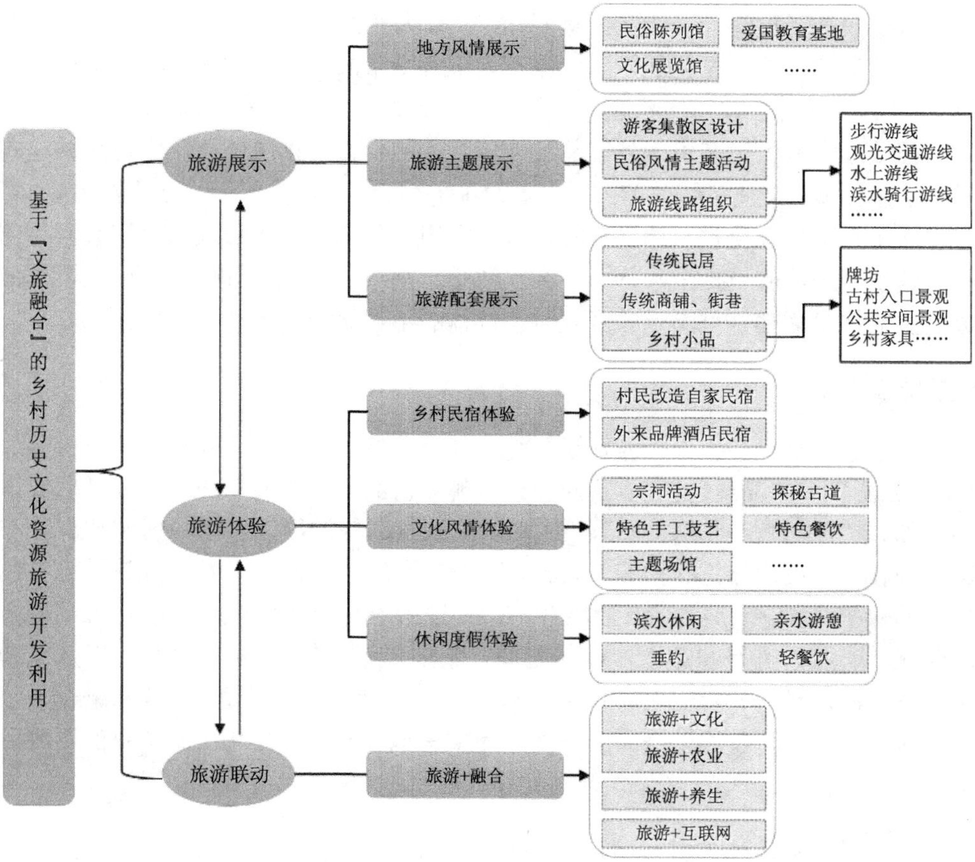

图 6-5 基于“文旅融合”的乡村历史文化旅游资源开发构想

(一) 旅游展示

旅游展示是把乡村历史文化直观呈现于旅游者面前的重要手段。可以通过展示地方风情的民俗陈列馆、文化展览馆等文化场所，革命老区的乡村还可通过爱国教育基地、红色文化展览馆等进行展示；旅游主题展示多围绕旅游集散区、游客服务中心、民俗风情表演、不同交通工具、不同区位的旅游线路组织进行视觉呈现；旅游配套展示则通过传统民居、民宿、商铺、手工艺品、街巷、乡村小品等向游客呈现地方文化。

(二) 旅游体验

旅游体验则是让旅游者亲自参与并切身感受地方文化的主要手段。最直接也最容易吸引游客参与体验的即“住吃行游购娱”中的“住”，正所谓，如何吸引游客留下来是衡量旅游开发优劣的重要标尺。因为游客一旦“住”下来，“吃行游购娱”的活动才能更加充分地开展，旅游为地方带来的经济效益才能充分地释放。因此，“住”是游客首先体验地方文化的重要活动。乡村民宿体验居于首位，可通过村民改造自家民宿和引入外来品牌酒店打造的乡村文化主题酒店民宿两种模式吸引游客体验。文化风情体验方面，多通过宗祠活动、特色手工技艺表演及参与、主题场馆活动、探秘古道体验、特色餐饮食用及制作活动等形式吸引游客参与体验。休闲度假体验包括滨水休闲、亲水游憩、垂钓、轻餐饮等休闲娱乐又不失健康养生的体验活动，可满足家庭式游客群体的不同旅游需求。

（三）旅游联动

旅游联动是指与周边旅游资源拼盘，加强区域旅游联动，强化“特色旅游”、“全域旅游”和“品质旅游”。这对旅游资源丰富的“景中村”而言，尤其重要。通过加强“旅游+”的多维融合，加强区域旅游联动发展，推动乡村文化保护与旅游创收的提质增效。这里的“旅游+”包括旅游+文化融合，旨在促进地方特色文化的保护与传承；旅游+农业融合，借助地方农林资源的强体验感，推动地方产业融合、业态升级和旅游产业链延伸；旅游+养生融合，利用乡村山乡风情和生态农产品的留客率高，打造颐养结合的康居乡村旅游；旅游+互联网融合，致力于地方传统文化及旅游产品的推介，为扩张地方文化及特色旅游项目的影响力提供平台。

二、“文旅融合”之于乡村文化振兴的意义

（一）文化与旅游具备多维度互应关系

针对文化与旅游的辩证关系，多名专家学者给予了丰富的探讨。学术界普遍认为，从经济和产业角度讲，文化是旅游最好的资源，旅游是文化最大的市场。已故著名经济学家于光远认为，旅游不仅是一种经济生活，而且是一种文化生活；旅游是文化性很强的经济事业，又是经济性很强的文化事业。随着人们生活水平的提高和出行条件的改善，文化和旅游消费成为重要的需求领域，文化与旅游呈现相互促进、融合发展的新趋势。文化与旅游的深度融合，则将文化转化为重要的旅游资源，文化旅游将无意识的文化传播转变为有意识的文化呈现和游客主动的文化认识，大大拓宽了文化传播的渠道，促进了文化的传播和接受（梅文慧，2019）。因而，文化与旅游的发展具有内在统一性。文旅融合可以通俗地理解为，文化是起点，旅游是落脚点；文化是招牌，旅游是舞台；文化是里子，旅游是面子；文化是资源，旅游是收益。

（二）文旅融合是高质量发展的必然要求

文化产业和旅游业需要实现更高质量的发展，提供更好的文化产品和旅游产品，进一步丰富人们的精神文化生活，推动我国经济发展。文化和旅游相互依托、深度融合、共同发展则是实现这一目标的基本路径。没有文化内涵的旅游只能是浅层次的观光游览，达不到精神熏陶的目的；而没有旅游业来传播的地域文化也难以形成广泛的影响力，失去了文化应有的作用。只有两者深度融合、有机结合，才可能形成互动促进、持续发展的局面，推动两者高质量发展。旅游品牌的塑造与旅游目的地影响力的扩大离不开地方文化的内核，而优秀传统文化的保护与传承又可借助旅游开发得到支撑，并为地方带来经济效益。地方政府深入挖掘旅游文化内涵和利用文化旅游资源，将独特的文化资源和文化遗产有机地融入文创产品的开发和设计中去，促进深度旅游活动与深度文化内涵的融合，赋予旅游活动以文化的灵魂，赋予文化产业以旅游的亲身体验感，让游客在旅游过程中感受和体验不同文化之间的差异，进而推动旅游景区独特文化的传承、传播和影响，促进旅游形象的建构和传播（刘治彦，2019）。

（三）文旅融合是对旅游中的文化性的重新体认

据联合国世界旅游组织发布的信息，全世界旅游活动中约有37%涉及文化因素，文化旅游者以每年15%的幅度增长。旅游的基本动机是学习、发现、体验和消费旅游目的地的物质和非物质文化。旅游景区总是蕴藏着深刻的文化内涵，其涉及社会独特的物质、文学、精神和情感特征，包括艺术和建筑、历史和文化遗产、烹饪遗产、文学、音乐、创意产业、生活方式、价值体系、信仰等。即便是自然景观也往往包含着人与自然和谐相处的文化内涵，包含着神话、传说或童话，而旅游活动本身就是一种当代文化行为，是人类个体基于自身知识结构、文化素养、精神需求而开展的空间流动行为，其中包含了有关旅游动机、行为决策、旅游体验与游客审美、心理活动、行为方式、文化背景等诸多人文性要素，因而文旅融合是世界范围内旅游发展的必然趋势，对旅游中的文化性重新认知也是创新旅游产品和带动地方经济增长的必要思路（肖怀德，2019）。

三、案例分析——贞丰县纳孔村的“文旅融合”思路

根据《乡村振兴战略规划（2018—2022年）》，按照集聚提升、融入城镇、特色保护、搬迁撤并的综合集成思路，分类推进乡村振兴。其中，特色保护类村庄，是历史文化保护的重点类型，主要包括历史文化名村、传统村落、少数民族特色村寨、特色景观旅游名村等历史文化特色资源丰富的村庄。其历史文化保护规划主要通过历史文化名村保护规划、特色村庄建设规划等呈现并实施。

贞丰县者相镇纳孔村 1992 年被列为贵州省第一批省级历史文化名村，该村历史文化资源、民族文化资源与自然环境资源优势突出，为充分发挥纳孔村历史文化、民族文化与自然环境等资源优势，推进纳孔历史文化名村的保护与建设，拟通过《贵州省贞丰纳孔布依民族保护与建设规划》，进一步整合纳孔特色村庄的优势资源，提升民族产业、文化产业、旅游产业等的竞争力，改善人居环境质量。因此，纳孔村具备成为示范案例的典型性。根据前文乡村历史文化保护规划的基本思路与技术路线(图 6-6)，以贵州省贞丰县者相镇纳孔村为例，呈现历史文化名村保护规划的主要内容与思路方法。

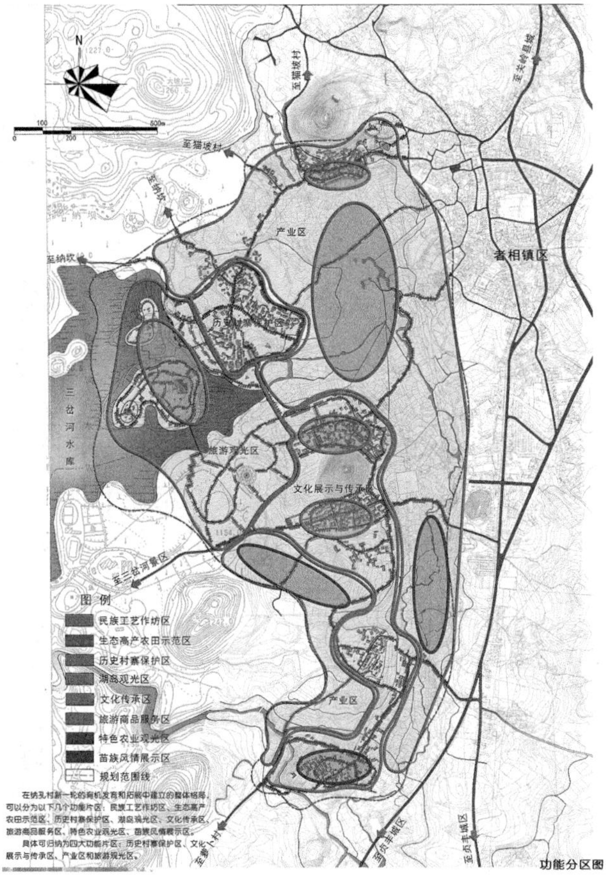

图 6-6　历史文化保护功能分区图

图片来源：《贵州省贞丰纳孔布依民族保护与建设规划》

（一）历史文化溯源

明洪武十五年，即公元1382年，在平定了云贵高原的叛乱后，为了避免这里再次成为中央权力的真空地带而重蹈历史覆辙，朱元璋决定把足够强大的军队留下，屯兵驻守，威慑四方。来自江南、中原的精锐部队沿着横贯云贵高原的咽喉要道次第布防，建立卫所，按照明军的编制驻扎下来。这一军事行动被称作“调北征南”。昔日人烟稀少的贵州山地，瞬间变成了一个庞大的军营。20万人的军队，供养成了大问题，靠赋税、靠征调都不现实。最终，像历史上许多开国之君一样，朱元璋也选择了屯田制——让军人自己养活自己。曾经铿锵作战的将士们开始拿起锄头，开垦田地。纳孔村就是在这次“调北征南”的军事行动中产生的，来自江南、中原的士兵和当地土著民族通婚，形成了这一地区独具特色的布依民族(刘方，2013)。

（二）历史文化要素遴选

1. 物质文化遗产

纳孔布依族古寨。其是纳孔村历史文化和人文景观最为集中的体现。建筑群筑于凸起的山丘之上，村寨三面青山怀抱，一面绿水拥岸，视野开阔，风和景明。布依农家掩映在一片绿树浓荫里，村前寨后有千亩良田，种有柑橘、桃李、葡萄、竹等经济林木，四季葱郁。开花时节，村落宅院园里的花木争辉相映，四野飘香，雀鸟啼鸣(陈俎宇，2019)。

下坡鳌苗寨。其位于纳孔村南部，乾嘉起义时期，苗胞从黔东南逃来贞丰，在此定居，下坡鳌与纳孔寨相连，明清时期在布依族亭目制地区，土官、土目都有私庄，所谓私庄，即土官、土目家私下掌管的土地，但凡外族逃难迁徙即在这里安家同时遵守徭役规定，下坡鳌苗寨是布依族亭目制中的私庄制产物，具有重要的历史研究价值(左振廷，2017)。

杨氏庄园。始建于清光绪年间，庄园主杨树森，苗族，祖上嘉庆年间从黔东南迁来，咸同回族起义中参加白旗军攻打贞丰，后归顺清军委官，任过台湾导员，回家养度晚年，请汉族工匠修建汉式庄园，由庭院、花厅、碉楼、花园组成，居室布局按苗族习俗，如在庄园主人卧室置二楼中堂，门有木雕图案数十种，左厢墙上嵌有“虎”字摩崖同体“虎”字，1987年11月2日贞丰县人民政府公布为县级文物保护单位(王晓蕾，2019)。

“虎”字摩崖。杨树森本系帮工出生，不识文化，任职期间为了在公文上“画行”，向马仲的谋士孔厚基专习“虎”字。经过多年的苦练，终于将草体虎字写得挥洒自如，得心应手。大寨摩崖上的“虎”字就是杨树森所书。这个“虎”字高约6米，宽约4米，笔力雄奇，遒俊挺拔，为贵州所仅见。1984年1月20日，贞丰县人民政府公布为文物保护单位[①]。

护法十七勇士与陶安亭。“虎”字摩崖旁边，有一座巍然耸立的“陶安亭”。亭子旁边一组题为“英魂永存”的雕塑和一面记载贞丰“十七烈士”生平文字的牌墙格外醒目。“十七勇士”或称“十七烈士”，是民国初年(1912年)参加孙中山倒袁护法斗争，以身殉国的孔陶安等十七位贞丰籍革命烈士的统称。“一片丹心耀史册，满腔热血荐轩辕”，这是镌刻在陶安亭红色圆柱上的楹联，也是故乡后人对烈士先驱们最精当确切的评价和尊崇(王晓蕾，2019)。

2. 非物质文化遗产

纳孔村是布依族叙事长诗“金竹情”的发祥地之一，这里的语言服饰、文化习俗、婚丧嫁娶、生产娱乐、待客接物、节日庆典等承传于远古，传统而浪漫、古朴而纯真。如甩康包、竹筒传情、浪哨(谈恋爱)、小打音乐等。纳孔村的布依族传统节日丰富多彩，比较有特色的民间习俗仍保留有古代布依区亭目制的遗风，祭祀活动有“三月三”“四月八”“六月六”等。现在“六月六”已发展成为布依族最隆重的节日之一，每年的农历六月初六，十里八乡的布依人都要到三岔河纳孔来集会，举行对歌比赛等系列活动(刘昱彤，2021)。

布依古乐。纳孔是布依族叙事长诗“金竹情”的流传地之一，至今仍传承了优秀的布衣小打音乐，如竹筒对歌、布依古歌、布依情歌、布依浪哨等，保护、发展和弘扬布依族古乐，使布依古乐、布依古歌登上了时尚生活舞台(李雨濛，2020)。

节庆民俗。传统节日三月三、六月六都是祭祀活动，三月三祭山神，村寨里选代表到树林里祭山神、树神，六月六扫寨，祭田，祈术丰收，节日期间要“歇山”，连续三天不劳动，保持安静，不准惊动山神、寨神、土地神，受现代文化的影响，传统的集体祭祀民俗活动没有了，各家各户自己按老习俗去办(鄂启科，2019)。

建筑文化。房屋多为穿斗式木结构，因地势平坦，受汉族文化的影响，少有杆栏式建筑，历史上纳孔位于普安州彝族土司和广西泗城州岑姓土司两者管辖地的交界处，地域文化相互融合，明代开花江古驿站，者相成为通花江达贵阳的通道，建筑上受汉文化的影响，但在房屋居室的设置上仍保持布依族的特色，如每家都设有专门的客房，客房被条里必有一床自己编织的土布，有的人家房屋中堂设置

① 引自刘毅. 2021. 就读这篇丨杨氏庄园，岁月在疼痛. http://www.360doc.com/content/21/0209/12/73593289_961428686.shtml[2021-02-09].

有装饰壁，作家族议事用，因村寨成员大都有血缘关系，社会的基本单位是父系小家庭，儿子长大成亲后要分居盖房，也有三四代同堂的家族(肖德玉，2017)。

服饰文化。布依人家老人年过花甲，就要置老衣，男老衣为长衫、长裤，女老衣为上无领衣、下裙装(纳孔布依服饰现无裙装)，老人说布依妇女原为裙装，后因地方土官规定裙装为官家穿，土民穿裤，但依老规矩，女老人不穿裙装回不了归天路。每年腊月二十九日晚，全家老小要在大门口接老祖宗回家过年(汉族过三十夜)，年初一早上要带小孩到屋外去栓块石头回家，叫牵猪(周梅和杨军昌，2014)。

(三)规划目标与策略

1. 恢复古寨风貌，复原文物保护单位历史场所

纳孔村的历史文化资源、民族文化资源，作为纳孔村的大宗财富需要给予恒久保存，对古寨历史实物遗迹及历史信息应予以全面梳理，利用整治、修缮、翻建等方式对古寨固有物质环境进行完整复原重构。

2. 培养新型村寨功能，打造特色生活社区

在复原物质风貌的基础上，将构成古寨基本支撑面的四合院式民宅，改善提升为满足现代居住需求的物业形式，以四合院、三滴水、风火墙式的居住建筑为基本单元，将整个古寨改造为定位高端的特色新农村居住村落，从而整体复归古寨曾经的历史风貌、原初本色。

3. 强调产业领先，带动群众自主保护与建设

通过建设民族工艺作坊、生态高产示范农田、花卉种植、湖岛观光、垂钓、特色农业等多项产业，在带动纳孔村经济发展的同时，推进古寨历史文化保护、民族文化保护和自然环境保护。只有通过民族产业、文化产业的建设使村民获得经济效益，让村民的经济收入与古寨保护、建设连为一体，才能使村民自主地保护和建设纳孔历史文化名村。

4. 强调转型提升，培育文化旅游名村

在居住建筑复兴的基础上，激活商业和旅游服务功能，滋养休闲文化、民族文化，使古寨整体上形成一个休闲度假、旅游观光地域。同时，借鉴丽江古村、阳朔古村、凤凰古村模式，使之成为富有人气和吸引力的旅游文化名村。

(四)历史文化保护功能板块

在纳孔村新一轮的有机发育和拓展中建立的整体格局，可以分为以下几个功能片区：民族工艺作坊区、生态高产农田示范区、历史村寨保护区、湖岛观光区、旅游商品服务区、文化传承区、特色农业观光区、苗族风情展示区。具体可归纳为四大功能片区：历史村寨保护区、文化展示与传承区、产业区和旅游观光区。

1. 历史村寨保护区

历史村寨保护区即本次规划的核心区，村寨整体以提高村民的生活舒适度为目的，以周边水体、山体、田园风貌为背景，形成以村寨生活为主、旅游休闲为辅的布局。在形式上恢复古寨原有风貌，在建筑上凝聚旧的外观，内部可进行适当装修，鼓励居民宅院单元自由生发新功能，注入新内涵：

格调旅社——具有个性化和特定情调的小型旅社；

休闲会所、特色农家乐——用于休闲娱乐、旅游接待的小型特色场所；

文化创意场所——吸引文化或民间艺术家人群，培育创意产业新型业态。

2. 文化展示与传承区

文化展示与传承区包括上打料文化展示区、下打料文化传承区、下坡鳌苗寨风情展示区。

在上打料组全面建设文化传承基地，聘请村内熟知纳孔历史文化、布依族民族文化的寨老和优秀的民族匠师担任文化传承员和民族技能培训师，培养优秀的民族文化接班人和民族创业家。

下打料组作为进入纳孔历史文化名村、国家级水利风景区三岔河的入口通道，全面建设文化展示街坊，宣传和展示纳孔悠久历史文化、民族文化、自然景观，是纳孔旅游、历史、文化、产业对外展示的重要手段。

特色苗寨展示区为人们讲述了一个外来民族迁入纳孔村的历史发展过程，以及杨树森的传奇故事。

3. 产业区

产业区包括大寨民族工艺作坊区、生态高产农田示范区、特色农业观光区等片区。对民族工艺作坊区进行功能引导，集聚优秀民族手工艺匠师，开设工作坊、艺术产品工坊；传统工艺品制作往往过程极其考究，在此区域可提供实景体验，使游客了解乃至参与工艺品的制作。布依民族工艺作坊提供刺绣、编织、草编、织锦、纺织土布、染布、雕刻、银饰、服饰等的展示与体验。

4. 旅游观光区

旅游观光区包括湖岛观光区、旅游商品服务区等片区，该片区均位于历史村寨保护区的西侧，三岔河河湖东岸，山水相映，景色宜人。

第三节 历史文化村落“文旅融合”特例——“景村融合”

一、“景村融合”的现势性及意义

“景村融合”是一种“景村共建”的形式，传统村落作为居住空间存在的同时承担了旅游景区的功能，通过整合乡村旅游资源、改善乡村景观，将乡村旅游景区与整个乡村建设融为一体，发展乡村旅游与生态产业，实现以旅促农、以农兴旅的乡村发展路径。由于在空间组织、经济结构、社会关系等方面与一般村庄存在差异，“景村融合”下的“产、村、景”一体化促进了生态、生产、生活三者的互相融合与依赖，旨在使传统村落超越“美丽”的表象，重返于乡村生产与乡村生活之中，从而使乡村经济、社会及环境得以平衡、健康地发展(黄源成等，2018)。因而，“景村融合”在文旅融合与精准扶贫两个方面存在重要意义。

“景村融合”强调文旅融合，旨在以景区带动乡村旅游，推动地方经济发展。乡村是农耕文明的根基所在，把民俗文化、乡贤文化、历史文化、饮食文化、非遗文化等多种资源优化整合起来，剔除糟粕，传承精华，加以适当的设计包装。将乡村文化的淳朴性、乡土性、自然性融入旅游开发之中，探索乡村优秀传统文化的保护和传承制度，如对古村落、古建筑、古民居、古遗址等要进行必要的保护和修缮；对民族风情、民俗习惯、非物质文化遗产、传统庙会等加以正确引导、利用、开发；重视民间文艺、民间手工艺人的发掘，提炼出“原生性”和“鲜活性”并具的元素，如地方小剧种、弹唱等乡土文艺，纺线、织布、蜡染、蒸糕、打铁、制锡、陶艺、茶艺、竹木器、酿造等生活文化，土布服饰鞋帽展示、传统婚庆仪式等民俗文化，推铁环、踩高跷、捉鱼虾等游戏体验文化(陆勇，2020)，这些都是文旅融合中值得深挖和再塑造的地方文化要素。

“景村融合”能够更加准确地指向扶贫的对象、路径，并明确扶贫的方式方法，从而体现精准化特性。中国具有广袤的乡村地域，不少乡村也同时是贫困地区，而这些贫困乡村往往旅游资源禀赋较好，“景村融合”不仅是这类地区的常态，更是这类地区的出路。如中国西部农村多拥有丰富而独特的自然旅游资源，也有一些贫困乡村因是革命老区而富于红色旅游资源，还有一些因独特的民俗而富于人文旅游资源，如中国边疆的少数民族地区。随着中国经济的不断发展，乡村旅游在扩大就业率、推动地方经济增长、促进农村经济多元化和产业融合等方面具有突出的作用，因而“旅游扶贫”成为国内外乡村，尤其是富于历史文化遗产的乡村脱贫致富的重要路径，也因此得到联合国可持续发展委员会的大力推崇。根据《关于实施乡村旅游富民工程推进旅游扶贫工作的通知》，到2020年，国家要扶持6000个贫困村发展乡村旅游扶贫项目，进而为农村劳动力提供更多就业机会，让更多农村贫困户得以脱贫。要依托乡村自然风光、乡土民俗风情、民间文化艺术、传统劳作方式等发展农业观光、休闲度假、民俗体验等乡村旅游，引导农村居民“吃旅游饭、打旅游牌、走旅游路”(赵影，2020)。由此看来，“旅游扶贫”不失为带动“老少边穷”的乡村地区脱贫致富的可行路子，同时，能够更加精准地指向“扶真贫、真扶贫”。

二、“景村融合”的开发模式

当前的乡村旅游往往追求短期利益，导致乡村传统“沦陷”、文脉断裂、旅游核心资源和景观环境被破坏的现象时有发生。作为新农村建设的升级版，美丽乡村建设通过对生态、经济、文化、社会和政治“五位一体”的建设，可以构建富有历史记忆与社会记忆的乡愁乡恋、诗情画意的乡村地域场所。“景村融合”正是把美丽乡村建设与旅游景区建设融为一体的有效途径之一，以旅游景区的标准建设美丽乡村，并以旅游景区建设带动乡村发展，实现乡村景区化与景点化，从而达到乡村与景区融合协调发展的目的(樊亚明和刘慧，2016)。

本书在樊亚明和刘慧(2016)“景村融合”发展示意图的基础上予以补充和修改，认为随着时代的发展和社会的进步，“景村融合”模式的内在机制可以进一步拓展和深化，构建了“空间互应、开发联动、设施共用、产业融合、风貌协调、利益共享”六位一体的美丽乡村嵌入旅游景区的“景村融合”模式机制(图6-7)。具体是：1)空间互应，村庄的村落布局、用地结构与景区的空间布局有机统一，符合上位规划中对景区和村庄的空间开发布局。2)开发联动，挖掘乡村优秀历史文化要素及历史遗存，基于地理学第一、第二定律，周边景区的特色要素与村庄历史文化存在相似性、衔接性和互补性，因此，依托村庄的乡村旅游资源开发，应与旅游景区内的资源要素做拼盘，加强景区与乡村的旅游联动。3)设施共用，依托美丽乡村建设，提升乡村生活设施与旅游景区的服务设施共用共享。4)产业融合，依托乡村旅游和周边旅游景区，借力旅游景区较为成熟的游客流和新业态下的品牌效应，推出乡村特色农林资源和农副产品，延长农业产业链，促进乡村产业融合，落实乡村振兴战略。5)风貌协调，在乡村新建建筑和旅游开发过程中，注重与旅游景区风貌景观的协调统一，注重历史建筑更新、修缮与新建建筑的风貌协调。6)利益共享，美丽乡村建设基于乡村特色文化进行乡村旅游开发，将乡村旅游开发置于旅游景区的整体开发框架中，不仅促进了乡村“三生”提升，也为整个旅游景区的经济社会效益提升带来裨益，二者互为促进。

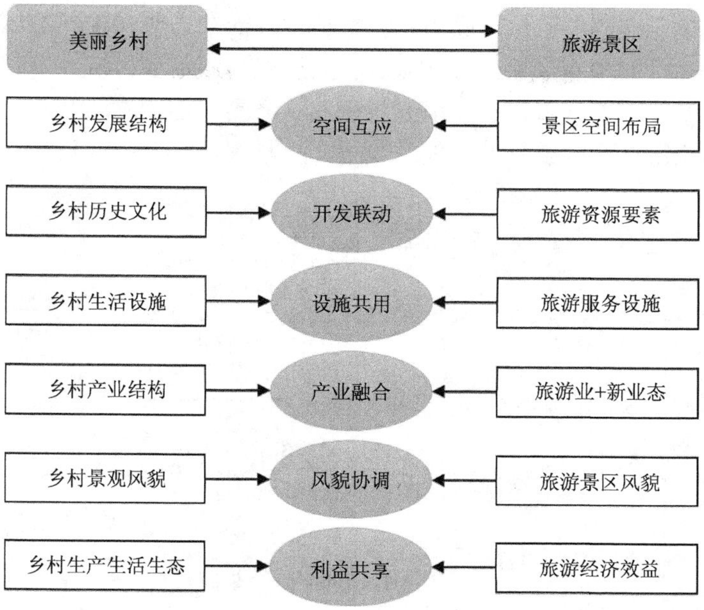

图 6-7　“景村融合”模式六位一体的融合机制示意图

三、“景村融合”的实施路径

“景村融合”围绕景区与乡村的协同发展，寻求乡村文化特色与旅游景区特色、乡村文化保护与旅游资源开发、乡村“三生”提升与旅游景区收益的平衡与协同，这就要求美丽乡村建设与旅游景区的建设管理协同发展。因而，可从以下6 个方面阐述“以景带村，以村衬景，景村互动，景村融合”的“景村融合”实施路径(图6-8)：1)发展目标定位，明确乡村旅游开发的发展目标，将其置于旅游景区总的目标框架之下，明晰乡村的功能定位和发展定位。2)村域综合规划整治，在景区整体国土空间布局框架之下，明确乡村生活、生产、生态开发边界，优化村庄空间布局；完善景区与乡村衔接的基础设施与公共服务设施，尽可能为游客提供方便快捷的往来于景区与乡村之间的各种服务需求;强化乡村综合环境整治，为游客提供赏心悦目的旅游环境。3)复合型旅游开发，加强景区与乡村联动旅游资源开发，借力山乡风貌、农林资源留客率高的特点，深入挖掘山水田林湖草等自然旅游资源及人文风貌、习俗、节庆、文脉等人文旅游资源，开发整合集观光休闲、文化体验、休闲度假于一体的景村一体复合型旅游景区。4)乡村文化品牌塑造，通过深挖乡村优秀传统文化和历史文化遗存，把乡村文化融入美丽乡村建设中，把地方文脉融入乡村旅游资源开发中，在乡村景观改造和景区综合开发上融入乡村特色文化，塑造富于地方文化符号的旅游品牌。5)景村一体主题形象，塑造文化特色，营建核心旅游吸引物，打造主题活动场所和主题民俗酒店，明确景区与乡村互融的主题形象。6）文旅农互兴发展，立足乡村资源禀赋，深入调研市场需求和游客需要，重点推介地方特色农副产品，创新旅游产品，推动农业产业链延伸和旅游业产业链延伸，促进地方文化与农业、旅游业互兴。

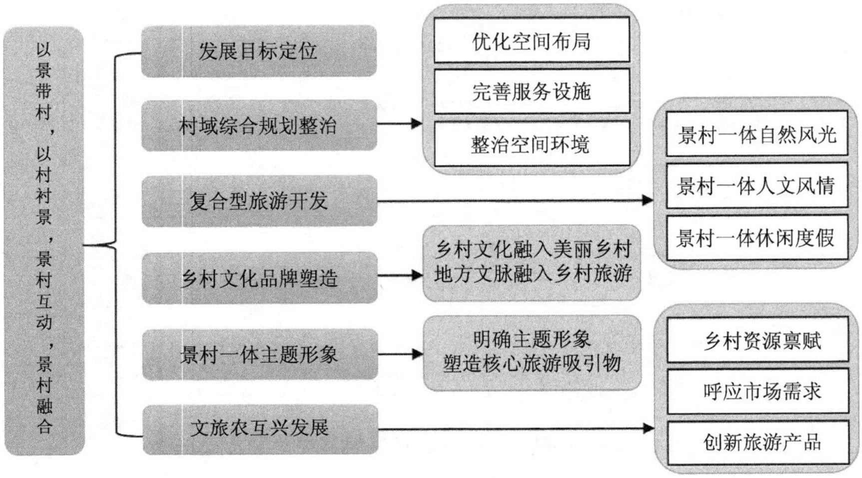

图 6-8 “景村融合”模式的实施路径示意图

“景村融合”是“文旅融合”的特例，也是“景中村”文旅融合开发的经典。“景村融合”不仅强调文旅深度融合，以景带村，推动地方经济发展，同时，更加准确地为旅游资源丰富的欠发达地区乡村振兴指明出路，是这类地区精准扶贫的可行路径。“空间互应、开发联动、设施共用、产业融合、风貌协调、利益共享”六位一体的美丽乡村嵌入旅游景区的“景村融合”模式机制，以及发展目标定位→村域综合规划整治→复合型旅游开发→乡村文化品牌塑造→景村一体主题形象构建→文旅农互兴发展的“以景带村，以村衬景，景村互动，景村融合”实施路径有助于历史文化遗产丰富地区，尤其是传统村落推进“文旅融合”发展。

四、案例分析——宁波市崔岙村“景村融合”思路

（一）崔岙村概况

崔岙村位于浙江省宁波市海曙区章水镇，处在东经 121.17°、北纬 29.48°，东连樟村长潭，南依金字、玉屏两山，西接许岩村，北靠樟村村，樟溪河穿村而过。崔岙村距离宁波市中心 27km，距章水镇政府西南 0.5km，沿樟溪河畔，系独立行政区。

“岙”在浙江、福建等沿海一带意指山间平地，多用于地名，崔岙村村民大多

姓崔，又因村庄依山而建、傍水而居，由此得名。村落距皎口水库、五龙潭、青云天瀑约 5km，距乌岩溪约 15km，距四明山风景区约 20km。该村位于四明山片区，周边旅游资源丰富。四明山旅游区是宁波市民的休闲度假胜地，是浙江红色旅游胜地、全年性度假目的地和长三角度假名山，是以观光、修学教育为基础，以会议、度假、山地运动为核心，生态与文化相融合型的旅游度假主导型目的地。崔岙村刚好处于四明山景区东部乡村慢生活体验区，位于生态养生线与山乡风情线的黄金交汇处，同时位于樟溪滨水骑行线上，且崔岙村已入选第四批宁波市历史文化名村，是海曙区唯一入选的村庄，崔岙村作为“景村融合”范例具备典型性(吴欣等，2021)。

(二)乡村文化振兴与保护体系梳理

1. 崔岙村历史沿革

宁波地区传统村落形成的客观原因大多为古代官员为官士族的移民落户，或为官赴任，或避祸，或退隐等。基于当地的自然山水条件，兴盛源于交通、贸易、文化等方面的发展，多在明清时期。中国历史上的人口大规模南迁共有三次，即西晋永嘉之乱、唐天宝安史之乱和北宋靖康之乱，但北方人真正大量迁往明州(今宁波)是从靖康之乱开始的，且三次规模逐次扩大(薛依欣，2016)。

崔岙是“江浙民系”形成演变的重要之地，村民大多姓崔。相传，崔氏一族从山东青州迁来，太公是北宋末年的一个皇家侍卫，随北宋皇室南下后定居于此，世代繁衍生息至今。查考《章溪崔氏宗谱》史料可知，崔氏先祖为周武王开国元勋姜子牙吕尚(系神农第 59 代子系)，吕尚之子吕伋，为齐国国君。伋长子为季子，君崔邑(今山东章丘区西带)，逐以“崔”为姓，沿姓至今，已有三千年历史。四明崔氏始祖崔鸥，字德府，系姜太公第 72 代子系；其父崔与之，封南海郡王。约公元 1250 年间，为避水患，崔襄长子崔淮迁徙玉屏山麓，是为崔岙崔氏第一世祖，迄今已有 770 年①。

崔岙村落的历史成因属于避世迁居型，为躲避祸乱，选择远离城镇的山林湖海、土地肥沃之地。同时，先人的政治气节和文化修养也奠定了崔岙尊文重教、耕读昌盛的文化底蕴(汤志诚，2014)。

2. “一河两山三涧”景观格局

基于《章水镇志》《章溪崔氏宗谱》等地方史料关于崔岙村山体、水系等人文

① 引自宁波晚报．2022．樟溪河边崔岙村．宁波文化遗产保护网．http://www.nbwb.net/info.aspx?Id=48269 [2022-05-08].

渊薮的记载，以及有关中国南方地区城乡建设布局(李巧芸，2020; 樊敏，2020)，宁波崔岙村构建了“一河两山三涧”的景观格局。

山体。崔岙村位于金字、玉屏两座山体的山岙口处，面朝锡山。

左右两侧被群山相夹，背靠高山，前方地势开阔或面朝一座较为低矮的山峰，这样的空间格局顺应山环水绕之理想布局，虽被水环绕但鲜少受水灾威胁。崔岙先民在选址营建时也基本遵循这一模式。

水系。崔岙村水系主要有两种类型：河流和水涧。

樟溪为樟溪河流域主流，属山溪性河流，蜜岩至鄞江镇它山堰段称樟溪，河宽 60～80m，平均水深 2.5m 左右，崔岙村位于樟溪河上游段。村落东侧樟溪河自北向南川流而过，对村落空间形态的生长具有引导、限制、延展的作用，崔岙村村落范围被限定在山与水之间，部分村落建筑遵循水系的亲疏关系自然生长，沿水一侧展开，呈现弓形布局(薛依欣，2016)。

村落内有三条水涧，平均分布在村落中，南北山麓处各有一条，另一条位于村落中间顺延巷道，流经四明小学、崔真吾故居及崔氏宗祠。径流自山体汇流至樟溪河内。三条水涧几乎垂直于樟溪河。

3. 四明山区爱国教育基地

四明山是我国十九个革命根据地之一，也是中国南方七大游击战区之一，被称为浙东抗日的“心脏”，遗留众多红色记忆集群。《宁波市四明山区域发展规划纲要(2016—2020)》中提出，把四明山区域建设成为宁波市环境优美的绿水青山涵养区、长三角重要的休闲旅游目的地、百姓生活和谐幸福的革命老区和国家“两山理论”的实践探索区。四明山革命烈士陵园正是为了纪念抗日战争时期在四明山壮烈牺牲的李敏等十余位烈士而建，位于崔岙村东侧，隔水相望，从崔岙村的两条古道上均能俯瞰陵园的烈士纪念碑，除了崔真吾、崔晓立、崔绍洵、崔信祥、崔金康等，崔岙村还有许多革命先辈为四明山区革命事业做出了巨大贡献(张雪峰，2018)。

崔岙红色文化载体：启明小学。抗日战争时期，启明小学成为革命联络点，被誉为“浙东刘胡兰”的李敏烈士当时就在这里以教书为掩护开展革命工作，是重要的革命遗址。2005 年 5 月，启明小学被列为鄞州区文物保护点、鄞西革命斗争纪念场所、青少年爱国主义教育基地。2013 年以后，启明小学楼舍重新建造，面貌焕然一新，现为崔岙村文化礼堂(吴欣等，2021)。

4. 浙东传统民居

传统建筑材料。崔岙民居建筑乡土特色鲜明，对地方材料的运用是突出地方性的特色之一，就地选材决定了宁波地区民居建筑的技术特点和结构形式。崔岙也秉承就地取材的原则，体现了“浙东学派”中“经世致用”的思想，除砖瓦经过简单的加工制造外，土、石、竹、木、草等大部分材料均为原始天然材料，这些材料受当地湿润气候条件的影响，一般将石块作为墙基和柱础，木材做梁柱，烧砖砌墙。青色的砖瓦也是地方特色建筑材料，水磨青砖的工艺也是宁波地区传统民居建筑工艺之一(钟彦臣和庞静，2017；王思珂，2016)。

墙体建造工艺。崔岙传统民居墙体主要有砖墙、泥墙、木板墙、石墙、竹笆墙，其中最常见的是砖墙，青砖砌墙是宁波民居建筑中普遍采用的形式，多采用保温隔热的空斗墙，因承重强度有限，故大多空斗墙下会砌一段石砖墙或毛石墙。其中，崔岙比较有特色的做法是用龙骨砖砌墙，灰浆勾缝，龙骨砖中间用木棍连接并用灰浆、黏土填实，中间的木棍称为龙骨，这大大节省了用材。竹笆墙在崔岙也比较常见，也是宁波民居常见的墙体类型，中间加水平木条，木条间穿插竹篾，柱子外露，竹笆抹灰(周易知，2019)。

建筑装饰工艺。崔岙村落有关乡风民俗的风尚和审美取向总体趋向自然端庄大方，传统民居建筑装饰质朴真实、简洁明快。栅棂搭接轻巧，柱枋构造简练，民居装饰中除大木装饰、小木装饰、砖雕、石雕、木雕之外，最为突出的是屋脊装饰。一般民居建筑屋脊采用简单游脊的形式，端部稍稍挑出做结束处理，堂檐建筑的鸱吻多上翘，且装饰图案有别于一般类型的民俗图案，较为复杂、夸张，具有辟邪祈福的意味。此外，门上绘制吉祥语等作为装饰图案，是宁波地区常见的建筑文化的典型代表(石红超，2016)。

(三)旅游联动视角下的复合型旅游开发

1. “旅游+”融合

加强旅游+文化融合，充实“红色文化”，推动郑哲敏故居、蜜岩村鄞县(今鄞州区)民主政府旧址修复工程；提升国学内涵，四明山经典学校、杜岙美术馆等相继完工；加强旅游+农业融合，推动丹山赤水生态观光园、杖锡樱花园等园区建设；加强旅游+养生融合，李家坑村“长寿村”申报成功。注重“互联网+”推介，低坪手工皂制作、李家坑漂流、四零一避暑游等特色项目影响力持续扩大。

有效整合区域资源，结合四明山区域旅游发展情况，从区域宏观层面规划崔岙村的发展方向。作为四明山旅游区的东部乡村慢生活体验区，崔岙可以作为区域旅游的二级驿站服务于四明山旅游区，并且大力发展民宿产业，因地制宜地开发建设。

2. 生态旅游联动

依托宁波市四明山旅游节，举办第十届樱花节、“醉美樱花”女子半程马拉松、“醉美樱花”穿越四明山心自行车赛等赛事。生态旅游项目进一步丰富。扎实推进茅镬古树群公园建设，规划丰富杖锡樱花园提升工程，持续对接后湖岗国际休闲度假基地项目。不断完善李家坑古村落建设，继续落实九天花海、四明山心特色休闲小镇、杜岙生态谷项目，协调推进蜜岩古村景观提升项目，详见表 6-2。

表 6-2　崔岙村与周边地区的旅游联动

旅游项目名称	旅游资源区位	旅游联动开发项目
龙潭听禅	五龙潭景区-天井寺景区	五龙潭二期青云梯景区由青云梯、天门二瀑和观顶湖组成重点建设景区基础设施，并进一步推动天井寺景区的开发，构成旅游联动
柏庭养老度假区	龙观乡	引进美国高端养老公司 WaterWark（沃特马克）的运行模式和管理理念，完成建筑公寓、老年诊所、老年活动中心、老年护理中心等服务设施
醉美樱花小镇	章水镇	以四明山（杖锡）樱花假日公园为龙头，以李家坑古村落建设为重要支撑，以红色旅游、古村落休闲度假等为辅助，建设集赏樱花、玩漂流、访古寺、住古村于一体的旅游小镇
荷梁线美丽公路	中村至梁弄	实施荷梁线（中村至梁弄镇）改建工程、荷梁线（章水至鄞江）改建工程，上述路段达到二级公路标准或二级公路通行能力要求；实施荷梁线章水至中村段提升改善工程，上述路段达到三级公路通行能力要求。在改建及提升改善实施过程中，按照美丽公路的设计要求，加强景观及沿线服务设施设计，在鄞江、章水、中村、鹿亭设置停靠站或观景平台
樟溪滨水骑行线	章水至鄞江	樟溪作为鄞江的上游干流是建设鄞江风情小镇的重点，改善樟溪河的生态环境，打造“水清、景美、岸净、天蓝”的沿岸生态景观带，沿溪种植大片樱花，建设休闲绿道，串联章水-鄞江沿线的各个乡村节点，该线是樟溪乡村慢生活体验区的重要名片和依托

3. 文化旅游联动

通过保护村落历史文化遗存，保护传统村落的整体风貌，维持村落的原生态生活，打造原生山乡风貌体验区。秉承整体性、原真性的原则，尊重村落原有历史肌理、自然山水地貌，构建有情怀、有记忆、有传承的原乡生活体验廊道。崔岙村周边有三个关系密切的市级历史文化名村，分别是蜜岩村、中村村和李家坑村，在规划 S310 省道的最东侧还有一个省级历史文化名村——横坎头村，其位于四明山区域旅游结构体系中的东部门户（表 6-3）。

表 6-3　崔岙村周边历史文化名村

周边村落	功能定位	特色资源	游线设置
横坎头村	北部高端养生度假区 唐诗之路旅游线	毗邻梁弄镇(四明山片区旅游门户)、革命研学地、红色横坎头(红色体验)	横坎头红色研学旅游示范基地
蜜岩村	东部乡村慢生活体验区 生态养生旅游线	游线三级驿站、千年古村传世流芳 (历史文化、乡土民俗)	荷梁线美丽公路樟溪滨水骑行线
毛岙村	东部乡村慢生活体验区 山乡风情旅游线	山水之乡、休闲毛岙 (生态、民宿)	红色古道徒步线
中村村	东部乡村慢生活体验区 生态养生旅游线	中村访古、云桥清唱、民宿集群 (民俗体验、民宿)	荷梁线美丽公路
李家坑村	西部健康运动休闲区 山乡风情旅游线	高山古村、漂流水乡、民宿集群 (旅游服务)	大皎溪骑行线

(四)景村一体旅游开发格局

基于上位规划中对四明山景区和崔岙村空间开发布局，考虑两者的空间互应，力求使村落布局、用地结构与景区的空间布局有机统一，构建景村一体、“一带两心三轴三区”的乡村旅游开发空间格局(图 6-9)，具体如下。

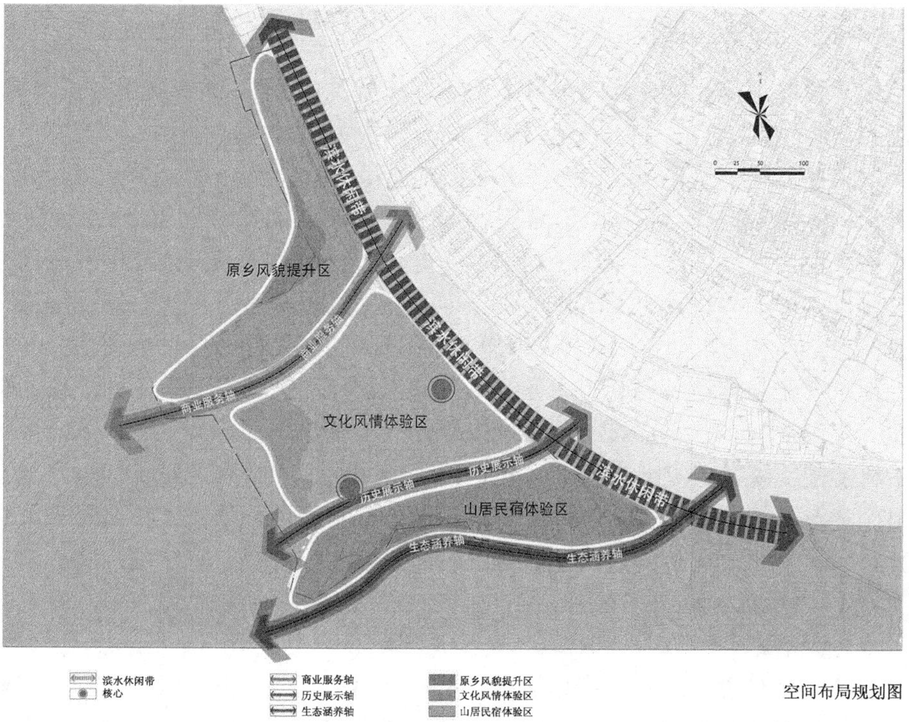

图 6-9　崔岙村旅游开发空间布局

图片来源：宁波崔岙历史文化名村保护规划

“一带”指“滨水休闲带”。以东侧滨河道路为基础，结合临街建筑、亭、埠头、桥等，提供滨水休闲、轻餐饮、亲水游憩等服务功能。

“两心”指崔氏宗祠和启明小学。以两个文保单位为核心，一东一西带动历史核心保护区的建设发展，进而拉动村庄整体风貌提升。

“三轴”指“商业服务轴”、“历史展示轴”及“生态涵养轴”。“商业服务轴”以北侧主道路为基础，结合铁匠铺、小卖部等现状商业，规划特色餐饮、接待服务、临时停车、骑行驿站等服务功能；“历史展示轴”以南侧历史街巷为基础，连通滨河道路和启明小学，用于展示崔岙村历史演进过程，展现历史文化村落格局及特色建筑；“生态涵养轴”以最南侧山脚下水涧为基础，将绿化引入村落，打造生态绿廊。

“三区”指“原乡风貌提升区”、“文化风情体验区”和“山居民宿体验区”。“原乡风貌提升区”位于商业服务轴以北，以现状住宅为主，整体修缮，提升山乡风貌；“文化风情体验区”北至商业服务轴，南至历史展示轴，以协调整体历史村落风貌为主，展示崔岙宗族文化、红色文化等风情，承古博今；“山居民宿体验区”位于历史展示轴以南，通过鼓励村民改造自家民宿和引入外来品牌酒店两种方式，为游客提供山居民宿的服务。

(五) 乡村文化品牌塑造

崔岙村的文化品牌内涵可分解为宗族文化与民风民俗、地域文化与建筑特色、红色文化与爱国教育、手工技艺与传统饮食四个方面。

宗族文化与民风民俗。崔岙村有六大堂檐：大田堂檐、横里堂檐、后厢堂檐、楼下堂檐、溪头堂檐、坟路堂檐，其中坟路堂檐和横里堂檐分别于 1956 年和 1976 年因遭火灾而毁，现建民宅，余均保存完好。崔岙村的民风民俗离不开崔氏的宗族文化，堂檐成为村民组团式生活聚集地，其宗族根源可见一斑。欲回溯七百多年的古村落历史，民风民俗提供了最原始、最直观的文化探索途径(石红超，2016)。

地域文化与建筑特色。山水环绕格局对崔岙村的街巷格局、空间尺度、街巷界面、建筑规制、建筑形态、建筑装饰手法甚至铺地样式均产生了深刻的影响。崔岙村的建筑院落类型多样共存，包括代表诗书礼仪的合院建筑及代表聚居文化的组团建筑，组织逻辑完全不同又合理共存、相互渗透，形成了崔岙复杂又有序的独特的村落肌理。传统建筑与院落形制简单、入口直接、院落朝向和入口方位都随着主要街巷、河道、地形等因地制宜地自由选择，不刻意追求形制规则，以实用宜居为准则(王思珂，2016)。

红色文化与爱国教育。抗日战争时期，启明小学成为革命联络点，是重要的革命遗址。抗战精神由多种具体的民族精神和优秀品质所构成，诸如爱国主义精神、民族奋斗精神、民族坚韧精神等，抗战精神所依托的中华民族精神体现出历史底蕴的深厚性(张雪峰，2018)。

手工技艺与传统饮食。崔岙村的传统手工技艺当属象鼻牛腿、龙骨砖的制作，传统饮食主要是青金团、炒青蛳。传统手工艺经过了一代代匠人的不断思考、实践和经验积累，再一次一次地打磨，最终呈现在现在人们面前的是匠人们的智慧结晶，是崔岙村、浙江省乃至中华民族的文化瑰宝(楼伟华，2007)。

基于以上文化品牌内涵，打造崔岙村的文化旅居品牌，综合分析崔岙旅游资源，探索旅游主体对客体的本质需求，挖掘最具代表性和吸引力的旅游资源，打造山乡风情、红色教育基地等品牌，并科学规划、开发和宣传，从而树立统一的旅游地形象，发挥良好的品牌效应。具体的旅游品牌在三大旅游片区内的业态及设计要素如表 6-4 所示。

表 6-4　崔岙村的旅游品牌及业态提升设计

片区名称	主要业态	设计要素
原乡风貌提升区	“农家乐”式餐饮、商店等服务业	商业街、集散广场、骑行驿站
文化风情体验区	传统手工艺、红色教育、传统文化教育	烈士故居、书馆/展览馆、琴棋书画诗酒茶主题场馆、手工作坊
山居民宿体验区	山居住宿	品牌酒店、民宿

第七章　乡村景观风貌整治规划

第一节　乡村景观风貌整治内涵

一、乡村景观风貌整治建设阶段与特征

中国要强，农业必须强；中国要美，农村必须美；中国要富，农民必须富。建设美丽乡村，让农村成为安居乐业的美丽家园，符合国家总体构想，符合社会发展规律，符合农业农村实际，符合广大民众期盼。费孝通先生在《乡土中国》中说："从基层上看，中国社会是乡土性的。"(费孝通，2012)改革开放以来，伴随经济建设的增速，城市化进程加快，我国乡村发生变化。党的十九大提出乡村振兴战略，促进乡村景观环境发展。国家新型城镇化提出"四化同步，统筹城乡，生态文明，绿色低碳"，美丽乡村建设是实现城乡统筹发展、解决中国"三农"问题的关键举措。十八届三中全会提出坚持走中国特色新型城镇化道路，推进以人为核心的城镇化，推动大中小城市和小城镇协调发展、产业和城镇融合发展，促进城镇化和新农村建设协调推进。中央城镇化工作会议提出推进农业转移人口市民化，提高城镇建设用地利用效率，建立多元可持续的资金保障机制，优化城镇化布局和形态；提高城镇建设水平，加强对城镇化的管理。

当前，我国城镇化进入高质量提升阶段，乡村地区迫切需要扭转日渐衰微的发展形势，面临坚守和延续"乡土中国"的挑战(李迎成，2014)。《国家新型城镇化规划(2014—2020年)》指出，有序推进农业转移人口市民化，优化城镇化布局和形态，提高城市可持续发展能力，推动城乡发展一体化，改革完善城镇化发展体制机制。支持和鼓励农民就业创业，拓宽增收渠道。整合农村集体自身资源优势，因地制宜，探索生产服务、电商、旅游、健康、物业等产业与集体经济融合发展的新型业态。具有土地、林地、水面等资源优势的乡村以集体经济组织为主导把农民合理、有序地组织起来，大力发展特色农业和设施农业，形成规模优势，通过"集体+生产服务"模式，大力发展生产服务型经济，集体以提供统一管理、有偿服务等形式，领办创办各类服务实体，为农民提供技术、信息、物资、流通、仓储等服务，向农民专业合作社或企业提供产前、产中、产后等有偿服务，增加集体经营收入。这些政策的提出对乡村发展带来重要影响，对乡村景观整治建设起到非常重要的指引作用。

现如今，美丽乡村的建设正在中国大地上如火如荼地进行。怎样去建设，怎

样去发展，怎样去创新，这些都是摆在我们面前十分重要的问题。江苏省发布《关于开展 2014 年度美丽乡村建设示范工作的通知》(苏农改办〔2014〕2 号)等关于美丽乡村的文件，开展美丽乡村建设示范，是积极贯彻落实党的十八大精神和习近平总书记对江苏工作的新要求，又好又快推进“两个率先”的需要，加强生态文明建设、描绘“美丽中国”江苏画卷的需要，强化农业基础、推进农业现代化的需要，推动城乡一体化、建设农民幸福生活的美好家园的需要。在美丽乡村建设的过程之中不难看出，环境问题是美丽乡村建设的一个首要的也是十分急迫的问题。当前我国农村在发展过程中，普遍都面临着人口、资源、环境、社会等多重危机的严重挑战，农业生态稳定性下降，生物物种减少，农药残留，大量使用化肥引起地表水体富营养化和地下水硝酸盐含量超标等现象日益普遍，对人类健康构成了很大的威胁，也给乡村环境综合整治增加了很多困难。提升人居环境水平，着重从群众最关心、最亟须、受益最直接的设施配套和环境卫生整治入手，保障基础设施集约、齐全，公共设施适度、实用。

随着国家发展战略的调整和政策转向，乡村在城乡关系中的定位逐渐由被动向主动转变(文宏，2019)。促进农村产业发展，完善农田基础设施，引导农业适度规模经营，发展现代农业，挖掘乡村旅游资源。创新农村社会管理，保障农村基础设施和公共服务设施运行，加强村民村务自治制度建立，加强农村社会治安管理。特色农业发展基础比较好的地区探索“集体+电商”模式，利用电商平台，发展特色农产品电子商务，将周边专业合作社、基地、农民个人的水果、蔬菜、草药、花卉等特色农产品汇集到电商平台，由集体组织专人经营管理，收取一定比例的费用，增加集体经济收入。空心村改造、旧村改造，针对空巢老人、留守老人的养老需求，探索“集体+养老”模式，利用集体用地或闲置的村办公用房、校舍等场所，发展养老事业。村落环境的保护与开发，一直是村落规划的重点。在特定的自然与历史文化环境下形成的村落，在现代文明的冲击下显得尤为脆弱。如何在外部环境快速变化的条件下，处理好文化传承与创新的关系，挖掘、保护、利用村落特色，在“美丽乡村”的建设中，显得尤为迫切和重要。

近年来，我国农村景观建设虽取得了一定进展，但农村景观规划较为混乱、专项资金不到位、村落景观格局不延续等现象依然普遍存在。因此，加强对农村景观的保护与利用工作刻不容缓，从乡村地貌景观特征与特色产业进行分析，提出乡村景观的建设内容。乡村景观是乡村地域范围内不同用地单元的组合，主要包括的类型有农田、果园、林地、水域和村庄等生态系统，以农业生产特征为主，是人类在自然景观的基础上建立起来的自然生态结构与人为特征的综合体(刘黎明等，2004)。随着城乡一体化发展，江苏乡村景观面临着较大变化，保护与传承乡村景观整体与特色，发掘乡村生态旅游价值，塑造乡村景观环境特色，是新时代乡村可持续发展的研究方向，对乡村的长远发展具有非常重要的影响。

二、乡村景观风貌整治面临的问题

我国是农业大国，“三农”问题对我国经济发展有着重要影响，国家重视农业发展，从2004～2018年连续发布以“三农”为主的文件，重视并大力解决“三农”问题。乡村振兴以“三农”为基础，伴随“三农”的发展而生。党的十九大报告提出的乡村振兴战略是解决“三农”问题的重要途径之一，2018年中共中央国务院公布中央一号文件，大力实施乡村振兴战略，同年出台了《乡村振兴战略规划(2018—2022年)》，这一系列政策的提出对乡村腹地带来了良好的发展机遇。

新时代提出乡村振兴，遵循自然发展规律，尊重农民的意愿和生活需求，以改善农民生活环境、满足农民幸福生活为主要目标，通过优化乡村空间资源配置，调整乡村产业结构，以政策为导向，支撑乡村健康发展。通过分析美丽乡村建设实践，总结乡村发展过程中存在的实际问题，推动乡村产业发展，满足农民物质文化和精神文化需求，整治乡村经济，促进农业现代化发展。

随着农民生活水平的改善、新型农村经济的不断发展，以及农民生活方式的逐渐变化，农村面临着一系列的环境问题。我国城镇化进程加快，城镇化水平每年都在增速，城镇人口增加，乡村人口减少，主要表现在居住、就业、交通等各方面。城镇化发展过程中带来一些问题，如生态环境遭到破坏，多地出现 $PM_{2.5}$ 浓度过高现象，雾霾现象比较严重，影响人们的健康和出行。国家对此非常重视，对城市生态环境建设投入较多资金，城市变成了绿水青山，然而却忽略了农村生态环境。伴随着美丽乡村的建设，乡村环境得到较大改善，同时也带来了一些影响，乡村基础设施不足，产业形式较为单一，生活垃圾得不到有效处理，乡村景观风貌整治面临很多问题。

我国乡村普遍存在基础设施条件不足，不能满足其长远发展的问题。由于缺乏污水处理设施，部分污水随意排放入沟渠和路面，容易造成地面、地下水源的污染，对环境卫生有一定影响。环卫设施缺乏，垃圾收集点破损严重，乡村内部停车设施布局不合理，缺乏停车位，车辆沿路边乱停，造成道路两侧景观混乱。现有设施陈旧破乱，电力、电信线路在地上架设，交织在一起，十分凌乱，给乡村风貌带来影响。需要对乡村基础设施进行更新和改造，对给水、排水、电力、电信等设施进行整治，形成完善的基础设施系统，保障乡村长远发展，通过建设污水处理设施满足乡村发展需要。

城市与乡村有着较大的生活差异，随着我国城乡一体化发展，越来越多的农民涌入城市，导致乡村的衰败与萧条，乡村环境受到很大影响，许多乡村在大力发展产业结构转型的同时，带来了一定的污染，由于农民环境保护意识较为缺乏，村庄环境普遍较差，没有形成良好的农民自治效果，农业生产生活带来的污染需要得到重视。农民既是农村环境的使用者，又是农村环境的参与者，由于受到文化程度及生产方式的局限，农民的环保意识较为淡薄。提高农民环保意识能够有效改善农村环境，通过加大科普宣传，增加环保教育，使环保意识深入每个农民心中，切实提高农民环境保护意识。

在我国乡村发展过程中，农民参与村庄自治的观念缺乏，尚未形成良好的行为习惯，对村庄发展关注不够，较少参与村庄公共服务设施建设，缺乏主观能动性。许多村庄有着良好的自然风貌，但农民在日常生活中没有发挥主人翁意识，对村庄环境不关注，甚至不参与村庄环境建设，造成村庄环境风貌各异，杂乱无章。我国对农村环境污染治理的相关法律规定较少，对农村环境污染治理的研究较少，相关法律制度还需完善。随着我国法律制度的不断完善，加大公众参与度是农村环境改善的重要体现，各地相继出台了地方性条例，村规民约内容得到细化，农民参与村庄治理的观念加强，农村风貌得到很大改观（周衍涛和李银花，2019）。

我国乡村发展历史久远，村庄分布地域范围广泛，数量众多，乡村建设发展需要经历长远过程，乡村空间景观风貌也在经历不同的发展阶段。国内许多专家学者对乡村规划建设进行了深入的研究与探索，并总结出相关经验，但是对乡村环境景观整治与设计研究的内容还不足，创新性有待提高，无法满足乡村长远发展需要，因此需要进一步加强乡村空间景观整治规划内容的研究，逐步解决乡村实际问题。

江苏省作为全国经济发达地区之一，是率先全面建成小康社会和实现农业现代化的重点区域，近年来取得了令人瞩目的成绩。但总体而言，江苏省还有一些尚待解决的问题，比如人居环境脏乱差现象仍然突出，农业资源开发与消耗超强过度，农业乃至农村经济社会发展面临着资源约束趋紧、环境污染加剧等严峻挑战。实践证明，自 2011 年提出对全省村庄进行环境改造以来，村庄环境问题取得了很好的效果，但还存在一些问题。一方面有一些地方“重建轻管”现象比较突出，整治过程中不少村庄临时突击应付，“走过场”做得多一些。加之缺乏长效管理资金，相当一部分社区和村级领导积极性不高，“脏、乱、差”回潮较多。星级康居乡村“农家乐”氛围不足，带动村民旅游增收收入不高，与周边城市宜居宜游宜玩的“美好乡村”标准相差太大。另一方面就是江苏省美丽乡村建设过程之中能源消耗的问题，乡村建设必定要将节能减排放在一个重要的位置，但是从目前的建设效果来看，节能减排的成效和宣传力度还存在着一定的问题，特别是秸秆的处理问题，需要各部门在下一阶段的工作中注意并改善。

（一）农村污染源的处理尚不完善，需要增加农村环境处理设施

在当前的农业生产过程中，化肥的施肥强度有增无减，而化肥的利用率较低，很大一部分养分进入土壤及水体，对土壤和水体造成一定的污染，农业面源问题

突出。农业的迅猛发展，农药、化肥、农膜的不合理使用，并且种植业复种指数较高，大棚等设施栽培面积不断扩大，使土地板结，有机质减少，土壤肥力下降，对县域内有机食品的开发与发展产生制约影响。畜禽粪便得不到彻底处理就排入水体，秸秆综合利用率不高，少数农民焚烧秸秆或堆入沟河，使河流富营养化程度高。同时，除草剂、杀虫剂的投入强度很大，使得农村土地和环境污染难以监管控制，由于乡镇及广大农村地域广阔，监管重点均为面源污染，且其污染来源(化肥、农药等)又是环保部门难以监控的，这就使得管理成本提高，乡镇级管理部门也就很难监管到位。

农村生态建设难以推行，另外还有农村清洁工程，都是当前美丽乡村建设的难点和重点。这些问题在江苏省美丽乡村环境综合整治的实际工作中都有很大的体现，也是当前面临的最严峻的问题。此外，就农村的生活及生产垃圾处理的问题，第一要改变村镇居民传统的垃圾投放模式，实行垃圾分拣投放；第二要合理布局垃圾收集容器，升级保洁员的清扫工具。同时，因地制宜建设垃圾转运站，升级垃圾转运交通工具，引进国外先进的垃圾处理工艺，解决垃圾直接填埋问题。从 2013 年农村环境处理设施来看，在江苏省全面开展村庄环境综合整治，村庄环境处理设施有了很大程度的改善(表 7-1)，因此需要提高农村环境处理设施。

表 7-1　2013 年江苏省分地区农村环境处理设施一览表

地区名称	对生活污水进行处理的行政村		年生活垃圾清运量/t	有生活垃圾收集点的行政村		对生活垃圾进行处理的行政村		无害化处理	
	个数	比例/%		个数	比例/%	个数	比例/%	个数	比例/%
江苏省	3774	25.75	5915747.34	12768	87.11	11351	77.44	5265	35.92
南京	514	97.72	249330.00	526	100.00	526	100.00	525	99.81
无锡	349	80.79	514315.00	432	100.00	432	100.00	432	100.00
徐州	121	5.50	358307.26	1559	70.80	949	43.10	65	2.95
常州	433	63.58	408071.17	663	97.36	656	96.33	503	73.86
苏州	778	98.23	996097.46	792	100.00	792	100.00	792	100.00
南通	363	24.40	912704.58	1482	99.60	1453	97.65	903	60.69
连云港	44	3.18	157238.73	1007	72.87	766	55.43	127	9.19
淮安	243	17.20	323849.31	1077	76.22	1023	72.40	324	22.93
盐城	296	15.17	610784.96	1566	80.27	1263	64.74	189	9.69
扬州	220	25.40	464736.76	866	100.00	866	100.00	866	100.00
镇江	182	58.71	217701.00	306	98.71	306	98.71	282	90.97
泰州	157	10.59	315011.00	1430	96.49	1381	93.18	159	10.73
宿迁	74	6.53	387600.11	1062	93.73	938	82.79	98	8.65

(二)环境综合整治实施尚不健全，需进行科学规划提高整治效果

从村庄环境综合整治的实施角度来看，江苏省各市村庄的情况有着很大的差别。在一些经济较为落后的地区，农村居住环境改善缓慢。农村人均基础设施投入差距较大，村庄基础设施和公共服务设施规模小、配置不均、经济性差，偏远乡镇的村卫生厕所普及率很低，排水、污水处理等设施基本空白，未建立垃圾收贮转运清理系统，生活垃圾和废弃杂物乱堆乱放，畜禽散养，村庄基础设施、公共服务缺乏，环境脏乱差，农民行路难、用水难、环境差的问题还没有从根本上得到解决。

江苏省在美丽乡村建设过程之中，并没有对各个村庄进行合理的规划布局，不注重美丽乡村建设的总体规划和长期行动计划的科学制订。村庄建设规划滞后，导致很多乡村村容村貌不容乐观。一是大部分村庄布局不合理，单家独户比较普遍，由于历史形成的原因，没有综合考虑排水、排污、绿化、杂物堆放、家畜饲养等农村实际问题，且户型单一，缺乏特色。二是村民房前屋后普遍存在柴堆、草堆、土堆等，公路沿线土堆、沙堆乱堆乱放，且乱贴乱画比较突出，还不同程度地存在乱倒建筑、生活垃圾的现象，影响了村容。三是绿化、美化不到位，大部分村没有统一的绿化方案，借用自然绿化时，没有体现农村生态特色。因此，需要进行科学规划，统筹乡村发展，提高整治效果，实现乡村长远发展。

(三)环境综合整治资金短缺，基础设施建设亟待加强

村庄环境综合整治中的基础设施建设需要大量的资金来支持，就目前的情况来看，一是农村公共基础设施建设滞后，远远不能适应发展的需要。部分村道硬化不到位，不具备集镇排水、排污设施，存在污水乱泼、乱倒、乱流现象，多数村没有垃圾桶，垃圾池数量少，垃圾无法集中堆放。垃圾箱、垃圾处理场、垃圾堆放处、污水处理设施、路灯等普遍缺乏。二是一些村经济条件差，无法落实足够的保洁人员工资，经常性保洁难以坚持。三是上级财政投入不足，如果按标准进行环境整治，各乡每年用于农村环境卫生整治的经常性经费需 1000 万元(包括公共基础设施建设、保洁人员工资、防护用品、垃圾清运、标牌标识等)，资金缺口较大，靠乡镇财政支撑难以解决。

美丽乡村建设的长远发展也面临极大挑战，主要表现在：村域经济薄弱，发展后劲相对不足；农村环境问题依然存在，如村庄保洁卫生、设施维护等方面缺乏长效管护，农村畜禽粪便、生活污水和废弃物、农药化肥、矿产开发等引发的污染问题还较为突出；乡村文化特色尚未得到深层次挖掘利用。

三、乡村景观风貌整治内涵及意义

国外乡村景观风貌整治的成功案例，推进了农村的经济发展，为我国的乡村景观风貌整治工作提供了经验借鉴与参考。韩国于1970年对农村进行了全面的整治，到20世纪90年代结束，共经历了四个发展阶段，且每个阶段的建设重点和目标都不相同，自此韩国农村整治快速发展，村容村貌焕然一新，农村的经济发展水平获得了极大提升。日本从村庄布点、农村生产生活环境及农业发展等方面进行了村庄集中整治，并与城镇合并结合起来，缩小了城乡差别，改善了农村环境，促进了农村经济发展。德国的村镇建设以基础配套设施和社会化服务配套设施建设为主，注重村镇的环境整治和提升，注重保护带有古老文化的建筑，村庄之间的公共配套设施网络要与整体的区域规划相互统一、相互协调。政府对于村镇的投资建设，实行与社区相同的收费制度。巴伐利亚州提出了村庄建设的总体战略，即创造农村的生活生产条件要与城市相同，并保障农村居住的稳定性、长远性和和谐性；同时，在此基础上制定了财政平衡、整治农村经济、兴办农村教育基地三大策略，使巴伐利亚州的村庄风貌、经济文化结构产生了极大改变，经济增长水平显著提高，比德国整体的经济增长平均水平还要高出很多。

外部空间环境是村落依存的重要载体，也是营造乡村特色景观的外部条件（刘敏，2011）。乡村空间景观风貌与城市化景观差异较大，乡村自然、地域、人文环境构成了乡村的聚落空间结构，体现乡村的社会、经济、文化价值。乡村空间景观以农业景观为主，以乡村自然环境和人文乡土环境为整体，突出乡村与城市的不同景观特性。乡村空间景观风貌是一种自然生态格局，是人类与自然的有机统一，体现城乡融合的协调发展。

（一）乡村景观风貌整治内涵

从乡村发展情况来看，我国乡村空间景观主要由乡村居民生产生活的农业空间组织形成，包括乡村生产景观、乡村生活景观、乡村文化景观、乡村自然景观等。乡村景观综合考虑乡村内部景观与外部环境的关系，重点发展特色农田景观和生态环境，打造乡村生态宜居特征。

乡村空间景观是乡村资源体系中的特有类型，不仅可以开发利用乡村良好的自然肌理，而且能够展现乡村社会经济特征，体现乡村人文社会生活环境，为乡村发展提供良好的生产生活环境。在乡村可持续发展过程中，乡村生态系统不断变化，原有的自然资源得到延续，乡村文化特征得以保存。随着时代发展，乡村景观环境变化较大，传统的景观风貌得到改善，新型景观形式得到发展，乡村生态环境实现自然景观与人文景观特性的融合，表现乡村居民的生活习俗，展示农村良好的景观形象，体现乡村的自然之美。

乡村景观以农业景观为主，主要体现在生产性景观方面，同时具有田园生活文化特征，这是乡村特有的景观要素。乡村景观以人与自然和谐共生发展为基调，解决乡村居民日常休闲生活的需求，是乡村风貌特征的体现。在农村环境整治过程中，景观整治非常重要，主要从生产景观、生活景观、生态景观等方面进行整治，实现乡村产业发展可持续性，满足乡村未来发展需求。

1. 乡村生产环境景观风貌

乡村生产环境景观依托良好的农业基础，优化农业特色种植，实现良好的农业景观格局。乡村生产景观规划以自然为肌理，体现乡村特有的景观特色，生产景观与地形地貌有机联系，实现景观渗透，相互融合。生产环境景观可以看作一个景观单元，由不同的景观要素组成，如农田、河流、地形地貌等，彼此之间相互关联，在空间层面形成一个整体。生产环境景观是乡村体系中比较重要的景观形式，它承载了乡村的自然景观风貌，体现乡村景观与城市景观最突出的区别，为乡村发展起到非常重要的作用。乡村生产景观有着复杂的生态模式，其空间格局和主要功能构成了乡村特定的形式，对乡村空间及产业发展起到很好的促进作用，实现乡村地域特色。

乡村生产景观是分散的自然形式，为村民提供生产活动的主要场所，依托乡村良好的田园特征、粗放型特征、人口密度小特征，成为乡村特定的景观类型。乡村生产景观是乡村空间分布和历史演变过程的重要体现，代表乡村文化特征，彰显乡村传统风貌。乡村生产景观反映村民生产过程，为村民生产和生活服务，不仅体现乡村景观价值，而且是乡村景观的自然呈现。乡村生产景观以传统的耕作模式为主，为人类聚居的场所提供自然环境，真实反映人类的生产劳作情况，这种乡村景观是文化、自然、经济的综合表现，具有深远影响。乡村生产景观以农业生产种植为主，体现乡村田园粗放的土地利用景观形式，是乡村长远发展的历史基础，需要在未来的发展中得以保护。

乡村整治是我国“三农”工作的重点，实现农村脱贫及产业整治，促进乡村生产景观得以延续。为提高农村整体形象，多方面策划和制定农村产业发展策略，促进农业生产景观为旅游景观做互补和衬托，将农产品加工成为旅游产品，为农村产业转型发展做贡献。通过整合乡村文化景观资源，突出乡村旅游特色，展现农村自然风貌，塑造传统农业观光形象，以乡村体验为依托，可以有效保护乡村景观资源。每个乡村有不同的产业类型，一村一品、各有特色，要科学利用乡村生产景观，明确乡村内农田、林地、土地资源，以满足乡村农业种植，通过整合乡村资源，利用传统农业景观基调，形成乡村生产景观之间的相互融合，突出乡村自然地形特征，展现乡村生产景观内涵，确保乡村生产景观与自然景观有机统一。

2. 乡村生活环境景观风貌

乡村聚落是乡村生活环境景观的主要场所。乡村生活景观主要是人文景观，形成景观的点、线、面布局。生活景观主要依托乡村道路形成景观轴线，其中包括村庄对外联系道路景观、村庄内容道路景观，两者之间相互关联，形成带状景观特征，道路沿线两侧的建筑彰显村容村貌，体现不同村庄的自身特征，沿线的景观设施主要以道路绿化为主，辅以自然植被，形成村落丰富的道路景观风貌。乡村生活景观包括乡村门户景观、乡村绿地节点景观等，这些景观体现入村的景观特征，是村民休闲活动的良好去处。乡村生活景观结合村民休闲广场、空置场地、室外活动场地进行设计，是村庄生活的开敞空间。

乡村生活景观风貌是乡村复杂系统的统一体，它融合了乡村多年来变迁形成的特征，在乡村发展过程中起到非常重要的作用，能够反映不同时期乡村发展的历史阶段和主要内涵，能够体现不同的人文关怀。乡村聚落空间对文化的追求一直在持续，由于人们对精神的追求尤为突出，乡村生活景观体现了人们的生活方式、方法，且随着乡村的发展而在不断地变化。在乡村聚居之地，生活景观在演变和发展，它随着自然景观在变化，比如一些宅院景观和休闲景观是用来装饰美丽田园的，这种景观形式虽然是人为的，但是能够满足人们的生活需求，是乡村不可或缺的景观类型。

乡村生活景观整治主要开展聚落空间整治，对乡村经济、文化、自然起到很好的促进作用。生活景观同样是文化景观，代表某一个阶段的发展内容，体现人文精神，具有传统特色，需要加以传承。乡村生活景观整治应坚持生态优先，注重乡村生态平衡，体现乡村文化特色，在道路景观、门户景观、绿地景观等方面都要以人为本，突出乡村人们的使用需求，在空间营造方面应注重实用性，结合乡村元素进行设计，塑造村民生活场景，将绿化空间和乡村公共设施配套相融合，提高村民参与性，以满足人们日益增长的美好生活需求为目标，提高生活景观的使用效率和活力，进而提高村民的生活品质。充分依靠乡村自然地理特征，新建与现状相结合，形成环境宜人的乡村生活景观。

3. 乡村生态环境景观风貌

乡村生态环境景观以乡村地形地貌为自然因素，能够体现不同乡村的自然特征，与生产景观、生活景观互补，展现乡风民俗，强化乡村生态要素，为乡村长远发展起到良好的自然涵养作用。在生态景观风貌方面，要遵守乡村发展历史规律，任何一个乡村的形成都有其文化底蕴和自然肌理，我们应尊重自然，只有这样才能将乡村建设得更加美好。

在以生态文明为导向的发展语境下，乡村体现着由气候和地理所决定的生存文化的差异性和多样性(温铁军等，2018)。在乡村生态环境中，地形、气候、水文等自然特征是乡村的基础，在设计改造过程中，应充分尊重这些自然特征，保留乡村地形地貌、水文条件、原始植被等，体现乡村生态景观要素，这些要素特征是乡村未来发展的基础，应坚持保护生态环境，维护乡村自然风貌。

通过对自然地形轮廓线、原始聚落格局、绿化廊道及乡村空间发展格局的控制，构建乡村的整体性自然布局。根据乡村的自然要素，比如地形条件、水文条件等，着力打造乡村开敞空间和建筑界面，强化绿水青山就是金山银山的乡村特色，彰显乡村自然格局特征。

挖掘乡村格局、传统居住空间，梳理传统历史文化，突出乡村特色。重点通过乡村文化广场、小游园等文化空间的打造，将历史文化与现代文明相融合，形成乡村特色文化。注入文化展示、文化旅游等现代功能，形成独具特色的风貌景观。适当应用地区传统建筑语汇与符号，对建筑色彩、材料进行指引，延续地域文脉。

从多元文化、多元服务体系功能出发，构筑功能主导的乡村景观风貌体系，凸显面向多元服务的空间景观内涵，展现乡村的多元面貌，提升乡村魅力和服务活力。抓住乡村发展建设契机，进一步提升乡村景观风貌质量，重点打造乡村门户形象和文化空间。通过系统规划完善路网，统筹安排旅游服务、文化体验等公共服务功能，不断完善开放空间与步行系统，全力打造互融共生、地域文化特色鲜明的乡村空间和景观风貌形象。沿主要道路进行绿化，在村内建设村民活动广场、健身广场等与村民生活密切相关的景观空间，设置门户景观及标志性建筑景观小品，增强村庄可识别性，突出规划村庄的个性特色，增强村民对居住地的认同和归属感。充分体现民俗文化特色，建筑空间格局应以地区的院落式格局为主，体现民俗传统文化传承和与当地自然资源的和谐共生。景观绿化植物应采取当地植物品种，环境小品设计要考虑人的尺度和日常行为方式，主要包括健身器材、廊架、坐凳、花坛、休息亭等设施，布置位置和尺度要恰当合理，造型避免单调，提高村庄生活居住的空间品质。

(二)乡村景观风貌整治意义

乡村景观风貌整治围绕“设施配套、村容整洁、生态优良、特色鲜明”四个方面开展，加强基础设施和村容村貌整治建设力度(表7-2)，使村民生活水平得到较大提高，村庄基础设施切实得到加强，村庄教育卫生和社会事业切实得到发展。充分发掘地域文化特色，合理利用村庄现有生态资源和农业资源条件，建设“生态环境优美、农业资源丰富、文化特色鲜明、旅游休闲突出”的美丽乡村。

表 7-2　江苏省村庄整治分类标准

序号	整治内容	序号	整治内容
1	生活垃圾	7	公共设施
2	生活污水	8	绿化美化
3	乱堆乱放	9	饮用水安全保障
4	工业污染源	10	道路通达水平
5	农业废弃物	11	建筑风貌
6	疏浚河道沟塘	12	村庄环境管理

资料来源：《江苏省村庄环境整治技术指引(试行)》2011 年 12 月。

在乡村景观风貌整治过程中，村民普遍认为美丽乡村的美应体现在优美的村容村貌和完善的生产设施上，美丽乡村建设需要解决的突出的问题是资金的保证和村民的支持，建设的关键是优化居住环境、增加资金投入和培育新型产业，美丽乡村建设最担心的问题是自筹资金比例过高、出现豆腐渣工程和形象工程，大多数村民愿意为建设美丽乡村贡献力量，新建或翻建住宅，愿意到村民集中建设点进行建设。乡村景观风貌整治应突出农民需求，农民认为住宅和居住环境的改进应重点加强住宅改建扩建、公厕改造和宅院外绿化景观建设，对村庄环境整治工作的评价主要体现在居住条件的改善、村庄更有特色、公共服务便利和有助于提高农民收入四个方面，认为重要的公共设施有老年活动室、村委会和公厕，最重要的经营性公共建筑包括农资店、农贸市场和便民超市，最重要的基础设施包括给排水、电力电信和公交站等设施。

乡村景观风貌整治是美丽乡村建设的重要手段之一，对促进生产发展、乡村文明等各项工作起着关键性作用。乡村景观风貌整治是农民期盼已久的民生工程，按照城乡统筹建设的总要求推进村庄整治，可以有效带动城乡发展，提升农村建设发展水平，促进农村经济与环境协调发展。党的十八大报告指出："要加大统筹城乡发展力度，增强农村发展活力，逐步缩小城乡差距，促进城乡共同繁荣"，并提出"为全面建成小康社会而奋斗"，体现了我国发展阶段的重大变化。

从 2004 年起，国家每年的一号文件中关于新农村建设的内容从未间断。为落实新农村建设的实施，建设部在 2005 年出台了《关于村庄整治工作的指导意见》(建村〔2005〕174 号)，为村庄整治工作的全面展开提供了理论指导；在 2006 年出台了《县域村镇体系规划编制暂行办法》(建规〔2006〕183 号)，为县域村镇体系规划的科学性提供了理论依据。《城乡规划法》自 2008 年 1 月 1 日起正式施行，体现了我国宏观层面上对城乡全面发展的新战略思路。

对于乡村景观风貌整治规划，农民满意度起着非常重要的评价作用。政府实施村庄整治项目的主体是农民，实际上农民就是"消费者"，所以满意度用在村庄整治成效的研究领域就叫作农民满意度。农民满意度即农民对政府及其他部门在村庄整治成效的事前期望、事中认知和事后实际感受相比较的一种主观评价。把村庄整治成效满意度化，通过农民对村庄整治成效满意度的调查来评价村庄整治成效的高低，这种做法很有意义。四分图模型也可以称为关键因素推导模型，是以定性研究为主的模型化分析方法。四分图模型可以结合村庄整治的各项指标进行调查研究，并对所有指标进行评价分析。评价指标分为两项属性，主要包括重要度和满意度，依据这两项属性选择相关人员进行打分，将村庄整治农民满意度的各个因素纳入四分图内，按照分类来计算整体满意度值。四分图模型上的横轴代表村庄整治农民满意度分值，纵轴代表重要度的分值。其中 A 区（即优势区）代表村民最为看重的因素，而且对其满意度评价也很高；B 区（即修补区）代表村民对评价指标比较看重，但是政府的工作绩效比较差，农民的满意度评价水平偏低，因此要进行整改；C 区（机会区）表示村民的满意度评价偏低，且对这些因素不怎么看重，政府不必急于解决这些问题；D 区（即维持区）表示村民的满意度评价水平高，但不是村民最看重的因素，政府不需要花费太大的精力去解决（图 7-1）。

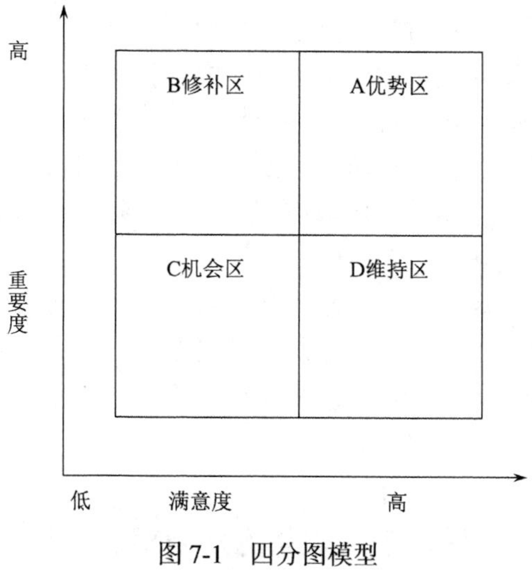

图 7-1 四分图模型

采用如下四分图模型评价公式，对指标的重要程度进行定量评价。指标重要度评价公式为

$$I_i = \sum_{j=1}^{m} K_j R_{ij} \tag{7.1}$$

式中，I_i 为被调研农户第 i 个指标的重要度；i 为重要度评价指标序号；j 为评价

指标重要度的相对等级；K_j 为重要度等级为 j 时的分值；R_{ij} 为第 i 项指标的满意度为 j 级时，被调研农户人数占总调研人数的比例。

指标满意度评价公式为

$$S_i = \sum_{j=1}^{k} X_i Y_{ij} \tag{7.2}$$

式中，S_i 为被调研农户对第 i 个指标的满意度；i 为满意度评价指标序号；j 为评价指标满意度的相对等级；X_i 为满意度等级为 j 时的分值；Y_{ij} 为第 i 项指标的满意程度为 j 级时，被调研农户人数占总调研人数的比例。

满意度总体评价公式为

$$P = \sum_{i=1}^{n} I_i S_i / (X_{\mathrm{m}} \sum_{i=1}^{n} S_i) \tag{7.3}$$

式中，P 为农民总体满意度分值；I_i 为被调研农民第 i 个指标的重要度；S_i 为被调研农民对第 i 个指标的满意度；X_{m} 为重要度等级最高时的分值。

指标评价体系既要建立衡量方案的标尺，又要构建出一个科学、客观且能综合反映不同因素的阶梯形式的层次结构。各地区根据自身的情况制定的村庄整治的类型各不相同，所以应针对村庄整治的类型选择合理的评价指标。指标量化过程中首先应确定指标重要度，如今大多数研究往往采用专家评分法，主要就专家与农民对指标重要度的评价进行比较并分析。主要调查农民对各项指标的重要度评判和满意度。满意度评价的实质内容是对其进行定量分析，往往采用一些数据来表达农民对指标的实际感受，所以在评价中要进行村庄整治各评价指标的重要程度及其满意程度的量化。

近年来，乡村景观风貌整治实践工作在各地区都有开展，且形式各种各样。政府给予了大力扶持，也投入了大量的财政资金，在改善农村人居环境、生产生活条件上取得了显著效果，为城乡统筹发展、推进新农村建设做出了积极的探索和实践。

第二节　乡村景观风貌整治规划理念、模式与方法

一、乡村景观风貌整治规划理念

（一）农业可持续发展

农业可持续发展依托农业资源，在生态学的基础上，注重资源、环境、社会、经济、文化等综合协调发展，以实现资源有效利用，减少对生态环境的破坏，促进农业长远发展，实现农业产业整治，以农业生产满足社会需求，实现农业价值。

以农业循环经济生产为主导，实现资源减量化，减少资源的浪费，实现效益最大化。农业可持续发展强调农业的主导地位，在我国乡村发展过程中应解决农村实际问题，充分重视农业种植及可持续性。

建设生态农业景观是乡村景观风貌整治的主要发展方向。乡村景观风貌整治以生态农业可持续发展为基础，通过建立多层次、多结构的景观系统，形成乡村独特的生态系统。以乡村现有的农田、道路、河流等为基础建立生态网络，形成生态廊道，营造完整的生态系统，以乡村景观风貌整治与农业可持续发展为整体，促进乡村可持续发展。同时加强对乡村景观的认识，对具体乡村景观环境中的生物多样性资源进行一定深度的研究，分析在乡村景观建设中生物资源的受威胁程度，为具体解决应用措施提供相应依据，以便更好地完成美丽乡村建设工作（王远等，2018）。

（二）生态规划

生态规划结合自然环境资源，在系统分析的基础上，对区域资源情况进行模拟分析，通过建立生态系统网络架构，开展环境适宜性评价，对乡村生态环境功能进行分析，统筹制定长远发展计划，实现环境资源和经济社会和谐发展。乡村景观风貌注重乡村的自然生态与社会文化协同发展，通过生态规划方法分析各要素之间的关系，分析生态系统资源的综合利用，将生态规划理念贯穿在整个设计过程中，以此来解决乡村规划中存在的难题，优化资源配置，集约土地利用，提升环境品质，实现乡村生态可持续发展。

乡村景观生态规划需要将乡村和景观两者相联系，传统的农业景观是乡村生态环境的基底，对乡村构建生态网络有着重要影响，乡村产业发展以农业为主，将乡村农田、花草、树木、山水等自然景观有机联系在一起，形成乡村的自然环境。依据乡村自然地形，依托乡村自然环境，保护乡村生物多样性及乡村景观结构完整性，对乡村生态空间进行研究，形成乡村景观系统的良性发展。

（三）景观美学

乡村具有自然美学与文化美学价值，乡村景观是自然景观的真实表现，能够反映乡村原生态景观环境，是自然景观与人文景观的综合特征。美学原则一般包括韵律、均衡、比例、统一等特点，乡村景观美学通过有规律地塑造景观风貌，使乡村环境空间整体性保持平衡，使环境空间与局部空间形成逻辑关系，明确各景观要素的空间比例关系，形成乡村空间载体与景观元素的统一。乡村景观的美体现在生态山林、水文气候、地形地貌等方面，这些自然景观资源构成乡村的景观特征，乡村人文景观环境众多，乡村建筑风格、地方民俗文化、农耕历史文化等都能展现乡村的景观价值、乡村景观之间彼此协调有序的空间景观风貌。

我国乡村景观规划起步较晚，需要借鉴和学习国外的先进理念及方法。如法国科玛小镇以美誉、节日、发展、葡萄、布局、街巷、公共空间等进行诠释，打造以葡萄酒为特色的小镇，展现当地优美的景观环境，将美学融入乡村景观中。美学在乡村景观中可提升生态环境，有助于居民幸福指数的提高。南京市江宁区黄龙岘乡村景观保留了原始植被，将景观规划与乡村生态环境有机结合，利用乡村自然资源，打造出多样性乡村景观，保护乡村自然生态环境，塑造地域文化特征，实现乡村景观可持续性，将美学融入乡村景观中，创建舒适、美观的乡村风貌。

（四）两山理论

习近平总书记提出的两山理论对乡村景观风貌设计起到了很好的引领作用，能够解决乡村发展过程中的难题，为建设美丽乡村指明了方向。两山理论的提出具有前瞻性，让乡村在发展过程中注重生态环境建设，因为生态环境直接影响乡村未来的长远发展，我们在追求乡村发展的同时，以绿色发展为基础，将两山理论贯穿乡村发展过程，推动乡村景观风貌环境宜人，乡村产业发展新颖，人与自然和谐共生。乡村景观风貌建设保留乡村原有历史肌理和文化内涵，开展生态旅游，让两山理论应用于乡村实际建设中，为美丽乡村发展作保障。

（五）乡村旅游

乡村非农化进程加快，职能由单一的农业生产向多样化发展，其内涵也得到了诠释（胡晓亮等，2020）。近年来，随着人们生活水平的不断提高，乡村旅游得到较快发展，带动乡村景观环境提升，促进乡村旅游健康可持续发展。乡村旅游与乡村景观密不可分，两者之间起到相辅相成的作用。乡村旅游通过保持乡村原有风貌，注重人文关怀，实现乡村发展。乡村景观规划注重人与自然的关系，保留乡村原有景观特征，结合旅游项目，推动乡村健康发展。

目前，江苏乡村旅游已处于成熟阶段，乡村旅游带来的乡村整治优势明显，乡村景观得到较大提升，如农业观光、农家体验、农业采摘等各种形式的乡村旅游推动乡村经济发展。乡村旅游的发展对乡村景观环境有更高的要求，同时也出现新的问题，如乡村旅游景观与休憩空间不足、乡村交通组织形式不合理、乡村参与体验式项目不丰富、乡村生活需求不满足现状等，这些配套需要进一步的完善（黄晓璐，2017）。

二、乡村景观风貌整治规划模式

（一）循序渐进型模式

乡村景观风貌随着乡村的历史发展过程在不断推进，乡村景观风貌整治要充分考虑农村现有基础条件及村容村貌实际需求，以调整乡村空间布局、完善基础设施为基本要求。乡村景观风貌设计以规划为前提，明确村庄建设内容，考虑近远期结合，分期逐步实施。加大村民参与规划过程，在前期调研、规划编制过程中广纳村民意见和建议，对规划实施有很大帮助，符合村庄发展因地制宜、分类指导等基本原则。乡村景观风貌设计过程有一定的时间性，不同阶段对乡村景观来说有很好的促进作用，对乡村景观风貌的可持续具有循序渐进的作用。

（二）村民自主创新模式

在传统乡村社会，村民之间不仅是血缘、地缘联系下利益相关的群体，更是共享文化、信仰和价值观念的共同体(孙枭雄和仝志辉，2020)。积极引导农民参与乡村景观风貌设计的全过程，加深农民参与农村环境风貌设计的认知，让农民真正了解、支持、参与该项工作，实现农民从“外部人”到“内部人”的角色转换，真正提高农民的主人翁意识。从理论角度来看，农民参与农村环境风貌整治有很大帮助，比如降低诉讼成本、打破僵局、提高效率等。从实践角度来看，农民参与可以提升整治的质量、取得农民信任、便于解决突出问题等。

（三）自主协同型模式

农村环境风貌整治应转变政府主导、自上而下的规划理念，加大农民公众参与度(表 7-3)，让农民真正了解实施村庄规划无论是对自身还是对村庄的发展都是有利的，让农民享有规划的主导权，发动农民积极参与，听取多种意见。规划设计人员可以与农民代表开展座谈，进行多次沟通与协调，将规划方案进行公示，吸取村民意见，农民参与规划的全过程，有利于提高规划的科学合理性，体现村民意愿，实施动态调整，便于村庄整体发展。结合相关政策引导，明确村民参与村庄规划的主观能动性，提升农民参与的效率，保障农民的合法权益。

表 7-3　村庄整治的参与组织与机制

公众参与阶段	村委会	村民
前期决策	提出方案供讨论	提出意见建议
中期执行	带头组织	投工投劳
后期监督	公布财务状况	实施监督权
长期维护	任务承包责任制	监督实施情况

资料来源：武秀梅等，2015。

(四)风貌整治规划模式

乡村风貌整治是实现乡村社会、经济、文化、生态、环境全面优化，乡村景观风貌设计以乡村规划设计为引领，体现乡村振兴战略。乡村风貌规划以景观为主线，进行乡村内部空间景观提升。乡村景观风貌整治以法规、政策、规范为指引，贯穿于美丽乡村规划体系之中，通过对上位规划的解读，以相关规划为依据，解决景观风貌设计中的问题，制定整治方案，实现资源优化配置。乡村景观整治需要一个创新模式，在设计过程中应有针对性，以满足乡村发展需要。比如门户景观、节点景观等应具有乡村气息，体现发展带来的精神风貌，促进乡村公共服务建设，挖掘乡村历史资源，结合新型技术手段，提高乡村的特色景观面貌，结合新兴网络技术，提高乡村整治带来的社会福利，提升人居环境品质，促进人与自然和谐共生。

乡村风貌整治是实现乡村生态环境与农业发展高效集约。乡村景观整治以人为本，充分考虑村民的意见和建议，保护生态环境，促进农业发展。景观规划以乡村自然环境为肌理，尊重乡村演变的自然规律，结合乡村自然地理特征，挖掘乡村景观资源，营造不同的自然与人文景观类型。在景观整治过程中避免对自然的干扰和破坏，维护乡村生态环境建设，保护乡村自然形成的格局，倡导乡土材料循环再利用，完善乡村生态环境建设，实现乡村文化传承，顺应自然发展规律。

三、乡村“三生”景观风貌整治规划方法

(一)以农业为主体的乡村生产环境景观整治规划

1. 镇村布局规划及优化

江苏省 2005 年开始推进乡村规划全覆盖，在全省范围内开展镇村布局规划，解决快速城镇化带来的乡村发展问题，如规模小、建设乱、布局散、环境差、配套缺等问题，综合考虑乡村现状规模、人口变化、农业种植、公共服务等因素，制定和完善了村庄布点，解决乡村存在的实际问题，为乡村景观风貌规划起到很好的促进作用。在规划实施过程中，增加乡村景观的适宜性，提高了土地利用集约化，完善了公共服务配套，有效改善了村庄环境。

江苏城镇化和社会发展较快，乡村人口向城市流动较大，其乡村发展面临着新的问题，村庄布点规划受到外部条件的影响需要进一步优化，乡村传统特色需要保护及延续，乡村人口老龄化及空心村现象比较突出，乡村公共资源配置需要提升等。江苏出台了《省政府办公厅关于加快优化镇村布局规划的指导意见》(苏

政办发〔2014〕43 号)文件，明确指出通过优化镇村布局，对村庄进行分类，分为发展村和一般村，在具体的优化过程中准确把握乡村发展方向及原则，对规划实施评价。通过深入调研，了解村民意愿，改善人居环境，传承乡村文化特色，提高规划的科学引领。

2. 村庄整治规划

村庄整治是美丽乡村建设的突破口，近年来国内各个地区都进行了整治的实践，也出台了一系列村庄整治的文件，为整治工作提供了理论基础，加快了新农村建设的步伐。上海在“十一五”规划纲要中列出了“1966”四级城镇规划体系，由“1 个中心城、9 个新城、60 个左右新市镇、600 个左右中心村”组成，通过归并自然村庄，合理配置农村基础公共服务设施，以核心村为集中聚集区；浙江省于 2003 年发布了《关于实施“千村示范、万村整治”工程的通知》(浙委办〔2003〕26 号)，即以村庄整治规划为先导，从整治农村的乱堆乱放、违章建筑、垃圾遍地、污水乱排的“脏乱差”等问题入手，加强村庄的环境整治力度。安徽省于 2012 年 9 月发布了《安徽省美好乡村建设规划(2012—2020 年)》(皖政〔2012〕97 号)，指出从 2013 年起，建设 1500 个中心村，整治 1 万个自然村，到 2016 年力争全省中心村 40%以上都达到美好乡村建设的要求。为落实十七届五中全会的要求，江苏省于 2011 年 9 月出台了《中共江苏省委江苏省人民政府关于以城乡发展一体化为引领全面提升城乡建设水平的意见》(苏发〔2011〕28 号)；为加快美好城乡建设步伐，改善农村村容村貌，同年江苏发布了《省委办公厅省政府办公厅关于印发〈全省村庄环境整治行动计划〉的通知》(苏办发〔2011〕40 号)等系列文件。自 2011 年 9 月以来，江苏省的村庄整治工作全面展开，“美好城乡建设行动”计划正式施行。

2013 年，江苏省提出用 3～5 年时间完成全省自然村的整治任务和目标，依据《村庄环境整治五年行动规划(2011)》，提出规划布点村庄要实现“六整治、六提升”，非规划布点村庄要实现“三整治、一保障”。村庄整治应尊重村民意愿、鼓励村民积极参与和注重村落特色，以改善农村设施配套和人居环境为整治的重点，能切实体现农民群众最迫切的需要、最关心的问题和最直接的利益，能综合调动政府、集体、农户和社会力量的资源和积极性。研究发现，我国关于村庄整治的研究大多是针对事前、事中方面的，主要内容包括村庄整治工程规划、村庄整治存在问题和对策、村庄建设模式等方面，而对村庄整治事后的评价绩效研究较少。所以，本研究能揭示农民对村庄整治的真实感受和需求，为政府下一阶段实施村庄整治提供一些参考和借鉴。

（二）以乡土文化为特色的乡村生活环境景观整治规划

1. 特色田园乡村规划

近几年，江苏省开展了特色田园乡村规划实践工作，结合新时代探索乡村发展之路。特色田园乡村主要覆盖乡村的自然空间和农业空间，探索乡村发展多元化路径，优化乡村自然肌理，挖掘和塑造乡村文化特色，以田园、特色、文化为主题。在编制规划过程中实现新的模式，汇集社会力量，其中包括设计单位、运营单位、环保单位、村民代表等，实现特色田园乡村的公众参与，充分吸纳先进理念和思路，让村民发挥主体作用，共同完成此项工作，实现田园乡村特色。

特色田园乡村通过梳理乡村发展中的历史遗存、乡村民俗文化、自然地形特征、气候水文条件、农耕文化、手工作坊等资源，确立村庄产业发展主导方向。特色田园乡村规划主要是对乡村复兴提出更适宜发展的要求，通过微更新改造，延续村庄自然风貌，实现田园、文化、空间的相互交融。通过功能植入，为乡村注入新的发展活力，满足现代乡村的生活需求。

2. 村庄建设规划

村庄建设规划依据上位规划内容，结合镇村布局规划确立的村庄产业发展内容，对村庄内部功能设施进行改造，对景观风貌进行有机更新。村庄建设规划内容主要结合村庄布局、公共配套、景观营造、民居建设、基础设施建设等设计，为了更好地指导村庄建设规划编制工作，组织制定了《江苏省村庄建设规划导则》。村庄建设规划要充分考虑村庄实际情况，避免城市化元素，加强传统村庄建设，因地制宜切实保护村庄文化。

推进乡村生态产业可持续发展，推进村庄规划编制工作。村庄规划的主题和对象是研究村域范围，对村庄经济、社会、自然、土地、空间等进行安排和布局，加强分类引导，对不同的村庄有针对性地提出建设策略。通过分析村域经济社会发展、自然资源条件、村庄现状情况，提出村庄重点发展内容，对村庄产业发展进行定位，明确村庄未来发展的主导产业，优化村庄布局，结合人口情况进行统筹安排，完善村庄公共服务设施配套。

（三）以可持续发展为目标的乡村生态环境景观整治规划

改革开放 40 多年来，我国经济快速增长，城镇化进程加快，农村产业结构不断调整，农村环境越来越受到重视。党的十九大报告提出实施乡村振兴战略，是解决人民日益增长的美好生活需要和不平衡不充分的发展之间的矛盾的必然要求，农村环境整治是实施农村人居环境整治的重要举措，在村庄原有设施的基础上，从农村的实际出发，整合有利资源，以政府为主导，以农民为主体，改善农村的生产生活条件和居住环境，促进农村的经济社会发展。乡村生态环境景观整治充分考虑农村环境现状，以环境整治为出发点，结合农民参与，提出了相应策略，为农村环境整治提供参考与借鉴。

在农村环境整治规划方案制定前，应充分调研村庄的自然地理特征、人口结构类型、社会经济文化等基础资料，从村庄发展实际出发，满足农民生活需求意愿，解决农民最关注的问题。重视规划基础工作，以满足农民生活需求，改善村庄风貌特征，完善基础设施，解决农村存在的突出问题，依据规划方案合理进行建设，实现农村环境整治良好效果。

规划应注重村庄生态环境建设，加大村庄生态环境保护力度，调整农村生产生活方式，以村庄现有自然条件为基调，着力发展村庄生态环境和社会精神文明建设，实现村庄生态资源多样化，规划以提升村庄整体生态功能为主要内容，促进村庄可持续性发展。村庄生态环境建设应从多角度出发，更加系统、全面地认识村庄生态环境系统，实现村庄生态环境可持续发展。

农村环境整治过程中要严格按照规划方案实施，整治过程体现并尊重民意，调动农民的积极性，让农民积极参与进来，维护农村环境整治成果，确保规划的可操作性。整治规划要因地制宜，结合村庄实际情况，进行逐步建设，不能因资金短缺及其他因素，随意更改相关内容，否则会使农村环境整治的整体效果受到很大影响。对于农民的合理意见，应及时采纳、总结、反馈，可以对规划方案进行动态调整，以符合农民的意愿，使规划操作性更强，便于规划实施。

有的农民在农村人居环境整治工作中思想觉悟不高，过分依赖政府，参与度普遍较低，因政府宣传力度不足，整体效果较差。在做好农村环境整治工作中，应充分解决存在的实际问题，加强宣传工作，让农民真正明白整治工作的重要性。通过宣传栏、广播、网络等方式，将农村环境整治的具体内容宣传到位，让农民了解整治内容关系自身的利益。对工作中表现突出的个人或集体加大宣传力度。宣传先进典型及经验成果，加强环保、村民公约等的宣传力度，形成人人参与的村民自治良好氛围。组织农民参观已整治完成的示范村，亲身感受整治带来的实际效果，激发农民参与的积极性与主动性。

在农村环境整治过程中，村干部起着非常重要的作用。可以采用奖励机制，如提高村干部的薪资待遇，绩效考核与整治工作成效挂钩，调整村干部的组织构成，可以通过吸引大学生村干部等方法，激发村干部的工作积极性，为农村环境整治提供人才支持。村干部在整治工作中发挥模范带头作用，在实际工作中应投入更多的时间和精力参与之中，以身作则，积极引导广大农民群众参与农村环境整治中，将整治内容落到实处。

农村环境整治成效需要经过一定阶段的考验，后期需要巩固整治效果，形成良好的行为规范，避免乱扔垃圾、乱堆乱放、破坏公共卫生等情况的再次发生。引导农民形成积极健康的生活方式，激发农民群众对高质量生活品质的追求，倡导良好文明行为，加强宣传和教育，带领广大群众爱护环境卫生，给予正确的引导和示范，让农民形成良好的健康生活习惯，积极参与农村环境保护中去，推动农村环境整治的良好发展，带动农民群众享受新时代农村文化氛围。

在农村环境整治方案实施过程中，村委会可以与农民签订协议书，让农民以主人翁姿态自愿参与其中，形成良好的社会氛围。整治协议内容可以全面系统地包含农民承诺、支持、拥护农村环境整治工作，农民可以根据要求清理房前屋后各类杂物，积极主动配合村里进行道路整治、污水处理、垃圾处理等工作，及时发现问题、解决问题，为农村环境整治工作夯实基础。

要提高农民环保意识。通常，农民环保意识比较缺乏，乱丢垃圾、乱排污水现象还很常见，在农村环境整治过程中应加大宣传力度，引导和提高农民环保意识。在农村环境整治过程中，一方面要加强农民环保意识的宣传，另一方面要完善农村污水处理、垃圾利用、无害化处理技术等，这些是农村环境整治中的根本问题，需要加强基础设施建设，加强新兴科技手段在农村环境整治中的运用，充分体现节能与环保。

在农村环境整治过程中，加强环保宣传，可以开展不同形式或主题的宣传教育，如在村内开设各类主题的培训，邀请环保专业人士或者先进典型，进行集中授课，提高和培养农民良好的习惯。结合国家相关法律法规，以《环境保护法》为基本内容，印制环保宣传手册，培养农民良好的环保习惯。

农村环境整治使村庄环境和农民生活条件得到很大改观。部分农民环保意识观念不强，整治后期维护工作需要加强。通过宣传环保法律法规知识，提高农民环保责任意识和环保监督意识。加强农村环境整治过程管理，与农民签订环境保护承诺书，对于破坏农村生态环境的事件进行严肃处理，对环境保护违法行为进行惩罚，树立良好环保意识。

农村环境整治实施过程中，农村整体面貌焕然一新，同时也带来一些新的问题，由于村民生活水平提高，农村生活污水排放、污染物类型和垃圾排放种类等增幅变大，农村环境的污染问题将会变得突出。如果整治过程中资金缺乏，会导致整治推进速度较慢，整治效果减弱等情况。农民传统的生活习俗在较短的时间内很难改变，随意排放污水、乱丢垃圾等现象时有发生，对造成的负面影响认识不足。农村秸秆利用率较低，遇到农忙时期，农村环境污染加大，将浪费一定的自然资源。通过开设高新技术培训班，向农民宣传秸秆还田的新技术，积极引导农民进行秸秆发酵还田、将秸秆用作气化燃料和生产有机肥料等。

要建立长效管理机制。农村环境整治要以政府为主导，农民为主体，共同建设美好乡村。在整治过程中，可以成立专门的工作部门，解决实际存在的突出问题。农村环境整治应以农民自主管理为主，充分表达农民意愿，让农民参与实施，自主管理。优化农村环境整治管理部门，可以适当在农村创新建立整治理事会，成员可以选用具备一定能力、有经验的老党员或退休干部，以及为村庄建设积极献言献策的人员。所有理事会成员应由民主推荐产生，并无偿为农民服务，理事会成员应既能参与管理，又能发挥群众监督的作用。

在农村环境整治过程中，要明确村级责任人，第一责任人由村干部担任，直接负责人由分管人员担任。在农村环境整治过程中做好事前明确分工、事中定期检查、事后监督管理等工作。镇级机关做好对村级负责人的工作绩效考核工作，分时段进行抽查、指导，将考核结果与负责人工资挂钩，奖优惩劣。通过建立完善的考核机制，将农村环境整治工作考核与负责人业绩挂钩，发挥考核的激励机制，起到良好约束和导向作用，建立以环境保护为基础的考核体系。

农村环境整治成果管理工作是一项长期过程，需要建立有效的管理体制。地方政府应出台管理条例，对农村环境整治后续管理工作形成指导作用。开展环境保护宣传教育工作，通过设立“农民环保公约”，提高村级干部和农民的环保意识，倡导节约资源和生态文明新风尚。在村容环境维护过程中，可以实行村干部带头包片包户、理事会成员带领大家定期大扫除、分段到户定期维护等考核激励机制，制定环境保护卫生整洁保洁制度，村庄内部应配备保洁人员，明确保洁内容及责任，对于费用可以农民自筹与上级补助相结合；或者安排农民轮流清理，实现农民自愿为村集体服务的形式；进行环境卫生评比，定期检查通报等。这样既能激发村干部和农民参与村庄维护的主动性，又能实现成果的长期维护，为政府节省一定的开支。对管理机制进行定期完善和不断创新，以期能长期高效地巩固农村环境整治成果。

第三节　案例分析——江苏省村庄景观风貌整治规划

一、乡村景观风貌整治实践

（一）洪泽区环境整治效果明显，农民生活水平显著提高

洪泽区各街道、乡镇大力开展环境全域整治工作，对各村（居）境内浔河、大荡河、幸福河、十里长河、后朱河、草泽河、山阳河、桃园河、南干渠、淮金路、双仁路、洪岔路、328 省道等河流、道路开展集中整治行动，对白色垃圾、乱堆乱放、杂物、杂草、沟塘漂浮物、空败房屋、露天粪坑、废弃广告牌、陈年垃圾等进行全面清理，河道沟塘全部达到底清、面净、岸绿。投入资金 458.52 万元在滨河村新建了“三格式化粪池”41 座，小垃圾房 41 个，购买垃圾转运车 1 辆；

西城中心村新建了微动力污水处理设施 1 座，铺设直径 300mm 的污水管网 1.5km，购买了垃圾转运车 1 辆，新建小垃圾房 48 座；岔河村新建微动力污水处理设施 1 座，工艺采用“生物滤池+潜流人工湿地”，铺设直径 300mm 的管网 2.5km；张马居委会新建了“三格式化粪池”48 座，购买了垃圾转运车 1 辆，新建小垃圾房 35 个；淮宝居委会铺设直径 300mm 的管网 1.2km，购买垃圾转运车 1 辆，新建小垃圾房 45 个，对支渠以上的排灌渠、干道两侧的沟塘和村庄内部的黑臭河塘进行了一次拉网式的清理；对家前屋后的杂物垃圾进行彻底清理，并精心选择垃圾容器布设点(图 7-2)。

图 7-2 洪泽区整治前后的对比图

同时，突出机制建设，落实长效管理。进一步完善农村居民普遍接受和遵守的村规民约，加快垃圾中转及处置等环卫配套设施建设，建立农村环卫保洁、交通设施、水利设施、公共绿化和公共活动场所“五位一体”的管护模式。此外，加强督促考核，巩固整治成果。加大对生态环境综合整治的考核推进力度，镇生态环境整治领导小组和镇纪委对各整治点暗访督查，下发整改交办单，严督实查，跟踪问效。

截至 2015 年底，已累计投入人力 25600 人次，投入整治资金 540 多万元，新购置垃圾清运车 26 辆，购买环卫垃圾桶 2500 只，新建垃圾池 269 处，新上挖掘机 36 台次，动用手扶拖拉机 1360 台次，对全镇 32 条河道水花生、悬浮物、白色垃圾进行全部清理，拆除破旧畜禽圈舍 486 间、拆除无人居住的破旧房屋 23000 多平方米，对全镇范围内 36 条主要道路两侧的白色垃圾、乱堆乱放物品、杂草杂物进行了全面清理；对房前屋后杂物、陈年垃圾进行了清理，清理烂草堆 1450 多个、杂乱菜园篱笆 1680 处。共清理积存垃圾上百吨，生活垃圾处理率达 98.9%。经过整治，岔河镇村环境焕然一新，村民生活环境明显改善。

（二）江宁区：农村环境整治推动旅游业发展

2015 年，南京市江宁区完成“千百工程”规划设计和方案编制工作，确立了 11 个示范村、28 个重点整治村、95 个一般整治村的整治任务。2015 年“千百工程”建设计划在不断完善村庄污水处理、交通道路、垃圾收运、房屋整治等基础设施建设的基础上，还将处理好田、林、山、水、路、村的互动关系，突出乡土情结、本土气息，还原乡村生态本底，努力使每个村庄都看得见山、望得见水（图 7-3）。

图 7-3　江宁区整治前后的对比图

谷里街道正式启动覆盖拉网式农村环境综合整治工程，重点建设污水管网和污水处理设施，结合此前开展的以“六整治、六提升”为主的村庄环境连片整治项目，共整治村庄 145 个，并成功打造了周村世凹桃源、大塘金两个生态旅游特色村。

（三）靖江市农业景观整治，秸秆还田成效显著

靖江市采取多种措施，充分调动农民积极性，强力推进秸秆机械化还田，有效破解秸秆焚烧的难题。夏季秸秆机械化还田率达 92.5%，秋季秸秆机械化还田率达 80%以上。

一是突出宣传发动，营造浓烈氛围。充分利用广播、电视、报纸、网络等媒体平台，以及现场会、农机科技入户、致农民公开信等多种形式，广泛宣传秸秆机械化还田的重要意义和奖补政策，营造出全社会共同参与的良好氛围。突出宣传秸秆机械化还田技术路线和示范典型，充分调动广大农民、农机手和农机服务组织实施秸秆机械化还田作业的积极性。

二是加大投入力度，强化政策扶持。市政府出台《秸秆机械化还田实施方案》，对采用切碎装置收割和机械化还田的，经第三方核实面积后，市财政安排夏季 50 元/亩、秋季 60 元/亩的作业补贴。补贴资金划拨到镇级财政，根据补助清册发放

给农机服务组织、农机户、实际种植户及村级集体经济组织。各镇也出台扶持政策，提高补助标准，进一步推动秸秆机械化还田工作。基本做到秸秆机械化还田作业由村组统一组织实施，无须农民承担作业任务。整个夏季市财政投入作业补贴资金 1452 万元，秋季投入 1600 万元。

三是狠抓技术培训，保证还田质量。市农委下发《稻麦秸秆机械化还田技术指导意见》，明确秸秆机械化还田技术路线。通过举办现场观摩会、培训班、技术咨询、发放明白纸等方式，因地制宜开展多种形式的机械化还田技术培训，确保农机手严格按技术规范实施作业，提高作业质量。加大农机农艺结合力度，加强田间管理，充分发挥农机化技术的增产增效增收优势。2015 年 9 月 18～25 日，在全市范围内按市级、镇村级不同层级分别开展秋季稻秸秆机械化全量还田及小麦配套栽培技术专题培训。2015 年 10 月中旬，利用靖江电视台《一周农事》栏目，举办了 2 期专题技术讲座。2015 年 10 月 22 日，市政府召开全市秋播暨秸秆机械化还田现场会，参观了水稻收割、秸秆切碎、秸秆全量还田、机械播种、机械开沟等整套技术操作现场。

四是统筹机械配备，确保作业动力。组织农机、农技人员深入田间地头开展调查摸底，做好秸秆还田机具的调查摸底和需求分析工作[按大中型拖拉机配套秸秆还田机械单季作业 500 亩/台(套)配备]，掌握还田机具的需求和缺口数量。利用“平安农机通”平台发布信息，积极调配，确保机具配备到位，以满足秸秆还田作业需要。组织农机手、农机服务组织与农户签订作业协议，培育秸秆机械化还田作业市场，保证全面完成作业面积。认真做好机具检修、作业用油及配件供应等各项保障工作，安排农机维修服务网点在作业期间设立 24 小时服务热线，随时提供保障服务。2015 年以来全市推广各类新型农机具 650 台(套)，农业机械化水平达 82%以上。

五是开展督查指导，形成推进合力。市农委实行秸秆机械化还田挂钩联系制度，成立秸秆机械化还田技术督查组，由 76 名农机农技专业人员对全市 196 个农业村进行包干，每人蹲点 3～4 个村，在秋收秋播期间深入田头，做好现场技术指导和监督，确保秸秆切碎长度、施足基肥、还田深度等秸秆还田关键技术要领落实到位。

(四)江苏东海：推进农村清洁能源工程建设打造“美丽乡村”

近年来，江苏省东海县在抓好秸秆禁烧的同时，大力推进秸秆综合利用工作，全力推广“秸秆—固化—生物质发电”“秸秆—沼气—气态燃料”“沼气—沼液沼渣—有机肥—有机农业”等农业生产新模式，探索出一条资源节约、环境保护、农民增收、企业创利的共赢之路。

2015 年，东海县共推广畜禽低碳养殖新模式 10 多项，在 200 多处规模化养殖场中建设了沼气工程，全县新涌现出青湖五丰、达康生态种鸭、连云港亨得利肥牛等 176 个大中型生态规模养殖场，全县以沼气利用、有机肥生产为主的生态畜牧养殖场达 1500 多个，生态养殖占全县畜禽饲养总量的 60%，年生产有机肥 300 万 t，使生态环保养殖逐步成为全县畜禽养殖的主导模式。

截至 2015 年，东海县累计建设农村“一池三改”户用沼气池 62880 户，规模畜禽养殖场沼气治理工程 228 处，大型沼气工程 4 处，秸秆气化集中供气工程 10 处，推广太阳能热水器 286530m^2，生活污水净化池 476 处，创建省级生态家园示范村 3 个，成立农村沼气乡村服务网点 82 个，总量居江苏省各县之首，形成了一批“猪-沼-菜(粮、果、花)”等沼气生态模式，实现了环境效益和经济效益的双赢。

二、乡村景观风貌整治规划实践——射阳县海河镇烈士村

海河镇是射阳县域西部门户中心，具有广阔的农业生产腹地和良好的现代农业发展条件，应充分发挥特色农产品生产和农产品加工优势，注重区域生态环境保护和建设，形成新农村建设示范区。海河镇属于射阳西北现代农业示范片区，烈士村位于射阳东西向经济主轴线上，是射阳县 2016 年重点打造的美丽乡村示范点，具有难得的发展机遇和政策支撑。海河镇在未来发展中将面临农业人口逐步减少的情况，产业发展将以高效农业和现代农业为主，烈士村必须抓住新型城镇化和美丽乡村建设机遇，注重特色农业、观光农业和休闲农业等发展导向，争取形成示范效应。

镇域产业发展：第一产业发展沿交通主要干道布置特色果蔬、花卉苗木、畜禽养殖，外围地区和阜余社区以北主要培育高效农业；第二产业村级工业用地逐步向镇区、园区集中；第三产业沿省道 329、省道 233、射建公路以点状的形式重点布局观光农业与休闲农业。2030 年海河镇乡村人口控制在 4.1 万人以内；镇域空间将形成“一心多点”的布局结构，“多点”即由 25 个重点村组成的农村居民点。烈士村的重点村庄名称为烈士一区。

烈士村产业发展注重农业产业转型，回归农村比较优势，从单纯农业种植向观赏农业、高效农业和体验农业转变，培育地域乡土气息浓郁的特色产业集群；精品果蔬规模种植，包括梨果、樱桃、油桃、火龙果、猕猴桃、草莓、葡萄、西瓜、紫苏等良种培育、种植和初加工；优质粮食联耕联种示范区，包括射阳大米规模化联合种植、加工和集散示范区的打造；结合精品果蔬种植，依托便捷的对外交通优势，大力发展烈士村特色果蔬农产品加工业，如果酱、果脯等农副产品深加工等产业；充分利用交通优势与村庄环境面貌改造提升的发展契机，发展千亩采摘园，建造一批以农家乐建筑为载体，以“参观田园风光、采摘优质果蔬、领略农耕文化”为主题的旅游配套与休闲场所，带动第三产业发展。

烈士村景观规划突出苏北水乡自然风貌和田园风光特色，注重构筑村内外相互融合的景观体系，依托村庄“锚状”水体和周边田园景观渗透，规划形成“一廊、一带、两区、三轴、多节点”的景观结构。“一廊”指村庄南部步行入口往北规划形成景观步行廊道，沿线布置宣传栏、葡萄架和植物绿化直达中心绿地；“一带”指沿中央水体形成带状滨水景观廊道，规划应注重水质保护及河道岸线的生态防护和景观设计，形成苏北水乡村落整体景观格局；“两区”指村庄乡土住宅景观区和公共建筑景观区，形成统一和谐的建筑风貌区；“三轴”指沿村庄主干路构建村庄对外联系的道路景观通道，规划通过统一和谐的沿街建筑立面景观，增加道路绿化和配套设施，打造具有节奏韵律、错落有致的通道景观风貌；“多节点”指村庄门户景观节点、绿地景观节点、公共建筑景观节点，在为村民和游客服务的同时，进一步提升村庄标识性，凸显村庄景观风貌。

三、乡村景观风貌整治建议

经过近年来的乡村环境综合整治，江苏省农村人居环境得到了较大程度的改善。首先，村容村貌更加整洁。生活垃圾、生活污水等得到有效治理，乱堆乱放得到全面清理，环卫保洁机制基本建立。其次，生态环境更加优良。农村环境连片整治取得显著成效，各类污染得到有效控制，自然资源得到合理保护和集约利用，绿化美化水平显著提高，河塘环境得到明显改善，环境质量全面提高。再次，乡村特色更加鲜明。山水林田湖草自然风貌得到保护，历史文化得到弘扬，建筑特色得到彰显，平原地区更具田园风光，丘陵山区更具山村风貌，水网地区更具水乡风韵。最后，乡村公共服务更加配套。推进乡村道路、给水排水、绿化环卫、清洁能源、供电通信等基础设施达村到户，村庄公共管理、科技教育、医疗卫生、文化体育、社会服务等设施配套齐全、功能完善。

第八章　乡村生态环境保护与修复

第一节　乡村生态环境保护与修复内涵及策略

一、乡村生态环境保护与修复内涵

人类建设活动的开展会对生态环境产生一定的影响，给乡村的发展带来挑战。新型城镇化建设实现了乡村的整合与发展，传统的自然村落受到外部环境的影响，生态空间发生了变化。由于乡村生态系统比较脆弱，外部环境的影响会加剧村庄环境的变化，而且乡村生态平衡需要维持，生态服务功能需要重视。随着美丽乡村的建设，农村环境得到了改善，但同样也存在很多问题，如农村生活垃圾处理不当、农业生产设施利用不当、农村环境污染问题越来越严重等。这些问题的存在对实现农村可持续发展、维持农村生态平衡等具有不利影响，需要通过解决环境污染问题，减少污染带来的影响。

近年来，我国逐渐重视乡村自然生态环境的建设和管理，各地区也在大力推动美丽乡村建设，但在乡村自然生态系统保护和修复方面的实践大多集中在某一项或几种技术上，部分技术的普适性还有待完善，缺乏满足乡村自然生态保护与修复综合技术集成而又经济可行的示范项目(杨小丽等，2018)。随着乡村产业的不断发展，农村生活垃圾有所增加，垃圾处理方式较为单一，缺少专业保洁人员，缺乏专业人员指导垃圾处理，对农村环境带来一定影响，造成农村环境质量下降。目前，农村生活垃圾主要采用户分类、村收集、镇转运、县处理的方式，村民对生活垃圾的处理尚未形成良好观念，而是将生活垃圾随意堆在房前屋后、荷塘沟渠等处，对农村生活环境造成影响，破坏了乡村整体环境。对于垃圾分类内容不明确，将可回收与不可回收垃圾随意混淆在一起，造成资源的浪费，体现不出变废为宝、科学分类的理念。

随着城市化进程的加速，诸多环境问题日益凸显，乡村的生态环境修复成为亟待解决的问题之一。党的十八大报告明确提出把生态文明建设放在突出地位的要求，美丽乡村建设成为我国经济社会的发展目标，全国各地相应地开展了相关研究和实践探索(于冰沁等，2017)。随着科技的发展，乡村种植已从传统分散的农业耕作模式转化为现代化大型联耕联种模式，种植过程中所使用的农药、化肥短期内不会被全部吸收，多次被雨水冲刷，逐步进入土壤，使土地板结，土壤中的有机质大量减少，不利于土地重复使用；如果流入河流水系会使动植物死亡，给河道水系带来一定的污染。生态农业、高效农业、特色农业等产业类型在农村的实施过程中，也会带来一定的问题，比如大棚种植会使用很多农膜，这些农膜的重复利用率较低，很多农膜在用过后不能继续使用，造成白色污染，给农业生产带来影响。

（一）乡村生态环境保护与修复内容和特征

乡村生态环境保护是我国新时代发展的重要体现，积极引导乡村可持续发展，实现乡村生态系统平衡，统筹城乡发展，为美丽乡村建设持续发展做出努力。

1. 乡村生态环境保护与修复内容

乡村生态环境保护强调生态、水文、美学等，将自然资源与人文资源统一，重点关注乡村生态脆弱、生态敏感区域，结合生物多样性特征，拓展对乡村生态环境景观的分析，实现人与自然环境的和谐统一。乡村建设发展影响经济、环境等，如土地资源的利用、大气污染、水体污染、噪声污染都会对乡村居民产生影响，这些利用和污染会影响乡村可持续发展，乡村建设既要满足当代人的需求，又不损害后代人满足其需求能力。乡村在过去、现在、将来都要实现生态可持续发展，这样乡村才能长久发展下去，推动社会进步。乡村生态环境系统是促进乡村发展的基础，提高乡村生态环境质量，营造良好宜居的生活氛围，促进人与自然、人与环境、人与人的和谐共生。透过生态视角看农村，乡村是一个完整的生态系统，主要体现在乡村与周围环境互动、保持生态系统平衡等方面，是人类居住的主要空间单元。乡村建设过程在一定程度上是对生态系统的破坏，未来乡村的发展是实现乡村生产与生活、文化与自然、保护与发展的新的平衡，因此更应注重人与自然的和谐发展。

城乡一体化发展背景下，未来乡村的发展主要包括乡村生态环境保护、乡村产业发展、乡村空间特征塑造、乡村人居环境建设等方面，通过乡村规划发展促进乡村协调发展，实现城乡统筹发展。未来乡村发展以适合人的生活为根本目标，对村庄内部交通、景观、基础设施、公共设施、生活需求等方面进行完善，打造美丽宜居的村落。受现代化因素的影响，一些新型的乡村类型应运而生，如淘宝村的出现，产生的快递包装垃圾与日俱增，主要包括快递运单、编织袋、塑料袋、封套、包装纸箱、胶带等。快递包装材料浪费严重，给乡村发展带来一定的环境污染问题。只有加大公众参与力度，倡导生态文明，使乡村生态环境保护深入每一个村民的意识中，才能实现乡村发展。

随着城镇发展逐步向农村延伸，污染也逐步向农村转移，许多污染程度较高、能源损耗较大的工业企业转移到乡村，这样会导致农村污染加剧，影响农村整体环境。农村河道水系的净化能力有限，无法满足工业企业的排放使用要求，会造成农村河道水系污染更加严重，水质变得更差，与乡村整体环境不协调。因此，对农村污水的整治非常重要，很多乡村进行了污水处理，减少污染物对河道水系的污染，改善了农村生态环境。在农村建设过程中所产生的垃圾需要进一步处理，比如农村道路工程、河道清淤工程、农村废气治理等，以形成完善的治理体系。

2. 乡村生态环境保护与修复特征

随着城乡一体化的发展，我国乡村从传统的乡土社会转型为后乡土社会。后乡土社会是农村发展过程中形成的社会结构，后乡土社会是对乡土社会的继承和延续，为乡村社会发展带来新的发展路径。党的十九大报告提出实施乡村振兴战略，建设美丽中国，为人民创造良好的生产、生活环境。生态文明建设是建设美丽中国的内容之一，而加强农村环境建设也是提高农村居民生活水平和身体健康水平的必要手段。农村环境整治是为了改善农村生产、生活条件，对农村公共服务、农民生活条件等方面进行的实践，最终提高农村人居环境质量，打造生态宜居的乡村环境。乡村生态保护特征主要体现在协调性、动态性、相对性、层次性等方面。

协调性：乡村生态环境保护重视研究村域范围内的整体协调性，明确乡村要素之间彼此的联系，重点强化乡村生态互补。乡村生态环境保护研究的是乡村空间结构内各用地之间的景观联系和有机互补地综合协调，以实现乡村整体协调发展。

动态性：乡村生态环境是乡村发展重点关注的内容，乡村发展是动态过程，体现了乡村规划由静态向动态调整的过程。乡村发展以生态为基础，乡村环境体现了乡村自然特征，受乡村规划及外部条件的影响，乡村生态环境保护规划是动态调节的过程。乡村发展是连续发展的过程，随着新时代进程的推进，乡村会有新的变化，这种变化会引导乡村可持续发展，整个过程是动态变化的过程。

相对性：乡村规划注重生态环保优先原则，乡村生态环境保护是乡村经济、社会发展的基础，优化乡村公共服务设施配套，提升乡村产业发展，统筹安排乡村规划布局，面对乡村建设的复杂性，提出乡村规划的相对性，且发展的同时会带来各种问题，这种相对性以生态为优先，贯彻于乡村的生产、生活、生态等方面。

层次性：乡村规划应具有层次性，不同层级代表不同的发展阶段。生态环境保护特征同样具有层次性，主要包括生态培育、生态多元、生态提升、生态结构等方面，这些层次之间相互补充，完善了乡村空间结构，为乡村人居环境、环境卫生、基础设施、公共设施、道路交通、景观绿化等提供了整治方案。

(二) 乡村生态环境保护与修复对乡村整治的影响

乡村生态系统是指在自然界空间内，由生物体与生存环境所构成的统一体，其中生物体与生存环境之间相互影响、相互制约，并处于相对稳定的动态平衡状态中，该动态平衡关系一旦被打破则需进行修复。生态修复系统作为乡村修复的基础，是乡村文化修复的支撑，是人与自然共同体和谐发展的根本，其本质是对生物体和生存环境二者之间关系的修复，目标是对人类生存环境发生直接或间接影响的山、水、地及其衍生出来的种群的修复，因此，其涵盖山体修复、水体修复、大地修复、种群修复四要素。对四要素生态结构、生态廊道、生态节点进行系统化提炼和修复，可恢复生态系统的服务功能，重建生态链格局并支撑城市、物种的多样性及生态文化的发展。修复乡村在文化传承、生态环境维护等多方面的功能，在一定程度上延续了乡村价值(王国恩等，2016)。

乡村地域文化的塑造将形成可被认同的社会意识形态和理念，以引领社会发展，最终形成超越地域和民族的人类命运共同体。因此，文化修复是乡村修复的高层次目标，是对乡村所处地域真、善、美文化与社会民俗的系统性修复，反映千百年来该地域的文化积淀，包含物质文化与非物质文化的双重修复。通过对物质及非物质民族和民俗文化的提炼，以及新时代社会文化的再塑，修复地域文脉系统、文化风貌系统、社会文化系统，促进人、地、城之间文化与情感的交融，提高整体文化自觉，塑造乡村文化风貌。

随着我国对农村环境的不断重视，提升农村人居环境，应从农民最关心、最直接的公共服务、生活条件、基础设施等方面入手，创新农村社会管理，保障农村基础设施和公共服务设施的运行。农村环境整治的主要内容集中在农村公共服务方面，对农村环境整治进行实地调研，全面了解农村公共服务的现状，分析公共服务存在的缺失和问题，建立完善农村公共服务体系。农村公共服务主要体现在文化、教育、体育、卫生等方面，通过标准化建设，满足公共服务配套，符合农村实际需求。

目前，许多农村现有的公共服务设施分布不均，较为分散，十分不便，农村内部缺乏公共活动场地，缺少图书室等文化娱乐服务设施和村民游憩场所，整体上公共服务设施较少，难以支撑未来农村的经济发展和社会需求。农村公共服务体系建设正处于一个由“管治空间”向“服务空间”、“权威空间”向“生活空间”、“单向空间”向“互动空间”转变的阶段。农村公共服务通过空间再造，融合农村文化，推动农村整体协调发展。

乡村生态环境保护与修复对改善农民生活条件有着重要作用。农村环境整治对农民住房、院墙、停车场、绿地等方面进行整修，解决农民实际生活需求，提高农民居住条件。依照“绿色、生态、宜居”的发展理念，农村居住建筑通过立面改造及功能提升，结合地方风貌特征，形成乡村独特的建筑风格，以此来改善农民居住设施。农村生活环境管理应结合农村实际情况，稳定有序地开展相关工作，通过制定村民公约，引导农民参与村庄自治，提高村民的主观能动性，使农民生活住房条件、居住环境状况、生活成本等方面得到改善。农村居住环境是衡量农民生活质量的重要标志，农村居住环境的提升有利于改善农村整体风貌，提高农民生活水平，促进农村社会经济发展。

农村基础设施建设是农村环境整治的主要任务，基础设施建设周期较长，资金投入量较大，建设过程相对复杂，因此很受重视。农村污水处理是农村环境整治的重要环节，关系到农村环境整治的成效，所以要加强农村基础设施建设，完善农村污水处理设施，实现污水分类排放，污水经过处理变为灌溉用水，以节约水资源。雨水收集要因地制宜采用沟渠收集或充分利用地形自然排放，排水沟渠应加强日常清理维护，保证排水畅通。农村基础设施的建设，应充分体现节约和有效利用资源，带动农村整体经济发展。农民是基础设施的使用者，也是受益者，应积极参与基础设施建设，通过入户调查，了解和掌握农民所需，真正将基础设施建设落到实处，以保障农村环境整治的顺利进行。

农村生态环境保护应注重生态理念，以新型农村规划指导乡村建设。乡村范围内的居住空间、绿化空间、游憩空间、生产空间、生活空间构成了农村综合空间，是乡村的组成部分。乡村发展以空间为主线，以生态为根本，实现农业生产环境可持续发展，农民生活环境得到更大改善，农村景观环境在自然变化中取得更好的发展，乡村文化得到传承和保护。

乡村是中华民族农耕文明的实践场地，乡村社会发展传承乡村文化发展，形成乡村独特的历史人文环境。生态文明建设和绿色发展顺应时代潮流，将生态融入乡村发展过程中，以两山理论为基础，结合乡村实际需求，发展绿色农业、田园乡村，实现乡村经济可持续发展，从根本上改变乡村面貌，实现人居环境提升，为乡村发展提供良好的机遇，使农耕文化得以传承。

二、乡村生态环境保护与修复面临的问题与困境

(一)生态修复不重视、理解不到位

在乡村生态环境保护与修复实施过程中，村民参与程度低，宣传力度不够，相关政策宣传不到位，容易形成一定的偏差，影响乡村生态环境保护与修复工作的推进。经过调查，很多乡村没有进行过有关环境保护的宣传教育，导致村民对环境保护认知不足。因此，需要进一步加大宣传力度，可以通过政策宣讲、张贴宣传标语等方法，让村民真正了解乡村生态环境保护与修复的内容，明确方向，对实施方案起到促进作用。通过广泛宣传，村民可了解乡村生态环境保护与修复

带来的效果，对推动乡村可持续发展有很好的借鉴作用。

由于村民文化层次不同，有的村民缺乏主观能动性，环保意识比较淡薄，会影响乡村生态环境保护与修复，必须改变乡村居民陈旧的思想观念，使其以主人翁的精神参与乡村生态环境保护与修复工作中。在乡村规划编制过程中，村民应积极建言献策，共同完成乡村规划设计。为了改善村庄环境，村庄保洁人员即使每天进行打扫，但仍有乱丢垃圾的现象，需要转变环卫意识。村庄进行环保宣传时，要使村民自愿加入村庄环境保护队伍中，还需要一个过程，要让村民真实体会到农村环境整治带来的便利，增强村民环保观念，以利于乡村生态环境保护与修复的有效实施。

（二）体制机制有待完善

乡村生态环境保护与修复完成以后，后期管理机构不健全，监督管理服务不到位，容易造成后期服务质量不高等问题。在实施过程中，需要多部门的合作，协助做好整治前后的管理工作，待修复完成后，加强管理，以免造成事后管理不到位的状态。农村环境整治是一个动态实施的过程，实施阶段需要及时调整更新，以此来完善后续管理内容，积极探索乡村生态环境保护与修复长效管理机制，完善相关管理制度及工作内容，加强监督管理，促进乡村生态环境保护与修复可持续发展。

（三）投入资金筹措困难

乡村生态环境保护与修复内容较多，需要投入的资金量较大，资金投入主要用于污水处理、村庄基础设施建设、垃圾分类、村庄清洁、村庄美化等，这些资金的投入费用预算较多，需要分期来逐步实施，由于农村环境整治需要一定的过程，资金投入不能在短期内见效，整治内容还不够全面，村民对村庄整治满意度降低，给后续管理带来困难。

乡村发展摆脱对传统农业的过度依赖，将自然环境保护与资源开发相结合（马历等，2019）。明确村庄发展定位目标，立足村庄长远需求发展。在乡村生态环境保护过程中，加强村庄基础设施建设，提升村庄产业内涵，对农业资源有效利用和农村发展有很好的促进作用。在调研过程中发现，乡村生态环境保护主要依靠资金投入，但是投入比例与农民满意程度并不成正比，村民对环境整治满意程度有不同的观点和认知。乡村生态环境保护资金投入力度大，整治的项目较多，农民满意度也随之增强。因此，要按照既定目标，认真落实各项建设任务，以解决农村实际需求为主，为农村长远发展考虑，因地制宜，促进农村健康发展。

(四)生态科技支撑有待加强

乡村基础设施相对薄弱，而生态、文化、环境等方面离不开基础设施，可通过加大基础设施建设，改善和修复乡村生态环境。乡村的生产管理粗放、生产设施落后、生产技术缺乏等严重影响乡村发展，作物秸秆“四化”、畜禽粪污资源化利用、有机肥代替化肥、地膜的回收与降解需要依托科技来实现，这种科技能够有效改善农业生产方式，实现农村人与自然和谐发展，因此只有加强乡村生态科技支撑，才能实现乡村生态保护与修复可持续发展。

三、乡村生态环境保护与修复的理念及策略

(一)坚持以“两山”理论为指导的乡村绿色发展

绿水青山就是金山银山是习近平总书记对人与自然关系的哲学解读，是乡村生态保护与发展的理论基础。乡村是实践绿水青山就是金山银山的主要场地，它集聚了历史、文化及自然资源，为实现乡村振兴战略积极实践，在实践过程中促进乡村长远发展。切实将生态环境建设与社会经济发展相统一，实现乡村良性发展循环。在推动乡村绿色发展过程中，所有参与者都要践行两山理论和绿色发展理念，不断提升自身的综合文化素养，实现百姓富、生态美、国家强的良好愿景。在实施绿色发展和两山理论过程中，我们要尊重自然，转变观念，实现资源自信、生态自信和文化自信。

充分发挥绿色理念及两山理论在乡村整治中的指导作用。坚持乡村创新发展，优化乡村资源配置，实现乡村经济与生态保护和谐发展，平衡乡村发展中的生产、生活、生态三大要素，推动乡村自然和文化和谐统一，强化乡村要素间的互补，以共享发展理念推动乡村整治，让老百姓真真切切获得幸福感。乡村产业发展是助推乡村发展的主要因素，产业兴旺是乡村发展的主要目标，在绿色理念及两山理论指导下，乡村发展应加大产业投入力度，结合当地自然资源，构建现代化产业，实现乡村一二三产融合发展，丰富乡村产业形式，以“互联网+智慧农业”为主线，挖掘农业产品，以新的农业产业链提高农民收入，以智慧乡村旅游为引导，最大化利用田园风光、乡土文化、绿水青山等自然资源，实现乡村整体风貌。

乡村的绿色发展及绿水青山是大自然给予的自然之美。应充分挖掘乡村历史文化资源，传承农业文明和乡土文化，守护好绿水青山，尊重自然肌理及民俗文化，打造历史与现代结合的新型乡村，让“看得见山，望得见水，留得住乡愁”在乡村能够真正成为美好所在。加强对乡风民俗、农业遗迹、文化遗产等的保护利用，将农村非物质文化遗产，如乡村文化纪念品、手工作品、节庆活动等资源传承下去。乡村类型不同，建设模式也有区别。自然资源型乡村应体现绿水青山

并进行保护，文化型乡村应充分挖掘历史文化资源，综合型乡村应打造田园特色，改变传统生产生活方式，让乡村发展旧貌换新颜。

(二)注重打造乡村山水林田湖草生命共同体

习近平总书记从生态文明建设视角做出了山水林田湖草生命共同体的重要论述，对指导乡村发展起到非常重要的作用。注重乡村可持续发展，改善人居环境，推动镇村布局、产业发展、基础设施、公共服务等规划相互衔接，布局合理、功能完善。发展循环经济，实现农村生态效益和经济效益的统一，发展农业循环经济的主体是农民，只有让农民了解其重要性和紧迫性，才能把发展循环经济的意识变为农民的自觉行动。加强生态教育，推进生态文明理念在乡村的普及，生态教育的主要内容包括生态知识、生态意识、生态道德、生态法规等方面，构建科学的生态教育内容体系，有利于生态教育更加适应时代的发展，履行生态责任，充分发挥政府的主导作用，在村庄治理过程中，要充分体现规划的指导作用。这些自然要素存在内在联系，彼此之间相互依存。当前以生态优先、绿色发展共同推进乡村山水林田湖草生命共同体的建设，将生态文明理念落到实处，我们应节约和保护资源，像对待生命一样对待生态资源。打造乡村山水林田湖草生命共同体，才能维持自然生态系统可持续，为人类生存创造良好的生态环境(华启和，2020)。

(三)践行“生态产业化+产业生态化”，倡导绿色生态农业发展

党的十九大报告提出“产业兴旺、生态宜居、乡风文明、治理有效、生活富裕”的总要求，我们应践行“生态产业化+产业生态化”理念，倡导乡村绿色生态农业发展。乡村农业产业类型丰富，布局合理，农业循环符合乡村发展规律。随着乡村振兴战略的实施，生态农业、绿色农业、循环农业、高效农业、特色农业等不断发展，逐步形成了完整的农业体系。在发展的同时应尽量减少农业污染和减轻资源环境破坏，促进农业资源可持续发展。整合农业资源，形成规模化种植、养殖等，倡导无公害绿色农产品，结合环保技术，实现农业废弃物综合利用，推动农业资源循环利用，实现农业绿色发展。

(四)体现乡村生态宜居理念，加强乡村污染综合治理

积极推广新型绿色环保技术，将低影响技术融入乡村规划。新技术工程实践不仅可以推动乡村基础设施建设，而且能够改变乡村的生产生活方式。农业现代化进程需要新技术作为支撑，提高农业产品质量，推广绿色生产、健康生活，减少农村环境污染。在乡村规划设计过程中降低建设成本，运用乡村建设材料，体现传统乡村的原材料。积极开展绿色生态防护建设，引导村民积极使用本地材料，

将废弃物循环再利用，把节能环保材料和技术运用到美丽乡村建设中。

2011 年 9 月，江苏省委办公厅、省人民政府办公厅印发了《全省村庄环境整治行动计划》的通知，以普遍改善村庄环境面貌、提高农民生活质量为目标，以“六整治”、“六提升”为主要内容，全面实施村庄环境整治，加快改善村庄设施条件，不断提升公共服务水平，努力形成环境优美、生态宜居、特色鲜明的乡村面貌。纵观最近几年江苏省出台的农村环境整治相关的政策措施，大致可以分为三类，导则规划类、补贴项目类、建设示范类。其中导则规划类主要是指与乡村建设相关的规划、技术、标准、考核意见等的制定与出台，补贴项目类主要是与乡村建设相关的财政补贴项目申报，建设示范类主要是乡村建设工程的财政补贴建设示范项目申报，具体相关政策见表 8-1。

表 8-1　江苏省农村环境综合整治与节能减排相关政策措施一览表

政策类别	政策措施名称	颁发单位	文件号
导则规划类	关于村庄整治工作的指导意见	建设部	建村〔2005〕174 号
	农村生活污水处理适用技术指南（2008 年试行版）	省建设厅	苏建村〔2008〕154 号
	江苏省节约型村庄和特色村庄建设指南	省建设厅	苏建村〔2010〕515 号
	全省村庄环境整治行动计划	省委办公厅 省政府办公厅	苏办发〔2011〕40 号
	江苏省美丽乡村建设示范指导标准	省建设厅	
	江苏省农作物秸秆综合利用规划（2010—2015 年）	省政府办公厅	苏政办发〔2009〕133 号
	江苏省人民政府关于全面推进农作物秸秆综合利用的意见	省人民政府	苏政发〔2014〕126 号
	江苏省 2015 年农作物秸秆综合利用实施指导意见	省人民政府	
	江苏省 2015 年秸秆综合利用考核办法	省人民政府	
补贴项目类	关于 2009 年苏中、苏北地区乡镇压缩式垃圾中转站建设项目申报的通知	省建设厅	苏建村函〔2009〕4 号
	关于下达××年度省级城乡规划全覆盖及村庄建设整治专项资金的通知	省财政厅、省住房和城乡建设厅	
	江苏省农作物秸秆机械化还田作业补助资金管理暂行办法	江苏省财政厅 省农机局	苏财农〔2015〕44 号
建设示范类	江苏省新一轮农村实事工程实施方案的通知	省政府办公厅	苏政办发〔2013〕22 号
	关于印发 2009 年全省农村环境综合整治示范村名单的通知	省政府办公厅	苏政办发〔2009〕88 号

续表

政策类别	政策措施名称	颁发单位	文件号
建设示范类	关于开展2014年度美丽乡村建设示范工作的通知	省农村综合改革领导小组办公室	苏农改办〔2014〕2号
	江苏省村庄规划建设示范实施办法	省建设厅、省财政厅、省农村综合改革领导小组办公室	苏建村〔2013〕362号、苏农改办〔2013〕9号
	江苏省2018年农村危房改造工作实施方案	省住建厅 省财政厅	苏建村〔2018〕421号
	江苏省推进畜禽粪污还田利用依法加强养殖污染监管工作方案	省农业农村厅 省生态环境厅	苏农牧〔2020〕31号

(五)加强绿色基础设施建设与环保技术应用推广

乡村建设过程中，应加强绿色基础设施规划建设。绿色基础设施建设可解决乡村发展难题，避免乡村的城市化。绿色基础设施是自然、社会、经济可持续发展的生态框架，是联系乡村的公共开敞空间，包含乡村湿地、景观、农业等。乡村绿色基础设施规划建设强化乡村自然的延续，构建绿色健康稳定的乡村生态网络，修复河道，增绿补绿，改造景观，营造开敞空间，保护乡村耕地、农田、林地等，保护乡村生物多样性，完善乡村绿色基础设施建设。

乡村绿色基础设施建设已由过去小范围的试点示范发展到大规模的集中连片、整村推进，从过去单一的生活领域扩展到生产领域、生态领域和环境卫生领域，已经成为一项改善农村生产生活条件的基础工程、发展农村经济的关键工程、让农民得益受惠的民心工程。乡村环保技术及节能减排工程建设成效显著，主要体现在以下几个方面：第一，优化了农村用能结构，实现了农业节能减排。当前，能源紧张已成为制约经济社会发展的重要因素，农村的能源问题更为严重。特别是农村的生活能源，20世纪80年代以前，经历了漫长的薪柴阶段，1980年以后，一部分富裕的农民用上了煤和液化气。目前，随着电价的下降以及沼气、太阳能等清洁能源的利用，农村用能结构已经得到很大程度的改善，相关职能部门出台的农村节能减排相关政策更是促进了农村用能结构的进一步优化。不仅改变了农村的面貌，而且实现了农村的节能减排。第二，实现了农业资源的循环利用，促进循环农业建设。随着经济的快速发展，农业和生产方式也发生了显著的变化。一方面，享受现代工业的成果，农业生产过程中大量运用农用机械，施用化肥、农药等投入品，使农业劳动生产率大幅度提高，农产品产量大幅度增长；另一方面，过量施用化肥、农药等投入品，造成了农业生态质量下降，农产品有害物质残留量增加。同时，受农业比较利益驱动，畜禽粪便、农作物秸秆等用作肥料、燃料的比例大大减少，随意丢弃后对环境造成了污染。农村节能减排政策的实施，使大部分地区农业秸秆、畜牧业粪等农业废弃物得到了有效的综合利用，发挥了其应有的价值，提升了农业的可持续发展能力。第三，促进了村容整洁，有效地推动了新农村建设。农户厕所、圈舍、生活污水和秸秆污染，不仅影响农民的生活质量，而且容易导致疾病、疫病的发生。农村沼气建设与改厨、改圈、改厕相结合，与生态农业、农村环境和村镇建设相结合，把农村环境卫生问题解决在庭院和家居之内，能够消除农村脏、乱、差的现象，解决畜禽养殖业带来的环境污染问题。

(六)发挥政府主导作用，建立健全长效管理与监控机制

在乡村生态环境保护过程中，政府主导推进保护工作，引导和带动村民共同参与。解决农村实际问题主要依靠加大宣传力度，提高观念意识。为做好农村环境整治宣传工作，可以通过网络、广播、宣传栏等方式，宣传整治的目标、内容及相关要求，提高农村居民的认知水平，使他们逐步产生责任意识，进而提高农村居民的参与意识，使其主动参与乡村生态环境保护的全过程。加强环保与科普教育，将新技术、新方法、新模式引入村庄，让农民参加教育培训，提高农民对整治行动的认识，以此来巩固整治成果。

农村生态环境保护应建立长效机制，建立管理制度，落实管理责任，实施监督机制。建立保洁标准，保持村庄整洁，定期安排专人保洁，做到保洁人员责任明确，配备专人收集和运送，做好生活垃圾清理工作。建立公厕保洁日常标准，确保良好的公厕卫生条件。对污水处理设施进行日常运行管理，对运营运行、水质分析、安全管理等方面进行总结分析，对运行维护过程进行管理。绿化景观养护到位，湿地植物覆盖到位。强化环保监管，实施长效管理，促进村生态环境保护治理，推动乡村发展。

第二节　乡村生态环境保护与修复方法体系

《江苏省乡村振兴战略实施规划(2018—2022)》报告中指出，江苏力争率先实现农业农村现代化，在改善民生的同时持续推进农业现代化建设。早在“十二五”之初，江苏就实施了“村庄环境整治计划”，进行了“自上而下”全域性的乡村空间治理，以推动乡村地区的整体复兴。至 2016 年 1 月，省域范围内 19.8 万个自然村将近 87%完成了村庄环境整治，全省村庄环境得到了普遍改善，2021 年村庄环境整治率高达 95%以上。

根据江苏统计年鉴显示，随着农村生态环境保护及节能减排工作的实施，江

苏农村农业生产中的化肥、农药等土壤污染源排放总量逐年下降。农村生态环境保护已取得较好成效，村民随意排放化肥、农药的现象得到了有效控制。长期以来，农村地区污水处理方式落后，再加上污水排放量大、处理率低、收集困难等问题，以及工业用水和生活用水任意排放，造成了严重的水源污染问题。在全面开展村庄环境综合整治之后，政府开始实行严格的水资源保护制度，强制关闭多家可能会造成大气和水源污染的企业，污水排放情况也有了很大程度的改善。2009年，江苏省范围内对生活污水进行处理的村庄有 2250 个，占比为 14.6%，到了 2013 年，这个数量已达到 3774 个，增长了约 68%，并在近几年持续保持增长。

垃圾随意处理是江苏省城乡建设过程中不可忽视的重要漏洞，人们习惯将生活垃圾采取直接填埋方式进行处理，不仅造成垃圾渗漏液长久地污染地下水资源，还因为没有对其进行无害化处理，导致大量细菌、病毒的残留。近年来，江苏省针对这一现象，鼓励城乡地区设置垃圾收集点用于垃圾集中堆放，并进行无害化处理。就农村而言，2009 年在全省范围内设置生活垃圾收集点的行政村占比为 67.93%，2013 年上涨到 87.11%，近几年也在进一步上涨，基本完成了江苏省原先制定的目标。2018 年年底，江苏省人民政府发布《江苏省城乡生活垃圾治理工作实施方案》，提出了 2019～2020 年城乡生活垃圾治理项目任务，以进一步扎实有效地推进人居环境建设，更好地开展城乡生活垃圾治理工作。

修建改善应尊重地方发展实际，有选择性地进行拆除或保留。调查结果显示，江苏 90%以上的农房是 1979 年以后建造的，笔者通过对自己家乡村民的走访调查了解到，75%的村民希望村庄住房改建不要搞大拆大建，应尽量不动已有住宅，采取分类整治、渐进改善的方法，推动农村住宅的逐步更新。江苏十三市乡村人居环境的居住条件呈由南向北递减趋势，但整体上居住条件较好，各地级市之间差距不大，苏南地区稍优于苏北地区。高水平区域包括苏州、无锡的代表乡村，其房屋多为砖混和钢筋混凝土结构，卫生设施也较为完善，居住条件明显优于其他区域。较低水平区域包括淮安、徐州的部分农村，居住条件相对落后，住房多为砖混和砖(石)木结构，内部设施不完善，也难以应对各类自然灾害或突发情况。

江苏实施"村庄环境整治计划"以来，公共服务设施水平得到明显提高，政府明确规定每个 2500 人的标准村享有维护公共服务运行的基本保障资金 8 万元。目前，苏南地区总体情况较好，资金主要用于支持部分经济薄弱村；苏北地区公共服务水平相对较差，资金主要用于环境卫生及小型维修项目管护。近年来，除了满足农民在义务教育、社会医疗、公共安全、社会保障等方面的公共需求以外，江苏许多村落已着力修建养老服务设施、综合服务中心、文体活动设施等一系列现代化设施，并逐步扩大中小学和医疗卫生站的规模。

江苏农村基础设施建设发展迅速，政府积极推动城镇基础设施向农村延伸，第三次农业普查结果显示，江苏乡村区域的基础设施已具备较高水平，形成了一批"美丽乡村"的样板，但仍要注意村落间发展不平衡、不充分的矛盾。同时，部分地区更多地关注以乡村水电网、村内道路等为主的生产、生活性基础设施，而忽略互联网建设等人文基础设施，不利于农村现代化生活的普及。

以上是江苏开展的乡村生态保护与修复相关实施工作，充分体现了政府对乡村生态环境保护的重视程度，推动了乡村整体生态环境建设，实现了乡村可持续长久发展。在保护与修复过程中主要结合以下几点。

一、山体生态环境保护与修复

分析乡村山体分布情况，运用地理信息技术，对乡村山体生态环境问题进行分析和评估，准确地动态监测山体生态环境数据，保障山体生态修复规划的科学性。通过深入调研乡村地形地貌，在工程条件允许的情况下，对山体生态环境及景观进行提升，治理并修复山体生态环境。乡村规划中将精明准则(smart code)理念与乡村空间修补结合，收缩乡村建设范围，提高乡村土地利用效率，结合周边保留的山体生态环境打造紧凑绿色乡村风貌。乡村山体生态关系和景观要素保护与修复以塑造乡村文化下多元融合的生态文化风貌为发展目标，确定文化延续、点线呼应、自然融合的整体风貌体系，形成良好的乡村景观风貌格局。同时注重动态视觉感官和动态景观塑造，控制乡村建成区内部建筑风貌，修补乡村空间格局、建筑高度及顶面，形成平坡顶结合、错落有致的乡村轮廓，丰富乡村第五立面，进而打通乡村空间的视线通廊，控制开敞空间和建筑界面。

二、水源与河流水系生态保护与修复

水源作为乡村发展的脉络，可起到良好的景观效果。乡村水源与河流水系生态保护与修复以河道断面设计为基础，利用这些断面形式来建立丰富的水岸关系，同时通过这些水岸关系来诠释明晰和丰富的水岸空间。清理河道、沟塘有害水生植物、垃圾杂物和漂浮物，将水系畅通连接，形成一体。规整河沟、塘坝岸坡，建设生态护岸、护坡，打造亲水步道与游憩设施。实施排污口的封堵、垃圾清理，禁止垃圾沿河沟、塘坝乱倒、乱放。拆除沿河沟搭建的违章建筑物，从源头上解决河沟、塘坝淤积和脏乱差问题，确保河沟、塘坝常洁久清。加快河网生态化改造，增加自然湿地植物栽植，提高水体自净能力。

在乡村文化修复中要注重传统文化的修复转化以及与现代乡村文化的有机融合。将叙事与空间相结合，以唤起乡村的记忆和文化自觉，即通过挖掘乡村历史脉络，结合乡村格局、传统聚落空间、滨水开敞空间、绿地空间，按照叙事轴线(时间叙事和空间叙事)塑造乡村历史文化廊道，将乡村文化与新时代文化融入乡村人文风貌中，结合乡村景观风貌节点，形成历史文化廊道型风貌和空间节点型风貌，从而形成乡村独具特色的人文景观风貌(王大伟等，2020)。

三、乡村农业用地、林业用地与植被生态环境修复

随着乡村整治行动的开展，乡村农业用地、林业用地、植被生态环境等需要保护与修复。一些建设活动会给这些用地带来一定影响，比如林地自然生态系统功能退化、生态服务功能降低等，乡村的植被资源是乡村生态平衡的重要资源，是核心要素部分，对乡村的自然环境起到重要作用。为了分析乡村植被的功能和价值，需要了解其特征要素，包括物种组成、结构特征、景观特征等方面，对农业用地景观、林业用地景观进行分类整理，提出保护与修复的措施，结合植被类型，突出景观的差异化进行总结分析。根据乡村自然植物群落现状及不同生境类型植被群落的具体问题，对该地区的植被群落进行原位保护和结构优化配置，即筛选出乡村植被中乡村自然植被及生境原位保护的典型植物群落并进行原位保护，同时建设垂直绿化和植物绿地，实现植被群落的结构优化配置。经过修复的乡村自然植被生态服务功能和景观功能显著增强，实现了乡村自然生态系统的构建与修复(杨小丽等，2018)。

四、乡村设施生态环境保护与修复

乡村道路体系呈现多层次、分等级的特性，部分乡村悬殊的高差导致道路体系无法分级，难以形成完善的网络化道路系统，交通流均集中于河道两岸的主要道路且无分流道路，致使路况复杂，同时道路建设质量低下、路面破损严重。因此，规划中采取拼贴和延续的方法，依据乡村空间形态及特色划定道路空间及边界，对乡村道路网进行全方位整合与织补，构建“小尺度、高密度”的道路体系，逐步完善路网密度和路网结构,对原有混杂的道路功能进行有计划的拆分和剥离，沿河流两侧的道路强化乡村景观、游憩、文化展示等功能，部分乡村两侧山体道路强化交通疏散及交通分流的功能；同时结合山体边界公园的绿色廊道空间，远期发展特色旅游，逐步引入山地及郊野步行道、自行车道进行补充，采取层叠连续的方法塑造阶梯形的立体人行空间，并与不同层面、类型、级别的车行、人行道路相连接，完善山体与乡村的可达性，构建山地空间的复合立体式交通模式。

在总体风貌控制下，乡村空间及肌理的修补应摆脱传统城市设计控制导则中关于景观风貌塑造的内容，对乡村既有建筑进行形态、高度、风貌及肌理空间的精确控制、引导和设计，使个体建筑物与所在乡村的地理、文化内涵保持一致，从而达到乡村修补的目的。乡村空间肌理包括低密度的乡村自然肌理，面向乡村肌理形态采取修补手法，针对乡村自然肌理，采取低影响的生态修补手段，在原有肌理上对民居建筑进行模式化修补，同时对部分闲置地和背街小巷进行立面及景观修补，营造高质量的空间环境。修补乡村破损建筑及立面，在色彩上采取当地建筑主色调，选取当地木材、石材、钢材、混凝土、面砖、涂料等建筑修复材

料，对屋檐、门窗、墙体进行修缮并添加传统元素、增加传统构件，塑造变中有同、同中有变的乡村形象。

五、乡村自然湿地生态保护与修复

乡村自然湿地生态保护与修复的结合采用人工湿地型和生物接触氧化池形式，将乡村污水处理与乡村自然湿地进行有机结合，实现乡村生态湿地可持续发展。

人工湿地型（厌氧+自流充氧接触氧化渠+人工湿地工艺）处理方式，按日处理160～200m^{3}的设计来估算湿地面积。日污水处理量预测：Q=人口×人均用水量×80%（每500人最低湿地面积300m^2，弹性系数1.33～1.66）。工艺流程：生活污水→厌氧水解池→微动力好氧池→景观绿地→排放，经监测处理后水质达到《城镇污水处理厂污染物排放标准》一级B类标准。采用该污水处理设施工艺，后期只需村里派兼职人员不定期对湿地生物做一些养护即可，基本无运行费用。

生物接触氧化池：结构简单，占地面积小，对水质、水量波动有较强的适应性，污泥产量少，无污泥回流，无污泥膨胀，操作简单，较活性污泥法的动力消耗少，对污染物去除效果好。工艺流程：在污水汇集处附近设置一集水井，对污水中悬浮物（SS）进行过滤沉淀，利用微生物的新陈代谢去除污水中的污染物质，出水自流进入潜流人工湿地处理系统，湿地底部为煤渣垫层，可以种植芦苇、香蒲、灯心草、凤眼蓝、水芹、黑麦草、水葱等植物，除了植物本身对污水中氮、磷的吸收外，植物根区还富集了大量的微生物可以去除水中的污染物质。

六、乡村生态环境保护与修复方法体系

（一）开展乡村生命共同体系统规划

人的命脉在田，田的命脉在水，水的命脉在山，山的命脉在土，土的命脉在树。这句话诠释了乡村生命共同体的科学内涵，乡村规划设计要基于生命共同体系统性规划设计思维，推动乡村景观环境提升工程，加强乡村水文、气候、林地等的改造，进行生态修复和保护，强化乡村的景观资源，结合生产景观、生活景观、生态景观进行系统规划，将景观与用地联系起来，体现乡村景观可视性和感知景观特征，形成具有地方特色的生命共同体。目前，江苏农村地区存在的普遍现象是村庄缺乏整体的规划布局，处于盲目建设、无序规划状态，更缺乏对村庄本身特色与乡土风情的考量，许多乡村在建设过程中变得“千村一面”。此外，明确乡村的定位，加强乡村特色规划设计，对人居环境建设做到因地制宜，是当地政府的当务之急。

2014年国务院办公厅印发《关于改善农村人居环境的指导意见》，其中明

确指出，改善农村人居环境的总体要求是坚持因地制宜、分类指导。各地农村在长期发展的过程中，传统文化、环境特色、经济水平均有很大差异，应结合村庄特色与发展程度对各个村庄进行实地调查和具体分析，“量身定制”出村庄规划和人居环境建设方案。对于历史悠久的传统村落，应着重保护好其历史特色，引导其建成“美丽宜居村庄”，而对于一般村落，则以产业转型和环境整治为主，找准产业定位，从而体现其乡村特色。

乡村生态修复要系统分析乡村土地利用及景观格局，研究乡村的自然条件，对乡村生态修复中存在的污染、损坏、退化土地等进行生态修复，强化乡村不同类型景观修复内容，通过重建、修复和提升，完善乡村农田生态系统。乡村生态修复应增加植物多样性，预防退耕还林现象，保持乡村植被覆盖，杜绝乡村水土流失，开展乡村水系及生态廊道建设，构建生物多样性保护网络，对乡村土地进行集中整治，完善乡村国土空间治理，建设高标准农业用地，控制污染源，保持乡村自然条件，打造乡村田园生态系统。

（二）加强乡村工程技术应用

各级政府应明确在乡村人居环境建设过程中的宏观调控、衔接与监督作用，加强乡村工程技术应用。乡村工程技术应用可以降低环境污染对生态系统带来的影响，改善乡村景观环境，将生态化的乡村景观运用到乡村建设中。在乡村河道景观规划设计中，为了保护河流沟渠，往往采用自然驳岸，避免城市化景观，这样可以保护生态岸线和生物多样性。将生态化景观运用到乡村建设中，可体现乡村生态性、乡土性、美学性、合理性等特点，运用生态景观设计，采用乡土材料，依托民间能工巧匠，使富有农村特色的景观得到很好的延续。在我国开展国土空间规划进程中，乡村规划应加强村庄土地整理、生态环境整治、景观提升、绿色基础设施建设，强化乡村生态景观化工程技术，提升乡村生态景观服务功能（宇振荣等，2019）。

以江苏省为例，各市农村发展基本情况与各地区经济发展水平相吻合，因此提高当地经济发展水平成为提升人居环境质量及缩小地区之间差异的关键。对于经济较发达区域，如南京、苏州等地区的农村，可在现有基础上，完善基础设施与公共设施的运行管理机制。根据历史经验，建立一套务实管用的运行管护机制，往往比工程建设更重要。因村民公共意识不足，破坏环境设施的现象时有发生，各级政府特别是乡政府要加大宣传力度，切实维护好现有各项设施，做到有专人看护、有资金维护、有制度保护，避免边整治边反弹的现象发生。而对于经济发展较为薄弱的区域，如淮安、连云港等，政府则要科学地加大住房、环境、基础设施等硬件的建设资金投入，并给予一定的政策支持，以缩小地区之间的差距，实现市县间均衡可持续发展与城乡发展的协调统一。同时还要引导和团结村民，实施奖罚机制，严厉处罚破坏人居生态环境的不文明行为，为日后长久的管理维护打下基础。

(三)加强乡村公众参与合作

乡村生态保护与修复不仅是为了村民，还要依靠村民。因此，在建设过程中，必须考虑村民的主体要求与意愿，优先发展其最需要的建设项目，只有鼓励村民自主参与乡村生态保护与修复的决策与管理中来，才能有效表达和满足多样化的公共服务、居住条件等需求，实现精准供给。对于生活条件较为落后的村庄，应该以水、电、路、气、房等基础设施建设作为重点，逐渐完善村民的基本生活条件。若政府因盲目追求“面子工程”而以并不紧急的建设项目为先，便与本来的目的背道而驰。此外，当地政府要加强宣传力度，强调可持续发展的理念及环境污染的危害性，使村民意识到乡村生态保护和修复与自身息息相关，从而增强村民的环保意识与公共意识，推进垃圾治理和污水治理等工作，实现乡村社会经济建设与生态建设同步协调发展。

在江苏，乡村生态保护与修复是一个长期的实践过程。只有政府与村民共同努力，开展乡村整治行动和打造舒适宜人的农村人居环境才能实现。近年来，虽已取得明显成果，但不同市县间仍存在较大差异，应根据现状条件和经济发展状况，因地制宜、分类指导地对各类乡村进行人居环境建设。乡村人居环境治理工作不仅与农民群众的生活质量及幸福指数息息相关，更和农村经济社会的发展状况有着密切联系，只有真正站在村民角度，落实各项措施，积极完善乡村生态保护与修复，才能促进农业农村现代化的实现，最终达到城乡融合发展。

第三节　案例分析——江苏省乡村生态环境保护与修复

自江苏省乡村实施生态环境与保护修复以来，逐步构建了乡村生态廊道，保护、修复、改善、提升了乡村自然景观环境，促进乡村宜居和谐共生。

一、南京市乡村生态环境保护与修复

(一)江宁区谷里街道周村

周村主要以“旅游特色产业”为龙头，带动整个周村社区的发展(图 8-1)。第一，做大做好农家乐餐饮。为了加强对农家乐旅游特色村的管理，注册了南京谷里文化旅游开发公司，成立了世凹餐饮协会(商会)、农民专业合作社，设置了特色村管理办公室，配备了保洁、治安等专职管理队伍，由旅游开发公司进行统一协调与管理，并加强农家乐经营户的管理培训。目前，越来越多的村民准备开办农家乐饭店或特色小吃店，以满足游客的餐饮需求。周村社区已着手制定政策扶持这部分村民创业，保护他们的积极性。连片农家乐餐馆的蓬勃发展，既能留住客源，又能带动更多的村民回村创业，使得周村社区成为吸纳型的乡村典型。

图 8-1　周村生态环境修复照片

第二，鼓励村民扩大茶叶栽种面积。周村社区当地地方茶文化与牛首山文化密不可分。周村属丘陵地区，房前屋后、山下田间都可以栽种茶叶，茶叶经济附加值大，对村民的收入有重要的提升作用。

第三，利用地理位置优势，发展蔬菜种植业等高效农业。2010 年以来，建设高效设施农业基地，积极把村民分散的土地集中起来，发展高效农业，提高土地产出率。建成桃园 100 亩，高效设施农业 500 亩。由社区提供化肥、种子、大棚基地等基础设施，在资金上给予扶持，技术上给予指导，并提供销售平台，带动农户 500 户，此项措施给低收入农户每年增收 1600 元以上。

第四，充分利用现有资源，发展家具业。随着城市的快速发展，越来越多的家庭更换了新房、大房。周村社区的月阳居红木家具、大亨沙发、大红鹰沙发在南京家具业小有名气。周村社区联合家具厂，新添各个家具厂的指路牌，将企业家具展览馆敞开大门对游客免费开放。让更多的游客不用专门进家具城、装饰馆选购家具，在游玩牛首山、世凹桃源之后，就能让全家人在欣赏之余，挑选到满意的家具，在扩大家具厂名气的同时，带动家具业的发展。

(二)江宁区秣陵街道观音殿村

观音殿村位于江宁区秣陵街道元山社区西部，是江宁区西部乡村绿道与银杏湖风景旅游区道路交汇点处的节点乡村，是江苏省首批特色田园乡村之一。观音殿村拥有丰富的业态和秀丽的自然环境，实施了山水林田湖草生态保护与修复(图 8-2)，种植了多种桃树、梨树等林果，既实现了乡村环境增绿，又实现了农业经济增收。当地种植了超过 300 亩桃树、梨树，拉动当地农户增收。

图 8-2　观音殿村生态环境修复效果照片

（三）高淳区游子山村小茅山脚

游子山村小茅山脚是江苏省首批特色田园乡村试点村庄，常住人口约 29 户，是美丽乡村建设的典范。村庄干净整洁的道路连村入户，庭院布局精致，环境优美。小茅山脚自然村围绕“芋(遇)见茅山、市(世)外稻村”主题，打造“有机大米+慢食文化”产业特色，发展精品民宿。考虑区位条件、资源条件、交通条件、经济基础、发展潜力、现状环境等因素，小茅山脚有序推进建筑提升改造，突出自然生态资源、休闲产业发展，串联乡村旅游线路，以茶文化、古戏曲文化、农耕文化内涵，建成环境优美、设施完善、集生态休闲和文化体验于一体的水绿宜居特色村落(图 8-3)。小茅山脚完成村容村貌整体提升工程，民居朝向相同，距离相同，干净整洁的院子里有硕果累累的橘子树、枣树等，依托青山茶场、水库、竹林等优质自然资源，发展民宿、餐饮、旅游产业。乡村生态环境的变化，激发了乡村发展活力，直接带动了当地旅游经济收入的提高，带动村民致富增收。

图 8-3　高淳小茅山脚生态环境修复照片

茶文化是制茶、饮茶的文化。品茶的环境一般由建筑、园林、茶具等因素组成。饮茶要求安静、清新、舒适、干净的环境。在园林或自然山水间，用木头做亭子、凳子，搭建茶室，供人小憩。乡土建筑的庭院是设计的重点，庭院设计结合村民生活习俗，满足了村民的日常生活需要，创造舒适怡人的生活环境和高性能的交往空间。

(四)浦口区不老村

浦口区不老村地处老山国家森林公园南麓，象山湖西侧，生态环境良好，村落水网密布，田园风光怡人，是市民周末休闲旅游之地。近年来，通过发展乡村旅游，不老村乡村环境得到很大提升(图8-4)。不老村的建设模式为“公司＋村集体＋合作社”，以精致清雅的各式主题客栈为主要业态，配以别致的各式餐饮、休闲酒吧，满足乡村旅游慢享生活和在乡村尽情休闲的需求。街道国有投资公司占股70%、村集体占股20%、合作社占股10%。村集体和合作社以土地入股，并参与项目经营管理。乡村生态修复促进乡村可持续发展，使不老村的生态环境得到很大改善。

图 8-4　浦口不老村生态环境修复照片

二、常州市武进区雪堰镇雅浦村生态环境保护与修复

武进区雪堰镇雅浦村是江苏省创建文明村工作先进村、绿色江苏建设模范村、康居示范村、卫生村、生态村和全国绿色小康村。建村历史有600余年，森林面积为3500亩。村庄绿化覆盖率达49%，恢复湿地150多亩。该村传承江南民居建筑元素，成为全省创建新农村和生态文化村的“雅浦版本”。该村因地制宜发展林果业，400多亩柑橘通过省级无公害认证；种植了200多亩雪堰水蜜桃，百余亩花卉苗木。生态林业观光园集自然景观、生态旅游、环境保护于一体(图8-5)。

雅浦村坚持以原生态的模式进行老村整治，使整个村庄呈现村在林中、房在树中、人在绿中，充分利用得天独厚的森林资源优势，加快农业产业结构调整，促进农民增收，同时挖掘本村文化特色，积极营造人与自然和谐相处的雅浦生态文明景象。

图 8-5　雅浦村生态环境修复效果照片

第一，规划建设以依托 1000 余亩果品种植基地和水产品养殖基地为主导产业的具有江南农村特色的农家园。该项目通过无锡市园林设计院的科学规划，体现了节约、环保、生态的理念，尤其是经营运行中所产生的污水都将排入生活污水处理系统进行处理。整个农家园规划面积达 50 余亩，包括雅浦农庄、休闲垂钓区、景观长廊、九曲木桥、绿化带、停车场等，总投入 300 余万元。该项目已于 2010 年 7 月份正式对外开放，运行至今获得远近游客的好评，人气很旺。

第二，早在前几年，村委就花大力气对朝北山下的大片竹林进行了整治和保护管理，现如今，整个竹园生长态势良好，形成了可贵的自然生态环境。2015 年 10 月，村两委商量，决定将这一资源(包括竹林下的水潭)改造成小型休闲场所，并对外承包出租，由村委每年收取一定的管理费，增加村集体收入。目前，整体格局已基本形成。

第三，利用村内“黄家山”复绿宕口开发生态旅游项目，目前已注册成立雅浦山水旅游发展有限公司，整个项目占地 280 多亩，其中 180 亩为整治后的宕口，将规划建设档次不低于三星级的集休闲、娱乐、餐饮、观光于一体的生态观光园，准备工作已全面到位，并招商成功，总投资约 3000 万元。

第四，随着雅浦—太滆段沿港公路的顺利贯通和太湖湾水产品交易市场的形成，雅浦村将充分利用这一地理优势，在此区域发展道口经济，沿线形成多家颇具特色的农家乐，打造饮食一条街。

三、盐城市射阳县长荡镇西厦社区生态环境保护与修复

围绕美丽乡村建设要求，射阳县人民政府制定了《射阳县推进美丽乡村示范点建设的实施意见》，坚持把美丽乡村建设与产业发展、农民增收和民生改善等紧密结合起来，全面建设宜居、宜业、宜游的美丽乡村和示范社区，提高全县城乡居民生活品质，提升群众幸福指数。具体实施内容主要包括科学编制村庄规划、

提升人居环境水平、促进农村产业发展、创新农村社会管理。

长荡镇属于区域增长极型城镇：拥有良好的二产、三产基础，具备广阔的统筹发展腹地，应进一步发挥类似城市地区的规模效应与综合效应，承担“据点”城镇化的统筹责任。长荡镇的“一镇一品”特色定位：位于盐城近郊，是以纺织机械、汽车零配件为主导，以黄秋葵等农产品深加工为特色的生态城镇，是周边城乡地区的服务中心。射阳县主体功能区划分：长荡镇属于农产品供给的重要保障区、农产品加工生产基地、生态功能维护区、新农村建设示范区。长荡镇是射阳南部都市农业区主要城镇，具有广阔的农业生产腹地和良好的现代农业发展条件，应充分发挥养殖及特色农产品生产和农产品加工优势，注重区域生态环境保护和建设，形成新农村建设示范区。

长荡镇产业发展引导：主要发展高效生态农业、设施农业、观光农业、水产养殖等。发展韭菜种植，沿四长线打造万亩绿色农场，沿长青线打造农业示范园。对西厦的规划定位：重点发展蔬菜、西瓜、草莓及苗木等产业。长荡镇在未来发展中面临农业人口逐步减少的问题，产业发展将以高效农业和现代农业为主，西厦抓住新型城镇化和美丽乡村建设机遇，要注重特色农业、观光农业和休闲农业等发展导向，争取形成示范效应。

《射阳县长荡镇总体规划(2014—2030)》中指出，第一产业发展沿长青线打造万亩现代农业示范园，推进传统农业向现代都市型农业转变；第二产业在长青线沿线紧靠镇区规划建设新兴产业集中区，明确园区功能定位，使新兴产业集中区与胜利桥全民创业园形成南北相应、错位发展新格局；第三产业以都市休闲农业等旅游资源为载体，将长荡镇打造成为盐城市区集生态旅游、观光体验、休闲度假于一体的乡村旅游基地。镇域空间将形成“一心一园、两轴四片”的结构布局。长青线沿线发展都市休闲农业区、稻田泥鳅试验基地、对虾养殖基地等，都市休闲农业布局主要以特色果蔬、花卉苗木等布置，形成绿色循环农业示范区。西厦社区靠近长荡镇区，长青线从村域中部穿过，产业发展与空间布局要与镇域产业发展衔接。

第一产业发展：注重农业产业转型，回归农村比较优势，从单纯农业种植往观赏农业、高效农业和体验农业转变，培育地域乡土气息浓郁的特色产业集群，循环农业以蔬菜规模种植为主，包括番茄、青南瓜、豇豆、青椒等，现代农业以油桃、樱桃种植为主，生态农业以韭菜规模化种植为主；第二产业发展：结合循环农业蔬菜种植，依托便捷的对外交通优势，大力发展西厦社区农产品加工业及农副产品深加工等产业；第三产业发展：充分利用交通优势与村庄环境面貌改造提升的发展契机，开展休闲农业采摘，让游客亲身体验农家生活，以集游览观光(花卉苗木)、互动式体验(采摘)、休闲垂钓为一体的乡村旅游，带动第三产业发展。

结合西厦乡村景观环境的提升，推进长青线沿线农业现代化、产业化发展，积极发展都市休闲农业、设施农业、规模农业，依托长荡镇生态农业资源，积极发展乡村旅游。绿色循环农业园区：沿长青线布局休闲农业，结合现有产业类型，大力发展西瓜、番茄、草莓、青南瓜、豇豆、青椒等农产品种植、观光、采摘项目；加强智慧农业建设，通过电商平台，推广西厦循环农业品牌；休闲观光区：以苗木种植、茭鳅养殖、对虾养殖为主，形成良好的生态观光园，打造慢生活体验区；现代农业园区：沿四长线布局特色农产品，通过连栋大棚种植油桃、樱桃等，带动村庄现代农业发展；生态农业区：着力发展韭菜规模化种植，形成良好的示范区；特色农业区：承接循环农业产业类型，如‘金陵梦玉’番茄、‘苏蜜8号’西瓜等，推广“互联网+众筹农业”模式，以新型农业发展模式带动地区经济增长。以打造品质卓越的循环农业采摘基地为着力点，打造生态怡人、文化共融、村美民富的田园宜居社区。

西厦乡村生态景观保护与修复力求利用各种积极的环境因素，与村民的生活生产、建筑空间的布置相结合，创造出富有地方特色的绿化环境。重点加强村口、水塘周边的绿化配置，形成成片绿化，并结合绿地使用特点布置适当的桌椅、健身设施、儿童娱乐设施、小品等；加强沿河、沿道路绿化的建设，形成带状绿地，起到渗透与连接的作用。加强住宅周围、公共建筑入口等处的点状绿地建设，从而形成“点、线、面”相结合的绿化系统，同时注重灌木、乔木、墙体绿化等垂直绿化的设计，不同地段配置相应特性和色彩的树种，以增强绿地空间的地域性、层次性和多样性。村口景观：结合具有西厦地域特色的小品、广场绿化、景观道路的整体设计，通过道路渠化分流形成特色空间，以标志性景观元素丰富和美化村口形象。水体景观：在满足防洪和排水要求的前提下，对现有水塘、河流进行合理的整治和设计，区分污水净化用水、生活景观用水和生产养殖用水等不同水体的功能，重点处理好水与绿化、水与道路、水与建筑、水与水之间的关系。保持水质清洁，加强滨水绿化，可适当种植荷花等水生植物，力争塑造富有水绿特色的村庄景观。公共活动中心景观：结合现有池塘进行水绿空间的塑造，将滨水步行景观路、滨水绿地等相互串联，创造村庄内部品质较好的公共活动区域，形成村民休闲和散步的场所。通过滨水活动广场、绿带的建设丰富环境空间特质，同时保证公共活动空间的共享性。

四、乡村生态环境保护与修复建议

从江苏乡村生态环境保护与修复来看，应制定科学完善的规划内容，充分尊重并延续传统的文脉，保护村落的典型特色和整体风貌。必须结合具体保护措施进行开发，既要避免因过度开发而丧失特色，又要避免因害怕被破坏而完全拒绝开发。乡村的生态景观须与其自身的地形地貌相呼应，要从维持乡村传统空间形态的延续，增加乡村景观规划及建设入手，保护乡村自然生态环境，实现乡村长远发展。

第九章　新时代乡村治理理论与策略

第一节　乡村治理理论基础

一、乡村治理内涵及转变

（一）乡村治理的制度演变

中华人民共和国成立后我国乡村治理体制可划分为两个阶段，即1949～1978年以政治整合为主导的时期和1978年至今以市场整合为主导的时期（谢雯和新宇，2011）；也有学者将我国乡村治理体制的发展历史划分为重建阶段（1949～1978年）和演变阶段（1978年以来）（武力，2006）；从研究现状来看关于乡村治理等方面的大量科学研究工作是在1978年改革开放后才逐步展开的（党国英和卢宪英，2019）。因此，下面以1978年为节点，对新中国成立以来乡村治理制度的演变过程进行研究。

改革开放以来，经济体制改革首先在农村领域发起，并很快使农村经济形势发生显著变化。经济形势的变化产生了对乡村治理方式进行改革的要求：一是改革开放以来农村市场经济深入发展，经济活动的货币化程度极大提高，乡村社会深层次的宗法关系遭受冲击；二是农村社会结构发生重大变化，居民的社会流动性显著增强，费孝通先生讲的“熟人社会”正在向“陌生人社会”转变。在这种背景下，中国乡村社会不可避免地会产生对新治理方式的需求。

1978年以来，我国乡村治理取得了三方面突出成绩。

第一，广大农民在社会经济中获得的自由选择权利有明显拓展。

乡村生产经营活动基本上由农民自主决定，市场价格的变化对农民经济行为有决定性的影响。尽管不合理的户籍制度尚未取消，但农民进城务工还是受到了广泛鼓励。

第二，村民自治取得了重要成绩。

1987年11月24日，第六届全国人大常委会第二十三次会议审议通过了《中华人民共和国村民委员会组织法（试行）》，对村委会组织和村民自治做出了具体规定。1998年11月4日，第九届人大常委会第五次会议正式颁布了《中华人民共和国村民委员会组织法》，为全面推进村民自治提供了法律保障。据民政部提供的数据，截至2003年，全国28个省、市和自治区制定了村民委员会组织法实施办法，25 个省、市和自治区制定了村委会选举办法。全国有 579 个县和 7457 个乡镇达到了民政部确立的村民自治要求的标准。由于村民自治工作的开展，我国广大农民群众已经在较大程度上参与了农村选举活动，由此产生的效果对农村经济发展和社会稳定发挥了积极作用。

第三，乡村公共事业取得了明显进步，国家公共财政开始支持乡村基础设施建设和农村社会保障事业的发展，公共领域的城乡一体化发展目标已经明确。

自 2004 年开始，国家确立了建设社会主义新农村目标，对农村的投入大规模增加，农村地区的“水、电、路、气”等关键性基础设施建设步伐加快。近几年，国家还陆续在农村推行新型合作医疗制度、最低社会保障制度和义务教育“两免一补”制度，很受农民群众欢迎。继而，国家又出台了一项涉及农民长远利益的重大决策——在 2020 年之前全面实现农村社会化养老(孙玉娟和孙浩然，2021)。

(二)新时代乡村治理的内涵与现状

乡村治理是国家治理、社会治理的基础和关键，是国家治理体系和治理能力现代化的重要组成部分。乡村治理水平直接影响着国家治理现代化的实现，也影响着党执政根基的巩固和农民群众利益的维护。党的十九大提出乡村振兴战略，并强调要健全自治、法治、德治相结合的乡村治理体系，这是我们党在新的历史方位下，对乡村治理做出的重要要求。因此，在乡村振兴战略背景下，从乡村社会所处发展阶段的实际出发，遵循乡村社会发展的规律，着力构建以党的基层组织为核心，以村民自治组织为主体，以乡村法治为准绳，以德治为基础的乡村治理体系十分重要。“乡村治理”是治理理论在乡村管理工作中的广泛应用，它涉及乡村治理的主体、权力结构、目标、方式等不同维度，不同学科领域、不同地理区域和不同学术流派的学者对其进行了研究和阐释，它的内涵变得非常丰富。乡村治理理论的内涵主要包括乡村治理的主体、治理权力配置的方式、治理的目的、治理的过程四个方面。

当前，《国家新型城镇化规划(2014—2020 年)》中提出将增强农村发展活力，将推进农村改革发展、建设社会主义新农村作为促进城乡经济社会一体化发展的重要策略。可见农村健康发展与否是中国新型城镇化建设成败的关键影响因素。在城镇化浪潮下，中国农村物质、信息和人口流动性增强，彻底打破了传统农村的封闭性和二元性，扩大了农村与外部世界的接触面。中国农村社会正处于由“乡土社会”向“后乡土社会”转型的阶段。这种转变使农村的生产方式、文化特征、血缘和地缘等根深蒂固的社会关系发生着巨变，从而导致农村社会治理面临新的挑战。以乡土文化和乡村精英为主导的传统权利型治理模式与新时期农村开放、多元的发展特征产生矛盾。近年来，农村社会中征地拆迁冲突、权属冲突、经济纠纷、邻里冲突、村庄派系冲突等现象不断增加，规模不断扩大(马子琪，2021；

杨华和王会，2015）。其原因在于管理者未彻底、根本地认识到乡村社会的转型，仍延续着传统乡土时代的治理模式，从而引发矛盾和冲突。

传统乡土社会的特征是社会主体的非流动性、社会空间的地方性、社会关系的熟悉性（赵艳，2021；陆益龙，2015）。后乡土性相对于传统乡土性而言，农村社会在城镇化进程中，农村“乡土”特性破裂，但尚未完全转变，它处于“乡土社会”向“新乡土社会”过渡阶段，未形成全新社会特质（饶旭鹏，2012），它具有社会的强流动性、农民的自我性、乡村文化的缺失性三个特征。后乡土社会的特征已成为现代农村发展的时代特征，而学者对于后乡土社会农村治理的研究主要集中于法制的完善、人际关系的处理及农村社会转型等客观、局部视角（喻名峰，2007；赵泉民和井世洁，2013；陆益龙，2010），尚未从农民主体的视角去看待农村的治理与发展，缺乏对农民群体社会、个人意识的认知，也未能掌握治理过程中农民的行为和动机，使农村社会治理流于形式（杨瑞雪，2021）。

因而在农村社会转折时期，以后乡土社会为背景，基于农民主体的视角分析后乡土社会的特征、农民与现代农村治理之间存在的问题，认知农民群体在行动过程中意识的变化，从农民主体的角度探讨适合中国现阶段农村发展的治理策略，有利于农村社会经济发展和挖掘农村内部潜在的治理能力，从而推动农村主动城镇化的步伐。

二、新时代乡村治理的困境

（一）农民自我意识强化与传统治理模式产生矛盾

《村民委员会组织法》中规定村委会的职能是在公共事务、民间交往、社会治安、政策采纳及反馈方面实行自治。然而在中国决策的环境下，其过程基本取决于权力精英的作用，特别是深受人格化权力结构的影响（胡伟，1998）。传统农村治理中政府机构是决策主体，农民群体为决策客体。受文化认知水平束缚的农民精英及农民群体对决策主体下达的政策存在理解障碍，缺乏实际治理村庄的决策力和执行力，沦为信息传输的工具。因此农民群体在农村政治话语权中处于弱势。但在后乡土社会中，农村社会的解构和资源、信息的高速流动使得农民视野扩大，个人意识形态强化、阶级意识形态弱化。农民作为“经济人”，其理性分析和追求物质的本质凸显。在农村治理的过程中农民参与、维权意识逐渐强化，对上位决策不再陷于被动接受，而是进行理性抉择，所以在两者的利益“边界处”会产生更多的矛盾和错位，从而对既有的治理方式提出新的挑战（陈晓彤和杨雪冬，2013）。这种挑战将伴随后乡土社会经济的发展而加剧。近年来，农村社会纠纷由单纯的邻里、家庭纠纷逐步向复杂的干群、工企、经济、土地纠纷转变，后乡土社会时期的农村社会纠纷呈现出数量增多、内容更加复杂、主体更加多样化的发展趋势。中国农村人民法庭审理调解的案件已经不完全是传统农业社会中的纠纷，其中相当大的一部分有明显的现代化因素，这已成为乡土社会治理过程中的难题(王韵洁，2013)。

(二)乡村管理精英角色多重化影响其决策行动的公正性

中国农村社会政治关系的维持和权力的运行依靠农村两委，农村两委成为政府决策的执行者，对农村治理具有重要的影响。当前的研究主要强调政治精英作为权力秩序的根基和人民利益的代言人，在社会政治生态环境中起着润滑作用，忽视了政治精英在社会文化变迁中的主体性意识，以及该种意识对他们在环境中身份认同的影响(张雨薇和武晋，2021；冶芸，2012)。在后乡土社会中，社会结构的变化使农村两委身份复杂化。首先，作为非政府编制的当权者，其代表农民利益并肩负农村治理使命，是政府机构政策的直接执行者，并具有农村地区直接的行使权，同时也有自身晋升渴望、利益偏好，并会策略性地游走在国家和政策目标群体之间，力图经营、维持甚至再生产其精英地位(赵蜜和方文，2013)。其次，农村的资源优势无法转化为经济优势，城乡差距不断加大。致使后乡土社会中农民与土地的关系若即若离，农民大量外流，寻求更多出路，部分农民政治精英逐步摆脱传统农业的束缚，和普通农民一样兼业化特点明显，并从事个体经营或企业经营(表 9-1)，多数农村政治精英选择“离土不离乡”的兼业模式，其对利益的追求将造成农村精英与村民之间存在利益博弈现象。再者，后乡土社会中农村依然延续着熟人社会的关系(费孝通，2012)，村两委代表与部分村民有着密切的血缘、地缘及业缘关系，并扮演“家长”的角色。威廉·托马斯认为，人类的任何一个决定活动是由先前所确定的情境所限定，并指引着其行为(科塞，2007)。因此具有多重角色的农村精英在农村治理中将面临亲情、乡情和国情等环境因素的影响，多重情境使农村精英们具有多重选择，并成为影响后乡土社会农村公平治理和解决农村矛盾的关键因素。

表 9-1　城镇化背景下农民兼业化模式

项目	兼业模式		
	离土不离乡	离乡不离土	离土又离乡
特点	保留农民身份、土地、宅基地所有权，脱离农业种植，未完全离乡	保留农民身份、土地、宅基地所有权，从事农业种植业，但不居住于农村	完全脱离农业、农村，外出寻求新的出路，多为年轻人
模式	①以农业为基础，经营与农业相关具有高附加值的产业，如农产品加工； ②依托“熟人”关系，从事与农村发展相关的产业，如运输业、零售业、建筑业等； ③在乡镇周边从事劳动密集型工作	将农业种植作为其稳定经济来源的一种职业，同时在城镇务工，农忙回村务农。该模式具有明显的通勤性，以便捷的交通为依托，将城镇生活与农村职业相连	①户籍未迁出农村，保留土地、宅基地，但常年外出务工，实际已脱离农村，未来回归农村的可能性很小； ②放弃农村土地所有权及身份，迁移户口，身份由农民转为市民，进行务工、经营买卖或求学

(三)传统乡村治理主体弱化、内部权威和有效参与机制的缺失，抑制了农民的参与意愿

改革开放之前，国内乡村属于封闭的熟人社会，生于斯、长于斯的本土精英是社会治理的主体（彭国胜，2015）。传统乡贤作为乡村精英，熟悉乡情，洞悉乡村发展所存在的问题。改革开放之后，随着城镇化的推进，大量农村劳动力外出寻求发展机遇，乡村人口不断流出，空心化严重。尽管有少部分政治力量留在乡村，但依然缺乏有效参与能力，村民自治面临主体弱化的困境。当前乡村中精英力量的外散，使乡村自主治理能力弱化，乡村治理效率低下，造成了乡村治理生态的失衡，导致乡村内部滥用职权和贪污腐化状况丛生，产生“小官巨贪”的现象。2014 年以来，全国 31 个省级纪检监察部门网站上发布了近 400 例“村干部”违法违纪案件(郑风田，2017)，长此以往将使党、政府在乡村管理中的权威与地位受损，管理失效，导致乡村社会秩序紊乱，国家政策难以推行。

目前我国的公众参与机制主要有两种，自上而下的本土化群众路线和自下而上的欧美公众参与理论，当前这两种理论均难以有效地引导农民参与农村治理之中。中国 20 世纪 80 年代引入欧美“自下而上”的公众参与理论，并将其逐步法治化。作为“舶来品”的公众参与理论在中国社会中，特别是广大的农村地区，缺乏政治环境、传统文化基础，难以扎根繁衍。而由中国共产党所提出的“自上而下”群众路线理论逐步淡化，近年来虽加大了群众路线理论的宣传和学习力度，但部分决策机构仍然存在庸懒散拖、吃拿卡要、迟到早退、不作为、慢作为等问题(人民日报，2015)。在此观念下的政府决策机构对农民群众意见的接纳具有选择性，对于是否联系群众以及在多大程度上联系群众更多地取决于个人的民主作风而非制度，基层参与制度难以落实到位，打压了后乡土社会中部分有主动参与意愿的农民的积极性，抑制了后乡土社会中意识觉醒的农民群体参与农村治理的强烈情感和愿望，并使农民群体与决策群体之间的交流存在障碍，继而引发矛盾与冲突。

(四)乡村传统精神文化的虚化与缺失

传统乡村社会文化主要由乡村习俗、村规民约、儒家思想等多个方面构成。村民在长期的社会关系中形成自我管理、相互监督的治理模式，并以此来保障乡村长期稳定有序的发展。随着市场经济的到来，村民在家庭、道德、价值的观念上发生改变，乡村传统儒家精神文化受到经济文化的巨大冲击，逐渐被边缘化。一部分农民在外界物质利益的诱惑下，沉溺于对物质与利益的追逐，缺乏信仰，农民的精神逐渐无处可依，道德水平和文明素质逐渐下降。崇尚享乐、爱好攀比、赌博成瘾、离婚率骤增、婆媳不和、弃养老人、纠纷不断(张祝平，2021；长子中，

2012)。乡村道德精神的缺失、乡风文明的破坏，使得村民精神信仰消融，当下社会主义核心价值观难以引领乡村传统文化，现代优良文化无法发扬，乡村文化逐渐消融。

当前中国的社会发展正处在转型阶段，乡村治理改革也将处在一个长期变化状态下。乡村作为一个独立的政治单元，它的治理有其外部条件与内在运行机制特点(贺雪峰等，2007)。推动乡村的治理创新，不能仅仅从内在或外在考虑，这两者必须同时兼顾。因此引入新乡贤这一群体，期望通过激发新乡贤群体在乡村内部的引领力与驱动力，从而推动乡村社会治理的健康发展，更好地改善乡村治理状况，建设美丽乡村社会。

三、现代乡村治理的影响要素

(一)新时代社会主义乡村道德文化的要求

乡村是中华传统文化生长的家园。乡土文化是中华优秀传统文化的根柢，是社会主义先进文化和革命文化的母版，是坚定中国特色社会主义文化自信的根本依托。理解乡土文化、认同乡土文化、尊重乡土文化、热爱乡土文化不仅是增强文化自信的内在要求，是乡村发展的“软实力”，是当代乡村传承优秀传统文化与发扬现代文化的重要媒介，是在传统文化基础上的辩证创新，也是实现乡村文化振兴的必要前提。乡村振兴，既要塑形，也要铸魂。乡村文化振兴不仅是乡村振兴战略的应有之义，还对乡村组织振兴、生态振兴、产业振兴、人才振兴具有重要引领和推动作用。

乡村道德伦理文化是乡村治理的重要基础，中国作为农耕文明国家，孕育了“差序格局”的社会结构，由“波纹宗亲网”构成传统乡土社会“差序格局”的礼俗社会。随着城镇化的加速推进，传统的乡土环境已不复存在，但是广大乡村主体仍存在一定的“熟人社会”，乡土的“差序格局”在一定程度上仍然存在。在乡村社会中，部分乡民有着固定的伦理位置与道德角色，形成了共同的价值观念和伦理规范。同时以工业化、市场化和城镇化为主要特征的现代化已成为人类社会发展的主要方向，走向现代化、融入市场中、面向新时代成为我国乡村地区必须面临的改变，打破了传统乡土伦理蕴含的封闭性和稳定性，市场化进程为新乡土伦理注入了开放、平等、变革等新时代社会文化，这在一定程度上冲击了传统文化，带来了新的伦理道德观，从而为其提供了实现转型的“现代之源”，寻求乡土伦理“历史之根”与“现代之源”的成功嫁接，构建新乡土伦理，深入挖掘道德伦理文化，积极发挥乡规民约、道德规范等的约束作用，引导乡村风气和凝聚乡民人心，实现乡村社会活力、安定和有序，培育文明乡风、良好家风、淳朴民风，成为乡村振兴和乡村治理的关键。

(二)新时期城乡一体化发展的要求

城乡一体化是中国城镇化发展的高级阶段,城乡一体化就是要把工业与农业、城市与乡村、城镇居民与农村村民作为一个整体，统筹谋划、综合研究，以体制改革和政策调整为抓手，促进城乡在规划建设、产业发展、市场信息、政策措施、生态环境保护、社会事业发展等方面的一体化，改变长期形成的城乡二元经济结构，实现城乡在政策上的平等、产业发展上的互补、国民待遇上的一致，让农民享受到与城镇居民同样的文明和实惠，使整个城乡经济社会全面、协调、可持续发展。因此，在城乡一体化背景下，推动乡村的发展和振兴，提高乡村治理水平，大力发展农村经济，实现农业产业结构升级和提高农民收入水平，促进社会公平，推动农村的物质文明、精神文明、社会文明和生态文明的协同共进成为城乡融合发展的要求。

同时，乡村治理的现代化必须通过城乡一体化来实现。我们不可能在社会治理方面也保持一种二元结构。社会治理现代化的两大支撑是市场体系和民主制度。由市场体系增加社会活力，并给部分公共品定价提供参照；由民主制度来保障公共服务的公正性，并给广大人民群众提供广泛参与公共事务的机会。

(三)集体经济薄弱限制乡村治理的长效发展

随着市场经济和城镇化的发展，当前集体经济逐渐薄弱，外力投入仍然是集体经济发展的主要来源，内生动力仍难在短期内达到预期目标，部分村依靠山林土地等集体资产租赁实现短期内一次性增收，或者通过国家转移支付获得微薄集体收入，发展村级集体经济方式较为单一，缺少持久的增收渠道，没有形成长效的增收机制。尤其是重点贫困村的集体经济缺乏稳定的产业支撑，村级集体经济薄弱，导致内生发展动力严重不足，有的贫困户已经实现脱贫，但由于“造血”能力弱，推进乡村振兴战略困难重重。因此，集体经济薄弱导致乡村建设资金大多依靠政府补贴，比如危房改造、道路水池等基础设施建设及公共服务的提供都需要大量的政府资金作为后盾，而政府财政资金来源有限，每年集中在乡村建设中的资金更是有限，这在很大程度上限制了乡村建设的进程。

(四)“乡村精英”流失削弱乡村治理主体

人民群众是乡村治理的主体，也是乡村振兴的最终受益者，推进党建引领乡村治理、促进乡村振兴必须不断深化村民自治实践、推动治理重心下移、做好社会协同等工作。随着市场经济的发展，农村阶层分化打破了原有的刚性格局，生活条件改善的农民大部分都会从农村迁到城市，大部分优秀青年择业趋向非农岗位，居住趋向城镇集中，特别是外出务工阶层中的人大部分文化程度相对较高，而且年龄总体偏小，他们的思想比留守在农村的大部分人相对先进，综合素质较高，“乡村精英”外流，使空心村现象也越来越普遍，农村社会逐渐从熟人社会向陌生人社会转变，农村经济社会发展缺乏有头脑、有思想的人带领，市场企业在农村很难成长起来，这些现实状况给乡村治理带来了很大的挑战。除此之外，庞大的留守群体个体公民意识较差，受文化程度影响短期内难以达到较高的意识提升，农村经济组织的发展举步维艰，阻碍了乡村治理主体的构建。

第二节　乡村治理体系的构建

随着中国城镇化进入追求质量提升的后半程，学者们开始回归乡土价值研究，乡村所具有的多元化内涵被再次挖掘出来(胡晓亮等，2020)。乡村不再是单一的农村，也不再是城乡二元体制下“割裂”的农村空间，而是由多种要素构成的一种多变、连续的空间，也可以看成是由乡村物质空间、社会空间、文化空间三个层面有机构成的(周尚意，2017)，或是以人地关系地域系统理论为基础的“物质空间-社会空间-文化空间”三位一体的乡村空间系统(李红波等，2018)，因此乡村的治理并非单一的村庄治理，其涉及乡村村域范围内的社会、经济、环境、文化、生态等多个方面，在乡村治理中将其总结为三个方面：乡村生态环境治理、乡村聚落空间治理、乡村社会文化与经济模式治理三大方面，并在此基础上构建完善的治理体系。

一、新时代乡村生态环境治理体系构建

通常认为从事农业、人口分布较城镇分散的地方，以农、林、牧、渔等农业生产为主要经济基础且具有特定的自然景观的区域被称为农村(乡村)。可见，乡村通常会保持原始的自然景观风貌或农业景观风貌。同时，截止到2019年，我国乡村地区占全国土地总面积的94%以上，仍然有大约6亿人口居住在农村，生态环境特别是大气、水、土壤污染严重，已成为全面建成小康社会的突出短板，而扭转环境恶化情况，提高环境质量是广大人民群众的热切期盼。乡村地域生态环境质量的优劣将直接影响我国整体生态环境水平及城市生态水平，决定了新型城镇化健康可持续发展的走向。因此，对乡村生态环境的治理有着重要的意义。

习近平总书记指出，“要用系统论的思想方法看待问题，生态系统是一个有机生命躯体，应该统筹治水和治山、治水和治林、治水和治田、治山和治林”(中共中央宣传部，2019)。根据习近平总书记提出的“生命共同体理论”，将乡村生态环境分解为山、水、林、田、湖、草、沙、气8个一级治理目标，分别涵盖乡村生态环境的不同部分，并在此基础上对一级治理指标进行分层分解，形成山体修复治理、植被修复治理、河流治理、沟塘治理、林地修复治理、耕地保护与治

理、土壤环境治理、湖泊治理、草地(原)修复治理、沙漠化治理、大气治理、能源治理 12 个二级治理目标以及 27 个三级治理目标，如表 9-2 所示。通过构建乡村生态环境治理体系，对乡村山水林田湖草的生态环境系统进行有序的整治和恢复，指导乡村生态环境治理，同时进一步完善指标体系的评价标准，对后期生态环境治理水平及成效进行科学评价。

表 9-2　乡村生态环境治理体系构建

一级治理目标	二级治理目标	三级治理目标
山	山体修复治理	①山体形态修复治理 ②生物恢复治理
	植被修复治理	①植被种植恢复 ②植被物种恢复
水	河流治理	①河流富营养化治理 ②河流污染源治理 ③河道景观治理
	沟塘治理	①沟塘清淤治理 ②沟塘环境治理
林	林地修复治理	①林地复原及土地治理 ②林地非法占用清理
田	耕地保护与治理	①荒地复垦治理 ②耕地红线保护
	土壤环境治理	①耕地土壤有机物恢复治理 ②土质土层治理
湖	湖泊治理	①湖泊水质治理 ②湖泊污染源治理 ③湖泊群落生态治理
草	草地(原)修复治理	①草地(原)退牧还草 ②草地(原)荒漠化治理
沙	沙漠化治理	①土地的集约式经营 ②土地退化治理与土壤肥力修复 ③河流流域绿洲生态治理
气	大气治理	①大气污染源治理 ②大气排放治理
	能源治理	①乡村清洁能源治理 ②秸秆焚烧治理

二、新时代乡村聚落空间治理体系构建

乡村聚落空间是人生产生活、繁衍而创建的一种人文物质景观现象，为村民生产提供生产生活的空间场所和物质支撑，是乡村地区生产生活的重要载体，完善乡村聚落空间的治理，构建乡村聚落空间的治理体系，推进乡村聚落空间规划建设、加强规划实施管理、乡村空间格局优化与治理，有利于理清村庄发展思路，做到发展有遵循，建设有抓手；有利于统筹安排各类资源，集中力量，突出重点，加快补齐乡村发展短板；有利于通过科学设计和合理布局，优化乡村生产、生活、生态空间，推动空间合理布局与结构优化；有利于引导城镇基础设施和公共服务向乡村延伸，促进城乡融合发展，对乡村可持续发展具有重要且积极的意义。

乡村空间治理体系包括聚落空间治理、建筑空间治理、道路空间治理、景观环境治理、市政设施治理、公共设施治理 6 个一级治理目标，对 6 个治理目标进行细化，又分为聚落风貌治理、聚落布局规划、建筑质量修复、建筑修复、道路系统修复、道路景观修复、景观风貌治理、景观绿化修复、市政管网、行政服务设施、公共服务设施 11 个二级治理目标和 27 个三级治理目标，如表 9-3 所示。通过乡村聚落空间治理体系的构建，细化乡村空间治理的内容，对乡村空间进行精细化管理和治理。

表 9-3　乡村聚落空间治理体系构建

一级治理目标	二级治理目标	三级治理目标
聚落空间	聚落风貌治理	①聚落肌理的修复治理 ②聚落风貌特色治理
	聚落布局规划	①聚落空间的组合 ②聚落空间的拼贴 ③乡(村)域国土空间资源整合 ④村庄建设边界划定 ⑤乡村聚落的撤并
建筑空间	建筑质量修复	①危旧建筑的改造 ②建筑结构的加固 ③历史文化建筑的保护
	建筑修复	①建筑立面修复 ②沿街建筑立面治理
道路空间	道路系统修复	①道路体系的完善 ②道路空间的拓展
	道路景观修复	①道路景观的治理 ②道路红线的划定

续表

一级治理目标	二级治理目标	三级治理目标
景观环境	景观风貌治理	①自然景观风貌的治理 ②人文景观风貌的治理
	景观绿化修复	①景观公园的治理 ②特色景观资源的保护
市政设施	市政管网	①给排水设施治理 ②电力电信设施治理 ③环境卫生的治理
公共设施	行政服务设施	①行政服务设施的完善 ②配套设施建设及服务质量治理
	公共服务设施	①公共服务设施的完善 ②公共服务设施布局及选址

三、新时代乡村社会文化与经济模式治理体系的构建

乡村经济形式是乡村快速发展的基础保障，乡村经济为乡村社会的正常运行提供了大量的财力帮助，也是乡村村民社会福利的重要来源。而乡村社会文化是乡村稳定发展的制度保障，也是村民文化自觉、自我认同，构建和谐的社会价值体系的重要源头。随着城乡社会的发展，新时期乡村社会文化和经济体系发生了重大变革，传统乡土文化的缺失和新时代社会文化的滞后发展，造成乡村社会文化价值观出现扭曲，而传统农耕经济体系向集约经济体系的转变和重构导致乡村集约经济难以适应现代市场规律，成本增加，出现为降低成本、增加收益而采取破坏式、污染式农业经济的现象，造成生态环境的逐步恶化，因此新时期乡村治理应逐步加强乡村社会文化治理，弘扬新时期优秀乡村文化，通过乡村社会文化的治理达到引领向善，规范行为、凝聚力量的目标，加强经济发展模式的治理，通过发展乡村绿色生态经济、旅游经济等，激活农业生态建设蓄积的“绿色资本”，实现生态效益与经济效益的“双赢”，进而有效推动乡村振兴的发展。

因此，在乡村社会与经济治理体系的构建中，将其分为文化治理、经济治理、基层组织治理 3 个一级治理目标，并细分为社会习俗治理、乡风文明治理、经济效率治理、绿色经济治理、基层主体治理、治理模式融合 6 个二级治理目标及 17 个三级治理目标，如表 9-4 所示。在文化治理中，注重加强对乡村传统文化、地域文化、新时代道德文化的融合，构建新型社会主义乡村文化；在经济治理中，强化绿色经济的发展模式，提倡推行低污染、创新型、高效率的农业产业，同时加强对乡村产权制度、土地分配制度及行政服务效率的治理，为经济的快速发展

奠定基础；在基层组织治理中，强化基层组织的自我管理和高效运行机制，实现乡村村民自治、社会法律法治、乡土道德德治的有机融合。

表 9-4　乡村社会与经济治理体系构建

一级治理目标	二级治理目标	三级治理目标
文化治理	社会习俗治理	①新时代农村习俗的再生 ②地域传统习俗的治理
	乡风文明治理	①乡村道德文明的治理 ②乡村文化体系的构建 ③中国传统文化的融入 ④地方特色文化的再生
经济治理	经济效率治理	①土地分配制度的治理 ②乡村经济产权制度改革 ③行政服务效率治理
	绿色经济治理	①绿色农业发展模式治理 ②绿色产业创新机制治理 ③绿色管理体制机制
基层组织治理	基层主体治理	①基层村民组织治理 ②基层村党委运行机制治理
	治理模式融合	①乡村村民自治 ②社会法律法治 ③乡土道德德治

第三节　乡村治理可持续发展策略研究

一、后乡土社会视域下农村治理困境的化解

中国农村问题的本质是国家与农民的关系问题(党国英，2004)，国家通过权力主宰农村地区的发展，农村地区几乎无偿地为城市发展输送资源，使农民的利益受到损害，国家与农民的关系处于一种不平等的境况中。从上述的困境中可以看出，后乡土社会中农村治理的主要问题是在农村治理过程中农民参与及决策权利的缺失、传统道德文化的缺失、传统乡贤主导治村的缺失，导致农村治理策略与农民日益扩大的权益、需求间产生冲突。因此，后乡土社会中解决农村治理问题的首要任务是构建“新乡贤治村”的机制，形成多元主体共同参与的治理体系，解决农民、农村的权利主导问题，拓展新乡贤引入渠道，构建价值评价体系。其

次，解决农民权利和地位平等的关键在于转变传统农村治理观念，厘清农民在农村社会中的地位和诉求，建立以“农民”为本的治理理念；加强农民在农村治理中的诉求表达；建立激励机制，引导农民群体主动参与农村治理之中；改变传统乡土社会中“自上而下”的管理模式，倡导农村社会的多元化、法治化管理模式，突出农民群体的主体、主导作用，建立权利平等基础上的农民参与机制（吴景川，2021）。

二、后乡土社会农村治理中建立农民为主体的治理策略

乡村治理体系是乡村振兴战略的重要内容。没有乡村的有效治理，就没有乡村的全面振兴，更无法实现国家治理体系和治理能力现代化的战略目标。我国各地区乡村之间的情况千差万别，但要达到“治理有效”的共同目的，需要遵循一些基本的思路和策略。

（一）构建完善的农民决策、参与、监督、激励策略，推进农村治理多元化、法治化和可持续化

在传统农村治理中，政府领导下的农民自治作为主体模式，其未厘清农村自治中权利义务的主体，政府承担主体角色，而本应作为主体的村民则成为附属角色。因此，构建有序的治理环境，需充分发挥后乡土社会中农民的自主性，改变所谓的村民参与的表面现象，在治理实践中确立村民决策主体的地位，强化村民能动意识，弱化政府职能，使其处于客体地位。一方面，政府机构要充分发挥群众路线“深入基层”的传统优势和公众参与中“能动参与”的精华，建立适合农村社会文化的本土参与机制，由计划经济中遗留的精英主导式的管理方式向市场经济与民主决策相互结合的方式转变，将村民作为治理的主体决策者和受益者；另一方面，面对村民参与中的从众特点，增强农村文化和农村治理的宣传逐步加强农民群体的能动参与意识、集体意识和是非辨别意识，使村民具备社会治理的素养和文化基础，并在未来能转变为决策的发起者。

如浙江省象山县构建了“说、议、办、评”的村民说事制度体系，由农民自发开端的“村民说事”，以“说”广泛收集疏导民意，以“议”科学规范决策，以“办”合力抓好事项落实，以“评”形成干部争先创优氛围，通过与农村小微权力规范化运行、一村一法律顾问、信息化建设进行有机融合，营造了象山县共建共治共享的乡村治理生态，提升了乡村治理水平。同时锤炼党员干部，下派90名青年后备干部担任“第一书记”帮扶整转后进村，提升农村党组织的组织力。推动“书记账本”、党员联户、五议两公开、“最多跑一次”改革、双述双评等制度与村民说事“说、议、办、评”环节有机融合，完善乡村治理运行机制。人民代表大

会常务委员会通过深化提升村民说事的决定，定期监督检查村民说事落实情况。这些主体通过村民说事积极参与乡村治理，增强了乡村治理活力，大大提高了乡村治理能力和水平(中央农办和农业农村部，2019)。

(二)完善农民参与和监督机制，建立公决、协商相结合的治理模式

农村治理的本质是自治，因此在农村治理中需逐步加大农民参与程度，建立真正的“主权在民”的治理意识。需要扩大农民在农村治理中的参与深度、参与宽度，不仅局限于农村两委的选举，还要深入农村社会、经济各个方面。实现由传统农村精英治理向村民政策公决治理模式的转变，扩大村民的选举权，通过政策公决实现农民对农村的“直接”治理。

同时，考虑到农民公决中存在的弊端，当分歧较大时，为避免出现暴力争斗，还需依托乡镇政府监督，在村民中以家庭为单位进行推选或选举，建立村民代表群体，归纳农民诉求。实行“村代表代议制”的参与模式，参与农村事务决策，对村庄两委的决策进行监督。村民代表负责与未参与决策的村民沟通和解释，整合村民意见与村两委商讨并制定策略(图 9-1)。农民代表性质上属于非政府、独立性组织，属于农民群体的组成部分，有共同的利益诉求，具有时效性、流动性的特点，可根据时间、事件的变化而进行人员调整。因此，通过政策的公决和代表协商相结合的治理模式，在扩大利益相关者和利益参与面的同时，保障了村民、村两委和政府机构的合法权益。

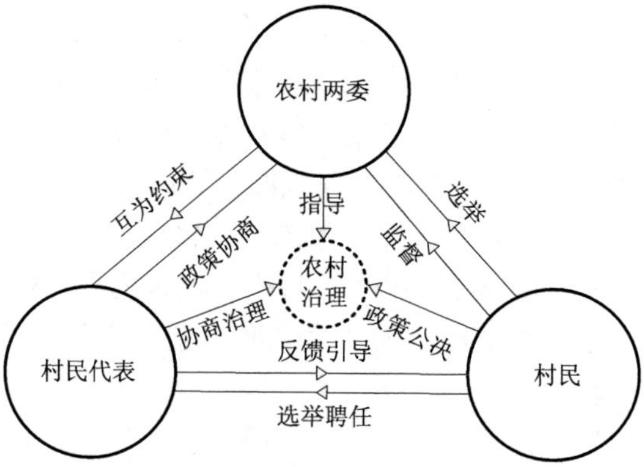

图 9-1 农村公决协商结合的治理模式

如在宁夏回族自治区吴忠市红寺堡区创新移民村针对移民村基层治理薄弱问题，坚持夯实村民自治基础，深化村民自治实践，围绕做实村民代表会议制度，严格规范代表推选程序，推行民主议事五步工作法，开展乡村两级监督，增强村

级事务透明度，畅通民意诉求表达渠道，加强了党对基层组织的领导，提高了农村社会治理水平。五步工作法：第一步，代表提出议案。区里制定了涉及群众切身利益的议事清单，明确“20＋X”项村民代表会议基本议定事项(20 项已定基本事项＋X项各村增加事项)，将农村低保对象民主评议、村级重大事项开支、贫困户初选和退出等事项作为重点事项。在此基础上，村民代表征求所代表农户意见，形成议题，由村“两委”商议并拟定议题的初步解决方案，上报乡(镇)政府进行合法性审核。第二步，民主议定议案。召开村民代表会议对村“两委”提交议题的初步解决方案进行商议，并最终确定议案。第三步，公布告知议案。根据村民代表会议民主议案结果，村委会将议定的议题、初步解决方案及程序在村部、农户居住集中区和公共活动场所等公告 5 天以上，村民代表要及时告知所代表农户。第四步，组织实施议案。议案决策后，由村委会负责执行，按照定人定责、明确时限的要求将议案分解到村班子成员，形成工作方案，逐项落实。第五步，监督落实议案。由村务监督委员会对议案执行情况进行全程监督，并将实施情况向村民代表会议报告。“五步工作法”明确了村支部、村民代表会议、村委会、村务监督委员会各自的职责，相互之间形成有效衔接和制衡，改变了以往村干部“一言堂”的局面，凡经村民代表会议通过的事项，村民们服气，村干部有底气，推进起来更加顺畅，效果显著(中央农办和农业农村部，2019)。

(三)建立激励治理机制，发挥农民、农村的自主性

在后乡土社会中，受市场经济的影响农民参与村庄事务的原始动力来自对自身利益的渴求，因此在农村治理中将合理引导农民追求利益，并将其转变为村民参与农村治理的动力，建立以农民为中心的激励机制，在满足他们需求的前提下，通过劝说、引导、促使等方式激励他们发挥自主性、积极参与治理的过程。在村庄治理实践中，将由传统政府“指派”模式向“激励-验收”模式转变，即政府出资启动、农村申请、农民参与、政府验收的一体化模式。同时根据农村治理的实际情况实行奖惩机制，对治理成效显著的村庄在利益需求、心理需求、自我认同、自我实现等不同需求层面上实行激励补偿措施，进行推广和宣传，从而提升参与者的主体意识和自豪感。

如湖北省秭归县创新村民自治形式，坚持规模适度，合理划定治理单元，充分考虑地缘、血缘、亲缘、利缘、文缘等关系，本着地域相近、产业趋同、利益共享、规模适度、群众自愿的原则，秭归县按照 50～80 户、地域面积在 1～2km^2的规模，将一个行政村划分为若干个村落，全县 186 个村、1152 个村民小组，共划分为 203 个自然村落。村落群众成为一个利益共同体，村落理事会成为党和政府与农民群众联系的桥梁纽带。茅坪镇陈家坝村通过村落理事会，结合村规民约修订和“公益创投”，引导全村群众加入五个社团，通过服务换取有偿积分，让村

民自治手段更多样、操作性更强。坚持发扬民主，选优配强村落骨干。很多办事有能力、参与有精力、服务有热情的农村党员、离职干部、退伍军人、产业大户等骨干被推选为“两长八员”参与村落治理，不仅解决了村委会服务半径过大、管理服务难等问题，也为乡村振兴储备了一批精英人才。另外，吸引群众参与是自治落地的关键所在。理事会和“两长八员”代表了村落群众的普遍利益，能把缺乏合力的农民凝聚起来，将村落群众拧成利益共同体。他们以义务为主、适当补贴方式开展工作，以村落群众共同关注的热点难点问题为突破口，以增强村党组织服务功能、维护社会稳定、促进农村发展、提高村民幸福指数为落脚点，发挥了党员和农村能人带动作用，吸引群众有序参与，带领群众开展“幸福村落”建设(中央农办和农业农村部，2019)。

(四)建立项目为驱动的治理方式，实现治理的可视化和可参与性

治理是一种持续的、抽象的过程，其包含了社会的各个方面。农村治理是农村全面实现自我管理的过程，从农村社会开始之初，治理便与农民生活紧密相关，但它无法触摸，只能通过感性进行体验。因此，在后乡土社会的农村治理过程中，为提高农民的参与性，将抽象的农村治理分解成多个独立却相互关联的实体项目，以可视化的实体项目为驱动，把政策治理转换成实际的任务，将实际治理项目公开化、全民化，将农村治理的运行程序、适用条件、行使边界、进度安排、权力依据、负责部门、监督投诉渠道等以项目流程清单的形式展现出来。以项目为治理驱动，引导农村竞争性地申请项目支持，对具有效益性、创新性、有效性、社会性的项目进行扶持、实施，以项目申请带动农村发展成为村一级的治理特色(谢小芹和简小鹰，2014)。项目治理模式的实施为农村社会提供了讨论公共治理和资源利用的基础信息平台，能使农民从感性认知逐步过渡到理性、理智的认知，不仅能看到、体验到，进一步参与农村的治理之中，而且能激发农村社会治理的活力，从而扩大现代农民群体的参与程度，挖掘其内在驱动力。

(五)推进农村治理多元化、法治化和可持续化

农村社会的快速转型和城市文化的渗透使农村传统文化破碎，乡土文化约束作用减小，传统的礼治治理模式逐步被打破，瓦解了传统农村社会治理的结构。同时人们之间交流的频率和范围加大，由熟人社会、血缘关系构成的农村逐步演变为熟人与陌生人混合、血缘与业缘混合的后乡土社会，并从单一的政府治理或农村精英治理向多元化治理转变，体现出多元主体、法治化、开放性、复杂性的特点，农村治理进入传统礼治治理和法制治理混合的“失范和真空”阶段。近年来，新乡贤治理乡村的一些消极影响逐渐显现，出现了“以公济私”、村庄民主萎缩等问题(余彪，2014)。在新时代农村治理中，新乡贤起到“德治”的作用，

但不能突破法律“法治”的限制范围。因此，在后乡土社会中，应逐步加大农村基层多元化政权建设和法治建设，需要重构现代社会下的农村文化观和价值观，同时鼓励农村社会不同利益群体之间的互动，参与和管理权利，在农村治理中出现多元主体间的对话、竞争、妥协、合作等方式，挖掘农村、农民自身的潜力，建立依法治村、依法办事的后乡土社会风气，推动农村法治化社会的形成，逐步减少“失范”现象的发生。因此，在新乡贤治村中需以“有法可依、有法必依、执法必严、违法必究”为基本要求，新乡贤以“晓之以理，动之以情”的准则处理矛盾时，要注意坚持法律底线(李思琪，2018)。“德治”不能替代“法治”，最终要形成村民的“自治”、法律的“法治”及新乡贤的“德治”三者的相互融合，全面发展，实现统一。

如广东省惠州市引入“一村一个法律顾问”，即为每个村安排一个专业律师作为法律顾问，协助村委会制定、修改和完善村规民约等，把基层民主自治导入法治轨道，引导农民办事依法、遇事找法、解决问题用法、化解矛盾靠法。“一村一法律顾问”为农村法律服务短缺问题提供了解决思路，是农村法治建设的地方创新实践，补齐了乡村治理中的法治短板。建立双向选择制度，由县(区)司法局在合适的范围内公布有关律师事务所、律师的基本信息和近年来的业绩、信誉等情况，充分听取村委会及群众的意见，由村委会与律师事务所、律师进行双向选择。开展行业倡议，举办“律师助力乡村振兴 推进法治环境建设”研讨会，倡议律师行业助力脱贫攻坚，组织 80 名律师参加“法援惠民助力乡村振兴”活动，开展“千名百场送法律服务下基层”结对帮扶活动，效果十分显著。一是，增强了基层干部群众的法治意识。截至 2019 年 3 月，共开展法治宣传讲座 23329 场次，有效增强了基层干部群众的法治意识和学法、用法、守法的自觉性。二是，满足了基层法律服务需求。村法律顾问为村里各种经济、社会活动提供法律服务，为基层群众处理经济社会事务提供法律援助，有效防范了法律风险，目前已完成法律咨询 22.6 万次，提供法律援助 4247 次，维护了村民的合法权益。三是，维护了基层社会和谐稳定。村法律顾问运用专业法律知识，协助调解各类矛盾纠纷 19675 宗，有效维护了基层的和谐稳定。四是，推进了基层“三治”有机结合。村法律顾问协助村委制定、修改和完善村规民约等，把基层民主自治导入法治轨道，对推动农村依法开展自治工作，实现法治、德治有机统一起到良好促进作用(中央农办和农业农村部，2019)。

三、引入“新乡贤治村”，构建完善的治村机制，推动乡村现代化治理

(一)正视“新乡贤治村”，构建多元主体共同参与的治理体系

明确乡村治理的主体及治理目标。新乡贤在法律法规的框架下与乡民、新乡

贤、政府共同治理乡村，其目的是构建多元主体共同参与的现代化治理体系，所强调的是广大村民与基层政权共同参与乡村治理，发挥村民的主观能动性与自主性，而非单一的“新乡贤”与基层政权来“共治”。从理论上讲，乡贤群体应当成为基层社会治理的新助力(戴纯青，2016)。新乡贤通过自身优良的道德品质，以其自身“软实力”在乡民间形成凝聚力，把乡民培养成有文化、有思想、有能力的农村“主人”。但仅依靠新乡贤的力量来治理和建设乡村是单一的，应明确村庄治理的核心目标即乡村的振兴，因此在新乡贤治村中，应结合新乡贤的助力提高乡村内生能力，即提高村民的认知能力和素质，提高乡村自我生产的能力和创造力，在此基础上完善乡村以新乡贤为引导的治理模式并形成良性循环，以实现乡村治理的可持续发展(张雨薇和武晋，2021)。

如在湖南省宁乡市大成桥镇发挥社团作用，促进协同共治“六化”社团织密善治网络，以党组织领导下的“社团织网、三员共治”模式，创新乡村治理，充分培育发展社团组织，推动支部党员、社团会员、家庭成员“三位一体”参与乡村治理，基本构建了“社会协同、公众参与”的乡村治理机制。构建“专业化+网格化”的乡村治理体系，大成桥镇按照“专门人做专门事”的治理思路，在网格化管理的基础上，进一步拓展社会化服务，织密乡村治理体系。

搭建“1+6”的社团组织，立足镇域实际，成立志愿者协会、凝成文明劝导服务中心、惠成平安服务中心、社会禁毒协会、围鼓戏协会、工商业联合会、巾帼风采志愿服务队 7 个社团组织，每个社团设 3～6 名理事会成员，其中，志愿者协会与镇“六化”社团织密善治网络时代文明实践统筹工作，广泛吸纳社会群众参与，目前已发展会员 276 人；其余 6 个社团组织因其服务的专业性，主要吸纳在群众中威望较高、组织协调力较强、具有相应履职经验的人员加入，人员构成相对稳定且少而精，有成员 228 人。

畅通“网格+社团”的协调联动机制。依据村民小组将全镇划分为 153 个治理网格，由巾帼风采志愿服务队会员、妇女组长担任网格管理员，负责及时收集上报需要触发社团服务的事项信息，并为社团提供引路、反馈、评价等附加服务，相关事项按照“1+1”的机制处理，即网格管理员在 1 天内上报问题信息，社团在 1 天内解决到位，实现“一员采集、联动处置”，确保“小事不出村、大事不出镇、矛盾不上交”。志愿者组织引导群众参加环境卫生整治义务劳动。

构成多元主体共治平台。让所有镇村干部成为志愿者，将市域内绝大部分大成桥籍企业主吸纳进工商业联合会，由镇妇联、共青团、工会等对口联系相应社团工作，充分聚合起政府、社会、市场和群众等多方资源，将治理覆盖面更多地延伸到各阶层、各领域(中央农办和农业农村部，2020)。

(二)拓展新乡贤引入渠道，构建价值评价机制

逐步拓宽新乡贤的吸引渠道，吸引有意愿和有能力的人参与乡村治理，在此基础上完善相关激励机制，为新乡贤回乡提供必要的制度保障，搭建沟通平台，联系在外乡贤，并结成新乡贤组织，增强情感维系，让更多的“新乡贤”被发现和得到关怀。另外，通过对新乡贤的挖掘，构建新乡贤的价值评价标准和体系，设立相关价值规范制度，对新乡贤进行正确的思想教育和引导，建立主流价值观以规范其行为，提高其服务乡村、服务于民的意识，激发其参与乡村治理与发展的动力。在新乡贤参与乡村建设的过程中，还需对新乡贤进行村民民主监督，确保村民在乡村治理中的主体和主导地位，继而保证新乡贤群体的纯洁性。

(三)提高乡村基础建设，鼓励新乡贤回乡发展

新乡贤是促进乡村治理与发展的重要力量,部分新乡贤长时间生活在城市中，也有部分是土生土长的本地“乡贤”，同时还有一些不是源于乡村，但一直为乡村做贡献的外乡人。他们大多享受城市的医疗、教育等健全的基础设施带来的福利，但乡村基础设施落后，城乡生活水平差异大，乡村公共设施难以提供有效的供给，如乡村生活环境、市政设施条件等，导致其回乡后难以适应乡村的生活环境，难以留在乡村工作和发展。因此，政府应加强乡村基础设施建设，给想为乡村做贡献的人提供有保障的生活场所和公共设施，并建立健全城乡一体的公共服务机制，同时建立相关鼓励政策，吸引他们回归乡村，只有这样才能有效地吸引人才的回流，为乡村注入新的生命力，促进乡村的长久发展。此外，在上述基础上进行乡村文化基础建设，以物质空间为载体，将文脉、文化与空间相结合，宣传新时代社会正能量，建立乡村所特有的地域文明风貌与风气，通过文化的教化，进一步激活更多乡村地区的发展机遇，从而吸引更多新的产业和就业机会，让文明成为社会经济的新增长点。

(四)通过互联网平台扩大新乡贤的参与度

随着互联网与大数据的发展，城乡社会进入互联网时代，在此背景下新乡贤应充分利用如爱乡宝 App 等一系列互联网平台，构建新乡贤交流体系，加强地域之间、城乡之间、村际之间、村内间新乡贤多元化信息交流。互联网时代下，通过乡村文化互助项目资源平台的建设，为每一个乡村建立起无门槛的自助机制，构建乡村亲情社交网络。通过互联网在增加区域间新乡贤参与乡村治理的可行性的同时充分挖掘新乡贤治村的能力，破解新形势下农村社会治理难题。此外，还可以充分发挥互联网在生产要素配置中的优化和集成作用，利用“互联网+平台”的力量，凝聚社会资源，搭建政府、市场、乡村之间信息交互、数据共享、机制

协同的渠道，从而引导返乡创业人员的创业方向，深入实施农村新乡贤创业富民行动，继而产生不同思维之间、跨时空的碰撞，并结合其他地区乡村发展的优秀案例与经验，用新思维、新观念、新技术实现乡村治理的数字化和规范化，为新时期农村治理提供宝贵的经验，从而解决乡村振兴中经济、文化、社会全方位的综合性问题。

如上海市宝山区利用移动互联网创新乡村治理方式，运用移动互联网、大数据分析等现代信息技术，探索建立“社区通”网上工作系统，党员干部和村民经过实名认证，书记当“群主”、党员为中坚、群众为“铁粉”，有利于干部群众便捷互动，干部对群众需求精准把握，对群众问题快速处置，网上网下践行群众路线，提升了党建引领下服务群众的精准性、实效性，打造“移动互联”工作载体。设立爱宝山、宝山大调研、党建园地、社区公告、左邻右舍、议事厅、警民直通车、家庭医生、公共法律服务等功能版块。针对农村地区专门开设“乡村振兴”“村务公开”“乡愁乡音”版块，全方位展示乡村振兴工作进展，全透明公开村内财务收支、各类票据、动迁房分配、村干部报酬等村务信息。目前，“社区通”已发布社区公告 31 万篇，互动交流 6300 万余人次，群众点赞 1900 万余次，村民成为信息发布的主体之一，群众与党和政府之间的互动沟通从单向、模糊转为多维、清晰，打造“移动互联”工作载体(中央农办和农业农村部，2019)。

四、完善乡村治理体系，推动乡村由粗放向有序的治理之路

生态环境是人类及各种生命有机体的生存环境，包括人类在内的各种生物生存、发展、繁衍、进化的多种生态因子及其关系的总和，其系统构成是多层次、立体化、系统性、复杂性的。乡村生态治理是基于自然生态链和生态的视角，对被破坏的自然生态要素和物质空间要素进行织补(沈清基，2017)；空间是人类多样化生产生活的聚集点和承载地，是人、地、环境之间矛盾的集中点和爆发点。对乡村空间修复，是当前解决乡村振兴所存在问题的重要抓手，是完善乡村空间功能的重要手段。而文化修复是对乡村所处地域真、善、美文化与社会民俗的系统性修复，反映千百年来该地域的文化积淀。通过对乡村民族和民俗文化的提炼、新时代社会文化的再塑，修复地域文脉系统、文化风貌系统、社会文化系统，促进人、地、城之间文化与情感的交融，提高整体文化自觉。

因此，在乡村治理过程中，乡村管理者和政府管理机构需要梳理乡村发展的所有影响要素，挖掘乡村社会文化中的有利和积极因素，融合乡村现代化治理要求，构建乡村生态、空间、文化、经济的标准化治理体系，明确、细化治理目标和治理要求，并随着时代发展和社会发展的要求不断丰富、完善和调整，逐步推动乡村治理的法制性和规范性，为乡村振兴提供精神动力和智力支持。

五、塑造乡村治理共同体

治理资源供给匮乏和治理环境的演变使得乡村社会逐渐衰落，重构乡村基层公共性社会十分具有必要性。再造乡村治理共同体，构建公共的利益机制尤为紧迫。乡村治理共同体是义务和责任的结合，是乡村基层构建一种公平、公正的利益协调机制的核心所在。在乡村治理中的农民要实现权利义务的统一，激发农民权利和义务意识，在基层公共事务中才能够逐渐形成利益关联机制，进而产生价值的关联和推进自治。新乡贤这一团体的产生，使碎片化和孤立化的乡村社会各个主体逐渐团结和激活，而且联通了外部资源支持。由此，乡贤的归位不失为乡村共同体回归的良策(丁亮和蔡婧，2020)。可通过六个路径加以解决：第一，以“善治”为目标，完善基层党组织领导社区治理的体制机制；第二，以“创熟人社会”为依托，重构熟人社会，促进自治、法治、德治有机结合；第三，以“创熟人社会”为纽带，加强社会协同治理；第四，以“创熟人社会”为契机，提高社会治理专业化水平；第五，以“互联网+”为手段，提高社区治理智能化水平；第六，以“创熟人社会，促社会融合”为抓手，建设平安社区。

如浙江省温岭市推动基层治理和为民服务不断延伸，强化党建引领，创新网格治理，形成乡村治理共同体。首先，精细设置网格，消除党建空白点。一是因地制宜划分网格。按照“就近就便、规模适度、有利治理”原则，结合村庄地域特点、人口数量、居住集散程度、群众生产生活习惯等情况，因地制宜划分网格区域，通过整合若干相邻村民小组或若干楼幢，形成涵盖70～100户的网格。二是同步成立网格支部。按照“一网格一党支部(党小组)”模式，整合网格内在册党员，建立村党组织统一领导下的网格党支部或党小组，由村“两委”成员担任党支部书记(党小组组长)兼网格长。三是选优配强团队力量。明确网格团队成员准入条件，由网格内的村干部、党员、入党积极分子、村民小组长、离任村干部等担任网格团队成员。其次，推动服务下沉，回应基层新诉求。一是落实联户包干。每名网格员结对联系若干农户，做到“四必知、四必到”，即“知网格概况、知联户家情、知社情民意、知求助对象”“群众有不满情绪必到、有突发事件必到、有矛盾纠纷必到、有喜事丧事必到”。二是实行恳谈议事。在村党群服务中心或网格员家中建立网格议事厅，每月固定一天为网格议事日，围绕村级发展的重点事、群众反映的烦心事、村级治理的公共事，组织村民开展民主恳谈，实现大家的事大家商量着办。三是实行办事代跑。推进“最多跑一次”改革向网格延伸，丰富村级便民服务中心办事项目，由网格员进行代跑办理，下沉便民服务项目119项，逐步实现群众办事不用跑。再次，做强保障体系，打造治理共同体。一是建强支部堡垒。深入推进以“争创星级党群服务中心、争夺党建先锋示范旗、打造和合班子美丽村居”为主要内容的“争星夺旗·和美共创”专项行动，扎实整转后进村党组织，全面落实党员队伍“提质争优”，打造引领基层治理坚强堡垒。二是提升团队能力。依托镇村党群服务中心等平台，邀请治村名师、调解能手等，开展党建工作、纠纷调解等方面的业务培训，编发《网格治理工作实务手册》，不断提升网格员专业化服务水平。三是强化评价激励。开发网格治理信息化系统，实行服务积分管理，对网格员进行积分排名，定期开展优秀网格团队和优秀网格长、网格员评比活动，对表现优秀的党员，给予年度评优奖励和提拔使用，目前全市已有 51 名网格员按照程序被列为村社换届“一肩挑”确定人选，33 名网格员被列为“一肩挑”意向人选；对表现优秀的非党网格员，优先吸收入党；对表现不佳的，采取通报批评、调整离队、取消评先资格等措施，实现“干好干差不一样”的正面导向(农业农村部农村合作经济指导司，2020)。

第十章　乡村土地资源和公共服务管理与供给能力提升

第一节　乡村土地资源管理与供给能力提升

一、乡村振兴背景下土地资源利用和管理现状

乡村振兴离不开要素的优化配置，尤其是土地要素。土地是民生之本，发展之基，财富之母。土地作为人类赖以生存的生产资料，也是乡村最重要的自然资源和宝贵的资产，乡村规划必须落实在土地空间上。实现乡村振兴，农村三产融合优势的实现需要充分利用土地资源，首先必须厘清目前土地资源利用和管理现状。乡村土地利用是人类通过一定的活动，利用乡村土地的属性来满足自己需要的过程(《土地基本术语》GB/T 19231—2003)。我国实行土地分类管理制度，不同土地类型，属性不同，利用和管理特征也不同。本书主要探讨耕地、宅基地、集体经营性建设用地这三种类型。

(一)耕地资源利用与管理现状

1. 全国耕地资源利用现状

作为中国最为宝贵的自然资源，耕地不仅是我国粮食安全的基础，也是生态系统的重要组成部分。就耕地资源利用来看，其特征如下。

一是全国耕地数量减少的幅度在变缓。近几年来，基于我国耕地占补平衡政策的有力实施，耕地数量得到了保障。统计数据显示，2017 年年末，全国耕地面积为 13486.32 万 hm^2(20.23 亿亩)，全国因建设占用、灾毁、生态退耕、农业结构调整等减少耕地面积 32.04 万 hm^2，通过土地整治、农业结构调整等增加耕地面积 25.95 万 hm^2，年内净减少耕地面积 6.09 万 hm^2；全国建设用地总面积为 3958.65 万 hm^2，新增建设用地 53.44 万 hm^2(数据来源：《2017 中国土地矿产海洋资源统计公报》)。

二是全国平均耕地质量还有待提高。耕地质量包括耕地本身所固有的气候、土壤、地形等自然条件的资源禀赋水平，以及人类利用管理、生态环境对耕地的影响程度(陈逸飞等，2020)。统计数据显示，2016 年年末，全国耕地平均质量等别为 9.96 等。其中，优等地面积为 389.91 万 hm^2(5848.58 万亩)，占全国耕地评定总面积的 2.90%；高等地面积为 3579.57 万 hm^2(53693.58 万亩)，占 26.59%；

中等地面积为 7097.49 万 hm^2(106462.40 万亩)，占 52.72%；低等地面积为 2395.41 万 hm^2(35931.40 万亩)，占 17.79%(数据来源：《2017 中国土地矿产海洋资源统计公报》)。

2. 耕地资源管理制度现状

我国实行世界上最严格的耕地保护制度(牛善栋和方斌，2019)。结合人多地少的国情，早在 1986 年我国就开始实施“十分珍惜和合理利用每一寸土地，切实保护耕地”的基本国策。近几年来，我国中央一号文件均强调严守耕地红线。现阶段我国耕地保护制度包括耕地占补平衡制度、指标管控制度、生态补偿制度等，逐步形成了相对应的建设型、激励型和管控型工具集(表 10-1)。

表 10-1 我国耕地保护政策体系梳理

激励型政策工具	管控型政策工具	建设型政策工具
1.指标跨区域调剂	1.空间规划	1.高标准基本农田建设
占补平衡指标调剂	永久基本农田	2.土地整治
城乡建设用地增减挂钩指标调剂	生态红线或生态保护区	3.“政府主导、农民主体.社会参与”的土地整治机制
补充耕地指标跨省域有偿调剂	粮食生产功能区和重要农产品生产保护区	4.“以奖代补、先建后补”的土地整治方式
高标准农田建设等新增耕地指标调剂	城镇开发边界控制线	5.依托土地整治技术创新驱动的耕地保护机制
交易汇率	2.指标类	6.建立耕地数量、水田、产能储备库
2.城乡建设用地增减挂钩	耕地保有量	7.拓宽渠道
3.新增耕地指标交易	建设用地指标	多来源补充耕地
4.新增耕地补偿	基本农田保有量	多资金渠道补充耕地
5.土地生态保护补偿机制	3.土地用途管制	推行“补改结合”和“旱改水”
6.支农惠农补贴	4.用地审批类	8.耕作层表土剥离技术
7.耕地保护等区域性补偿	农转用审批	9.耕地资源休养生息
8.建立健全国际市场粮食贸易机制	严控增量、有保有压、分类管理	
	节约集约利用	
	“放管服”	
	耕地占补平衡	
	监管与督察	
	领导责任和共同责任机制	
	深化征地制度改革	

资料来源：唐健等，2020。

(二)宅基地资源属性特征与管理现状

宅基地是乡村社会重要的土地要素和资源，也是农民生产、生活和社会交往的空间(朱启臻，2018)。乡村规划不仅影响宅基地资源的利用格局，同时宅基地资源的使用现状和管理制度也会影响乡村规划的有效实施。科学认识宅基地及其价值属性、权利属性等，掌握宅基地资源利用现状是乡村规划编制的依据，而合理的宅基地管理制度是乡村规划有效实施的重要保障。

1. 宅基地概念、价值属性及其利用现状

农村宅基地是农民建设住宅所占用的土地，使用权者应是集体组织成员(杨亚楠，2008)。狭义的农村宅基地是指农村住宅的主房、附房及其他附属物的地基所占用的土地。广义的农村宅基地除包括狭义的农村宅基地外，还包括房前屋后的庭院和晒场等所占用的土地(关江华，2014)。

宅基地具有生产、生活、生态和文化价值。宅基地可以形成院落，院落不仅是农民进行吃、喝、住、娱乐等的重要生活空间，而且可以养鸡、鸭、猪、牛等家禽、家畜，或者种植各类蔬菜等。除耕地外，庭院也是农民比较重要的生产空间，所以宅基地具有较大的生产价值。由宅基地形成的庭院经济，还包含很多生态经济的因素。庭院种、养、加相结合的立体生产形式，促进物质循环再生，能量循环利用。同时，庭院经济还具有净化、绿化、美化环境功能，因此宅基地也具有生态价值。此外，宅基地是乡村文化的载体，部分建造在宅基地上的乡村民宅，文化底蕴丰厚，因此宅基地也有文化价值。

就宅基地利用现状来看，闲置现象较多。例如，第三次全国农业普查结果显示，2016 年年末，99.8%的农户拥有自己的住房。其中，10.7%的农户家庭有 2 处宅基地，0.9%的农户家庭拥有 3 处及以上宅基地，分别比 2006 年年末提高 4.5 和 0.6 个百分点(石晨谊，2020)。虽然从上述数据看，全国层面农户“一户多宅”的比例不高，但从地方局部看，部分地区“一户多宅”和农房闲置程度严重，甚至形成“空心村”(宋志红，2018)。

2. 宅基地权利属性及其管理特征

《中华人民共和国宪法》第十条明确了宅基地所有权属于集体，村民享有使用权。农民必须合法获得宅基地使用权才可以建房。宅基地使用权来源方式包括初始取得和继受取得。前者指村集体组织成员从宅基地所有权人即集体组织取得；后者指从其他宅基地使用权人那里受让取得。结合《宪法》和《土地管理法》等法律规定，宅基地的使用具有一户一宅、严守规划、申请限制等特征。例如，我国《土地管理法》第六十二条明确规定，“农村村民一户只能拥有一处宅基地，其

宅基地的面积不得超过省、自治区、直辖市规定的标准。……农村村民建住宅，应当符合乡(镇)土地利用总体规划、村庄规划，不得占用永久基本农田，并尽量使用原有的宅基地和村内空闲地。编制乡(镇)土地利用总体规划、村庄规划应当统筹并合理安排宅基地用地，改善农村村民居住环境和条件。……农村村民出卖、出租、赠与住宅后，再申请宅基地的，不予批准。”

(三)集体经营性建设用地利用与管理现状

1. 集体经营性建设用地概念及其权能

集体经营性建设用地是指以营利为目的从事非农业生产活动所使用的乡村建设用地，也指兴办具有生产经营性质的乡村(镇)企业等的农村建设用地(高珊等，2016)。

2013 年 11 月，党的十八届三中全会在北京召开并做出了《中共中央关于全面深化改革若干重大问题的决定》，在“加快完善现代市场体系”部分中明确指出，“建立城乡统一的建设用地市场。在符合规划和用途管制前提下，允许农村集体经营性建设用地出让、租赁、入股，实行与国有土地同等入市、同权同价。”可以发现，集体经营性建设用地的权能得到不断拓展，这为建立城乡统一的建设用地市场提供了权利保障(伍振军和林倩茹，2014)。

2. 集体经营性建设用地管理现状

2014 年 12 月，中央发布的《关于农村土地征收、集体经营性建设用地入市、宅基地制度改革试点工作的意见》明文规定，“在符合规划和用途管制前提下，允许农村集体经营性建设用地出让、租赁、入股，实行与国有土地同等入市、同权同价。”2020 年 1 月 1 日起施行的《中华人民共和国土地管理法》(2019 修订版)第六十三条明确规定，“集体经营性建设用地的出租，集体建设用地使用权的出让及其最高年限、转让、互换、出资、赠与、抵押等，参照同类用途的国有建设用地执行。”结束了多年来集体建设用地不能与国有建设用地同权同价、同等入市的二元体制(马一鸣等，2020)。

二、乡村振兴背景下土地资源管理面临的问题

(一)耕地资源安全问题突出

首先，我国土地资源禀赋不足，人均耕地面积仅为 1.38 亩，不到世界平均水平的 40%，全国优、高等耕地面积比例不足 30%(汤怀志等，2020)。其次，生态退耕对耕地保有量压力加大，退耕还林还草、轮作休耕导致耕地规模减小（郧文

聚，2015)。再次，我国粮食对外依存度较高，耕地缺口高达 7 亿亩(汤怀志等，2020)。因此，在人口高峰即将来临、国际政治形势调整、防疫常态化的背景下，国内学者认为，当前我国已经处于国家粮食安全、耕地资源安全最艰难的时刻(吴宇哲和许智钇，2019)。最后，国内尚未掌握耕地资源本底全要素状况及耕地质量、生态状况等关键参数，相关理论、研究方法落后(郧文聚和汤怀志，2019)。

(二)土地流转过程中风险凸现

1. 土地过度资本化风险显现

首先是各类工商资本下乡，造成土地过度资本化风险显现，影响粮食生产。以户为单位的家庭联产承包责任制所造成的土地分散经营被认为是阻碍现代农业发展的重要因素之一，因此，通过土地承包经营权流转促进土地适度规模经营得到了从中央到地方的支持①。在政策的支持和鼓励下，各类工商业资本进入农村，许多农业产业化龙头企业和专业合作组织成为农地经营主体(杨亚楠和申晓龙，2018)。数据显示，截至 2017 年 6 月底，流转入企业的承包地面积超过 5200 万亩，占比达 10.5%(张义博，2019)。随着各种形式资本的下乡，土地租金的过快上涨等农地过度资本化现象显现，这将削弱土地资源作为农业生产资料所承载的生产功能，并会给粮食生产带来不利影响(全世文等，2018)。

2. 土地违法风险增加

土地违法行为经常发生在乡村旅游开发项目中，这既有资本追逐利益的原因，也有集体土地征收制度、流转制度不完善等制度原因(杨振之和彭祎，2008)。另外，许多“农家乐”为规避现行政策，采取“以租代征”等方式，扰乱了土地管理制度，违反了法律规定(黄忠伟，2014)。

(三)土地生态安全问题加剧

生态宜居是乡村振兴中最关键的因素。良好的生态环境是农村的最大优势和宝贵财富。生态安全是实现国家社会经济当前发展和未来长远发展的重要前提，严重影响着国家的安全和人民的福祉，同时也决定着国家战略的制定和实施(饶凯，2020)。目前乡村土地生态安全问题主要表现在以下几个方面。

---

① 十七届三中全会通过的《中共中央关于推进农村改革发展若干重大问题的决定》提出，“允许农民以转包、出租、互换、转让、股份合作等形式流转土地承包经营权，发展多种形式的适度规模经营。”

1. 土壤污染现象严重

乡村生产活动及生活方式的改变影响农村水土环境。一些地方为加大耕地的利用强度，不断地增加农药和化肥的使用量，少用或不用任何农家肥或有机肥。毫无疑问，如此做法，加剧了土地的酸化、盐渍化，使农田土壤肥力下降，引起土壤性质的改变，导致土地质量下降，最终使土壤生态环境逐步恶化(李玉恒和刘彦随，2013)。

2. 水土流失加剧

水土流失包含水的流失量和水质污染、土的流失量和土壤肥力的增减，包括水、土、养分的流失。水的流失和土的流失经常是同时发生的，相互渗透，相互依存(鲍文，2010)。一些乡村陡坡开荒、毁林造坟、大规模地开山采石取土等行为，引起水土流失，甚至造成河床抬高，水库、航道和港口淤塞，生态环境破坏严重(吴惠敏，2012)。

3. 生物多样性降低

生物多样性是人类生活和生存的重要物质基础。近年来，人口快速增长使人类的土地利用方式不断地发生变化，如森林、草原变成农田和建设用地，围湖造田和湿地被占用等土地利用方式变化，在不同程度上造成了物种生境和栖息地的破坏、生态系统功能退化，从而使热带、亚热带、平原、山区等不同地域的生物多样性发生变化或丧失，而生物多样性资源的不断减少又促使人们进一步加大土地利用强度，造成了“恶性循环”。研究发现，现代高度集约化农业生产方式及其带来的生态环境变化是相当比例的濒危物种受到威胁的主要原因(王建英，2013)。

三、乡村土地制度改革路径与土地资源整合模式

(一)乡村土地制度改革路径

土地制度是乡村发展的根本制度和基础，其路径的完善既是有效破解“三农”问题的前提，也是乡村规划得到保障实施的核心，更是深入实施乡村振兴战略的关键。现阶段乡村土地制度改革的方向有很多，下文将介绍乡村土地用途管制制度完善、乡村土地地权制度完善两个方面的内容。

1. 乡村土地用途管制制度完善——永久基本农田划定

2014 年 11 月，国土资源部和农业部联合发布了《关于进一步做好永久基本农田划定工作的通知》，明确规定 “在已有划定永久基本农田工作的基础上，将

城镇周边、交通沿线现有易被占用的优质耕地优先划为永久基本农田，进一步严格划定永久基本农田保护红线。”到 2017 年 6 月为止，我国已经完成划定并通过省级验收的县级区域达到 2887 个，涉及 15.50 亿亩土地（佚名，2018）。

永久基本农田划定有以下几种方法：一是传统方法。首先开展基础调查，调查与潜在永久基本农田评价单元相关的各项规划之间的不协调、规划数据不统一、标准不统一等问题（黄慧和柯新利，2020）。其次是对上述问题进行识别和协调。再次是展开耕地质量的综合评价。二是“多规合一”视角下永久基本农田的划定方法。包括现状评价、初步划定、协调、调入和调出等步骤（杨绪红等，2019）。三是模型仿真模拟法。即利用土地系统模拟与优化模型，模拟永久基本农田划定中的基本农田保护与城市扩展的冲突及协调过程，对永久基本农田的划定进行优化（钟珊等，2017）。

2. 乡村土地地权制度完善——乡村宅基地“三权分置”

为盘活宅基地，2018 年 1 月 2 日，《中共中央　国务院关于实施乡村振兴战略的意见》正式发布，其中明确提出，“完善农民闲置宅基地和闲置农房政策，探索宅基地所有权、资格权、使用权‘三权分置’。”这一规定正式提出了宅基地的“三权分置”，其政策内涵在于让集体、农户、社会等主体共享宅基地权利（宋志红，2021），即在“坚持农村土地集体所有”这一底线条件下，兼顾“既让农户保持其宅基地使用权取得的身份专属性，又让没有身份限制的社会主体得以利用宅基地”的目标（宋志红，2018）。“三权分置”改革是解决我国农村宅基地制度僵化，利用效率低下的政策选择。这不但可以化解农村人口不断减少和农村建设用地不断增加之间的矛盾，而且可以盘活农民闲置宅基地和闲置农房，实现农民的财产权利（贺鲲鹏，2020）。

（二）乡村土地资源整合模式

乡村土地资源整合指为提高乡村土地节约集约利用水平，实现生产、生活和生态“三生”空间之间的平衡，基于现有的技术和管理水平，在时间和乡村尺度上对乡村土地资源进行优化配置的过程。乡村土地资源整合模式则是根据乡村土地资源整合特点进行的提炼与概括，一般具有典型性、可操作性等特点，包括土地流转、宅基地退出、城乡建设用地增减挂钩、土地综合整治等典型模式。

1. 土地流转

从土地权利的变化角度，传统的土地流转方式有转包、互换、转让、出租等，后经过实践创新出现了股份合作、反租倒包、托管等方式（李文政，2009）。土地股份合作是指农村土地承包户自愿联合起来，用土地承包经营权入股（孙辉东，

2014)。反租倒包是指集体经济组织反租集体成员承包地后，由集体经济组织统一发包于农地经营主体的一系列行为(孙敏，2020)。土地托管在保证农户土地承包权、经营权和收益权等权能不变的前提下，由受托方通过提供多元化服务方式，对委托农户分散经营的土地进行统一管理(韩春虹和张德元，2020)。基于参与流转的主体差异性，土地流转模式可分为"农户+政府+企业""农户+政府""农户+经济组织""农户+农户"等(郝丽丽等，2015)。

2. 宅基地退出

2014 年 12 月 29 日，国家发展改革委等印发了《国家新型城镇化综合试点方案》，明确提出改革完善农村宅基地制度。同年，中共中央办公厅和国务院办公厅联合印发了《关于农村土地征收、集体经营性建设用地入市、宅基地制度改革试点工作的意见》，进一步明确提出，"探索进城落户农民在本集体经济组织内部自愿有偿退出或转让宅基地。"宅基地退出是指宅基地使用权人主动放弃申请宅基地，将合法取得的宅基地使用权退还给集体或使宅基地用途发生变化，不再作为居住用地(岳永兵和万洁琼，2020)。宅基地退出渠道有以下几种方式：一是集体回购；二是调整为集体经营性建设用地入市；三是转为经营性用途。目前很多地区宅基地退出补偿与完善社会保障制度相结合(于伟等，2016)。

3. 城乡建设用地增减挂钩

城乡建设用地增减挂钩(以下简称"增减挂钩")政策设计源于中国新增建设用地指标管控、耕地总量动量平衡的土地制度框架，即一块农地如果被征收、出让成为国有建设用地，必须拥有两项指标：一是新增建设用地计划指标；二是耕地占补平衡指标。新增建设用地计划指标以行政计划的方式由国家、省、市、区(县)逐级分解下达。实际情况中由国家分配的新增建设用地计划指标只能满足市级以上经济发展，区(县)、乡镇经济因无法获得用地指标而发展受限。另外，由于中国集体建设用地市场发育受限，加之中国快速城镇化过程中农村空心化造成包括宅基地在内的集体建设用地闲置情况较为严重。在此背景下，增减挂钩成为解决上述问题的路径之一(杨亚楠和陈利根，2019)。从项目操作程序角度，增减挂钩项目可分为发起、规划、执行、验收等过程(王君等，2007)。根据各地项目实施载体的目标、特点和安置方式，可分为江苏"万顷良田"模式、天津"宅基地换房"模式、山东"农村社区化"模式、重庆"地票交易"模式。根据建设用地指标交易的机制、范围和形态，增减挂钩分为初级、中级和高级阶段(程世勇，2010)。有学者根据作用机制将增减挂钩模式分为政府、市场、农村集体自主运作等类型(李海梅，2013)。据有关部门统计，2018～2019 年两年间，通过增减挂钩机制消化的闲置存量土地已达 900 万亩，其模式已成为减少建设占用耕地、切实保护耕地的有效手段(晓叶，2020)。

4. 土地综合整治

农村土地综合整治是优化土地利用布局，实现农地集中、用地集约的一项系统工程。其核心内涵是通过田、水、路、林、村的综合整治，利用土地资源集聚带动其他生产要素集中、集聚，逐步实现规模化生产经营，提高资源配置效率，促进城乡统筹发展。农村土地综合整治中存在着农民土地承包经营权、宅基地使用权、房屋所有权、集体资产管理及收益分配权等重大利益调整，涉及小农经营、就近耕作、散居等传统生产生活方式的转变(高向军等，2011)，还涉及故土难离、身份认同、文化适应等心理和文化的转变和挑战等，使得农村土地综合整治的规划和实施面临一系列复杂的社会问题。构建合理的治理机制，保障农民的财产权利和民主权益，选择一个有效率的、能够体现农民意愿、实现公平公正、具有监督功能的治理结构显得尤为必要。事实上，由于地方政府同为政策制定者和项目实施者，农村土地综合整治实践容易偏离统筹城乡发展、推进城乡建设用地节约集约利用的政策初衷，往往沦为地方政府廉价获取土地指标、维持土地财政的手段(陈秧分和刘彦随，2011)。

四、强化土地资源管理，提升乡村土地资源供给能力

《乡村振兴战略规划(2018—2022 年)》提出，需要夯实农业生产能力基础，它包括农地本身质量提升、技术投入增加、劳动技能提升等，这也是促进农地利用效率的措施(王检萍等，2021)。从土地资源管理角度，只有提升乡村土地供给能力才能保障乡村规划落实，促进农村产业兴旺，进而促进乡村振兴。基于上述对乡村土地资源利用和管理现状、问题及已有改革路径的阐述，提出以下三方面建议。

(一)保障土地资源数量、质量和生态，实现耕地三位一体保护

一是要保证耕地数量。我国人均耕地仅有 1.38 亩，后备耕地资源不多。同时据统计，“十三五”期间，我国因生态退耕、农业结构调整、建设占用等因素，预计将减少耕地 7000 多万亩(晓叶，2020)。坚守 18 亿亩耕地红线，保障耕地数量是粮食安全的基本底线。二是要保护耕地质量。耕地质量的优劣不仅直接影响农产品产量，而且对农产品品质有着重大而深远的影响。耕地质量提升应该关注耕地土壤生产能力和可持续发展，如提高耕地土壤有机质含量、提高耕地土壤养分资源利用效率并削减土壤障碍因子、优化高标准农田布局和比例、继续推进耕地质量监测网络化(徐明岗等，2016)。三是要开展耕地生态保护。例如，根据耕地生态价值的评价结果划分耕地生态等级，将评估结果作为制定耕地生态保护补偿

标准的依据(秦静，2020)。

(二)合理推进土地流转，降低流转风险

一是完善土地流转机制和制度构建，保护流转利益方的合法权益。鼓励农户积极流转土地，提供土地流转服务和管理支持，需要对新型农业经营主体和农户提供咨询、登记服务，建立土地流转交易平台，避免口头等非正式方式增加土地流转不稳定性的风险，严格遵照法律规定的程序进行土地流转，有序流转土地，并以市场情况调节土地流转价格，确保土地流转的价格合理，搭建服务平台，精炼产业规划，优化产业布局，领导农业规模经营(李国正等，2020)。二是建立利益分享机制，引导农户选择不同经营方式，采用二次分配制度(崔大君，2019)。三是完善农业保险制度，建立新型农业经营主体成本风险的防范体系。

（三）保护土地生态安全，降低土地生态风险

一是准确预警土地生态安全状况。构建多样化评价指标体系，利用空间分析技术，合理有效评价乡村土地生态安全等级，科学预警乡村土地生态安全状况，控制和预防不安全要素，保障土地生态安全。二是鼓励发展生态型农业。探索各类生态农业发展模式，减少农药化肥使用量，挖掘传承优秀农耕实践，有效推进生态农业建设，维护乡村土地生态安全。三是完善乡村内部环境保护设施建设，提升乡村土地生态安全治理效能，合理配置土地资源，促进乡村土地健康利用，保障乡村可持续发展。

第二节　乡村公共服务管理与供给能力提升研究

《乡村振兴战略规划（2018－2022年)》中提出，逐步建立健全全民覆盖、普惠共享、城乡一体的基本公共服务体系，推进城乡基本公共服务均等化。实现农村公共服务体系化是乡村全面振兴的目标之一，没有高质量的公共服务水平就没有乡村的全面振兴(徐云鹏和李辉，2019)。本节在分析乡村公共服务现状、成效与问题的基础上，探究目前遇到的问题，并以此为根据提出提升乡村公共服务保障能力的具体建议，促进乡村振兴。

一、乡村公共服务现状、成效与问题

(一)乡村公共服务内涵

公共服务主要有以下两层含义：一是国家为保障社会大多数人的基本福祉而从事的各项服务活动；二是这些服务活动产生的物质形态成果，即公共产品(潘桂

媚，2015）。我国实行基本公共服务制度。2017 年 3 月 1 日，国务院印发了《“十三五”推进基本公共服务均等化规划》，其中明确规定，“国家基本公共服务制度紧扣以人为本，围绕从出生到死亡各个阶段和不同领域，以涵盖教育、劳动就业创业、社会保险、医疗卫生、社会服务、住房保障、文化体育等领域的基本公共服务清单为核心，以促进城乡、区域、人群基本公共服务均等化为主线，以各领域重点任务、保障措施为依托，以统筹协调、财力保障、人才建设、多元供给、监督评估等五大实施机制为支撑，是政府保障全民基本生存发展需求的制度性安排”（图 10-1）。

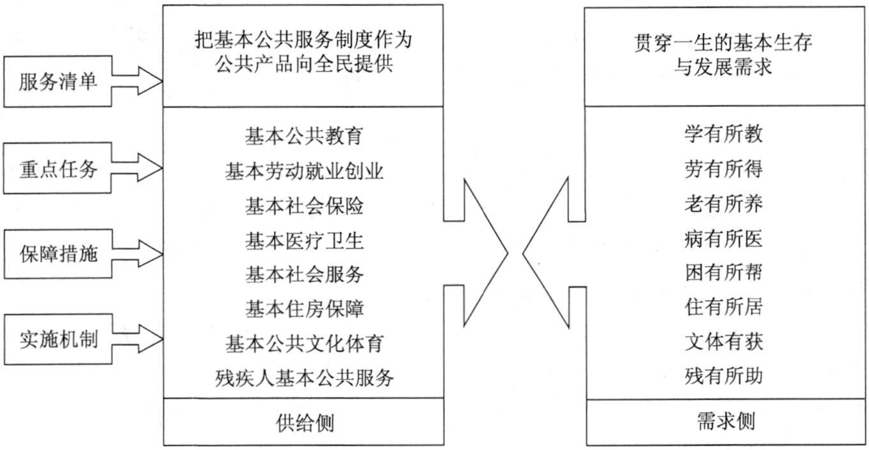

图 10-1　国家基本公共服务制度框架（《“十三五”推进基本公共服务均等化规划》）

基于上述公共服务内涵，乡村公共服务主要指政府通过转移支付和财政支持等手段，在乡村公共教育、劳动就业创业、社会保险、医疗卫生、社会服务、住房保障、公共文化体育、残疾人服务等方面满足乡村居民的生存、生活、发展需求所提供的公共服务（潘桂媚，2015）。

（二）乡村公共服务现状及存在问题

1. 乡村公共服务非均等化现象明显

由于多种原因，目前我国城乡基本公共服务差距仍然较大，导致城乡居民生活水平差距较大（杨远根，2020），越来越多的人远离农村，远离农业生产，对乡村振兴的实现形成了阻碍。主要表现在以下几个方面：一是基础教育非均等化。部分地区在基础教育资源、教育服务质量上城乡差距较大（余正顺，2010）。如我国西部部分偏远地区，部分农村的幼儿园、小学硬件设施不完善，乡村教师数量较少，教学设备落后，乡村教育水平不高。二是医疗社会保障非均等化。现阶段我国中西部地区多数农村都仅仅只有小诊所，医疗水平不高，医疗设施较为落后，医疗人员业务水平不高，难以满足人们的需求(凌争和臧伟，2016)。三是公共基础设施非均等化。一方面在生产性基础设施公共服务方面，部分地区农业基础设施落后；另一方面在生活性服务设施方面，如信息化建设、数字建设等基础设施建设远远落后于城市(罗亚玲和陈婧玮，2020)。

2. 乡村公共服务碎片化现象严重

乡村公共服务碎片化主要表现在以下几个方面：一是关于农村服务供给主体的问题。我国行政体制存在“条”“块”分割情况，纵向部门和横向部门面临着公共服务供给的协调和冲突问题。政府内部各主体容易提供零散的、错乱的、分配不均的服务，部门间存在缺位、越位现象，难以形成供给合力，进而导致农村公共服务供给的碎片化(汪锦军，2011)。二是在地方政府财政收入一定的情况下，公共服务资金一般分散在多个部门和多个地区，资金过于分散，难以形成资金合力，导致乡村公共服务碎片化。三是利益复杂化。由于村乡、村镇及乡县的利益固化，导致乡村公共服务供给水平不高(闫福增，2019)。

3. 乡村公共服务供需结构性失衡

农村公共服务的供给主体大致可以划分为政府、社区集体、私人(包括企业)和非营利性民间组织(周青，2012)。由于农民需求的多样化和层次化特征，供给主体也应该多样化。地方政府应该提供那些市场供给失灵的农村公共服务和产品，而村集体组织应提供那些与农民生产、生活密切相关的公共服务和产品，如村内的道路等建设，私人和企业可以提供那些外部性不强的准公共服务和物品，非政府组织的力量也应该充分利用起来。

农村公共服务的供给方式涉及主体采取什么样的方式来供给公共服务。对于那些具有纯公共产品性质的公共服务，政府应当采取直接供给的方式，以保证农民对公共服务的基本需求。而对于那些具有准公共产品性质的公共服务，政府可以考虑私人企业来供给，在供给方式上，政府可以采用委托私人企业来生产和提供的方式。这种供给方式的好处是：首先，它可以大大地减轻政府供给农村公共服务的负担，也缓解了基层政府的财政压力；其次，采用委托企业的方式来供给公共服务可以提高供给的效率。市场和企业在供给公共服务上有其特有的优势，企业面临市场的竞争，可以更有效地利用资源，迅速而高效地供给服务。然而由于我国农村公共服务旧模式的延续，农村公共服务供给大多采用政府单一的供给方式，缺乏多样化的供给方式，导致我国农村公共服务的供给多为政府直接供给，造成一些准公共服务供给不足，无法更好地满足农民的需求。

二、完善设施配套，提升公共服务保障能力

(一)保障城乡公共服务均等化

推进乡村振兴的重点是城乡基本公共服务均等化，让城乡居民享受大体均等的基本公共服务(杨远根，2020)。为保障城乡公共服务均等化，实现乡村振兴，需要做到以下几点：一是增加农业农村基础设施的投入力度，改善农村生产生活条件。首先，强化农业农村基础设施建设；其次，加大财政投入力度；再次，完善乡村物流网络；最后，支持乡村数字化建设。二是提高农村社会保障服务，减少农民后顾之忧。

(二)发挥政府的组织领导力，形成整体合力

政府作为农村公共服务供给的主导力量，直接决定了乡村公共服务的供给效果。首先，政府内部权责边界应清晰明确，积极探索公共服务有效供给的地方模式(曹文宏，2015)。其次，政府应创新供给模式或方式。例如，鼓励供给主体多元化，积极搭建服务平台，严格做好监督工作。再如，政府应严格监督非政府参与主体生产的公共服务在价格、质量和实施情况等方面是否达标，督促其实现效率与公平的有机结合等(蒋利雪和李雪，2020)。

(三)认识乡村公共服务供需，实现乡村公共服务精准化

首先，应该积极完善农村公共服务需求的表达渠道。不仅要落实已有的表达渠道是否真实有效，如政府电话是否能接通、是否经常占线；还要拓展新的渠道，如借助网格化管理，通过建立维护微信群或QQ群的方式搜集真实的需求。其次，建立透明的、简单的公众与政府直接沟通表达的渠道。最后，基层政府应转变管理理念，以服务者的身份激励农村的公共服务需求表达，运用各种宣传手段，带动农民的需求表达(康健，2016)。

第三节　土地综合整治助推乡村振兴——成都的实践经验

党的十九大提出，坚持农业农村优先发展总方针，以产业兴旺、生态宜居、乡风文明、治理有效、生活富裕为总要求，实施乡村振兴战略。四川省成都市在贯彻落实中央战略部署的过程中，将土地综合整治作为新农村建设的重要平台，着力打造美丽乡村、农民幸福家园。

一、基本情况

2004年以来，成都市把土地整治与推进农业产业化、引导农民集中居住、发展壮大集体组织及推进农民增收相结合，全面推进田、水、路、林、村综合整治，取得了较好成效(孙法军等，2019)。2007年，成都市被批准为全国统筹城乡综合配套改革试验区后，推行了农村产权制度改革、农村新型基层治理机制建设、村级公共服务和社会管理改革、农村土地综合整治“四大基础工程”。

农民对整治过程参与不足，意愿表达不畅、难以分享土地增值收益，损害了农民权益，降低了土地整治的质量和效果(徐青，2011)。成都市在推行土地综合整治项目过程中，采用自主治理、乡村基层治理创新、小组微生、村规划中小组团设计方法创新等方式，较好地推动了项目实施。截至2018年年底，累计完成土地整治项目852个，投资总额449.33亿元，新增耕地55.98万亩，整理建设用地15.31万亩，建成幸福美丽新村1979个，其中“小规模、组团式、微田园、生态化”新农村综合体200个，引导17.4万户、58.97万人集中居住(孙法军等，2019)。

二、土地综合整治助推乡村振兴的逻辑分析

实施乡村振兴战略需遵循5个方针：一是产业兴旺，通过重新定义乡村功能，包括零售、旅游、休闲与环保(Marsden，1999)，探寻乡村经济的多样化发展路径(姚树荣和龙婷玉，2020)；二是生态宜居，通过土地合理配置，实现生产空间集约高效、生活空间宜居适度、生态空间山清水秀；三是乡风文明，通过文化教育、示范和引导等营造活动，革除陈规陋习，传承优秀文化，嵌入先进文化，实现传统文明与现代文明的有机融合(黄祖辉，2018)；四是治理有效，通过改变政府对乡村的行政管控，赋予农民权利，激活农民主体，让多主体协同共治，实现法治、德治与自治有机统一(赵树凯，2006)；五是生活富裕，通过人力资本投资，促使传统小农转变为有文化、懂技术、会经营的现代职业农民，让农民有能力融入现代产业分工体系(冯子标和王建功，2010)，拓宽就业增收渠道。

结合土地综合整治的具体内容和流程来看，第一，土地综合整治对拆旧区进行旧房拆除和补偿安置，将宅基地复垦为耕地，通过农用地整治与规模流转，可以促进现代农业发展；第二，建设农民集中居住区，规划建设和公建配套，使农民生活环境得到改善，有助于构建生态宜居的居住环境；第三，在推动旧房拆除和集中居住区建设的过程中，推动文化宣传，有助于乡风文明建设；第四，在上述活动过程中，需要多主体协商，有助于提高治理质量；第五，对被占地农民进行补偿安置，农民获得补偿收入，同时农地规模流转，促进就业，有助于实现生活富裕。

三、实践经验：幸福村土地综合整治乡村基层治理创新

幸福村位于成都市温江区，幸福田园项目包括宅基地整理复垦、新型社区建设、农用地规范流转等，涉及农村土地利益格局重构，为保障农民权益、实现管理民主化，幸福村在村基层党组织和地方政府的引导下成立了专门针对项目的新型自治组织，与村委会形成社区基层治理，同政府、市场一起参与土地综合整治。

（一）具体做法

幸福田园项目区覆盖 6 个村民小组中的 235 户农户、698 位村民，项目区内以组为单位，每户从 18 周岁以上的家庭成员中推选一名成员作为户代表，通过召开村民户代表会议、民主选票的方式，每 15 户选出一位议事会委员，每 30 户选出一位监事会委员，组成议事会和监事会，分别负责决策和监督，同负责执行的原村委会，形成村级基层自治框架参与土地综合整治，具体见表 10-2。

表 10-2　幸福田园项目治理过程

阶段	名称	参与主体	内容
1	宣传培训	各级政府	市、区、镇逐级向下级行政部门宣传相关政策
		村委会	组织村干部政策培训；召开户代表座谈会；入户宣传
2	农民意愿征集	村委会	入户调查；统计意见
3	召开村民大会	村委会	组织村民推选议事、监事代表；成立议事会和监事会
		新组织	与农户缔结授权委托书；议事会确定项目投资、搬迁补贴分配方案；监事会监督整个过程
4	对外协议	自治组织	召开议事大会，议事会决策确定项目编制和实施主体；监事会监督；村委会执行
		镇政府	审查
5	立项报批	各级政府	区立项申报、审查；市或省审批
6	议决、公示和立项	自治组织	议事会确定规划、安置和搬迁方案；监事会监督；村委会执行
7	项目实施	自治组织	议事会确定施工单位及土地复垦、流转和权属调整方案，监事会监督；村委会执行
		市场	整理复垦土地，建设安置区；流转、经营土地
		各级政府	提供土地流转平台，如市农村产权交易所、区农村产权交易中心
8	项目验收	自治组织	议事会确定有资质的验收单位；监事会监督；村委会执行
		市场	对土地整治、安置区及其配套设施验收；环评勘查
		各级政府	逐级验收，包括项目组织建设、制度落实、规划设计与预算执行及计划完成情况等

(二)基层治理创新表现

幸福村土地综合整治中乡村基层治理创新表现在以下两个方面。

第一，项目中出现了政府、市场和社区构成的多中心治理模式，实现了社会职能与经济职能分离、政府职能与自治职能分离，改善了以政府为中心的单一结构或政府和市场共同配置土地资源的二元结构。项目治理主体有三个层面：第一层面是政府，包括省、市、区、镇各级部门，通过负责项目立项审查、监管服务等，形成了以政府为主体，提供监管服务的权力中心。第二层面是市场，包括项目中的建设、施工单位及农业龙头企业等私营部门，通过负责项目建设、土地复垦、土地经营等，形成了以市场为主体，提供产品供给的权力中心。第三层面是半行政化的村委会及由项目议事和监事会构成的社区自治组织，通过负责项目决策，形成了以社区为主体、提供制度供给的自治性权力中心。

第二，社区自主治理中出现了议事会、监事会和村委会形成决策权、监事权、执行权三权分立，实现了决策权与执行权分离，改善了原有的村党支部、村委会“一言堂”的格局。项目中议事会提供决策供给，村委会负责执行，监事会对政策供给和执行过程进行监督。议事会替代了村委会原有的决策功能，监事会则补充了村委会缺乏的监督功能。

(三)取得的成效

通过治理结构创新，幸福田园项目取得了良好的制度绩效，促进了城乡土地、资本、劳动力流动，并满足了城乡一体化基础设施配置目标。通过项目实施，已整理复垦 $9.47hm^2$ 建设用地，其中安置区 $3.57hm^2$，剩余的 $5.90hm^2$ 指标已通过异地增减挂钩流转出 $3.09hm^2$。除增减挂钩获得资金流入外，其余指标的绝大部分已通过土地流转平台，引入社会资本3.70亿元，用以发展乡村度假旅游业。土地流转、规模经营和合作社的成立，不仅提高了村民在城乡之间的自由就业程度，也加速了科技和管理人才从城到乡的流动。集中居住区基础设施配套与主城区相结合，既降低了政府公共服务成本，又提高了居民生活质量。

(四)治理创新的逻辑解释

项目中公民或社区参与，改善了以往基于政府或市场的传统治理模式。宏观上既是对中国政府现阶段社会管理改革目标要求的回应，也是对转变政府管理方式现实需求的响应；微观上是当地基层自主治理改革与发展推动的必然结果。

首先，治理模式的改善有着深刻的社会制度背景，它是现阶段中国社会经济转型中政府与市场、人民社会关系调整的具体体现。改革开放以来，中国已进行了六次较大规模的政府机构改革，目前正启动第七次机构改革。以转变政府职能深化行政体制改革，通过发挥社会力量的作用来加强和创新社会管理，已成为中国社会管理改革的重要方向和路径。项目中多中心治理模式正是对这种改革趋势的回应。

其次，治理模式的改善与政府管理方式转变紧密相关。以往的土地综合整治中存在以下问题：1）土地整治过程复杂，并且关系到城乡用地指标配置，地方政府出于对建设用地指标的渴求，在政策执行中容易出现行为偏差，干预过度。2）土地整治项目具有两到三年的周期性，利益相关者难以在短时间内达成协议（Long et al.，2009），而地方政府急于获得城乡建设用地增减挂钩指标，在面对农民各种利益诉求时耐心不足，民主协商机制缺失，导致社会冲突风险增加。3）虽然地方政府着力建立“小事不出社，大事不出村；权利纠纷化解在基层，尽量避免司法调解”的矛盾冲突调节机制，但农民维权和救济等基础制度建设滞后，导致基层化解矛盾纠纷压力增大。传统政社合一的社会治理模式，已不能适应新形势的需要（范铁中，2007），上述问题对土地综合整治治理模式的改善、引入法外治理提出了制度需求。

最后，自主治理的建立和发展为项目治理模式的改善提供了现实可能性。制度供给、可信承诺和相互监督是自主治理建立的三个难题（Ostrom，1990）。但是，通过地方政府积极推动和引导及权力下放，制度供给问题得到解决；通过建立新组织，议事和监事会委员对选举区域内农户负责，村委会、议事会和监事会委员三者不可兼任等，可信承诺和监督问题也得到解决；通过政府制度供给、组织成立、制度建设等，自主治理的建立为多中心治理奠定了基础。

第四节　乡村振兴背景下公共服务特征与需求分析
——江苏美丽乡村的农户调研

了解和掌握乡村公共服务现状和需求特征是提升乡村公共服务质量的基础，也是实现乡村振兴的前提。现阶段农户公共需求增长较快，一些潜在公共需求逐步显现。早在 2011 年江苏省就开始开展美丽乡村计划，此项工程实施后，乡村的公共服务水平有了显著提升。但与此同时也存在着一些问题，如公共服务设施建设配套标准内容不够细化、乡村规划公共服务内容不够明确等。本节将对江苏美丽乡村建设进行田野调研，对农户展开问卷调研，对美丽乡村公共服务现状和需求特征进行梳理和总结，并提出针对性的政策建议。

一、基本情况

江苏美丽乡村建设通过公共服务设施建设和完善有效推动了乡村振兴战略的

实现。截至 2019 年年底，首批试点的 45 个村庄基本完成建设。

本节对江苏省 13 市 14 个美丽乡村展开调研，分别从村委和农户两个方面分析目前美丽乡村公共服务的建设和使用情况。分别从基础设施及公益性教育、医疗、文化及体育设施、社会保障等几个方面进行调研统计。所调查村委当前举办的公益事业排序分别为村道路修建、农田水利设施兴修和维护、农村优抚、路灯及广播电视信号接收。这些项目与公共服务和基础设施建设紧密相关。共调研农民 674 位，其中男性 343 位，占总调研人数的 51%；女性 331 位，占总调研人数的 49%。调研结果发现：在农民认知中，江苏省美丽乡村建设最重要的三项内容为社区环境整治工程、农村改栏改厕等卫生工程以及房屋统一建设规划（表 10-3）。

表 10-3　美丽乡村建设的主要内容

美丽乡村建设的主要内容	农民认同比例/%
社区环境整治工程	96.3
提高农村经济的产业化水平	3.7
农村改栏改厕等卫生工程	69.2
房屋统一建设规划	19.2
基础设施建设	7.7

二、江苏美丽乡村公共服务现状与需求特征

(一) 乡村公共服务设施整体普及率较高

调研结果显示，各类设施在美丽乡村的普及度较高，农村卫生厕所普及率、新农合参合率、社会保险覆盖率、自来水入户率、义务教育普及率及道路硬化率均达到了 90%以上，使用清洁能源的农户比例也超过了 80%，自来水入户率平均值高达 99%(表 10-4)。

表 10-4　美丽乡村各类设施普及度

普及度	最小值/%	最大值/%	平均值/%
农村卫生厕所普及率	7.00	100.00	90.6400
新农合参合率	80.00	100.00	97.8654
社会保险覆盖率	30.00	100.00	90.6458
自来水入户率	90.00	100.00	99.2692
使用清洁能源的农户比例	15.00	100.00	82.1000
道路硬化率	40.00	100.00	90.6800

(二)教育设施分布具有不均衡性

调查结果显示，超过 29.2%的调查农户家中有子女就读幼儿园和小学(表 10-5)，其中，大部分农民子女因为原有学校被撤并，只能选择村外的学校；而部分家长是为了更好的教育资源选择村外学校。可以发现，优质教育资源在空间上仍具有不均衡性特征，一般来说，经济社会发展水平高的村庄，周围教育资源更优渥。

表 10-5　被调查者子女就读情况

就读情况	频数	百分比/%	累计百分比/%
幼儿园	59	11.1	11.1
小学	96	18.1	29.2
初中及中专	50	9.4	38.7
高中及大专	42	7.9	46.6
大学	43	8.1	54.7
已工作	240	45.3	100.0
总计	530	100.0	

在本村上幼儿园和小学的学生上学花费的时间在 10 分钟以内的占 47.67%，在 20 分钟以内的占 27.98%(表 10-6)，个别学生因在城里上学，上学时间较长。去学校的交通方式仍旧以步行和电动车为主，公交车占 16.0%，有校车的仅为 10.9%(表 10-7)。

表 10-6　被调查者子女到校花费时间

上学花费时间/min	农户数量	比例/%
≤10	92	47.67
≤20	54	27.98
20～60	37	19.17
≥60	10	5.18
总计	193	100.00

表 10-7　被调查者上学交通方式

交通方式	次数	百分比/%	累计百分比/%
步行	80	29.1	29.1
自行车	13	4.7	33.8
电动车	97	35.3	69.1

续表

交通方式	次数	百分比/%	累计百分比/%
摩托车	6	2.2	71.3
公交车	44	16.0	87.3
校车	30	10.9	98.2
其他	5	1.8	100.0
总计	275	100.0	

美丽乡村中有部分村庄学校配置标准较高。例如，有近 110 年教学历史的华星小学位于徐州市丰县华山镇大程庄村，学校现占地面积近万平方米；南通市海门区海永镇海永学校新教学大楼总投资在 1600 万元左右；连云港市赣榆区土城村在建塔山幼儿园不仅满足了本村村民小孩的上学需要，同时，由于其距离周边村庄较近，也为附近村庄的部分幼儿提供了就学场所，路程一般在 10 分钟之内。

（三）农户对医疗设施可达性和价格较为敏感

调研问卷显示，村级医疗卫生设施配置比例较高，较好地满足了农民的基本就医需求，村民选择就医地点为村卫生室的原因中，有 69.50%的村民是因为村卫生室离家或工作地点近，还有 23.4%的村民认为村卫生室的医疗技术让人信赖，这也是美丽乡村医疗设施和服务水平较高的体现。从花费的时间来看，去村卫生室基本能够满足短时间内到达的要求，80%以上都能在 10 分钟内到达村卫生室，以步行和电动车为主(图 10-2)。另外，伴随着新农合的逐步普及，村民根据病情需要也会选择到街道卫生服务中心、区级医院和市级医院就医，比例分别为 18.3%、15.1%和 6.7%(表 10-8)。

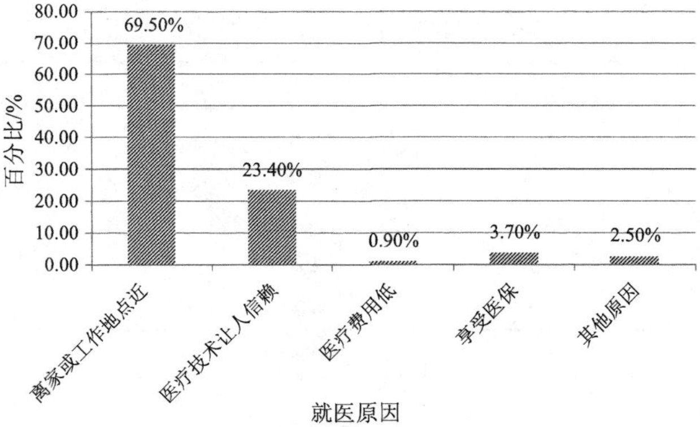

(a) 选择村卫生室就医原因的百分比

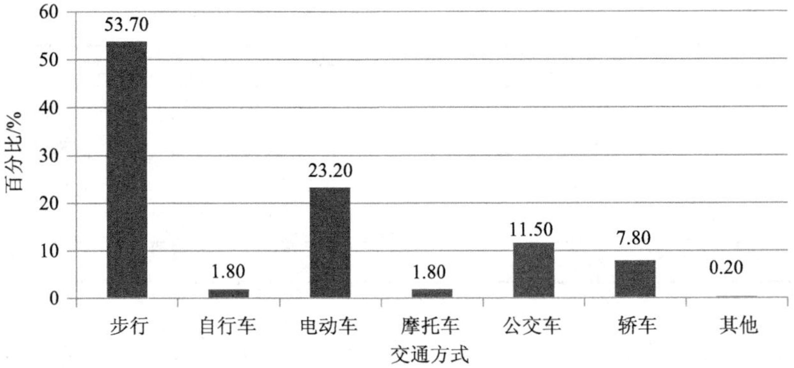

(b) 选择村卫生室就医交通方式百分比

图 10-2　被调查者到村级医疗卫生室就医的原因及交通方式

表 10-8　被调查者经常使用的医疗设施

经常使用的医疗设施	频数	百分比/%	累计百分比/%
本村卫生服务站	375	54.9	54.9
其他村卫生服务站	34	5.0	59.9
街道卫生服务中心	125	18.3	78.2
区级医院	103	15.1	93.3
市级医院	46	6.7	100
总计	683	100.0	

被调查者认为，导致看病贵最主要的原因是药品太贵，其次是检查太多，还有 11.7%的被调查者认为个人支付比例高(表 10-9)。

表 10-9　被调查者认为导致看病贵的原因

看病贵原因	频数	百分比/%	累计百分比/%
药品太贵	327	48.6	48.6
检查太多	153	22.7	71.3
个人支付比例高	79	11.7	83.0
家庭收入太少	55	8.2	91.2
其他	59	8.8	100.0
总计	673	100.0	

当前，各地政府对医疗设施建设非常重视。如海门区海永镇已投资 1955 万元按一级甲等卫生院标准建设的海永卫生院，占地 7 亩，已建成床位 22 张。盐城市

东台市五烈镇三曹村的卫生室，为该村村民提供了基本的医疗保障。在调查中，村民们生病基本上都选择到村卫生室就医，村卫生室距离村民家很近，大多数村民都对卫生室的医疗水平持信任态度。宿迁市泗阳县李口镇八堡村卫生室，可覆盖八堡村村民和卢塘村部分村民，其设施及水平基本可以满足村民日常需求。同时，该卫生室工作人员表示，希望能够引进较为先进的设备及素质更高的专业人员。

（四）文化体育设施配置全，但利用不充分

实地调查结果显示，美丽乡村公共服务设施的各类配套较齐全，文化活动室、健身器材场地、老年活动室等均有设置，但调查中村民对已有设施认知度不足，分别仅有 19.9%、14.7%、13.46%的村民知道自己所在村庄配备了健身器材场地、社区广场、文化宣传栏，而对其他设施的认知比例更低。同时，部分文化体育设施存在利用不足的现象，有 81.6%的村民没有去过村文化室，90.5%的村民没有去过镇文化站，30.8%的村民很少进行体育锻炼。

使用最频繁的体育健身场所为健身器械场地及村中心广场，在这里除了可以进行晨晚练之外，还经常会举办各种文化活动或者放映电影，在村民的文化生活中占有重要的地位。同时，社区文化活动室的使用比例也较高。从村民使用文体设施的时间来看，79.8%的村民能够在 10 分钟内到达，满足基层设施的可达性要求。

除此之外，部分村庄建设了村史馆等纪念休闲文化设施，使得村民对家乡的归属感和自豪感更强。

（五）社会保障服务仍有较大提升空间

调研农户中与老人居住在一起的占 23%，与子女居住在一起的占 24.1%，夫妻住在一起的占 41.3%。独居老人在调研对象中共有 44 户，占总人数的 6.4%，这些独居老人中有 30.23%的人希望以后和子女合住在一起家庭养老，有 23.26%的人仍希望独立居住，但对社区的老年护理机构期望比较高。对于居家养老的顾虑，主要包括生病时得不到及时的护理、心理孤独、缺乏集体活动和安全性得不到保障等方面。

调研农户去养老机构养老的意愿并不高，有一部分人认为在生活不能自理后可能会去养老机构养老。与教育设施、医疗设施及文化体育设施相比，养老设施配套明显不足。调研发现，仅有 26.4%的村庄配备了敬老院或托老所，其他设施还在筹备和完善中，有 45.8%的村民希望新建敬老院在远离城（镇）区较清静的地方，也有 13.6%的村民希望建设在近郊区，较为热闹；还有近三分之一的人希望敬老院在医院旁边，这样生病时就医比较方便。

仍有 36%的人认为最低生活保障作用不明显，还有 13.6%的人认为几乎没什么作用。

(六) 农户对基本公共服务需求较高

调查结果发现，农户对基本公共服务需求较高。统计结果显示，农户最需要的四项公共服务依次为医疗卫生、乡村就业、社会保障、文化体育，同时，落实惠农政策也是村民较为需要的公共服务(图 10-3)。

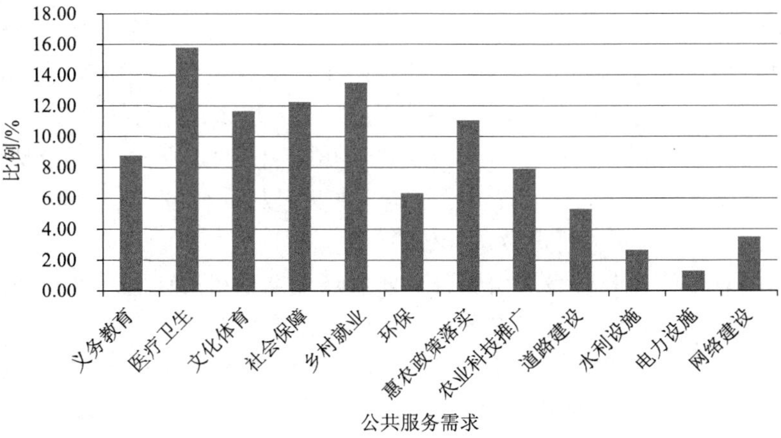

图 10-3　农户公共服务需求比例

文化娱乐设施需求比例最高的三项分别为棋牌室、老年活动室、文化活动室(图 10-4)，说明目前村民追求丰富的文化生活。

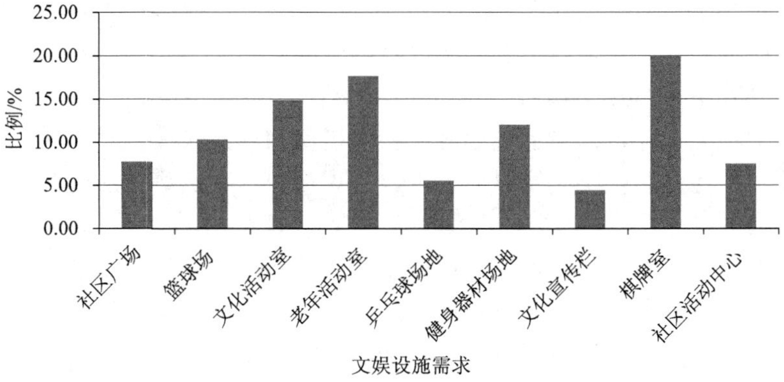

图 10-4　农户文娱设施需求比例

三、江苏省乡村公共服务管理和供给能力提升应努力的方向

（一）“钱花在刀刃上”，杜绝重复建设

江苏省美丽乡村建设的资金来源除了各级政府的财政转移支付资金以外，呈现出多样化的发展特征，农村集体收入的来源也呈现出多样化的特征。应鼓励社会资本投入，形成多元化的资金投入机制。同时，严格管理资金去向，合理分配资金支出，杜绝重复建设。

（二）公共服务管理精细化发展，重视公共服务质量供给能力提升

江苏省美丽乡村建设示范指导标准并没有依据乡村的不同发展类型进行深化细化。乡村分类引导目标的确定，更多是为了落实上位规划的要求或提供政策制定的指引，而缺乏对农民自身发展意图、农村生活方式与文化特色的体现。不同地区的乡村发展分类引导体系内部存在着类别相互交叉、内容重叠的问题。乡村分类引导无法体现乡村特色的针对性，从而在政策制定与项目实施过程中出现冗余或指导性不强等问题。调研结果显示，不同的经济和城镇化水平与不同的公共服务设施规模相适应，指导标准应根据具体发展情况增加弹性与刚性相结合的规模指标，既可对美丽乡村公共服务的建设进行统筹管理，又可避免好大喜功，出现超大规模设施造成浪费的现象。

（三）以规划为政策工具，政策供给优先向医疗卫生、农村就业、社会保障等基本公共服务倾斜

进一步完善和促进美丽乡村规划，以规划发展作为基本公共服务设施向农村覆盖的重要节点，通过规划手段，推进公共服务设施建设，推动城乡均等的公共服务早日实现，推动城市文明向农村延伸。继续加快推进城乡基础设施和公共服务设施一体化建设，在美丽乡村进行试点，重点加大适宜农村的污水处理技术研发及推广力度，加快探索农村养老模式并拓宽服务范围，推动城乡统筹垃圾处理、统筹供水体系建设等。充分结合村庄的具体发展特点，提高各类设施的运行和服务效益，提高资金和资源的集约利用水平和规模效益，避免盲目建设，积极探索建立设施运营管理的保障机制和环境管理的长效机制（蒋海兵，2019）。

参 考 文 献

“中国村镇建设70年成就收集”课题组. 2019. 新中国成立70周年村镇建设发展历程回顾. 小城镇建设, 37(9): 5-12.

鲍文. 2010. 浅析水土流失与土壤侵蚀. 湖南水利水电, (1): 42-43.

蔡运龙. 1995. 持续发展——人地系统优化的新思路. 应用生态学报, (3): 329-333.

曹春华. 2010. 乡村规划发展与机制建设探讨——统筹城乡发展背景下西部部分地区乡村规划建设考察报告. 规划师, 26(1): 10-15.

曹萍, 任建兰. 2019. 农业产业多元化与乡村人居环境协调发展: 时空演变及驱动机制. 山东大学学报(哲学社会科学版), (6): 166-174.

曹文宏. 2015. 依附理论视野中的全球化: 对萨米尔·阿明的全球化理论的新理解. 东南学术, (5): 45-49.

陈春兰. 2018. 产业融合视角下的特色小镇的培育与建设研究——以南京市江宁区为例. 统计与管理, (6): 125-128.

陈国生. 2019. 湖南省农村一二三产业融合发展水平测定及提升路径研究. 湖南社会科学, (6): 79-85.

陈江涛, 张巧惠, 吕建秋. 2018. 中国省域农业现代化水平评价及其影响因素的空间计量分析. 中国农业资源与区划, 39(2): 205-213.

陈静. 2020. 基于德尔菲法的全球著名体育城市评价指标体系的构建与实证研究. 上海: 上海体育学院: 95.

陈时羽. 2021. 《游客的凝视》新视角——旅游与遗产的未来情景规划. 自然与文化遗产研究, 6(5): 85-94.

陈文胜. 2019. 乡村振兴战略目标下农业供给侧结构性改革研究. 江西社会科学, 39(12): 208-215.

陈晓彤, 杨雪冬. 2013. 空间、城镇化与治理变革. 探索与争鸣, (11): 51-55.

陈秧分, 刘彦随. 2011. 农村土地整治的观点辨析与路径选择. 中国土地科学, 25(8): 93-96.

陈业宏, 朱培源. 2020. 从韩国“新村运动”解锁乡村振兴新思路. 人民论坛, (2): 72-73.

陈晔, 刘梦淳, 闫丽平. 2019. 协同创新视角下京津冀农业现代化水平测度及差异比较. 江苏农业科学, 47(19): 327-332.

陈逸飞, 施晓辉, 朱春成, 等. 2020. 基于综合评价模型的区域耕地质量评价与空间集聚研究——以江苏省东海县为例. 安徽农业科学, 48(15): 78-84, 88.

陈组宇. 2019. 贞丰纳孔古寨. 当代贵州, (41): 40.

城乡规划学名词审定委员会. 2021. 城乡规划学名词. 北京: 科学出版社: 34.

程连生, 冯文勇, 蒋立宏. 2001. 太原盆地东南部农村聚落空心化机理分析. 地理学报, 56(4):

437-446.
程世勇. 2010. 城乡建设用地流转: 体制内与体制外模式比较. 社会科学, (6): 45-52, 188.
春秋. 2003. 为全面建设小康社会做出新的贡献——中央农村工作会议、全国农业工作会议及其农机专业会议胜利召开. 农业机械, (2): 47-48.
崔大君. 2019. 建立土地股份合作社 增加农民土地经营收益. 中国农民合作社, (8): 50-51.
崔功豪, 魏清泉, 陈宗兴. 2005. 区域分析与规划. 北京: 高等教育出版社: 59-76, 105-112.
崔盼盼, 赵媛, 夏四友, 等. 2020. 黄河流域生态环境与高质量发展测度及时空耦合特征. 经济地理, 40(5): 49-57, 80.
戴纯青. 2016-01-06. 乡贤群体应当成为基层社会治理新助力. 嘉兴日报, 2.
党国英. 2004. 关于农村问题研究的方法与内容. 江苏社会科学, (4): 77-82.
党国英, 卢宪英. 2019. 新中国乡村治理研究回顾与评论. 理论探讨, (5): 5-14.
党建网微平台. 2022. 全面推进乡村振兴, 习近平这样强调. 光明网, https://m.gmw.cn/baijia/2022-03/02/35557796.html[2022-03-02].
邸菲. 2019. 中国农业现代化评价指标体系的构建与应用研究. 北京: 中国农业科学院: 89.
丁亮, 蔡婧. 2020. 乡村治理现代化: 目标定位、发展困境与推进策略——第四届中国县域治理高层论坛会议综述. 社会主义研究, (2): 166-172.
丁忆, 刘建. 2013. 乡村综合现状信息采集及应用系统的设计与实现. 地理空间信息, 11(6): 5-8, 202.
丁志伟, 张改素, 王发曾, 等. 2016. 中国工业化、城镇化、农业现代化、信息化、绿色化"五化"协调定量评价的进展与反思. 地理科学进展, 35(1): 4-13.
杜岩, 李世泰, 秦伟山, 等. 2021. 基于乡村振兴战略的乡村人居环境质量评价与优化研究. 中国农业资源与区划, 42(1): 248-255.
鄂启科. 2019. 贵州望谟布依族"三月三"文化节变迁与重构. 贵州民族研究, 40(12): 114-120.
樊敏. 2020. 古典庭院建筑设计的几个主要元素探析. 安徽建筑, 27(8): 39-40.
樊亚明, 刘慧. 2016. "景村融合"理念下的美丽乡村规划设计路径. 规划师, 32(4): 97-100.
樊友猛, 谢彦君. 2015. 记忆、展示与凝视: 乡村文化遗产保护与旅游发展协同研究. 旅游科学, 29(1): 11-24, 87.
范建华. 2019. 人民日报有的放矢: 大力推动乡村文化振兴. 9 版. http://opinion.people.com.cn/n1/2019/0603/c1003-31116025.html. (2019-06-03)[2021-08-10].
范凌云, 徐昕, 刘雅洁. 2019. 乡村振兴背景下苏南乡村生态营建规划策略. 规划师, 35(11): 24-31.
范铁中. 2007. 西方国家治理理论对我国构建和谐社会的启示. 理论前沿, (13): 18-20.
方创琳. 2003. 区域人地系统的优化调控与可持续发展. 地学前缘, (4): 629-635.
方创琳. 2004. 中国人地关系研究的新进展与展望. 地理学报, (S1): 21-32.
方修琦, 张兰生. 1996. 论人地关系的异化与人地系统研究. 人文地理, (4): 4-9.
费孝通. 2012. 乡土中国. 北京: 北京大学出版社: 112.
费佐兰, 郭翔宇. 2016. 新型农业经营主体面临的特殊困难与政策建议——基于黑龙江省绥化市的实地调查. 中国农业资源与区划, 37(11): 126-130.

冯浩，朱美荣，何思炫. 2021. 农业保险与农业高质量发展的耦合协调关系研究——以安徽省为例. 江苏农业科学, 49(12): 222-228.
冯华. 1982. 建设现代化的、高度文明的社会主义新村镇. 建筑学报, (4): 1-7, 81-82.
冯现学. 2003. 对公众参与制度化的探索——深圳市龙岗区“顾问规划师制度”的构建. 城市规划, (2): 68-71.
冯旭，王凯，毛其智. 2019. 城镇化率稳定时期的乡村发展战略及乡村规划治理特征研究——以日本宇治市、神户市为例. 小城镇建设, 37(11): 109-115.
冯子标，王建功. 2010. 农民转型理论的构建及实证分析. 中国流通经济, 24(6): 8-11.
高珊，吕美晔，金高峰，等. 2016. 农村集体经营性建设用地流转市场困境及启示——以江苏省调查为例. 农业经济, (1): 84-86.
高向军，彭爱华，彭志宏，等. 2011. 农村土地综合整治存在的问题及对策. 中国土地科学, 25(3): 4-8.
郜彗，金家胜，李锋，等. 2015. 中国省域农村人居环境建设评价及发展对策. 生态与农村环境学报, 31(6): 835-843.
龚贤，罗仁杰. 2018. 精准扶贫视角下西部地区农业绿色发展能力评价. 生态经济, 34(8): 128-132.
巩前文，李学敏. 2020. 农业绿色发展指数构建与测度: 2005-2018 年. 改革, (1): 133-145.
顾朝林，张敏，甄峰，等. 2015. 人文地理学导论. 北京: 科学出版社: 169-180.
关江华. 2014. 基于风险能力评价的农户宅基地流转福利变化研究. 武汉: 华中农业大学.
广州市规划和自然资源局. 2020. 广州市乡村规划师招募公告. http://www.gz.gov.cn/xw/tzgg/content/post_6469241.html. (2020-07-23) [2021-11-13].
郭翔宇. 2018. 新时代乡村振兴的指导思想和战略部署. 中国日报网. https://baijiahao.baidu.com/s?id=1588372930140322707&wfr=spider&for=pc. (2018-01-01) [2021-05-21].
郭昱. 2018. 权重确定方法综述. 农村经济与科技, 29(8): 252-253.
郭远智，周扬，刘彦随. 2019. 贫困地区的精准扶贫与乡村振兴: 内在逻辑与实现机制. 地理研究, 38(12): 2819-2832.
郭芸芸，杨久栋，曹斌. 2019. 新中国成立以来我国乡村产业结构演进历程、特点、问题与对策. 农业经济问题, (10): 24-35.
韩春虹，张德元. 2020. 土地托管影响粮食产出的内在机制及效率制约因素. 农业技术经济, (3): 32-41.
杭州市人民政府办公厅. 2018. 关于进一步加强全市乡村规划管理工作的指导意见(征求意见稿).
郝丽丽，吴箐，王昭，等. 2015. 基于产权视角的快速城镇化地区农村土地流转模式及其效益研究——以湖北省熊口镇为例. 地理科学进展, 34(1): 55-63.
何仁伟. 2018. 城乡融合与乡村振兴: 理论探讨、机理阐释与实现路径. 地理研究, 37(11): 2127-2140.
何兴华. 2016. 振兴乡村的探索及其启示. 建筑师, 5: 30-36.
何兴华. 2017. 中国村镇规划: 1979～1998. 城市与区域规划研究, 9(3): 176-196.

何兴华. 2019. 城市规划下乡六十年的反思与启示. 城市发展研究, 26(10): 1-11.
何永祺. 1963. 关于农村人民公社实现农业机械化的几个土地规划问题的初步探讨. 东北农学院学报, (4): 79-89.
贺鲲鹏. 2020. 论农村宅基地“三权分置”改革的必要性与实现路径. 农业经济, (8): 86-87.
贺贤华, 毛熙彦, 贺灿飞. 2017. 乡村规划的国际经验与实践. 国际城市规划, 32(5): 59-65.
贺雪峰, 董磊明, 陈柏峰. 2007. 乡村治理研究的现状与前瞻. 学习与实践, (8): 116-126.
胡娟. 2019. 英国乡村规划的思路及启示. 城乡建设, (7): 74-75.
胡伟. 1998. 政府过程. 杭州: 浙江人民出版社: 203.
胡伟, 冯长春, 陈春. 2006. 农村人居环境优化系统研究. 城市发展研究, (6): 11-17.
胡晓亮, 李红波, 张小林, 等. 2020. 乡村概念再认知. 地理学报, 75(2): 398-409.
胡艳晶. 2020. 乡村振兴背景下的北京村庄规划转型研究. 建筑与文化, (12): 55-57.
湖南省建筑研究所农村房屋建设调查组. 1976. 湖南农村房屋建设调查. 建筑学报, (2): 8-12.
华启和. 2020. 山水林田湖草生命共同体建设的江西实践. 福建师范大学学报(哲学社会科学版), (3): 31-39, 169.
黄慧, 柯新利. 2020. 权衡耕地保护与城市扩张的永久基本农田划定——以武汉市为例. 地球信息科学学报, 22(3): 592-604.
黄晓璐. 2017. 乡村旅游景观整治规划设计探讨. 旅游纵览(下半月), (10): 42-43.
黄源成, 许少亮, 陶勇. 2018. “景村融合”视角下传统村落更新的空间策略探索——以钟腾榜眼府文化景区概念规划设计为例. 小城镇建设, (3): 23-31.
黄振华. 2018. 新时代推进乡村人才振兴的困境与对策. 中国人才, 11. https: //www.sohu.com/a/282404433_ 100114158. (2018-12-17)[2021-08-10].
黄振华. 2020. 新时代农村人居环境治理: 执行进展与绩效评价——基于 24 个省 211 个村庄的调查分析. 河南师范大学学报(哲学社会科学版), 47(3): 54-62.
黄忠伟. 2014. 乡村旅游开发中土地流转风险的产生机制与防范策略——基于博弈论视角. 湖北农业科学, 53(4): 936-940.
黄祖辉. 2018. 准确把握中国乡村振兴战略. 中国农村经济, (4): 2-12.
贾晋, 尹业兴. 2020. 脱贫攻坚与乡村振兴有效衔接: 内在逻辑、实践路径和机制构建. 云南民族大学学报(哲学社会科学版), 37(3): 68-74.
菅泓博. 2015. 山咀村土地流转对其乡村空间发展的影响研究. 西安: 西安建筑科技大学.
江苏省人民政府. 2021. 自然地理. http://www.jiangsu.gov.cn/col/col31360/index.html. (2021-04-26)[2021-06-29].
姜长云. 2018. 推进产业兴旺是实施乡村振兴战略的首要任务. 学术界, (7): 5-14.
蒋海兵. 2019. 乡村振兴背景下农村基本公共服务公平性研究——基于江苏 1106 户农户的调查. 盐城师范学院学报(人文社会科学版), 39(6): 71-76.
蒋利雪, 李敏. 2020. 农村公共服务供给优化研究: 内涵、价值和路径. 安徽农业大学学报(社会科学版), 29(2): 81-85, 109.
蒋瑞明. 2016. 改革开放后苏南地区乡村规划的反思与展望//中国城市规划学会、沈阳市人民政府. 规划 60 年: 成就与挑战——2016 中国城市规划年会论文集. 北京: 中国建筑工业出版社.
蒋正云, 周杰文, 赵月. 2021. 乡村振兴背景下中部地区农业经济—社会—生态现代化时空耦合协调关系研究. 中国农业资源与区划, 42(6): 99-108.
焦若静. 2015. 中国农业现代化进程中的环境污染问题研究. 黑龙江社会科学, (2): 83-86.
金其铭. 1990. 浅论我国乡村规划的任务和内容. 南京师大学报(自然科学版), (2): 85-89.
金赛美. 2019. 中国省际农业绿色发展水平及区域差异评价. 求索, (2): 89-95.
金伟忻, 沈峥嵘, 刘世领. 2005-11-29. 引领江苏“十一五”城乡建设的战略决策. 新华日报, A1.
靳诚, 陆玉麒. 2009. 基于县域单元的江苏省经济空间格局演化. 地理学报, 64(6): 713-724.
康健. 2016. 农村公共服务精准化供给侧改革的需求导向研究. 农村经济与科技, 27(19): 233-234.
科塞. 2007. 社会思想名家. 石人, 译. 上海: 上海人民出版社: 29.
兰德尔・阿伦特. 2010. 国外乡村设计. 叶齐茂, 倪晓晖, 译. 北京: 中国建筑工业出版社: 8
冷忠燕, 靳永翥. 2018. 乡村振兴背景下农村公共服务供给机制的创新及实现路径研究——基于内生性供给的理论视角. 中共福建省委党校学报, (12): 61-70.
李兵弟. 2009-10-09. 回望六十年村镇建设成就斐然. 中国建设报, 1.
李伯华, 刘传明, 曾菊新. 2009. 乡村人居环境的居民满意度评价及其优化策略研究——以石首市久合垸乡为例. 人文地理, 24(1): 28-32.
李伯华, 曾菊新, 胡娟. 2008. 乡村人居环境研究进展与展望. 地理与地理信息科学, 24(5): 70-74.
李昌浩, 朱晓东, 李杨帆, 等. 2007. 快速城市化地区农村集中住宅区和生态人居环境建设研究. 重庆建筑大学学报, (5): 1-5.
李国正, 王佳慧, 郝龙华, 等. 2020. 社会结构变迁与农业经营方式演化交互情景下土地流转探索——基于山东省东平县H村的个案研究. 中国农业资源与区划, 41(4): 60-67.
李海梅. 2013. 城乡建设用地增减挂钩政策实施的异化风险及预防. 中州学刊, (1): 39-42.
李浩. 2016. 黄光宇先生与新中国第一本《城乡规划》教科书的编写. 西部人居环境学刊, 31(5): 27-28.
李红波, 胡晓亮, 张小林, 等. 2018. 乡村空间辨析. 地理科学进展, 37(5): 591-600.
李健娜, 黄云, 严力蛟. 2006. 乡村人居环境评价研究. 中国生态农业学报, (3): 192-195.
李京生. 2018. 村庄规划的主体是村民. 农村工作通讯, (22): 57-58.
李静凯. 2019. 乡村振兴战略背景下冀南地区乡村规划研究. 邯郸: 河北工程大学.
李开猛, 王锋, 李晓军. 2014. 村庄规划中全方位村民参与方法研究——来自广州市美丽乡村规划实践. 城市规划, 38(12): 34-42.
李龙熙. 2005. 对可持续发展理论的诠释与解析. 行政与法(吉林省行政学院学报), (1): 3-7.
李璐瑶, 郭丽. 2019. 浅析乡村振兴背景下的田园综合体规划设计. 四川农业科技, (10): 5-9.
李强, 张鲸. 2010. 北京市新农村规划: 回顾与反思. 城市发展研究, 17(4): 59-63, 110.
李巧芸. 2020. 从传统山水观起源看福州的“山水城市”建设. 浙江水利水电学院学报, 32(4): 7-10.

李思经，牛坤玉，钟钰. 2018. 日本乡村振兴政策体系演变与借鉴. 世界农业, (11): 83-87.
李思琪. 2018. 新乡贤: 价值、祛弊与发展路径. 国家治理, (3): 28-36.
李文政. 2009. 当前农村土地流转的动因、策略与路径选择. 广东农业科学, (8): 317-320.
李芗，王宜昌，何小川. 2002. 乡土精神与现代化——传统聚落人居环境对现代聚居社区的启示. 工业建筑, (3): 1-5.
李燕飞，刘文俊，徐宁. 2016. 新时期实用型村庄规划成果表达探索——基于不同参与主体的需求. 江苏城市规划, (1): 25-29.
李迎成. 2014. 后乡土中国: 审视城市时代农村发展的困境与转型. 城市规划学刊, (4): 46-51.
李雨濛. 2020. 布依族"三月三"音乐文化传承研究. 贵阳: 贵州师范大学: 24-34.
李玉恒，刘彦随. 2013. 中国城乡发展转型中资源与环境问题解析. 经济地理, 33(1): 61-65.
李钰，王军. 2009. 陕北旱作农业区乡村人居环境问题与对策研究. 干旱区资源与环境, 23(11): 8-13.
李媛. 2021. 农业现代化对农业绿色全要素生产率的影响研究. 南昌: 江西财经大学: 76.
凌争，臧伟. 2016. 政府基层治理创新前瞻: 农村基本公共服务均等化适用性研究——以G市L县L镇为例. 法制与社会, (17): 204-207.
刘忱. 2018. 乡村振兴战略与乡村文化复兴. http://theory.people.com.cn/n1/2018/0420/c40531-29939018.html. (2018-04-20)[2021-07-20].
刘晨阳，傅鸿源，李莉萍. 2005. 关于云南山地乡村人居环境建设模式的思考. 重庆建筑大学学报, 27(2): 15-18, 22.
刘方. 2013. "噔弹哒吟"与布依文化. 贵州师范大学学报(社会科学版), (1): 93-97.
刘广宇，黎斌林，李新然. 2020. 云南省农旅融合发展实证分析与模式构建——基于VAR模型的检验. 生态经济, 36(6): 135-141.
刘佳福，邢海峰，董金柱. 2010. 部分国家与地区乡村建设管理法规研究概述. 国际城市规划, 25(2): 1-3.
刘金雨. 2021. 中国农业高质量发展评价指标体系构建及实证研究. 长春: 吉林财经大学: 102.
刘黎明，李振鹏，张虹波. 2004. 试论我国乡村景观的特点及乡村景观规划的目标和内容. 生态环境, 13(3): 445-448.
刘立勇. 2005. 当代中国农业现代化道路研究. 武汉: 华中师范大学: 56.
刘玲. 2017. 基于政策视角的战后日本乡村规划变迁研究. 北京: 北京建筑大学.
刘敏. 2011. 重庆新农村建设中的村庄整治策略研究. 建筑学报, (S1): 39-43.
刘奇. 2019. 农村三产融合: 如何融，怎样合. 中国发展观察, (5): 40-41.
刘荣. 2018. 特色小镇建设的"南京思路". 江南论坛, (7): 30-32.
刘晓雯，李琪. 2020. 乡村振兴主体性内生动力及其激发路径的研究. 干旱区资源与环境, 34(8): 27-34.
刘彦随. 2018. 中国新时代城乡融合与乡村振兴. 地理学报, 73(4): 637-650.
刘彦随. 2020. 中国乡村振兴规划的基础理论与方法论. 地理学报, 75(6): 1120-1133.
刘彦随，王介勇. 2016. 转型发展期"多规合一"理论认知与技术方法. 地理科学进展, 35(5): 529-536.

刘亦师. 2019. 徐水人民公社居住点规划及建设研究——大跃进时期清华建筑系乡村建设实践史料录遗. 时代建筑, (6): 138-145.
刘昱彤. 2021. 布依族传统节日“六月六”研究. 贵阳: 贵州民族大学: 23-32.
刘震. 2018. 城乡统筹视角下的乡村振兴路径分析——基于日本乡村建设的实践及其经验. 人民论坛·学术前沿, (12): 76-79.
刘治彦. 2018. 新时代中国可持续发展战略论纲. 改革, (8): 25-34.
刘治彦. 2019. 文旅融合发展: 理论、实践与未来方向. 人民论坛·学术前沿, (16): 92-97.
龙花楼, 张英男, 屠爽爽. 2018. 论土地整治与乡村振兴. 地理学报, 73(10): 1837-1849.
龙文军, 张莹, 王佳星. 2019. 乡村文化振兴的现实解释与路径选择. 农业经济问题, (12): 15-20.
龙晓柏, 龚建文. 2018. 英美乡村演变特征、政策及对我国乡村振兴的启示. 江西社会科学, 38(4): 216-224.
楼伟华. 2007-02-06. 堕民风俗: 不可忽略的另类文化遗产. 宁波日报, B1.
鲁春阳, 文枫, 张宏敏, 等. 2020. 基于改进 TOPSIS 法的河南省农业现代化发展水平评价. 中国农业资源与区划, 41(1): 92-97.
陆华, 韩朝晖, 张乐君. 2011. 浅谈发达国家乡村规划的启示. 江苏城市规划, (3): 43-45, 17.
陆益龙. 2010. 乡土中国的转型与后乡土性特征的形成. 人文杂志, (5): 161-168.
陆益龙. 2015. 后乡土中国的基本问题及其出路. 社会科学研究, (1): 116-123.
陆勇. 2020. 乡村振兴战略下“文旅农”融合发展研究. 北方经贸, (3): 153-155.
罗朋, 翟登攀, 蒋静. 2019. 农村饮水安全定量评价方法研究综述. 中国农学通报, 35(36): 150-154.
罗其友, 伦闰琪, 杨亚东, 等. 2019. 我国乡村振兴若干问题思考. 中国农业资源与区划, 40(2): 1-7.
罗亚玲, 陈婧玮. 2020. 农村公共服务政策均等化研究. 牡丹江大学学报, 29(8): 1-4.
罗震东, 陈芳芳, 单建树. 2019. 迈向淘宝村 3.0: 实现乡村振兴的一条可行道路. 小城镇建设, 37(2): 43-49.
骆红. 2020. 标准化支撑美丽乡村建设发展对策研究. 中国标准化, (7): 161-166.
马婧婧, 曾菊新. 2012. 中国乡村长寿现象与人居环境研究——以湖北钟祥为例. 地理研究, 31(3): 450-460.
马历, 龙花楼, 屠爽爽, 等. 2019. 基于乡村多功能理论的贫困村域演变特征与振兴路径探讨: 以海南省什寒村为例. 地理科学进展, 38(9): 1435-1446.
马小英. 2014. 乡村人居环境研究综述. 中小企业管理与科技(上旬刊), (10): 116-117.
马一鸣, 马佳, 杨怀宇. 2020. 长三角地区农村集体经营性建设用地入市模式研究. 农业与技术, 40(14): 143-147.
马子琪. 2021. 新时代脱贫攻坚与乡村振兴的有效衔接及协同推进. 观察与思考, (9): 101-110.
梅文慧. 2019. 新时代文旅融合的理论与实践. http://www.rmlt.com.cn/2019/1209/563688.shtml. (2019-12-09)[2021-08-10].
梅耀林, 汪晓春, 王婧, 等. 2014. 乡村规划的实践与展望. 小城镇建设, (11): 48-55.

孟根. 2019. 城郊村适老性评价体系构建及应用研究——以武汉黄陂区为例. 武汉: 华中科技大学.

南锡康, 赵华甫, 吴克宁, 等. 2018. 基于遥感蒸散数据的农田灌溉水平评价和设施建设分区研究. 中国农业资源与区划, 39(7): 29-37.

牛善栋, 方斌. 2019. 中国耕地保护制度70年: 历史嬗变、现实探源及路径优化. 中国土地科学, 33(10): 1-12.

农业农村部. 2018. 农业农村部关于印发《农业绿色发展技术导则(2018—2030年)》的通知. http://www.gov.cn/gongbao/content/2018/content_5350058.htm. (2018-07-02).

农业农村部农村合作经济指导司. 2020. 全国乡村治理典型案例(二). 北京: 中国农业出版社. http://www.moa.gov.cn/govpublic/NCJJTZ/202012/P020201203348177564680.pdf. (2020-12-03).

农业农村部新闻办公室. 2018. 农业农村部加强农业生态环境保护全面打好农业污染防治攻坚战. http://www.moa.gov.cn/xw/zwdt/201807/t20180726_6154819.htm. (2018-07-26).

欧阳玲. 2008. 人地关系理论研究进展. 赤峰学院学报(自然科学版), (3): 103-105.

潘桂媚. 2015. 广西民族地区乡村公共服务内卷化问题研究. 南宁: 广西师范学院.

彭国胜. 2015. 改革开放以来民族地区农村社会结构的变迁及其对乡村治理的影响. 贵州师范大学学报(社会科学版), (4): 66-72.

齐映雪. 2019. 习近平农业绿色发展思想研究. 淄博: 山东理工大学: 30.

秦静. 2020. 开展耕地生态保护补偿的几点建议. 中国国土资源经济: 33(12): 25-29.

邱春林. 2019. 国外乡村振兴经验及其对中国乡村振兴战略实施的启示——以亚洲的韩国、日本为例. 天津行政学院学报, 21(1): 81-88.

邱玥. 2018. 因地制宜推进村庄建设规划. 智慧中国, (12): 90-91.

仇丽萍, 黄金旺. 2017. 特色小镇建设的实践与探索. 福州党校学报, (3): 55-58.

全世文, 胡历芳, 曾寅初, 等. 2018. 论中国农村土地的过度资本化. 中国农村经济, (7): 2-18.

饶凯. 2020. 典型高山峡谷生态脆弱县土地生态安全评价研究. 昆明: 云南财经大学.

饶旭鹏. 2012. 中国农村社会结构演变的历程——从“乡土社会”到“新乡土社会”. 开发研究, (5): 134-137.

人民日报. 2015. 各地下力气整治群众办事难. http://qzlx.people.com.cn/n/2015/0402/c364565-26788560.html. (2015-04-02).

任敏. 2005. 江西启动“十百千”村镇规划建设工程. 城市规划通讯, (10): 8.

任桐. 2011. 吉林省乡村人居环境建设困境与优化路径分析. 西北农林科技大学学报(社会科学版), 11(5): 67-70.

尚久赞. 1963. 东北地区农村住宅建设中节约用地和降低造价问题的探讨. 建筑学报, (11): 6-8.

沈清基. 2017. “城市双修”中的生态修复. http://www.tjupdi.com/new/index.php?classid=9164&newsid=17318&t=show. (2017-07-18).

沈亚迪, 钱铭. 1983. 为首都农民创造更加美好的居住环境——北京1982年新农村规划设计竞赛. 建筑学报, (1): 4-8, 83-84.

石晨谊. 2020. 宅基地三权分置的内涵、障碍和出路. 中国国土资源经济, 33(10): 39-43.

石红超. 2016. 浙江传统建筑大木工艺研究. 南京: 东南大学: 34-36.

史莹，曾玉荣，曹仁勇，等. 2018. 供给端优化下的田园综合体产业体系构建方法分析——以南京市溪田田园综合体为例. 江苏农业科学, 46(24): 391-394.
宋志红. 2018. 宅基地“三权分置”的法律内涵和制度设计. 法学评论, 36(4): 142-153.
宋志红. 2021. 宅基地资格权: 内涵、实践探索与制度构建. 法学评论, 39(1): 78-93.
孙法军，陈正，杨剑. 2019. 利用土地整治政策助推乡村振兴路径思考——赴四川成都调研的几点启示. 农村经营管理, (11): 21-23.
孙辉东. 2014. 关于进一步发挥集体产业用地对城乡一体化发展作用的思考. 中国总会计师, (5): 70-72.
孙慧波，赵霞. 2019. 中国农村人居环境质量评价及差异化治理策略. 西安交通大学学报(社会科学版), 39(5): 105-113.
孙敏. 2020. 近郊村的“反租倒包”: 三权分置与三重合约. 农业经济问题, (7): 69-79.
孙炜琳，王瑞波，姜茜，等. 2019. 农业绿色发展的内涵与评价研究. 中国农业资源与区划, 40(4): 14-21.
孙枭雄，仝志辉. 2020. 村社共同体的式微与重塑?——以浙江象山“村民说事”为例. 中国农村观察, (1): 17-28.
孙玉娟，孙浩然. 2021. 构建乡村治理共同体的时代契机、掣肘因素与行动逻辑. 行政论坛, 28(5): 37-43.
谭静，卓佳. 2013. 宏观层面乡村规划的核心技术探索——以西昌市域新村建设总体规划为例. 城市发展研究, 21(8): 21-25.
汤国安，赵牡丹. 2000. 基于GIS的乡村聚落空间分布规律研究: 以陕北榆林地区为例. 经济地理, 20(5): 1-4.
汤怀志，桑玲玲，郧文聚. 2020. 我国耕地占补平衡政策实施困境及科技创新方向. 中国科学院院刊, 35(5): 637-644.
汤志诚. 2014. 中国历史地理环境变迁与三次大规模人口迁移的关系研究. 杭州: 浙江大学: 20-27.
唐健，魏西云，戴劲. 2020. 国土空间视角下差别化耕地保护政策的选择. 中国土地, (8): 4-9.
唐宁，王成，杜相佐. 2018. 重庆市乡村人居环境质量评价及其差异化优化调控. 经济地理, 38(1): 160-165, 173.
田聪华，韩笑，苗红萍，等. 2019. 新疆农村一二三产业融合发展综合评价指标体系构建及应用. 新疆农业科学, 56(3): 580-588.
田亚平，向清成，王鹏. 2013. 区域人地耦合系统脆弱性及其评价指标体系. 地理研究, 32(1): 55-63.
万宝瑞. 2019. 人民日报大家手笔: 把握农村三产融合新特点. 人民日报. http://opinion.people.com.cn/n1/2019/0828/c1003-31321106.html. (2019-08-28)[2021-08-10].
汪道楷. 2006-09-26. 坚持规划先行　推进新农村建设. 中华建筑报, 9.
汪锦军. 2011. 农村公共服务提供: 超越“碎片化”的协同供给之道——成都市公共服务的统筹改革及对农村公共服务供给模式的启示. 经济体制改革, (3): 62-67.
汪琴. 2009. 当代城市化对乡村人居环境的影响分析. 武汉: 华中师范大学: 9.

王爱民，缪磊磊. 2000. 冲突与反省——嬗变中的当代人地关系思考. 科学·经济·社会，(2)：66-69.

王超超，李孝坤，谢玲，等. 2015. 重庆三峡库区乡村聚落人地系统协调性评价. 水土保持研究, 22(4)：298-304.

王承熙，施向东，陈驰，等. 1990. 大蒲河镇试点规划的几点尝试. 小城镇建设, (2)：4-6.

王大伟，戚红年，戴军. 2018. 基于模糊层次分析法的小城镇公共空间选址评价. 金陵科技学院学报, 34(1)：50-54.

王大伟, 汪平西, 戴军, 等. 2020. 城市双修理念下西北黄土高原河谷型城镇风貌修复研究——以民和回族土族自治县马营镇风貌修复规划为例. 生态经济, 36(2)：223-229.

王国恩，杨康，毛志强. 2016. 展现乡村价值的社区营造——日本魅力乡村建设的经验. 城市发展研究, 23(1)：13-18.

王宏侠，丁奇. 2016. 德国乡村更新的策略与实施方法——以巴伐利亚州 Velburg 为例. 艺术与设计(理论), 2(3)：67-69.

王检萍，余敦，孙聪康，等. 2021. 乡村振兴背景下农地利用效率. 水土保持研究，28(1)：337-344.

王建英. 2013. 基于生物多样性保护的土地利用结构优化. 北京：中国地质大学.

王君，朱玉碧，郑财贵. 2007. 对城乡建设用地增减挂钩运作模式的探讨. 农村经济，(8)：29-31.

王俊. 2019. 乡村振兴战略视阈下新时代乡村建设路径与机制研究. 当代经济管理，41(7)：44-49.

王立权. 1980. 全国农村房屋建设工作会议在青岛召开. 农业工程, (1)：31-32.

王尚武. 1959. 我对农村居民点园林化规划的一点意见. 林业实用技术, (1)：2-4.

王思珂. 2016. 浙东传统建筑形态特色与地域性表达研究. 长沙：湖南大学：47-85.

王晓蕾. 2019. 黔西南州布依族非物质文化遗产产业化研究. 昆明：云南大学：19-26.

王亚华，高瑞，孟庆国. 2016. 中国农村公共事务治理的危机与响应. 清华大学学报(哲学社会科学版), 31(2)：23-29, 195.

王远，张杨，王红. 2018. 城乡统筹中河南省特色村镇地域文化景观建设研究. 美与时代(城市版), (1)：109-110.

王韵洁. 2013. 社会转型期农村纠纷处理机制研究. 北京：中共中央党校：64.

王长悦，林箐. 2018. 德国乡村规划方法与我国的对比及启示——以韦亚恩社区为例. 北京规划建设, (2)：96-99.

王竹，钱振澜，贺勇，等. 2015. 乡村人居环境“活化”实践——以浙江安吉景坞村为例. 建筑学报, (9)：30-35.

危旭芳. 2018. 新时代中国乡村振兴的关键要点与风险防范. 广东行政学院学报, 30(6)：92-98.

魏广君. 2020. 中国乡村规划浪潮——特征、困境和思考. 国际城市规划：1-11.

魏鸿雁，陶卓民，潘坤友，等. 2020. 乡村旅游与新型城镇化耦合发展研究——以江苏省为例. 南京师大学报(自然科学版), 43(1)：83-90.

魏素豪，刘颖燃，高延雷，等. 2019. 中国农业现代化评价及其空间格局演化. 浙江农业学报,

31(6): 1012-1020.
温铁军，邱建生，车海生. 2018. 改革开放 40 年“三农”问题的演进与乡村振兴战略的提出. 理论探讨, (5): 5-10.
文宏. 2019. 新中国成立以来乡村振兴路程回顾及未来展望——基于政策文本的内容分析. 南通大学学报(社会科学版), 35(1): 41-49.
吴传钧. 1991. 论地理学的研究核心——人地关系地域系统. 经济地理, (3): 1-6.
吴丹，王亚华，马超. 2017. 北大荒农业现代化的绿色发展模式与进程评价. 农业现代化研究, 38(3): 367-374.
吴惠敏. 2012. 试论安徽省农村土地利用中的生态环境保护. 安徽农业大学学报(社会科学版), 21(1): 20-26.
吴景川. 2021. 乡村振兴视域下全面推进村两委“一肩挑”的障碍与路径: 基于福建省云霄县村两委换届后的调研. 经济师, (10): 65-67.
吴良镛. 2001a. 人居环境科学导论. 北京: 中国建筑工业出版社: 38-39.
吴良镛. 2001b. 致力于人居环境科学的探索. 北京规划建设, (5): 11-13.
吴良镛. 2013. 对 50 年前编写《城乡规划》教学用书历史背景的追忆. 城市规划, 37(4): 9-11.
吴晓玲. 2019. 农村一二三产业融合深度仍待提高，面临哪些矛盾和问题？ 农业行业观察. https://www.sohu.com/a/355858939_379553. (2019-11-25) [2021-08-10].
吴欣，姚沛伶，唐宏. 2021. 以红色旅游为依托的绿色经济发展形式研究——以浙江省四明山梁弄革命老区为例. 农村经济与科技, 32(9): 102-103.
吴宇哲，许智钇. 2019. 休养生息制度背景下的耕地保护转型研究. 资源科学, 41(1): 9-22.
伍振军，林倩茹. 2014. 农村集体经营性建设用地的政策演进与学术论争. 改革, (2): 113-119.
武力. 2006-07-03. 中国乡村治理结构的演变. 中国社会科学院院报.
武秀梅，郝晋珉，艾东. 2015. 自主式村庄整治影响因素研究——乡村社会治理的视角. 上海城市规划, (4): 34-40.
习近平. 2017. 决胜全面建成小康社会 夺取新时代中国特色社会主义伟大胜利——在中国共产党第十九次全国代表大会上的报告. 北京: 人民出版社: 26.
习近平. 2019. 把乡村振兴战略作为新时代“三农”工作总抓手. 社会主义论坛, (7): 4-6.
习近平. 2020. 习近平: 在决战决胜脱贫攻坚座谈会上的讲话. https://baijiahao.baidu.com/s?id=1660424992513446354&wfr=spider&for=pc [2020-3-6].
夏湘远. 1999. 从混沌到觉醒: 人地关系的历史考察. 求索, (6): 72-76.
向剑凛，吴先勇，杨建林. 2017. 特色、实用、适度——云南省实用性村庄规划工作编制探索. 小城镇建设, (12): 9-15.
肖德玉. 2017. 贵州省黔西南州非物质文化遗产研究. 中国文艺家, (9): 97-99.
肖华，陈玲. 2019. 无人机低空摄影测量技术在乡村规划中的应用. 华北自然资源, (6): 84-85.
肖怀德. 2019. 文旅融合三大价值、六大战略问题. https://www.sohu.com/a/362948685_99936314. (2019-12-26) [2021-08-10].
晓叶. 2020. 为了绿色高质量的生存与发展——写在第 30 个全国土地日到来之际. 中国土地, (6): 1.

谢雯，新宇. 2011. 农村社会管理体制创新的变迁与新识. 求索, (11): 92-93.
谢小芹，简小鹰. 2014. 从“内向型治理”到“外向型治理”：资源变迁背景下的村庄治理——基于村庄主位视角的考察. 广东社会科学, (3): 208-218.
谢晓林. 2009. 新时期村镇住宅规划建设管理政策的探讨. 小城镇建设, (5): 19-22.
新华社. 2018. 中共中央 国务院印发《乡村振兴战略规划(2018－2022 年)》. http://www.moa.gov.cn/ztzl/xczx/xczxzlgh/. (2018-09-26) [2021-08-06].
熊万胜. 2019. 试论乡村社会的治理振兴. 中国农业大学学报(社会科学版), 36(3): 40-49.
徐港，丁昶. 2020. 移居养老模式下的乡村适老化规划设计——以徐州市紫山村为例. 工业设计, (2): 94-95.
徐明岗，卢昌艾，张文菊，等. 2016. 我国耕地质量状况与提升对策. 中国农业资源与区划, 37(7): 8-14.
徐青. 2011. 为农村土地整治输入新鲜血液——农村土地整治中的民间投资收益方式分析. 中国土地, (1): 34-36.
徐云鹏，李辉. 2019. 新时代农村公共安全服务内涵、逻辑演进及构成要件分析. 智库理论与实践, 4(6): 8-20, 42.
许志发. 2017. 福建省农业现代化发展水平评价研究. 福州: 福建农林大学.
薛依欣. 2016. 宁波传统村落空间形态研究. 杭州: 浙江农林大学: 63-68.
闫福增. 2019. 农村公共服务供给: 生成逻辑、碎片化现状与整合路径. 经济论坛, (3): 21-25.
严玉省. 2021. 我国农业现代化和城乡融合耦合发展水平测度研究. 沈阳: 辽宁大学: 17.
杨帆，周天扬，朱结好. 2019. 当前乡村规划问题反思与策略——以乡村规划设计竞赛为剖析对象. 规划师, 35(16): 68-73.
杨华，王会. 2015. “政府兜底”：农村社会冲突管理中的政策工具选择. 国家行政学院学报, (4): 43-47.
杨锦秀，赵小鸽. 2010. 农民工对流出地农村人居环境改善的影响. 中国人口 · 资源与环境, 20(8): 22-26.
杨瑞雪. 2021. 后乡土社会背景下农村社会政策实施过程中存在的问题. 北京印刷学院学报, 29(5): 97-100.
杨小丽，刘芸，陈巧玲，等. 2018. 乡村自然生态系统恢复技术研究与示范. 净水技术, 37(10): 1-7.
杨兴柱，王群. 2013. 皖南旅游区乡村人居环境质量评价及影响分析. 地理学报, 68(6): 851-867.
杨秀艳. 2004. 农业现代化指标体系与评价方法研究. 咸阳: 西北农林科技大学.
杨绪红，金晓斌，贾培宏，等. 2019. 多规合一视角下县域永久基本农田划定方法与实证研究. 农业工程学报, 35(2): 250-259.
杨亚楠. 2008. 农村宅基地闲置状况研究综述. 现代农业科技, (14): 281-282, 284.
杨亚楠，陈利根. 2019. 城乡建设用地增减挂钩政策执行扭曲分析——基于尼斯坎南修正模型的视角. 国土资源科技管理, 36(2): 95-104.
杨亚楠，申晓龙. 2018. 农地要素流动、合约执行与收益共享——广西天路公司与盛丰合作社的比较研究. 农村经济与科技, 29(10): 22-24, 18.
杨远根. 2020. 城乡基本公共服务均等化与乡村振兴研究. 东岳论丛, 41(3): 37-49.
杨振之, 彭祎. 2008-12-23. 土地流转新政策与乡村旅游发展. 中国旅游报, 4.
姚树荣, 龙婷玉. 2020. 市场化土地整治助推了乡村振兴吗——基于成都 1187 户上楼农民的调查. 中国土地科学, 34(1): 70-78.
冶芸. 2012. 民族政治精英的双重认同——基于青海 S 县回族干部的调查研究. 北京: 中央民族大学: 98.
叶红, 郑书剑. 2010. 华南理工大学与哈佛在中国农村的对话——一次有价值的联合规划教学. 南方建筑, (1): 26-29.
叶兴庆, 程郁, 于晓华. 2018. 产业融合发展 推动村庄更新——德国乡村振兴经验启事. 资源导刊, (12): 50-51.
叶兴庆, 程郁, 于晓华. 2019. 德国如何振兴乡村. 农业工程技术, 39(21): 49-52.
佚名. 1977. 搞好"两管五改", 建设社会主义新农村. 江苏医药, (5): 1-3.
佚名. 1982. 二十余国的专家学者齐集北京 以"变化中的乡村居住建设"为主题 阿卡·汗建筑奖第六次国际学术讨论会在中国举行. 建筑学报, (1): 1-6.
佚名. 1990. 村镇建设 10 年大事记(续完)(1979 年—1989 年). 小城镇建设, (1): 25-27.
佚名. 1991. 关于进一步加强村镇建设工作的请示. 小城镇建设, (3): 3-4.
佚名. 1995. 关于列为建设部乡村城市化试点县(市)及小城镇建设试点镇的批复. 小城镇建设, (2): 3-4.
佚名. 1998. 全国城市规划、村镇建设处局长会议在杭州召开. 城市规划通讯, (21): 1.
佚名. 2006. 2006 全国"两会"七问. 领导决策信息, (8): 4-6.
佚名. 2011. 南京规划师乡村行结出成果. 领导决策信息, (27): 23.
佚名. 2018. 全国划定 15.5 亿亩永久基本农田. 科学种养, (9): 62.
佚名. 2019. 德国乡村整治的经验与思路. 吉林农业, (4): 31-32.
佚名. 2021. "上海乡村振兴先锋论坛暨上海市城市规划学会国土和乡村规划专业委员会成立和上海市乡村责任规划师启动大会"举办. 上海城市规划, (4): 150-151.
易鑫. 2010. 德国的乡村规划及其法规建设. 国际城市规划, 25(2): 11-16.
易鑫, 克里斯蒂安·施耐德. 2013. 德国的整合性乡村更新规划与地方文化认同构建. 现代城市研究, 28(6): 51-59.
尤展, 冷超, 孙秋香. 2017. 特色小镇: 美丽江宁新名片. 群众, (1): 67-68.
于冰沁, 陈丹, 车生泉, 等. 2017. 乡村景观水生态保护与修复的低影响途径——以上海市青浦区淀山湖为例. 城市建筑, (36): 41-45.
于伟, 刘本城, 宋金平. 2016. 城镇化进程中农户宅基地退出的决策行为及影响因素. 地理研究, 35(3): 551-560.
于志华. 2020. 乡村振兴视域下产业振兴研究: 范畴、基础与路径. 商业经济, (9): 121-123.
余彪. 2014. 公私不分: 富人治村的实践逻辑. 南京农业大学学报(社会科学版), 14(4): 17-24.
余斌. 2007. 城市化进程中的乡村住区系统演变与人居环境优化研究. 武汉: 华中师范大学, 17-19.

余正顺. 2010. 农村社会事业发展与公共服务均等化研究. 内蒙古农业大学学报(社会科学版), 12(5): 67-69.
宇振荣, 杨新民, 陈雅杰. 2019. 河南省南太行地区山水林田湖草生态保护与修复. 生态学报, 39(23): 8886-8895.
喻名峰. 2007. 后乡土社会法治秩序的构建. 甘肃社会科学, (1): 199-202.
岳永兵, 万洁琼. 2020. 宅基地退出: 实践创新、现实困境与路径选择. 中国国土资源经济, 33(7): 18-23, 40.
郧文聚. 2015. 我国耕地资源开发利用的问题与整治对策. 中国科学院院刊, 30(4): 484-491.
郧文聚, 汤怀志. 2019-07-30. 用科技力量破解耕地资源绿色高效利用难题. 中国科学报, 5.
曾博伟. 2010. 中国旅游小城镇发展研究. 北京: 中央民族大学.
张博野, 曾菊新. 2008. 新农村建设中的人居环境优化研究. 湖北社会科学, (4): 48-51.
张慧, 孙国城. 2020. 新疆乡村人居环境的特点及治理对策探析. 价值工程, 39(15): 77-78.
张际达. 2010-04-02. 重庆向辖区派驻规划督察员. 中国建设报, 1.
张佳. 2020. 成都乡村规划师制度的实践与展望. 上海城市规划, (2): 104-108.
张佳书, 傅晋华. 2019. 日本推行农村振兴的措施对中国制定乡村振兴战略规划路线的启示. 世界农业, (2): 43-48.
张军英. 1999. "空心村"改造的规划设计探索——以安徽省巢湖地区空心村改造为例. 建筑学报, (11): 12-15.
张俊杰, 欧阳世殊. 2016. 整合性乡村更新实践及其对中国新型城镇化的启示——以德国韦亚恩为例. 热带地理, 36(6): 985-994.
张乃明, 张丽, 赵宏, 等. 2018. 农业绿色发展评价指标体系的构建与应用. 生态经济, 34(11): 21-24, 46.
张秋玲. 2019. 德国乡村多元化发展对我国乡村振兴的启示. 农家书屋, (4): 42-43.
张泉, 王晖, 陈浩东, 等. 2006. 城乡统筹下的乡村重构. 北京: 中国建筑工业出版社.
张润君, 任怀玉. 2020. 乡村振兴精神及其培育. 甘肃社会科学, (3): 92-99.
张同铸, 宋家泰, 苏永煊, 等. 1959. 农村人民公社经济规划的初步经验. 地理学报, (2): 107-119.
张雪峰. 2018. 关于打造四明·山心休闲小镇的思考与建议. 宁波经济(三江论坛), (10): 36-39.
张义博. 2019. 工商资本下乡的用地问题研究. 宏观经济管理, (4): 53-59.
张鹰. 2010. 基于自愈合体系框架的福建乡村既有居住环境改善策略. 建筑学报, (3): 90-95.
张永勋, 闵庆文, 徐明, 等. 2019. 农业文化遗产地"三产"融合度评价——以云南红河哈尼稻作梯田系统为例. 自然资源学报, 34(1): 116-127.
张羽, 桑子俞. 2020. 基于主成分分析的大同市城市空间形态特征. 云南科技管理, 33(4): 38-41.
张雨薇, 武晋. 2021. 任务型经纪: 新乡贤参与乡村治理的新范式——基于桐乡"乡贤+三治"融合的田野观察. 西北农林科技大学学报(社会科学版), 21(6): 42-51.
张玉良. 1986. 战后日本的土地改革. 世界知识, (22): 8-9.
张祝平. 2021. 乡村振兴中民间信仰的治理方式——一个传统村落片区的历史变迁、振兴实践与文化反思. 中南民族大学学报(人文社会科学版), 41(9): 55-65.
长子中. 2012. 乡村价值世界“沦陷”之忧. 人民论坛, (10): 66-67.
赵海. 2015. 论农村一二三产业融合发展. 农村经营管理, (7): 26-29.
赵蜜, 方文. 2013. 社会政策中的互依三角——以村民自治制度为例. 社会学研究, 28(6): 169-192, 245.
赵泉民, 井世洁. 2013. “后乡土”时代人际关系理性化与农民合作的困境与出路. 江西社会科学, (8): 203-208.
赵世秀. 2021. 黑龙江垦区农业机械化与新型城镇化协调发展综合评价研究. 大庆: 黑龙江八一农垦大学: 30.
赵树凯. 2006. 乡村观察手记(十二) 新农村建设呼唤新的治理. 中国发展观察, (3): 26-28.
赵文宁. 2019. 1950-2010: 战后欧洲乡村发展理论与规划策略回顾. 小城镇建设, (3): 5-11, 17.
赵喜伦. 1983. 全国村镇建设学术讨论会简讯. 建筑学报, (8): 5.
赵霞, 韩一军, 姜楠. 2017. 农村三产融合: 内涵界定、现实意义及驱动因素分析. 农业经济问题, 38(4): 49-57, 111.
赵小风, 张鸣鸣, 赵云泰, 等. 2018. 乡村振兴背景下村庄规划的总体思路. 土地经济研究, (2): 108-120.
赵艳. 2021. 从“乡土中国”到“后乡土中国”: 民俗文化在乡村振兴战略中的资源价值. 青海社会科学, (2): 100-104.
赵影. 2020. 我国乡村旅游精准扶贫路径及模式研究. 农业经济, (6): 85-86.
赵之枫. 2001. 乡村人居环境建设的构想. 生态经济, (5): 50-52.
赵之阳. 2018. 以产业融合引领乡村振兴. 中国农业资源与区划, 39(8): 60-64, 74.
赵子青. 2021. 中部地区耕地利用效率时空分异与影响因素分析. 合肥: 安徽财经大学: 48.
郑风田. 2017. 对沦为村霸的村干部必须严惩. 人民论坛, (10): 52-54.
郑兴明. 2019. 乡村振兴的东亚经验及其对中国的启示——以日本韩国为例. 兰州学刊, (11): 200-208.
中共江宁区委党校课题组, 胡敏. 2013. 关于南京市江宁区乡村旅游发展的调查与思考——以江宁区“五朵金花”为例. 中共南京市委党校学报, (4): 106-109.
中共中央, 国务院. 2018. 中共中央国务院关于实施乡村振兴战略的意见. 北京: 人民出版社: 51.
中共中央, 国务院. 2018-02-05. 关于实施乡村振兴战略的意见. 人民日报, 1.
中共中央办公厅, 国务院办公厅. 2019. 中共中央办公厅 国务院办公厅转发《中央农办、农业农村部、国家发展改革委关于深入学习浙江“千村示范、万村整治”工程经验扎实推进农村人居环境整治工作的报告》. 中华人民共和国国务院公报, (8): 3-6.
中共中央宣传部. 2019. 习近平新时代中国特色社会主义思想学习纲要. 北京: 学习出版社, 人民出版社: 45.
中国互联网络信息中心. 2019. 第 43 次《中国互联网络发展状况统计报告》. http://www.cac.gov.cn/2019-02/28/c_1124175677.htm. (2019-02-28)[2019-06-12].
中华人民共和国住房和城乡建设部. 2017. 中国城乡建设统计年鉴. 北京: 中国统计出版社.

中华人民共和国住房和城乡建设部. 2018. 中国城乡建设统计年鉴. 北京：中国统计出版社.

中央农办，农业农村部. 2019. 全国乡村治理典型案例. http://www.moa.gov.cn/govpublic/NCJJTZ/201906/P020190827518569435956.pdf. (2019-06-30).

钟珊，赵小敏，郭熙，等. 2017. 贵溪市城市周边永久基本农田划定研究. 江西农业大学学报, 39(2): 419-426.

钟彦臣，庞静. 2017. 浙东传统村落民居建筑的“在地”设计研究. 设计, (24): 140-141.

周侃，蔺雪芹，申玉铭，等. 2011. 京郊新农村建设人居环境质量综合评价. 地理科学进展, 30(3): 361-368.

周岚，于春. 2014. 乡村规划建设的国际经验和江苏实践的专业思考. 国际城市规划, 29(6): 1-7.

周梅. 2014. 乡村旅游地竞争力提升路径研究——以南京“五朵金花”为例. 南京：南京农业大学.

周梅，杨军昌. 2014. 贵州民族“非遗”生产性保护研究——以黔西南州民族“非遗”为例. 人口·社会·法制研究, (2): 3-33.

周青. 2012. 农村公共产品和公共服务多元化供给机制创新研究. 中共福建省委党校学报, (11): 26-32.

周尚意. 2017. 四层一体：发掘传统乡村地方性的方法. 旅游学刊, 32(1): 6-7.

周衍涛，李银花. 2019. 乡村振兴视角下农村环境整治农民参与机制研究. 安徽农学通报, 25(18): 11-12, 15.

周易知. 2019. 江南传统住宅中的“堂前-坐起”布局——以浙东民居与明清文本中对住居的描述为例. 建筑学报, (S1): 30-34.

周游，魏博阳，韦浥春. 2019. 英国乡村规划空间尺度的经验与启示. 南方建筑, (1): 26-31.

朱彬，张小林，尹旭. 2015. 江苏省乡村人居环境质量评价及空间格局分析. 经济地理, 35(3): 138-144.

朱海豹. 2016. 要善于用党的优良传统把农民组织起来. 中国共产党新闻网. http://theory.people.com.cn/n1/2016/1128/c143844-28902680.html. (2016-11-28)[2021-08-08].

朱莲青. 1961. 土壤工作怎样为农村人民公社综合土地利用规划铺平道路. 土壤通报, (1): 1-4.

朱启臻. 2018. 当前乡村振兴的障碍因素及对策分析. 理论参考, (4): 45-48.

邹蕴涵. 2017. 我国农村基础设施建设现状及存在的主要问题. 经济预测部. http://www.sic.gov.cn/News/455/8535.htm. (2017-10-20)[2021-08-10].

左小珊，马晓燕，刘扬. 2009. GIS 在乡村景观规划与保护中的应用. 安徽农业科学, 37(14): 6761-6763.

左玉辉. 2002. 环境学. 北京：高等教育出版社: 76.

左振廷. 2017. “熟苗”话语下的信仰、文化与认同——以黔东南锦屏县平鳌苗寨为例. 河西学院学报, 33(1): 64-71, 77.

Bunce M. 1982. Rural Settlement in an Urban World. New York: St. Martins Press.

Doxiadis C A. 1975. Action for Human Settlements. Athens: Athens Publishing Center: 18.

Graburn N. 1977. Tourism: The sacred journey // Smith V. Hosts and Guests: The Anthropology of

Tourism. Pennsylvania: University of Pennsylvania Press: 17-31.

Hansen M. 1970. Rural Poverty and the Urban Crisis: A Strategy for Regional Development. Bloomington: Indiana University Press.

Jonathan. 1990. Small Town Africa: Studies in Rural-Urban Interaction. Uppsala: Scandinavian Institute of African Studies.

Long H L, Liu Y S, Wu X Q, et al. 2009. Spatio-temporal dynamic patterns of farmland and rural settlements in Su–Xi–Chang region: Implications for building a new countryside in coastal China. Land Use Policy, 26(2): 322-333.

Lowe P. 1998. Participation in rural development: A review of European experience. Centre for Rural Economy, Department of Agricultural Economics and Food Marketing, University of Newcastle upon Tyne: 5-15.

Marsden T. 1999. Rural futures: The consumption countryside and its regulation. Sociologia Ruralis, 39(4): 501-526.

Mayhew A. 1973. Rural Settlement and Farming in Germany. London: Batsford.

Ostrom E. 1990. Governing the Commons: The Evolution of Institutions for Collective Action. UK: Cambridge University Press.

Thomas J. 1963. The Rural Transport Problem. London: Rout-ledge and Kegan Paul.

UNHSP. 2004. Cities - engines of rural development: World Habitat Day award winning essays from Kenya. UNCHS.

Urry J. 2002. The Tourist Gaze: Leisure and Travel in Contemporary Societies. 2nd ed. London: SAGE, 2: 162.

Wiley J. 1998. Rural sustainable development in America. Regional Studies Association, 32(2): 199-207.